五禮通考

〔清〕秦蕙田 撰
方向東 王鍔 點校

十二 嘉禮〔三〕

中華書局

目録

五禮通考卷一百五十五

嘉禮二十八

昏禮

宋昏禮

宋史太宗本紀：太平興國七年春正月，定昏娶儀制。

禮志：諸王納妃。聘禮，賜女家白金萬兩。敲門〔一〕，即古納采。用羊二十口、酒二

〔一〕「敲」，諸本作「敲」，據宋史禮志十八校勘記改。下同。

十壺，綵四十匹。定禮，羊、酒、綵各加十，茗百斤，頭𦉛巾段、綾、絹三十匹，黄金釵釧四雙，條脱一副，真珠琥珀瓔珞、真珠翠毛玉釵朵各二副，銷金生色衣各一襲，金塗銀合二，錦繡綾羅三百匹，果盤、花粉、花冪、眠羊卧鹿花餅、銀勝、小色金銀錢等物。納財，用金器百兩，綵千匹，錢五十萬，錦綺、綾、羅、絹各三百匹，銷金繡畫衣十襲，真珠翠毛玉釵朵各三副，函書一架纏束帛，押馬，函馬二十匹，羊五十口，酒五十壺，繫羊酒紅絹百匹，花粉、花冪、果盤、銀勝、羅勝等物。親迎，用塗金銀裝肩輿一，行障、坐障各一，方團掌扇四，引障花十樹，生色燭籠十，高髻釵插并童子八人騎分左右導扇輿。其宗室子聘禮，賜女家白金五千兩，其敲門、定禮、納財、親迎禮皆減半，遠屬族卑者又減之〔二〕。

品官昏禮。納采、問名、納吉、納成、請期、親迎、同牢、廟見、見舅姑、姑醴婦、盥饋、享婦、送者，並如諸王以下昏。四品以下，不用盥饋、享婦禮。士庶人昏禮。并問名於納采，并請期於納成。其無雁奠者，三舍生聽用羊，庶人聽以雉及雞鶩代。其辭稱「吾子」。親迎。質明，掌事者設禰位廳事東間，南向。壻之父服

〔二〕「之」，諸本作「半」，據宋史禮志十八改。

其服，北面再拜。祝曰：「某子某，年若干，禮宜有室，聘某氏第幾女，以某日親迎，敢告。」子將行，父坐廳事，南向。子服其服，三舍生及品官子孫假九品服，餘並皂衫衣，折上巾。立父位西，少南，東向。贊者注酒於醆授子，子再拜，跪受。贊者又以饌設位前，子舉酒興，即坐，飲食。訖，降，再拜，進立父位前。命之曰：「釐爾内治，往求爾匹。」子再拜曰：「敢不奉命。」又再拜，降出。初昏，掌事者設酒饌室中，置二醆於槃。壻服其服如前服，至女家，贊者引就次。掌事者設禰位，主人受禮，如請期之儀。女盛服立房中，父升階立房外之東，西向。非南向者，各隨其所向。父立於門外之左，餘倣此。贊者注酒於醆，授女，女再拜，受醆。贊者又以饌設于位前，女即坐，飲食。訖，降，再拜。父降立於東階下，賓出次，賓，謂壻。主人迎於門，揖賓入，賓報揖，從入。主人升東階，西面；賓升西階，進當房户前，北面。掌事者陳雁於階，賓曰：「某受命於父，以茲嘉禮，躬聽成命。」主人曰：「某固願從命。」賓再拜，降出，主人不降送。初，女出，父戒之曰：「往之女家，無忘肅恭。」母戒之曰：「夙夜以思，無有違命。」諸母申之曰：「無違爾父母之訓。」女出，壻先還，俟於門外。婦至，贊者引就北面立，壻南面，揖以入，至於室。掌事者設對位室中，壻婦皆即坐，贊者注酒於醆，授壻及婦，壻及婦受醆，飲。訖，遂設饌〔一〕，再飲、三飲，並如上儀。壻及婦皆興，再拜，贊者徹酒饌。見祖禰、見舅姑、醴婦、享送者，如儀。

蕙田案：宋品官以下昏禮，不如開元禮遠矣。

太宗本紀：至道元年八月，禁西北緣邊諸州民與内屬戎人昏娶。

仁宗本紀：天聖八年三月，禁以財冒士族，娶宗室女者。至和元年十月詔：「士庶家毋得以常傭僱之人爲姻，違者離之。」

文獻通考：公主出降。嘉祐二年，禮官言：「禮閣新儀，公主出降前一日，行五禮。古者，結昏始用行人，告以夫家采擇之意，謂之納采。問女之名，歸卜夫廟，吉，以告女家，謂之問名、納吉。今選尚一出朝廷，不待納采。又公主封爵已行誕告，不得問名而卜之。若納成，則既有進財。請期則有司擇日。宜稍依五禮之名，存其物數，俾知古者昏姻之事重而夫婦之嚴如此，亦不忘古禮之義也。」時兖國公主下嫁李瑋，詔：「俟出降日，令夫家主昏者，具合用雁、帛、玉、馬等物，陳於内東門外，以授内

〔一〕「遂」，諸本脱，據宋史禮志十八校勘記補。

謁者，進入内中，付掌事者受之，其馬不入。」

宋史禮志：凡宗室昏姻，治平中，宗正司言：「宗室女舅姑、夫族未立儀制，皆當創法。」詔：「壻家有二世食禄，即許娶宗室女，未仕者與判、司、簿、尉，已仕者隨資序推恩。即壻別祖、女別房，舊爲昏姻而於今尊卑不順者，皆許。壻之三代、鄉貫、生月、人材、書劄，止令昏主問驗，以告宗正寺、大宗正司，寺、司詳視，如條保明。所進財皆賜壻家，令止於本宮納財，媒妁、使令之人，非理求匄，許告。宗室女事舅姑及見夫之族親，皆如臣庶之家。」其後又令宗室女再嫁者〔一〕，祖、父有二代任殿直若州縣官以上，即許爲昏姻。

英宗本紀：治平四年，一日，語神宗曰：「國家舊制，士大夫之子有尚帝女，皆升行以避舅姑之尊。朕嘗思此，寤寐不平，豈可以富貴之故，屈人倫長幼之序也？可詔有司革之。」

神宗本紀：治平四年即位二月，詔公主下嫁者，行見舅姑禮。

〔一〕「再」，原脱，據光緒本、宋史禮志十八補。

禮志：熙寧十年，詔：「應袒免以上親，不得與雜類之家昏嫁，謂舅嘗爲僕、姑嘗爲娼者。若父母係化外及見居沿邊兩屬之人，其子孫亦不許爲昏。緦麻以上親，不得與諸司胥吏出職、納粟得官，及進納伎術、工商、雜類、惡逆之家子孫通昏。後又禁刑徒人子孫爲昏。應昏嫁者，委主昏宗室擇三代有任州縣官或殿直以上者，列姓名、家世、州里、歲數奏上，宗正司驗實召保，付内侍省宣繫，聽期而行。嫁女則令其壻召保。其冒妄成昏者，以違制論。主昏宗室與媒保同坐，不以赦降，自首者減罪，告者有賞。非袒免親者依庶姓法。宗室離昏，委宗正司審察，若于律有可出之實或不相安，方聽；若無故捃拾者，劾奏。如許聽離，追完賜予物，給還嫁資。再娶者不給賜。非袒免以上親與夫聽離，再嫁者委宗正司審核。其恩澤已追奪而乞與後夫者，降一等。」尋詔：「宗室女毋得與嘗娶人結昏，再適者不用此法。」

哲宗本紀：元祐三年九月，禁宗室聯姻内臣家。

文獻通考：元祐五年八月，太皇太后詔：「以皇帝納后有期，令太常禮官檢詳古今六禮沿革，參考通禮典故，具其節文，著爲成式者。」先是，太皇太后諭宰臣吕大防等曰：「皇帝將納后，天聖、景祐故事，止降進册，未嘗御殿，禮甚簡略。」大防等請退而討論，遂降是詔。又詔翰林學士、御史中丞、兩省給舍與禮部、太常寺官同詳議。

宋史哲宗本紀：元祐六年八月，三省進納后六禮儀制。

文獻通考：三省、樞密院言：「納后六禮：命使、納采、問名、納吉、納成、告期，差執政官攝太尉充使，侍從官或判宗正官攝宗正卿充副使。以舊尚書省權爲皇后行第。納采、問名同日，次日納吉、納成、告期。納成加穀珪。請期，依開寶禮改爲告期。納采前，擇日告天地。發册命使，差宰臣攝太尉，執政官攝司徒。前一日，告宗廟，奉迎命使，依開寶禮，改「親迎」爲「命使奉迎」。皇帝臨軒，與册禮使、副同遣。先遣册禮使，次遣奉迎使，令文武百官詣行第班迎。其日，皇后服褘衣，乘重翟車鹵簿，依禮令，由宣德門東偏門入。文臣大卿監、武臣正任刺史以上，宣德門外班迎。」詔從之。時給事中范祖禹言：「臨軒發册命使、奉迎及皇后入内，皇帝乃服通天冠、絳紗袍，於禮未隆，請並服衮冕，以重大昏之禮。」翰林學士范百禄言：「昏禮下達，匪媒不克。今采擇先定，有命既集，而形於麻制。以后氏族姓宣告外庭，方且遣使齎制行納采、問名之禮，則禮文顛倒，失先後之序。請以降詔之日行納采、問名之禮，宣制之日行納吉、納成、告期之禮。」皆不從。既而禮部、太常寺言：「五禮命使，據開元，納采、問名合用一使。其納吉、納成、告期，各别日遣使。今未委三禮共遣一使，或各遣使。文武百官詣行第班迎，文臣大卿監〔一〕、武臣正任刺史以上，宣德門外班迎。緣至日，行第門外已設皇后車乘儀仗，逼隘不容百官車馬，其文武百官欲並於宣德門外立班奉迎。案士昏禮用鴈，所以爲贄也。又案曲禮，凡贄，天子鬯。鄭康成謂天子無客禮，以鬯爲贄者，惟用告神。今已據周禮用穀圭聘后，欲更不用鴈。文德殿發制，欲依發册例立仗，或止用月朔視朝仗，百官朝服。」詔納吉、納成、告期，令各遣使。文德殿發制，依發册例立仗。餘並從之。

清波雜志：元祐大昏，吕正獻公當國，執議不用樂。宣仁云：「尋常人家娶個新婦尚點幾個樂人，如何官家卻不得用？」欽聖云：「更休與他藩宰執理會，但自安排著。」遂令教坊鈞容伏宣德門裏，皇后乘翟車甫入兩部闌門，衆樂具舉。久之，伶官輩出賞物，語人曰：「不可似得這個科第相公，卻不教用。」實録具書納后典禮，但言昏禮不賀，不及用樂一節。王彦霖繫年録載六禮特詳，亦不書此。

宋史哲宗本紀：元祐七年夏四月己未，立皇后孟氏。甲子，命吕大防爲皇后六禮

〔一〕「臣」，原作「武」，據光緒本、文獻通考卷二五六改。

使。五月戊戌，御文德殿册皇后。

老學庵筆記：元祐七年，哲廟納后，用五月十六日法駕出宣德門，行親迎之禮。初，道家以五月十六日爲天地合日，夫婦當異寢，違犯者必夭死，故世以爲忌。當時，太史選定，乃謂人主與后，猶天地也，故特用此日。將降詔矣，皇太妃特以爲不可，上亦疑之。宣仁獨以爲此語俗忌耳，非典禮所載，遂用之。其後詔獄既興，宦者復謂：「若廢后可弭此禍。」上意亦不可回矣。

徽宗本紀：徽宗崇寧二年九月辛巳，詔宗室不得與元祐姦黨子孫爲昏姻。

政和三年四月庚戌，班五禮新儀。閏月，改公主爲帝姬。

禮志：政和三年四月，議禮局上皇子納夫人儀。采擇。使者曰：「奉制，某王之儷，屬子懿淑。謹之重之，使某行采擇之禮。」儐者入告，主人曰：「臣某之子顓愚，不足以備采擇。恭承制命，臣某不敢辭。」問名。使者曰：「某王之儷，采擇既諧。將加官占，奉制問名。」儐者入告，主人曰：「制以臣某之子，可以奉侍某王，臣某不敢辭。」告吉。使者曰：「官占既吉，奉制以告。」儐者入告，主人曰：「臣某之子，愚弗克堪。占貺之吉，臣與有幸。臣某謹奉典制。」告成。使者曰：「官占云吉，嘉偶既定，制使某以儀物告成。」儐者入告，主人曰：「奉制賜臣以重禮，臣某謹奉典制。」告期。使者曰：「涓辰之良，某月某日吉，制使某告期。」儐者入告，主人曰：「臣某謹奉典制。」前期，太史局擇日，奏告景靈宮。賜告。前一日，主人設使者次，如常儀。使者以内侍爲之。又設告箱之次于中門外，北向，隨闕所向，設香案於寢庭。其日大昕，使者公服至，主人出迎于大門外，北面再拜，使者不答拜。謁者引使者入門而左，主人入門而右，舉告箱者同入。主人立香案左，使者在右，舉告箱者以告置於香案。女相者引夫人出，面闕立，使者稱有制，女相者贊再拜，使者曰：「賜某國夫人告。」又贊再拜，退，使者出。皇帝醮戒於所御之殿，皇子乘象輅親迎。同牢、夫人朝見、盥饋、皇帝皇后享夫人如儀。其諸王以下。納采。賓曰：「某官以伉儷之重，施於某王。某官，謂主人。某王，謂壻。某王率循彝典，以某將事，敢請納采。」某王，謂壻父。某，謂賓。儐者入告。主人曰：「某之子弗嫺於姆訓，維是腶脩棗栗之饋，未知所以告虔也。某聽命於廟，敢不拜嘉。」問名。賓曰：「合二姓之好，必稽諸龜筮，敢請問名。」儐者入告。主人曰：「某王恭謹，重正昏禮，將以加諸卜，某敢不以告。」納吉。賓曰：「某王承嘉命，稽諸卜筮，龜筮協從，使某以告。」儐者入告。主人曰：「某王不忘寒素，欲施德于某未教之女，而卜以吉告，某曷敢辭！」納成。賓曰：「某官以伉儷之重，施於某王。某王率循彝典，有不腆之幣，以某將事，敢請納成。」儐者入告。主人曰：「某王順彝典，申之以備物，某敢不重拜嘉。」請期。賓曰：「某王謹重嘉禮，將卜諸近日，使某請期。」儐者入告。主人再辭。儐者出告。賓曰：「某既不獲受命于某官，某王得吉卜曰某日，敢不以告。」儐者入告。主人曰：「謹奉命以從。」親迎。前一日，主人設賓次，如常儀。其日大昕，壻之父服其服告於禰廟。子將行，父醮之於廳事。贊者設父位中間，南向；設子位於父位之西，近南，東向。父即坐，子公服升自西階，進立位前。贊者注酒于醆，西向授子，子再拜，跪受。贊者又設饌父位前，子舉酒興，即坐，飲食。訖，降，再拜，進立於父位前。命之曰：「躬迎嘉偶，釐爾内治。」子再拜曰：「敢不奉命。」又再拜，降出，詣女家。主人服其服，告於禰廟，如請期之儀。賓將至，主人設神位於寢户外之西，設醴女位於户内，南向，具酒饌。賓至，贊者引就次，女盛服於房中，就位，南向立，姆位於右，從者陪其後。父公服升自東階，立於寢户外之東，西向。内贊者設酒饌，女就位坐，飲食訖，降，再拜，内贊者徹酒饌。主人降立東階東南，西面；贊者引賓出次，立於門西，東面。儐者進受命，出請事。賓曰：「某受命於父，以兹嘉禮，躬聽成命。」儐者入告。主人曰：「某固願從命。」儐者出告訖，入，引主人迎賓大門外之東，西面，揖賓，賓報揖。主人入門而右，賓入門而左，執雁者從入，陳雁於庭，三分庭一在南，北向。主人升立於東階上，西面〔一〕。賓升西階，進，當寢户前，北面，再拜，降出，主人不降送。賓初入門，母出，立於寢户外之西，南面。賓拜訖，姆引女出於母左，父命之曰：「往之汝家，以順爲正，無忘肅恭！」母戒之曰：「必恭必戒，無違舅姑之命。」庶母申之曰：「爾誠聽於訓言，毋作父母羞！」女出門，壻先還第。其同牢、廟見、見舅姑諸禮，皆如儀。

文獻通考：四朝國史傳：「國朝帝女封公主，沿襲漢、唐，或以美名，或以國。姊妹曰『長公主』，諸姑曰『大長公主』，至祖姑，則或加兩國。政和三年，蔡京爲相，建議以爲不典，始改爲帝姬，以二字易國名，四字易兩國名。自宗祖以降，數十女皆追加封册。至中興時，始復初。故今所書，但仍舊式，唯徽宗諸主，乃從一時之制云。」

帝姬降嫁儀。納采、問名、納吉、請期，壻家具禮物。納成、修表如儀。前期，太

〔一〕「面」，原作「南」，據光緒本、宋史禮志十八改。

史局擇日，差官奏告景靈東西宮。親迎。前一日，所司於内東門外量地之宜〔一〕，西向，設壻次。其日大昕，壻之父服其服告於禰廟，曰：「天子降女於某，以某日親迎，敢告。」再拜，子將行，父醮子於廳事。贊者設父位於中間，南向；設子位於父之西，近南，東向〔二〕。父即座，子公服升自西階，進立於位前。贊者注酒於醆，西向授子，子再拜跪受。贊者又奉饌設於位前，子舉酒興，即座，飲食訖，降，再拜。贊禮者引立於父位前，父命之曰：「往迎肅雍，以昭惠宗祏。」子再拜曰：「祇率嚴命。」又再拜，降出，乘馬至東華門内下馬，禮直官引就次。有司陳帝姬鹵簿、儀仗於内東門外，俟帝姬將升厭翟車。禮直官引壻出次，立於内東門外，躬身西向。掌事者以雁陳於前，内謁者奉雁以進，俟帝姬升車。訖，壻再拜，先還第。同牢。其日初昏，掌事者設巾、洗各二，一於東階東南，一于室之北。水在洗東，尊於室中，實四爵、兩巹於篚。壻至本第，下馬以俟。帝姬至，降車。贊者引壻，揖帝姬以入，及寢門又揖，壻導帝姬升階〔三〕，入

〔一〕「内」，諸本脱，據文獻通考卷二五八校勘記補。
〔二〕「南東」，原誤倒，據光緒本、文獻通考卷二五八乙正。
〔三〕「階」，諸本作「降」，據文獻通考卷二五八校勘記改。

室，盥洗。掌事者布對位，壻揖帝姬，皆即座。受醆三飲，壻及帝姬俱興，再拜。訖，贊者徹酒。見舅姑。夙興，帝姬著花釵，服褕翟以俟見。贊者設舅姑位於堂上，東西相向，舅位於東，姑位於西。舅姑服其服，俱就位後立。女相者引帝姬升自西階，詣舅位前，再拜。訖，贊者以棗栗授帝姬，帝姬奉棗栗置於舅位前。舅即座，贊者進，徹以東，帝姬退，復位，又再拜。女相者又引帝姬詣姑位前，再拜。訖，贊者以腶脩授帝姬，帝姬奉腶脩置於姑位前。姑即座，贊者進，徹以東，帝姬退，復位，又再拜。次醴婦、盥饋、享婦如儀。

政和五年五月，嘉德帝姬下嫁曾夤〔一〕，詔用新儀，行盥饋之禮。皇后率宮闈送至第〔二〕，外命婦免從。

宋史徽宗本紀：政和六年六月癸未，皇太子納妃。

文獻通考：重和元年十一月，蔡京請免茂德帝姬下降見舅姑、行盥饋之禮，詔不

〔一〕「曾夤」，諸本作「曹夤」，據文獻通考卷二五八改。
〔二〕「率」，諸本脱，據文獻通考卷二五八校勘記補。

允。又詔：「神考治平間，親灑宸翰，以王姬下降，躬行舅姑禮，革去歷代沿習之弊，以成婦道。」

宋史寧宗本紀：嘉定六年二月，詔宗室毋與胥吏通昏，著爲令。

司馬氏書儀：男子年十六至三十，女子十四至二十，古禮，男三十而娶，女二十而嫁。案家語，孔子十九娶於宋亓官氏，一歲而生伯魚。伯魚年五十，先孔子卒。然則古人之娶，未必皆三十也。禮蓋言其極至者，謂男不過三十，女不過二十耳，過此，則爲失時矣。今令文：「凡男年十五、女年十三以上，並聽昏嫁。」蓋以世俗早昏之弊不可猝革，又或孤弱無人可依，故順人情立此制，使不麗于刑耳。若欲參古今之道，酌禮令之中，順天地之理，合人情之宜，則若此之説當矣。身及主昏者，無期以上喪，皆可成昏。士昏禮請期之辭：「惟是三族之不虞。」三族，謂父、己、子之昆弟，是期服，皆不可以昏也。雜記曰：「大功之末，可以嫁子。」然則大功未葬，亦不可以主昏也。今依律文，以從簡易。必先使媒氏往來通言，俟女氏許之，然後遣使者納采。使者，擇家之子弟爲之。凡議昏姻，當先察其壻與婦之性行及家法何如，勿苟慕其富貴。壻苟賢矣，今雖貧賤，安知異時不富貴乎？苟爲不肖，今雖富盛，安知異時不貧賤乎？孔子謂南容：「邦有道，不廢；邦無道，免于刑戮。」以其兄之子妻之。彼行能必有過人者，故邦有道，不廢也；寡言而慎事，故邦無道，免於刑戮也。擇壻之道，莫善於是矣。婦者，家之所由盛衰也。苟慕一時之富貴而娶之，彼挾其富貴，鮮有不輕其夫而傲其舅姑，養成驕妬之性，異日爲患，庸有極乎！借使因婦財以致富，依婦勢以取貴，苟有丈夫之志氣者，能無媿乎？又世俗好於襁褓童幼之時輕許爲昏，亦有指腹爲昏者，及其既長，或不肖無賴，或身有惡疾，或家貧凍餒，或喪服相仍，或從宦遠方，遂至棄信負約，速獄至訟者多矣。是以先祖太尉嘗曰：「吾之男女，必俟既長，然後議昏。昏既通書，不數月，必成昏，故終身無此悔。」乃子孫所當法也。

○納采。納其采擇之禮。前一日，主人謂壻之祖父若父也。如無，則以即日男家長爲之。女家主人準此。以香酒脯醢，無脯醢者，止用食一二味可也。先告於影堂。主人北向立，焚香酹酒，俛伏，興，立。祝懷辭祝以家之子弟爲之，後準此。辭，爲寫祝文于紙。由主人之左進，東向，搢笏，出辭，跪讀之曰：「某壻父名。之子某，壻名。敢告。」祝興，主人再拜，出，撤闔影堂門，乃命使者如女氏。士昏禮無先告廟之文，而六禮皆行之于禰廟。春秋傳鄭忽先配而後祖，陳鍼子曰：「是不爲夫婦，誣其祖矣。」楚公子圍娶於鄭，曰：「圍布几筵，告於莊共之廟而來。」然則古之昏姻，皆先告于祖禰也。夫昏姻，家之大事，其義不可不告。女家主人亦告于祖禰曰：「某之女某，將嫁於某氏。」如壻父之儀。其日日出，昏禮自請期以上，皆用昕，日出時也。使者盛服，執生雁，左首，飾以繢，用雁爲贄者，取其順陰陽往來之義。若無生雁，則刻木爲之。飾以繢，謂以生色繒交絡縛之。止於女氏之門外。門者入告，女家主人盛服出迎，揖讓入門，揖讓升堂。主人立阼階上，西向；賓立西階上，稍北，東向。士昏禮「賓升西階，當阿，東面」，注云：「阿，棟也。入堂深，示親親。」今之室堂，必不合禮，故稍北而已。賓曰：「吾子有惠貺室某壻名。也，某壻父名。有先人之禮，使某使者名。請納采。」主人對曰：「某女父名。之子妹姪孫，惟其所當。蠢愚，又弗能教。吾子命之，某不敢辭。」儀禮先使儐往來傳命，別有致命之辭，今從簡。北面再拜，此敬壻父之命，非拜賓也。賓避席立，不答拜。奉使不敢與尊長抗禮。主人、賓皆進就兩楹間，並立，南向。賓授雁，主人受之，以授執事者〔一〕，乃交授書。書者，別書納采、問名之辭於紙，後繫年月日、昏主官位、姓名，止賓主各懷之。既授雁，因交相授書。壻家書藏女家，女家書藏壻家，以代今之世俗行書。納於懷，退，各以授執事者。賓降，出門，東向立。

○問名。主人降階，立俟於門内之東，西向，使儐者出請事。儐者，主人擇子弟爲之。賓曰：「請問名。」儐者入告，主人出，延賓；賓執雁，復入門，與主人揖讓升堂，復前位。賓曰：「某使者名。既受命，將加諸卜，敢問女爲誰氏？」對曰：「吾子有命，且以備

〔一〕「者」，原脱，據味經窩本、乾隆本、光緒本、書儀卷三補。

數而擇之，某不敢辭。女子第幾。」賓授雁，交授書，降出。主人立於門內，如初。儐者出，延賓曰：「請醴從者。」對曰：「某既得將事矣，敢辭。」主人曰：「敢固以請。」賓曰：「某辭不得命，敢不從！」遂入，與主人揖、讓，拜，起。使者舊拜主人，於此方叙私禮。飲酒三行，或設食而退，如常儀。

○納吉。歸卜得吉兆，復使使者往告昏姻之事，於是定計。納采之前已卜矣，於此告女家，以成六禮也。用雁。賓曰：「吾子有貺命，某壻父名。加諸卜，占曰吉，使某使者名。也敢告。」主人對曰：「某女父名。之子不教，惟恐弗堪。子有吉，我與在。某女父名。不敢辭。」餘如納采禮。

○納幣。士昏禮「納徵，玄纁束帛、儷皮，如納吉禮」，注：「徵，成也。使者納幣以成昏禮。」用雜色繒，五匹爲束，纁既染爲玄纁，則不堪他用，且恐貧家不能辦，故但雜色繒五匹，卷其兩端合爲一束而已。兩鹿皮。使者執束帛，執事者二人執皮，反之，令文在內，左手執前兩足，右手執後兩足，隨賓入門，及庭三分之一而止，北面，西上。賓與主人揖讓升堂。賓曰：「吾子有嘉命，貺室某使者名。也，請納幣。」主人對曰：「吾子順先典，貺某女父名。重禮，某不敢辭，敢不承命。」於賓之致命也，執皮者釋外足，復之，令文在外。於主人之受幣也，主人之執事者二人自東來，出於執皮者之後，受皮於執皮者之左，逆從東出。餘如納吉禮。

○請期。夫家卜得吉日，使使者往告之。用雁。賓曰：「吾子有賜命，某壻父名。既申受命矣，使某使者名。也請吉日。」主人曰：「某既前受命矣，惟命是聽。」賓曰：「某壻父名。命某使者名。聽命于吾子。」主人曰：「某固惟命是聽。」賓曰：「某使某受命，吾子不許，某敢不告期，曰某日。」主人曰：「某敢不謹須。」餘如納幣禮。

○親迎。前期一日，女氏使人張陳其壻之室。俗謂之鋪房。古雖無之，然今世俗所用，不可廢也。牀榻、薦席、椅卓之類，壻家當具之。氈褥、帳幔、衾綯之類，女家當具之。所張陳者，但氈褥、帳幔、帷幙之類應用之物。其衣服、襪履等不用者，皆鎖之篋笥。世俗盡陳之，欲矜誇富多，此乃婢妾小人之態，不足爲也。文中子曰：「昏娶而論財，夷虜之道也。」夫昏姻者，所以合二姓之好，上以事宗廟，下以繼後世也。今世俗之貪鄙者，將娶婦，先問資裝之厚薄；將嫁女，先問聘財之多少。至于立契約，云某物若干、某物若干，以求售其女者，亦有既嫁而復欺紿負約者，是乃駔儈鬻奴賣妾之法，豈得謂之士大夫昏姻哉？其舅姑既被欺紿，則殘虐其婦，以攄其忿。由是愛其女者，務厚資裝以悅其舅姑，殊不知彼貪鄙之人，不可盈厭。資裝既竭，則安用汝力哉？於是質其女以責貨于女氏，貨有盡而責無窮，故昏姻之家，往往終爲仇讎矣。是以世俗生男則喜，生女則戚，至有不舉其女者〔一〕，因此故也。然則議婚姻有及于財者，皆勿與爲昏姻可也。綯，音陶。䮰，祖朗切。儈，工外切。及期，壻具盛饌，古者，用牢而食，必殺牲。開元禮：一品以下用少牢，六品以下用特牲。恐非貧家所便，故止具盛饌而已。設盥盆二於阼階東南，皆有巾〔二〕。盥盆中央有勺。設椅卓各二于室中，東西相向，各置杯、匕、箸、蔬果於卓子上，罩之。士昏禮：「媵布席于奧，夫入于室，即席，婦尊西，南面。既設饌，御布對席。」今室堂之制異于古，故但東西向而已。古者，命士以上，父子皆異宫，故各有堂、室、奥、阼，今則不然。子舍隘狹，或東西北向，皆不可知。今假設南向之室而言之，左爲東，右爲西，前爲南，後爲北。酒壺在東席之後墉下，置合卺一注於其南卓子上。卺以匏剖而爲二，音謹。又設酒壺於室外，亦一注，有盃。此所以飲從者也。室外隘，則於側近外室置之。其盃數，爲時量人之多少也。又設酒壺、盃、注於堂上。初昏，壻盛服。世俗，新壻盛戴花勝，擁蔽其首，殊失丈夫之容體。必不得已，且隨俗戴花一兩枝，勝一兩枚可也。主人亦盛服，坐於堂之東序，西向。設壻席於其西北，南向。壻升自西階，立於席西，南向。贊者兩家各擇親戚婦人習於禮者爲之。凡壻及婦行禮，皆贊者相導之。取盃斟酒，執之，詣壻席前，北向

〔一〕「者」，原脱，據味經窩本、乾隆本、光緒本、書儀卷三補。
〔二〕「巾」，諸本作「二」，據書儀卷三改。

立。壻再拜，升席，南向，受盞，跪祭酒，興，就席末坐，啐酒，興，降西，授贊者盞，又再拜。此所謂醮也。進詣父座前，東向跪。父命之曰：「往迎爾相，承我宗事。勉率以謹，若則有常。」祖父在，則祖父命之。子曰：「諾。惟恐弗堪，不敢忘命。」俛伏，興，再拜，出。乘馬至於女氏之門外，下馬，俟於次。女家必先設壻次于外。女家亦設酒壺、杯、注於堂上。於壻之將至，女盛飾，姆相其禮，姆音茂，以乳母或老女僕爲之。奉女立于室户外，南向，姆在其右，從者在後。父坐於東序，西向。母坐於西序，東向。祖父母在，則祖父母醮而命之。設婦席於母之東北，南向。贊者醮以酒，如壻父醮子之儀。姆導女出於母左，父少進，命之曰：「戒之謹之，夙夜無違爾舅姑之命。」母送女至於西階上，爲之整冠斂帔，命之曰：「夙夜無違爾閨門之禮。」諸母、姑嫂、姊送於中門之内，爲之整裙衫，申以父母之命，曰：「謹聽爾父母之言，夙夜無愆。」父既醮女，即先出，迎壻於門外，揖讓以入。壻執雁以從，至於廳事。主人升自阼階，立，西向；壻升自西階，北向，跪置雁於地，主人侍者受之。壻俛伏，興，再拜，主人不答拜。姆奉女出於中門，壻揖之，降自西階以出，婦從後，主人不降送。壻至婦氈車後之右，舉簾以俟。姆辭曰：「未教，不足與爲禮也。」士昏禮：「壻御婦車，授綏，姆辭不受。」注：「壻御者，親而下之。綏，所以引升車者。」僕人之禮，必授人綏。今車無綏，故舉簾以待之。壻乃自車右由車前過，立於左轅側，姆奉婦登車，下簾。壻右執策，左撫轅，行驅車輪三周，止車以俟。今婦人幸有氈車可乘，而世俗重檐子，輕氈車。借使親迎時，暫乘氈車，庸何傷哉？然人亦有性不能乘車，乘之即嘔吐者，如此，則自乘檐子。其御輪三周之理，更無所施，姆亦無所用矣。壻乘馬在前，婦車在後，亦以二燭前導。男率女，女從男，夫婦剛柔之義，自此始也。壻先至廳事，婦下車，揖之，遂導以入，婦從之。執事先設香酒、脯醢於影堂，無脯醢，量具殽羞一兩味。舅姑盛服立於影堂之上，舅在東，姑在西，相向。贊者導壻與婦至於階下，北向，東上。無階，則立於影堂前。主人進，北向立，焚香，跪酹酒，俛伏，興，立。祝懷辭由主人之左進，東面，搢笏，出辭，跪讀之曰：「某壻名。以令月吉日，迎婦某，婦姓。昏事見祖禰。」祝懷辭出笏，興，主人再拜，退復位。壻與婦拜，如常儀。出，撤闔影堂門。古無此禮，今謂之拜先靈，亦不可廢也。贊者導壻揖婦而先，婦從之。適其室，壻立於南盥之西，婦立於北盥之西，皆東向。婦從者沃壻，盥於南；壻從者沃婦，盥於北。從者各以其家之女僕爲之，前準此。帨巾畢，揖而行，升自西階。士昏禮：「及寢門，揖入，升自西階，媵、御沃盥交。」注：「媵，送也，謂女從者也。御，音訝。御，迎也，謂壻從者也。媵沃壻盥于南洗，御沃婦盥于北洗。夫婦始接，情有廉耻，媵、御交導其志。」案：

洗在阼階東南，既升階，不云降階，何由復至洗所，故今先盥而升階。婦從者布席於閫內東方〔一〕，壻從者布席於西方。壻婦踰閫，壻立於東席，婦立於西席，婦拜，壻答拜。古者，婦人與丈夫爲禮則俠拜。鄉里舊俗，男女相拜，女子先一拜，男子拜，女一拜，女子又一拜，蓋由男子以再拜爲禮，女子以四拜爲禮故也。古无壻婦交拜之儀，今世俗始相見交拜，拜致恭，亦事理之宜，不可廢也。俠音夾。壻揖婦就坐，壻東婦西。古者同牢之禮，壻在西，東面；婦在東，西面。蓋古人尚右，故壻在西，尊之也。今人既尚左，且須從俗。壻從者徹冪，置饌。壻婦皆先祭，後食。食畢，壻從者啓壺，入酒於注，斟酒。壻揖婦，祭酒，舉飲，置酒，舉殽。殽者，乃今之下酒也。又斟酒，舉飲，不祭，無殽。又取巹，分置壻婦之前，斟酒，舉飲不祭，無殽。壻出，就他室，姆與婦留室中。乃徹饌，置室外，設席，壻從者餕婦之餘，婦從者餕壻之餘。壻復入室，脱服，婦從者受之；婦脱服，壻從者受之，燭出。古詩云「結髮爲夫婦」，言自稺齒始結髮以來即爲夫婦，猶李廣云：「廣結髮與匈奴戰也。」今世俗有結髮之儀，此尤可笑。於壻婦之適其室也，主人以酒饌禮男賓於外廳，主婦以酒饌禮女賓于中堂，如常儀。古禮，明日，舅姑乃享送者，

〔一〕「內」，諸本作「向」，據書儀卷三改。

今從俗。不用樂。曾子問曰：「取婦之家，三日不舉樂，思嗣親也。」今俗昏禮用樂，殊爲非禮。

○婦見舅姑。婦明日夙興，盛服飾，俟見舅姑。執事者設盥盆於堂阼階下，帨架在北。兄弟姊妹立於盆東，如冠禮。男女異列，男在西，女在東〔一〕，皆北上。平明，舅姑坐於堂上，東西相向，各置卓子于前。贊者見婦于舅姑，婦北向，拜舅於堂下，古者拜于堂上，今恭也，可從衆。執笲，古笲制度，漢世已不能知，今但取小箱，以帛衣之，皂表緋裏，以代笲可也。實以棗栗，升自西階，進至舅前，北向，奠於卓子上，舅撫之，侍者徹去。婦降，又拜舅。畢，乃拜姑，别受笲，實以腶脩，腶脩，今之暴脯是也。升，進至姑前，北向，奠於卓子上，姑舉之，以授侍者。婦降，又拜。執事者設席於姑之北，南向。設酒壺及注、盃、卓子於堂上。婦升立於席西，南面。贊者醴婦，如父母醮女之儀。婦降西階，就兄弟姊妹之前。其長屬應受拜者，少進，立，婦乃拜之，無贄。拜畢，長屬退。長屬雖多，共爲一列受拜，以從簡易。幼屬應相拜者，今世俗小郎、小姑皆相拜。少進，相拜畢，退，無贄。若有尊屬，則婦往拜於其室，有卑屬則來拜于婦室。婦退，休於其室。至食時，行盥饋之

〔一〕「東」，諸本作「南」，據書儀卷三改。

禮。婦家具盛饌酒壺，士昏禮：「婦盥饋，特豚合升，側載。」注：「側載者，右胖載之舅俎，左胖載之姑俎。」今恐貧者不便殺特，故但具盛饌而已。婦從者設蔬果卓子於堂上舅姑之前，設盥盆於阼階東南，帨架在東。婦盥於阼階下，執饌自西階升，凡子婦升降，皆應自西階。惟家婦受享畢，降自阼階。薦於舅姑，侍立於姑之後。饌有繼至者，侍者傳至於西階，不盡一級，婦往受之，薦於舅姑。侍者徹餘饌，置於旁側別室。舅姑侍者，各置一卓子上。食畢，婦降，拜舅，升，洗盃，斟酒，置舅卓子上，降。俟舅舉酒飲畢，又拜，遂獻姑，姑受而飲之，餘如獻舅之儀。婦升，徹飯，侍者徹其餘，皆置別室。婦就餕姑之饌畢，婦從者餕舅之餘，壻從者餕婦之餘。舅姑共饗婦於堂上，設席如朝來禮婦之位。婦升立於席西，南向。贊者取盃，斟酒授婦，皆如朝來禮婦之儀。舅姑先降自西階，婦降自阼階。此謂家婦也。餘婦，則舅姑不降，婦降自西階。古者庶婦不饋，然饋主供養，雖庶婦不可闕也。若舅姑已歿，則古有三月廟見之禮。今已拜先靈，更不行。若舅姑止一人，則舅坐于東序，姑坐于西序，席婦于姑坐之北。

○壻見婦之父母。明日，壻往見婦之父母，皆有幣。婦父迎送、揖讓，皆如客禮。拜，即跪而扶之。入見婦母，婦母闔門左扉，立於門內，壻拜於門外。次見妻黨諸親，拜起皆如俗儀而無幣。見諸婦、女，如見婦母之禮〔一〕。婦家設酒饌壻，如常儀。親迎之夕，不當見婦母及諸親，亦不當行私禮設酒饌，以婦未見舅姑故也。

朱子家禮昏禮：議昏。男子年十六至三十，女子年十四至二十，身及主昏者無期以上喪，乃可成昏。大功未葬，亦不可主昏。凡主昏，如冠禮主人之法。但宗子自昏，則以族人之長爲主。必先使媒氏往來通言，俟女氏許之，然後納采。

○納采。納其采擇之禮，即今世俗所謂「言定」也。主人具書，主人，即主昏者。書用牋紙，如世俗之禮。如族人之子，則其父具書告于宗子。夙興，奉以告祠堂。如告冠儀。其祝版前同，但云「某之子某，若某之某親之子某，年已長成，未有伉儷，已議娶某官某郡姓名之女，今日納采，不勝感愴。謹以」後同。若宗子自昏，則自告。乃使子弟爲使者，如女氏。女氏主人出見使者，使者盛服如女氏。女氏亦宗子爲主，主人盛服出見使者。非宗子之女，則其父位于主人之右，尊則少進，卑則少退。啜茶畢，使者起，致辭曰：「吾子有惠，貺室某也。某之某親某官，有先人之禮，使某請納采。」從者以書進，使者以書授主人。主人對曰：「某之子若妹姪孫蠢愚，又弗能教，吾子命之，某不敢辭。」北向，再拜。使者避，不答拜。使者請退，俟命，出就次。若許嫁者於主人爲姑姊，則不云「蠢愚又弗能教」，餘辭

〔一〕「見」，諸本脱，據書儀卷三補。

並同。**遂奉書以告於祠堂**，如壻家之儀。祝版前同，但云「某之第幾女，若某親某之第幾女，年漸長成，已許嫁某官某郡姓名之子若某親某，今日納采，不勝感愴。謹以」後同。**出，以復書授使者，遂禮之。**主人出，延使者升堂，授以復書，使者受之，請退。主人請禮賓，乃以酒饌禮使者。使者至是始與主人交拜、揖，如常日賓客之禮。其從者，亦禮之別室，皆酬以幣。**使者復命壻氏，主人復以告祠堂。**不用祝。

○納幣。古禮有問名、納吉，今不能盡用，止用納采、納幣，以從簡便。幣用色繒，貧富隨宜，少不過兩，多不踰十。今人更用釵釧、羊酒、果實之屬，亦可。**具書，遣使如女氏，女氏受書、復書、禮賓、使者復命，並同納采之儀。**禮如納采，但不告廟。使者致辭，改采爲幣。從者以書、幣進，使者以書授主人，主人對曰：「吾子順先典，貺某重禮，某不敢辭，敢不承命。」乃受書，執事者受幣。主人再拜，使者避之，復進請命，主人授以復書。餘並同。

○親迎。近則迎於其家，遠則迎於其館。**前期一日，女氏使人張陳其壻之室。**世俗謂之鋪房。然所張陳者，但氈褥、帳幔、帷幕應用之物，其衣服鎖之篋笥，不必陳也。**厥明，壻家設位於室中，**設椅卓兩位，東西相向，蔬果、盤盞、匕筯如賓客之禮。酒壺在東位之後，又以卓子置合巹一於其南。又南北設二盥盆勺於室東隅，又設酒盞壺注于室外，或別室，以飲從者。巹，音謹，以小匏一判而兩之也。

女家設次於外。 **初昏，壻盛服。** 世俗新壻帶花勝，擁蔽其面，殊失丈夫之容體，勿用可也。 **主人告於祠堂，** 如納采儀。祝版前同，但云「某之子某，若某親之子某，將以今日親迎於某官某郡某氏，不勝感愴。謹以」後同。若宗子自昏，則自告。 **遂醮其子，而命之迎。** 先以卓子設酒，置盤盞于堂上。主人盛服，坐于堂之東序，西向。設壻席于其西北，南向。壻升自西階，立于席西，南向。贊者取盞斟酒，執之，詣壻席前，壻再拜，升席，南向，受盞，跪，祭酒；興，就席末，跪，啐酒；興，降席西，授贊者盞，又再拜，進詣父坐前，東向跪。父命之曰：「往迎爾相，承我宗事，勗率以敬，若則有常。」壻曰：「諾，唯恐不堪，不敢忘命。」俛伏，興，出。非宗子之子，則宗子告于祠堂，而其父醮于私室，如儀，但改「宗事」爲「家事」。若宗子已孤而自昏，則不用此禮。 **壻出，乘馬，** 以二燭前導。 **至女家，俟於次。** 壻下馬於大門外，入俟于次。 **女家主人告於祠堂，** 如納采儀。祝版前同，但云「某之第幾女，若某親某之第幾女，將以今日歸于某官某郡姓名，不勝感愴。謹以」後同。 **遂醮其女而命之。** 女盛飾，姆相之，立于室外，南向。父坐東序，西向；母坐西序，東向。設女席于母之東北，南向。贊者醮以酒，如壻禮。姆導女，出於母左，父起命之曰：「敬之戒之，夙夜無違爾舅姑之命。」母送至西階上，爲之整冠斂帔，命之曰：「勉之戒之，夙夜無違爾閨門之禮。」諸母、姑嫂、姊送至于中門之内，爲之整裙衫，申以父母之命曰：「謹思爾父母之言，夙夜無愆。」非宗子之女，則宗子告于祠堂，而其父醮于私室，如儀。 **主人出迎，壻入，奠雁。** 主人迎壻于門外，揖讓以入，壻執雁以從，至於廳事。主人升自阼階，立，西向。壻升自西階，北向，跪置雁於地。

主人侍者受之，壻俯伏，興，再拜，主人不答拜。若族人之女，則其父從主人出迎，立於其右，尊則少進，卑則少退。凡贄，用生雁，左首，以生色繒交絡之，無則刻木爲之，取其順陰陽往來之義。程子曰：「取其不再偶也。」**姆奉女出，登車。**姆奉女出中門，壻揖之，降自西階。主人不降，壻遂出，女從之。壻舉轎簾以俟，姆辭曰：「未教，不足與爲禮也。」女乃登車。**壻乘馬，先婦車，**婦車亦以二燭前導。**至其家，導婦以入。**壻至家，立於廳事，俟婦下車，揖之，導以入。**壻婦交拜，**婦從者布壻席於東方，壻從者布婦席于西方。壻盥于南，婦從者沃之，進帨；婦盥于北，壻從者沃之，進帨。壻揖婦就席，婦拜，壻答拜。**就坐，飲食畢，壻出。**壻揖婦就坐，壻東婦西。從者斟酒設饌。壻婦祭酒，舉餚，又斟酒，壻揖婦，舉飲不祭，無餚。又取巹，分置壻婦之前，斟酒。壻揖婦，舉飲，不祭，無餚。壻出，就他室。姆與婦留室中，徹饌，置室外，設席，壻從者餕婦之餘，婦從者餕壻之餘。**復入，脱衣，燭出。**壻脱服，婦從者受之。婦脱服，壻從者受之。**主人禮賓。**男賓于外廳，女賓于中堂。古禮，明日享從者，今從俗。

○婦見舅姑。明日夙興，婦見于舅姑，婦夙興，盛服俟見。舅姑坐于堂上，東西相向，各置卓子於前〔一〕。其家人男女，少于舅姑者，立于西序〔二〕，如冠禮之叙。婦進，立阼階下，北面，拜舅；升奠

〔一〕「於前」，諸本脱，據家禮卷三補。
〔二〕「西」，家禮卷三作「兩」。

贄幣于卓子上〔一〕，舅撫之〔二〕，侍者以入。婦降，又拜，畢，詣西階下，北面拜姑，升奠贄幣，姑舉以授侍者，婦降，又拜。若非宗子之子，而與宗子同居，則先行此禮於舅姑之私室；與宗子不同居，則如上儀。**舅姑禮之。**如父母醮女之儀。**婦見於諸尊長。**婦既受禮，降自西階。同居有尊於舅姑者，則舅姑以婦見于其室，如見舅姑之禮。還拜諸尊長於兩序，如冠禮，無贄。小郎、小姑皆相拜。非宗子之子而與宗子同居，則既受禮，詣其堂上拜之如舅姑禮，而還見于兩序。其宗子及尊長不同居，則廟見而後往。**若冢婦，則饋於舅姑。**是日食時，婦家具盛饌酒壺，婦從者設蔬果卓子於堂上舅姑之前，設盥盆于阼階東南，帨架在東。舅姑就坐，婦盥，升自西階。洗盞斟酒，置舅卓子上，降，俟舅飲畢，又拜。遂獻姑，進酒，姑受，飲畢，婦降，拜。遂執饌升，薦于舅姑之前，侍立姑後，以俟卒食徹飯〔三〕。侍者徹餘饌〔四〕，分置別室，婦就餕姑之餘，婦從者餕舅之餘。非宗子之子，則于私室，如儀。**舅姑享之。**如禮婦之儀。禮畢，舅姑先降自西階，婦降自阼階。

○廟見。三日，主人以婦見於祠堂。古者三月而廟見，今以其太遠，改用三日。如子冠而

〔一〕「贄」，諸本作「置」，據家禮卷三改。
〔二〕「撫」，諸本作「授」，據家禮卷三改。
〔三〕「飯」，諸本作「饌」，據家禮卷三改。
〔四〕「餘饌」，諸本作「飯」，據家禮卷三改。

見之儀，但告辭曰：「子某之婦某氏敢見。」餘並同。

○壻見婦之父母。明日，壻往見婦之父母，婦父迎送揖讓如賓禮，拜即跪而扶之。入見婦母，婦母闔門左扉，立于門内，壻拜於門外，皆有幣。婦父非宗子，即先見宗子夫婦，不用幣，如上儀，然後見婦之父母。次見婦黨諸親。不用幣，婦女相見如上儀。婦家禮壻如常儀。親迎之夕，不當見婦母及諸親友、設酒饌，以婦未見舅姑故也。

程子曰：「昏禮不用樂，幽陰之義。」此説非是。昏禮豈是幽陰？但古人重此大禮，嚴肅其事，不用樂也。「昏禮，不賀人之序也」，此説却是。婦質明而見舅姑，成婦也。三日而後宴樂，禮畢也。宴不以夜，禮也。

朱子曰：人著書，只是自入些己意便做病。司馬與伊川定昏禮，都依儀禮，只略改一處，便不是古人意。司馬云：「親迎奠鴈，見主昏者即出。」伊川却教拜了又入堂，拜大男小女，伊川非是。伊川云：「婦至次日見舅姑，三月廟見。」司馬却説「婦入門，即拜影堂」，司馬非是。蓋親迎不見妻父母者，婦未見舅姑也；入門不見舅姑者，未成婦也。今親迎用温公，入門以後用伊川，三月廟見，改爲三日云。

又曰：昏禮用命服，乃是古禮，如士乘墨車而執鴈者，大夫之禮也。冠帶只是燕服，非所以重正昏禮，不若從古之爲正。

楊氏復曰：昏禮有納采、問名、納吉、納徵、請期、親迎六禮。家禮略去問名、納吉，止用納采、納幣，以從簡便。但親迎以前，更有請期一節，有不可得而略者。

黄氏瑞節曰：補注謂之昏者，娶妻之禮以昏爲期，因名焉。今世不知昏之爲義，往往拘忌陰陽。家書選擇時辰，雖昕旦晝夜，亦皆成禮，殊爲紕繆。士昏禮記曰：「凡行事，必用昏昕，受諸禰廟。」疏曰：「用昕使者，謂男氏使向女家納采、問名、納吉、納徵、請期，五者皆用昕。」即詩所謂「旭日始旦」也。昏，親迎時也。

毛氏奇齡曰：昏禮問名，必先問年月日，而後及于名。周官所謂「媒氏先書年月日名」是也。蓋年較名爲尤重，男女伉儷，須先計年時，以辨長幼。其但稱問名，而不及年月日者，舉一以該二也。且問名者，謂生時三月所命之名，男女皆有之。故周官云：「男女自成名以上。」曲禮曰：「不相知名。」儀禮「敢問女爲誰氏」，注謂：「問女母所出之姓。」則不然，禮稱問名，未嘗稱問姓，即曰以姓爲名，則女名父姓，如曰某姬某姜，未聞以母姓稱名者。又解曰：「氏者，字也。女幼命之名，及長而易之以字，與男子同。所云誰氏者，言何字也。」則又不然，據公羊傳，女子許嫁稱字。則問名時，未許嫁也，則問名非問氏，且非問字。鄭康成謂：「問名有二，一是三月所命之名，一是長時所命名，如伯姬、叔姬類。」則仍兼字矣。雁本贄物，非禮物。雁者，大夫所執之贄，昏禮攝盛，故士禮用雁，得借大夫禮，亦謂之下達。今人認爲納昏禮物，以爲昏禮必用雁，或云「取不再偶」之義，或云「取順陰陽往來」之義，可笑甚矣。春秋天子不親迎，使公卿迎之，「祭公迎王后于紀」、「單靖公逆王后於齊」是也。諸侯則親迎，或有故若疾病及越境未便，則遣大夫迎之，「莊公如齊逆女」爲親迎，「公子翬如齊逆女」爲遣迎是也。大夫以下，則無不親迎者，雖越境亦然。鄭忽娶於陳，楚公子圍娶于鄭，襄仲娶於莒，莒慶、齊高固娶于魯，皆親迎是也。

蕙田案：毛大可昏禮辨正以儀禮、家禮爲非，是語多不經，不足置辨。唯論問名一條，稍有發明。以雁爲贄物攝盛，原本朱子語。而考證「親迎」一條，詞亦簡括，故附存之。

右宋昏禮

遼金元昏禮

遼史聖宗本紀：統和元年二月，以皇女長壽公主下嫁國舅宰相蕭博爾桑之子烏里。

禮志：公主下嫁儀。選公主諸父一人爲昏主，凡當奥者、媒者致詞之儀，自納幣至禮成，大略如納后儀。擇吉日，詰旦，媒者趣尚主之家詣宮。竢皇帝、皇后御便殿，率其族入見。進酒訖，命皇族與尚主之族相偶飲。翼日，尚主之家以公主及壻率其族入見，致宴於皇帝、皇后，獻賮送者禮物訖，朝辭。賜公主青幰車二，螭頭、蓋部皆飾以銀，駕駝；送終車一，車樓純錦，銀螭，懸鐸，後垂大氈，駕牛，載羊一，謂之祭羊，擬送終之具，至覆尸儀物咸在。賜其壻朝服〔一〕、四時襲衣、鞍馬，凡所須無不備。選皇族一人送至其家。親王女封公主者昏儀倣此，以親疏爲差降。

聖宗本紀：統和四年九月丙寅朔，皇太妃以上納后，進衣物、駝馬以助會親頒賜。戊寅，内外命婦進會親禮物。辛巳，納皇后蕭氏。

禮志：皇帝納后之儀。擇吉日。至日，后族畢集。詰旦，后出私舍，坐於堂。皇帝遣使及媒者，以牲酒饔餼至門。執事者以告，使及媒者入謁，再拜，平身立。少頃，拜，進酒於皇后，次及后之父母、宗族、兄弟。酒徧，再拜。納幣，致詞，再拜訖，后族皆坐。特哩衮夫人四拜，請就車。后辭父母、伯叔父母、兄，各四拜；宗族長者，皆再

〔一〕「服」，原脱，據光緒本、遼史禮志五補。

拜。皇后升車，父母飲后酒，致戒辭，偏及使者、媒者、送者。發軔，伯叔父母、兄飲皇后酒如初。教坊遮道贊祝，后命賜以物。后族追拜，進酒，遂行。將至宮門，宰相傳敕，賜皇后酒，偏及送者。既至，特哩衮率皇族奉迎，再拜。皇后車至便殿東南七十步止，特哩衮夫人請降車。負銀罌，捧縢，履黄道行。後一人張羔裘若襲之，前一婦人捧鏡却行。置鞍於道，后過其上。乃詣神主室三拜，南北向各一拜，酹酒。向謁者一拜。起居訖，再拜。次詣舅姑御容拜，奠酒。選皇族諸婦宜子孫者，再拜之，授以罌、縢。詣諸帝御容拜，奠酒。神賜襲衣、珠玉珮飾，拜受服之。后姊若妹、陪拜者各賜物。皇族迎者、后族送者偏賜酒，皆相偶飲訖。后坐別殿，送后者退食於次。媒者傳旨，命送后者列於殿北。竢皇帝即御座，選皇族尊者一人當奥坐，主昏禮。命執事者往來致辭于后族，引后族之長率送后者升，當御座，皆再拜；又一拜〔一〕，少進，附奏送后之詞；退，復位，再拜。后族之長及送后者向當奥者三拜，南北向各一拜，向謁者一拜。后族之長跪問「聖躬萬福」，再拜，復奏送后之辭，又再拜。當奥者與媒者

〔一〕「拜」，諸本作「人」，據遼史禮志五改。

行酒三周，命送后者再拜，皆坐，終宴。翼日，皇帝晨興，詣先帝御容拜，奠酒訖，復御殿，宴后族及群臣，皇族、后族偶飲如初，百戲、角觝、戲馬較勝以爲樂。又翼日，皇帝御殿，賜后族及贐送后者，各有差，受賜者再拜，進酒，再拜。皇帝御別殿，有司進皇后服飾之籍。酒五行，送后者辭訖，皇族獻后族禮物，后族以禮物謝當奧者。禮畢。

國語解：拜奧禮。凡納后，即族中選尊者一人當奧而坐，以主其禮，爲之奧姑〔一〕，送后者拜而致敬，故云拜奧禮。

聖宗本紀：太平八年六月，權北院大王耶律哲魯奏：「今歲十一月，皇太子納妃，諸族備會親之帳。」詔：「以豪盛者三十户給其費。」十一月丙申，皇太子納妃蕭氏。

興宗本紀：重熙十六年，定公主行婦禮於舅姑儀。

金史太祖本紀〔二〕：天輔元年夏五月，詔：「自收寧江州以後，同姓爲昏者，杖而離之。」

〔一〕「姑」，諸本作「始」，據遼史國語解改。
〔二〕「太祖本紀」，原作「太宗本紀」，據光緒本、金史太祖本紀改。

太宗本紀：天會五年四月，詔曰：「哈斯罕諸部與新附人民，其在降附之後同姓爲昏者，離之。」

八年五月，禁繼父繼母之男女無相嫁娶。

十四年四月〔一〕，詔「諸良人知情嫁奴者，聽如故爲妻；其不知而嫁者，去住悉從所欲。」

海陵本紀：天德二年十一月，命庶官許求次室二人，百姓亦許置妾。

世宗本紀：大定九年正月，制：「漢人、渤海兄弟之妻，服闋歸宗，以禮續昏者，聽。」

十七年正月，詔：「朝官嫁娶，給假三日，不須申告。」十二月戊辰，以渤海舊俗，男女昏娶，多不以禮，必先攘竊以奔，詔禁絶之，犯者以姦論。

章宗本紀：明昌元年十月，制：「民庶聘財爲三等，上百貫，次五十貫，次二十貫。」

〔一〕「十四年」，金史太宗本紀作「十年」。

承安五年三月戊辰，定妻亡服内昏娶聽離制。辛巳，定本國昏聘禮制。七月癸亥，定居祖父母喪昏娶聽離法。

十二月辛丑，詔宫籍監户百姓自願以女爲昏者，聽。

泰和五年六月丁酉，制定本朝昏禮。

六年十一月乙酉，詔屯田軍户與所居民爲昏姻者，聽。

元史順帝本紀：至元六年七月，禁色目人勿妻其叔母。十一月甲寅，監察御史實達爾言：「宜禁達實愛滿、回回、輝和爾人等叔伯爲昏姻。」

右遼金元昏禮

明昏禮

明史禮志：天子納后儀。昏禮有六，天子惟無親迎禮。漢、晉以來，皆遣使持節奉迎。明興，諸帝皆即位後行册立禮。正統七年，英宗大昏，始定儀注。凡納采、問名，前期擇日，遣官告天地、宗廟。至期，設御座、制案、節案、鹵簿、綵輿、中和大樂如儀。禮部陳禮物於丹陛上及文樓下。質明，皇帝冕服陞座，百官朝服行禮訖，各就位。正、副使朝服四拜，執事舉制案、節案，由中門出，禮物隨之，俱置丹陛中道。傳制官宣制曰：「兹選某官某女爲皇后，命卿等持節行納采、問名禮。」正、副使四拜，駕興。舉制、節案由奉天門中門出。正、副使取節及制書置綵輿中，儀仗、大樂前導，出大明門。釋朝服，乘馬行，詣皇后第。第中設使者幕次於大門外左，南向；設香案於正堂，設制、節案於南，别設案於北。

○使者至，引禮導入幕次，執事官陳禮物于正堂。使者出次，奉制書於案。禮官先入，立於東；主昏朝服出，立於西。禮官曰：「奉制建后，遣使行納采、問名禮。」引主昏者出迎。使者捧制書及節，主昏者隨至堂，置制書及節於案。正、副使分立案左右。主昏者四拜，詣案前跪。正使取納采制，宣曰：「朕承天序，欽紹鴻圖。經國之道，正家爲本。夫婦之倫，乾坤之義，寔以相宗祀之敬，協奉養之誠，所資惟重。祗遵聖母皇太后命，遣使持節，以禮采擇。」宣訖，授主昏者。主昏者授執事者，置于北案上稍左。副使取問名制，宣曰：「朕惟夫婦之道，大倫之本。正位乎内，必資名家。特遣使持節以禮問名，尚佇來聞。」宣訖，授如前，置案上稍右。主昏者俯伏，興。執事舉表案，以表授主昏者。主昏者跪授正使，表曰：「臣某，伏承嘉命。正使某官某等，重宣制詔，問臣名族。臣女，臣夫婦所生，先臣某官某之曾孫，先臣某官某之孫，先臣某官某之外孫。臣女今年若干，謹具奏聞。」主昏者俯伏，興，退，四拜。使者出，置表綵輿中。主昏者前曰：「請禮從者。」酒饌畢，主昏者捧幣以勞使者。使者出，主昏者送至大門外。使者隨綵輿入大明門左門，至奉天門外，以表節授司禮監，復命。明會典：納采、問名禮物，玄纁紵絲四段，玄二、纁二。金一百兩，花銀八百兩，珍珠五樣。紵絲八十匹，大紅線羅四匹，白生土紗四匹，各色熟絹八十匹。綿臙脂一百箇，蠟臙脂二兩（用金合二箇），珠兒粉一十兩。開合紵絲六匹，木紅絹六匹，珠翠花一朵。羊八隻，猪四口，酒一百六十瓶，鵝四十隻。末茶二十袋，圓餅一百六十箇，白熟米四石，白麪八十袋，棗子四合，栗子四合，木彈四合。

○次納吉、納徵、告期，傳制遣使，並如前儀。但納徵用玄纁束帛、六馬、穀圭等物，制詞曰：「茲聘某官某女爲皇后，命卿等持節行納吉、納徵、告期禮。」皇后第陳設如前，惟更設玉帛案。使者至，以制書、玉帛置案上，六馬陳堂下。執事先設皇后冠服諸物於正堂。禮官入，主昏者出迎，執事舉玉帛案，正使捧納吉、納徵制書，副使捧告期制書，執節者捧節，以次入，各置於案。主昏者四拜，詣案前跪，正使取制書，宣曰：「大昏之卜，龜筮師士協從。敬循禮典，遣使持節告吉。」又宣曰：「卿女有貞靜之德，稱母儀之選，宜共承天地宗廟〔一〕。特遣使持節，以禮納徵。」宣訖，授主昏者。正、副使又捧圭及玄纁以授主昏者，俱如前儀。副使取制書，宣曰：「歲令月良，吉日某甲子，大昏維宜。特遣使持節，以禮告期。」宣訖，授如前儀。主昏者四拜，使者持節出。主昏者禮使者，使者還，復命如初。明會典：納吉、納徵、告期禮物，玄纁紵絲四段，玄二、纁二。玉穀圭一枝，金龍珠翠燕居冠一頂（簪全）。燕居服、素夾四件，紵絲一件，線羅二件，銀絲紗一件，大帶各色線羅四條，玉革帶一條，玉花采結綬一副（金事件全），玉佩玎璫一副（金鈎金事件全），玉雲龍霞帔墜頭一箇，金鈒花釵一雙，素釧一雙，金連珠鐲一雙，首飾一副，珠面花二副，翠面花二副，四珠葫蘆環一雙，八珠環一雙，排環一雙〔二〕，玉禁步一副，青素紵絲滴真珠描金雲龍舄一雙（青羅韈全），珠翠花四朵，翠花四朵，珠兒粉十兩，蠟臙脂二兩，金鑲合香串一副。金八百兩，花銀二千六百兩，寶鈔二千錠。白綿五十斤。五樣珍珠二十八兩。紵絲八十匹，銀絲紗八十匹，素線羅八十匹，大紅素線羅八匹，熟綾八十匹，妝花絨錦四十段，白生闊土紗八匹，各色熟絹二百八十匹。各色衣服七十件，各色被六牀，白絹卧單四條，裁剩紵絲紗羅錦二束。朱紅漆戧金皮箱三十對，翟服匣一座，朱紅漆柳箱二對。擎執宮人用衣帽等件九十六

〔一〕「共」，原作「其」，據光緒本、明史禮志九改。
〔二〕「首飾一副珠面花二副翠面花二副四珠葫蘆環一雙八珠環一雙排環一雙」三十字，原脱，據味經窩本、乾隆本、光緒本補。

件，紅緑平羅銷金衣二十四件，硬翠竹葉烏紗帽二十四頂，皂麂皮靴二十四雙，鈒花銀束帶二十四條。馬十二匹，回禮馬八匹，金鞍四副。開合紵絲八匹，木紅熟絹八匹，珠翠花一朵。北羊五十二隻，酒三百四十瓶，猪三十二口，鵝六十四隻。末茶六十四袋，圓餅一千二百箇，白麪二百四十袋，膠棗四合，栗子二合，榛子二合，木彈二合，胡桃二合，響糖四合，纏糖四合，蓮肉纏四合，杏仁纏四合，砂仁纏四合。

○次發册奉迎，所司陳設如前儀。禮部陳雁及禮物於丹陛上，内官監陳皇后鹵簿、車輅於奉天門外。制詞曰：「兹册某官某女爲皇后，命卿等持節奉册寶，行奉迎禮。」正、副使以册寶置綵輿中，隨詣皇后第。至門，取制書、册寶置案上。禮官先入，主昏者朝服出見。禮官曰：「奉制册后，遣使持節奉册寶，行奉迎禮。」主昏者出迎。使執事者舉案前行，使者捧制書及節，執事者以雁及禮物從之。至堂中，各置於案。使者左右立，主昏者四拜，退立於西南。女官以九龍四鳳冠、褘衣進皇后。内官陳儀仗於中堂前，設女樂於堂下，作止如常儀。使者以節册寶授司禮監官，内贊導入中堂。皇后具服出閤，詣香案前，向闕立，四拜。贊宣册，皇后跪。宣册官宣訖，以授皇后。皇后搢圭，受册，以授女官。女官跪受，立于西。贊宣寶，如宣册儀。贊出圭，贊興，四拜訖，皇后入閤。司禮監官持節出，授使者，報受册寶禮畢。主昏者詣案前跪。正使取奉迎制宣訖，授主昏者。副使進雁及禮物，主昏者皆跪受，如前儀。主昏者興，使者四拜，出。主昏者禮使者如初。女官奏請皇后出閤。自東階下，立香案前，四拜。陞堂，南向立。主昏者進立於東，西向，曰：「戒之敬之，夙夜無違。」退立於東階。母進，立於西，東向，施衿結帨，曰：「勉之敬之，夙夜無違。」退立於西階。内執事請乘輿，皇后降階升輿。導從出，儀仗大樂前行，次綵輿，正、副使隨，次司禮監官擁導，從大明門中門入。百官朝服於承天門外班迎，候輿入，乃退。皇后至午門外，鳴鐘鼓，鹵簿止。正、副使以節授司禮監，復命。授册寶官捧册寶〔二〕，儀仗、女樂前道，進奉天門。至内庭幕次，司禮監以册寶授女官。皇后出輿，由西階進。皇帝由東階降迎於庭，揖皇后入内殿。帝詣更服處，具衮冕。后詣更服處，更禮服。同詣奉先殿，行謁廟禮。祭畢，還宫。明會典：發册奉迎禮物，串五大紅紵絲二匹，金册一副，金寶一副，冠一頂，首飾一副，翟服一副，大衫三件，紵絲一、羅一、紗一，鞠衣繡四件，霞帔各色羅繡三副，舄一雙（襪珍珠全），駕一副，雁一隻，羊一十二隻，酒六十瓶，膠棗二合，栗子二合，木彈二合，胡桃二合。合巹，帝更皮弁，

〔二〕「授」，明史禮志九改作「捧」。

陞内殿。后更衣，從陞。各陞座，東西相向。執事者舉饌案於前，女官取四金爵，酌酒以進。既飲，進饌。復進酒、進飯訖，女官以兩卺酌酒，合和以進。既飲，又進饌畢，興，易常服。帝從者餕后之饌，后從者餕帝之饌。

○次日早，帝后皆禮服，候太后陞座。帝后進座前。宫人以腶脩盤立於后左，帝后皆四拜。執事舉案至，宫人以腶脩盤授后，后捧置於案。女官舉案，后隨至太后前，進訖，復位。帝后皆四拜。三日早，帝冕服，后禮服，同詣太后宫，行八拜禮。還宫，帝服皮弁，陞座。女官導后，禮服詣帝前，行八拜禮。后還宫，陞座。引禮導在内親屬及六尚等女官行八拜禮，次各監局内官、内使行八拜禮。是日，皇帝御奉天殿，頒詔如常儀。四日早，皇帝服衮冕御華蓋殿，親王八拜，次執事官五拜，遂陞奉天殿，百官進表，行慶賀禮。是日，太后及皇后各禮服陞座。親王入，八拜出，次内外命婦慶賀，及外命婦進表箋，皆如常儀。五日，行盥饋禮，尚膳監具膳脩。皇后禮服詣太后前，四拜。尚食以膳授皇后，皇后捧膳進於案，復位，四拜，退立於西南。俟膳畢，引出。

明會典：天子納后，先遣官祭告天地宗廟。天子臨軒命使，行六禮。東宫納妃則先告廟。

蕙田案：明天子納后儀，志稱英宗大昏，始定儀注。今據會典云：「皆遵用舊儀而稍有損益。」則是明初已有儀注矣。太子納妃儀，定於洪武元年。史稱「凡行禮，遣使持節，如皇帝大昏儀」。則是先有皇帝大昏儀明矣。今以禮志所載，冠於皇太子、親王昏禮之前，庶尊卑之分定，而時次亦得其宜矣。

皇太子納妃。歷代之制，與納后同。隋、唐以後始親迎，天子臨軒醮戒。宋始行盥饋禮，明因之。洪武元年定制，凡行禮，皆遣使持節，如皇帝大昏儀。納采、問名。制曰：「奉制納某氏女爲皇太子妃，命卿等行納采、問名禮。」至妃第，儐者出，詣使者前曰：「敢請事。」使者曰：「儲宮納配，屬於令德。邦有常典，使某行納采之禮。」儐者入告。主昏者曰：「臣某之子，昧於壼儀，不足以備采擇。恭承制命，臣某不敢辭。」儐者出告。使者入，陳禮物於庭，宣制曰：「某奉詔采擇。」奠雁禮畢，使者出。儐者復詣使者前，曰：「敢請事。」使者曰：「儲宮之配，采擇既諧〔一〕。將加卜筮，奉制問名。」儐

〔一〕「諧」，原作「詣」，據光緒本、明史禮志九校勘記改。

者入告。主昏者曰：「制以臣某之女，可以奉侍儲宫，臣某不敢辭。」儐者出告。使者復入，陳禮奠雁如儀，宣制曰：「臣某奉詔問名，將謀諸卜筮。」主昏者曰：「臣某第幾女，某氏出。」次納吉。儐者請事如前。使者曰：「謀諸卜筮，其占協從，制使某告吉。」儐者入告。主昏者曰：「臣某之子蠢愚，懼弗克堪。卜筮云吉，惟臣之幸，臣謹奉典制。」儐者出告。使者入，陳禮奠雁如儀，宣制曰：「奉制告吉。」又次納徵。儐者出告。使者入，陳玉帛禮物，不奠雁，宣制曰：「某奉制告成。」又次請期。辭曰：「詢於龜筮，某月某日吉，制使某告期。」主昏者曰：「敢不承命。」陳禮奠雁如儀。又次告廟。遣使持節、授册寶，儀注悉見前文。次醮戒。皇帝服通天冠、絳紗袍，御奉天殿，百官侍立。引進導皇太子至丹陛，四拜。入殿東門，就席位，東向立。司爵以醆進，皇太子跪，搢圭，受醆祭酒。司饌以饌進，跪受亦如之。興，就席坐，飲食訖，導詣御座前跪。皇帝命之曰：「往迎爾相，承我宗事，勗率以敬。」皇太子曰：「臣某謹奉制旨。」俯伏，興。出至丹陛，四拜畢，皇帝還宫，皇太子出。又次親迎。前一日，有司設皇太子次于妃氏大門外，南向；東宫官次於南，東西相向。至日質明，東宫官具朝服陳鹵簿、鼓吹於東宫門外。皇太子冕服乘輿出，侍衛導從如儀。至宫門，降輿升輅，東宫官皆從至妃第，回輅南向，降輅升輿。至次，降輿入就次，東宫官皆就次。先是，皇太子將至，主昏者設會宴女。至期，妃服褕翟花釵，出就閤南面立，傅姆立於左右。主昏者具朝服立於西階之下。引進導皇太子出次，立於大門之東，西向。儐者朝服出，立於門東，曰：「敢請事。」引進跪啓訖，皇太子曰：「某奉制親迎。」引進受命，興，承傳於儐者，儐者入告，導主昏者出迎於大門外之西，東向再拜。皇太子答拜。引進導皇太子入門而左，執雁者從。儐者導主昏者入門而右。皇太子陞東階進，立於閤門户前，北向立。主昏者升西階，立於西，東向。引進啓奠雁，執雁者以雁進。皇太子受雁，以授主昏者。主昏者跪受，興，以授左右，退立于西。皇太子再拜，降自東階，出至次以俟。主昏者不降送。初，皇太子入門，妃母出，立於閤門外奠雁位之西，南向。皇太子拜訖，宫人傅姆導妃出，立於母左。主昏者命之曰：「戒之戒之，夙夜恪勤，毋或違命。」母命之曰：「勉之勉之，爾父有訓，往承惟欽。」庶母申之曰：「恭聽父母之言。」宫人傅姆擎執導從，妃乘輿出門，降輿，乘鳳轎。皇太子揭簾訖，遂升輅，侍從如來儀。至東宫門外，降輅乘輿。至閤，降輿入，俟於内殿門外之東，西面。司閨導妃詣内殿門外之西，東面。皇太子揖妃入，行合卺禮，如中宫儀。又次朝見。其日，妃詣内殿陛下，候皇帝陞座。司閨導妃入，北面立，再拜，自西階升。宮人奉棗、栗盤，進至御座前授妃。妃奠於御前，退，復位，再拜。禮畢，詣皇后前，奉腶脩盤，如上儀。又次醴妃、次盥饋、次謁廟、次群臣命婦朝賀，皆如儀。

蕙田案：明會典載皇太子六禮禮物，與皇帝昏禮大致略同，今不附載。

親王昏禮。唐制，皇子納妃，命親王主昏。宋皆皇帝臨軒醮戒，略與皇太子同。明因之。其宣制曰：「册某氏爲某王妃。」納采，致詞曰：「某王之儷，屬於懿淑，使某行納采禮。」問名詞曰：「某既受命，將加諸卜筮，奉制問名。」主昏者曰：「制以臣某之子，可以奉侍某王，臣某不敢辭。」納吉詞曰：「卜筮協從，使某告吉。」主昏者曰：「臣某之子，愚弗克堪。卜貺之吉，臣與有幸，謹奉典制。」納徵詞曰：「某王之儷，卜既協吉，制使某以儀物告成。」主昏者曰：「奉制賜臣以重禮，臣某謹奉典制。」請期詞曰：「某月日涓吉，制使某告期。」主昏者曰：「謹奉命。」醮戒命曰：「往迎爾相，用承厥家，勗帥以敬。」其親迎、合巹、朝見、盥饋，並如皇太子。盥饋畢，王皮弁服，妃翟衣，詣東宮前，行四拜禮。東宮坐受，東宮妃立受二拜，答二拜。王與妃至妃家，妃父出迎。王先入，妃父從之。至堂，王立於東，妃父母立於西。王四拜，妃父母立受二拜，答二拜。王中坐，其餘親屬見王，四拜，王皆坐受。妃入中堂，妃父母坐，妃四拜。其餘，序家人禮。太祖之世，皇太子、皇子有二妃。

公主昏禮。古者天子嫁女，不自主昏，以同姓諸侯主之，故曰公主。唐猶以親王主昏。宋始不用，惟令掌昏者於内東門納表，則天子自爲主矣。明因之。凡公主出降，行納采、問名禮，壻家備禮物、表文於家庭，望闕再拜。掌昏者奉至内東門，詣内使前曰：「朝恩貺室於某官某之子，某習先人之禮，使臣某請納采。」以表跪授内使。内使跪受，奉進内殿，執雁及禮物者從入。内使出，掌昏者曰：「將加卜筮，使臣某問名。」進表如初，内使出，曰：「有制。」掌昏者跪，内使宣曰：「皇帝第幾女，封某公主。」掌昏者俯伏，興。入就次，賜宴出。納吉儀與納采同。掌昏者致詞曰：「加諸卜筮，占曰從吉，謹使臣某敢告。」納徵，壻家具玄纁、玉帛、乘馬、表文如儀。掌昏者致詞曰：「朝恩貺室於某官某之子某，有先人之禮，使臣某以束帛、乘馬納徵。」請期，詞曰：「某命臣某，謹請吉日。」親迎日，壻公服告廟曰：「國恩貺室於某，以某日親迎，敢告。」將行，父醮於廳，隨意致戒。壻再拜出，至内東門内。内使延入次，執雁及奉禮物者各陳於庭。其日，公主禮服辭奉先殿，詣帝后前四拜，受爵。帝后隨意訓戒。受命訖，又四拜。降階，内命婦送至内殿門外，公主陞輦。至内東門，降輦。壻揭簾，公主陞轎。壻出次立。執雁者以雁跪授壻，壻受雁，跪進於内使。内使跪受以授左右。壻再拜，先出，乘馬還。公主鹵簿車輅後發，公侯百官命婦送至府。壻先候於門。公主至，壻揭簾。公主降，同詣祠堂。壻東，公主西，皆再拜。進爵，讀祝，又再拜。出，詣寢室。壻、公主相向再拜，各就坐，壻東，公主西。進饌、合巹如儀，復相向再拜。明日，見舅姑。舅姑坐於東，西向。公主立於西，東向，行四拜禮。舅姑答二拜。第十日，駙馬朝見謝恩，行五拜禮。

明會典：洪武元年，令凡民間嫁娶，並依朱文公家禮行。又令男女昏姻，各有其時，或有指腹割衫襟爲親者，並行禁止。

二年，令凡嫁娶〔一〕，皆由祖父母、父母主昏。祖父母、父母俱無者，從餘親主昏。若夫亡携女適人者，其女從母主昏。若已定昏，未及成親，而男女或有身故者，不追財禮。其定昏，夫作盜及犯徒流移鄉者，女家願棄者，聽還聘財。其定昏，女犯姦，經

〔一〕「令凡」，原誤倒，據光緒本、明會典卷二〇乙正。

斷，夫家願棄者，追還聘財。五年無故不娶，及夫逃亡過三年不還者，並聽經官告，給執照，別行改嫁，亦不追其財禮。凡招壻，須憑媒妁，明立昏書，開寫養老或出舍年限。止有一子者，不許出贅。如招養老女壻者，仍立同宗應繼者一人，承奉祭祀，家產均分。如未立繼身死，從族長依例議立。

三年，定品官昏娶。

明史禮志：品官昏禮。周制，凡公侯大夫士之昏娶者，用六禮。唐以後，儀物多以官品爲降殺。明制，凡品官昏娶，或爲子聘婦，皆使媒氏通書。女氏許之，擇吉納采。主昏者設賓席。至日，具祝版告廟訖，賓至女氏第。主昏者公服出迎，揖賓及媒氏入。雁及禮物陳於廳。賓左主右，媒氏立於賓南，皆再拜。賓詣主人曰：「某官以伉儷之重施於某，某率循典禮，謹使某納采。」主昏者曰：「某之子弗嫻姆訓，既辱采擇，敢不拜嘉。」賓主西東相向坐〔一〕，徹雁受禮訖，復陳雁及問名禮物。賓興，詣主昏者曰：「某官慎重昏禮，將加卜筮，請問名。」主昏者進曰：「某第幾女，妻某氏出。」或

〔一〕「東」，諸本作「南」，據明史禮志九校勘記改。

以紅羅，或以銷金紙，書女之第行年歲。賓辭，主昏者請禮從者。禮畢，送賓至門外。納吉，如納采儀。賓致詞曰：「某官承嘉命，稽諸卜筮，龜筮協從，使某告吉。」主昏者曰：「某未教之女，既以吉告，其何敢辭。」納徵如納吉儀，加玄纁、束帛、函書，不用鴈。賓致詞曰：「某官以伉儷之重，加惠某官，率循典禮。有不腆之幣，敢請納徵。」主昏者曰：「某官貺某以重禮，某敢不拜受。」賓以函書授主昏者，主昏者亦答以函書。請期，亦如納吉儀。親迎日，壻父告於禰廟。壻北面再拜立，父命之曰：「躬迎嘉偶，釐爾内治。」壻進曰：「敢不承命。」再拜，媒氏導壻之女家。其日，女氏主昏者告廟訖，醴女如家人禮。壻至門，下馬，就大門外之次。女從者請女盛服，就寢門内，南向坐。壻出次，主昏者出迎於門外，揖而入。主昏者入門而右。壻入門而左，執鴈者從，至寢户前，北面立。主昏者立於户東，西向。壻再拜，奠鴈出就次。主昏者不降送〔二〕。壻既出，女父母南向坐，保母導女四拜。父命之曰：「往之女家，以順爲正，無忘肅恭。」母命之曰：「必恭必戒，毋違舅姑之命。」庶母申之曰：「爾忱聽於訓言，毋作父母羞。」保

〔二〕「送」，諸本作「迎」，據明史禮志九校勘記改。

母及侍女翼女出門，升車。儀衛導前，送者乘車後。壻先還以俟，婦車至門，出迎於門內，揖婦入。及寢門，壻先升階，婦從升。入室，壻盥於室之東南，婦從者執巾進水以沃之；婦盥於室之西北，壻從者執巾進水以沃之。盥畢，各就座，壻東，婦西。舉食案，進酒，進饌。酒食訖，復進如初。侍女以巹注酒，進於壻、婦前。各飲畢，皆興，立於座南，東西相向，皆再拜。壻、婦入室，易服。壻從者餕婦之餘，婦從者餕壻之餘。明日，見宗廟，設壻父拜位於東階下，壻於其後；主婦拜位於西階下，婦於其後。諸親各以序分立。其日夙興，壻父以下各就位，再拜。贊禮引婦至庭中，北面立。壻父升自東階，詣神位前，跪。三上香，三祭酒，讀祝，興，立於西。婦四拜，退，復位。壻父降自西階，就拜位，壻父以下皆再拜，禮畢。次見舅姑。其日，婦立堂下，俟舅姑即座，就位四拜。保姆引婦升自西階，至舅前，侍女奉棗、栗授婦。婦進訖，降階四拜。詣姑前，進腶脩如前儀。次舅姑醴婦，如家人禮。次盥饋。其日，婦家備饌至壻家。舅姑即座，婦四拜。升自西階，至舅前。從者舉食案以饌授婦，婦進饌，執事者加匕箸。進饌於姑，亦如之。食訖，徹饌，婦降階，就位，四拜，禮畢。舅姑再醴婦，如初儀。

庶人昏禮。禮云：「昏禮下達。」則六禮之行，無貴賤一也。朱子家禮無問名、納吉，止納采、納幣、請期。洪武元年定制用之。凡庶人娶婦，男年十六、女年十四以上，並聽昏娶。壻常服，或假九品服，婦服花釵大袖。其納采、納幣、請期，略倣品官之儀。有媒無賓，詞亦稍異。親迎前一日，女氏使人陳設於壻之寢室，俗謂之鋪房。至若告詞、醮戒、奠雁、合巹，並如品官儀。見祖禰舅姑，舅姑醴婦，亦略相準。

蕙田案：明祖洪武元年，令凡民嫁娶準文公家禮，故其儀多與家禮同，今不重載。

洪武四年，册開平王常遇春女爲皇太子妃。禮部上儀注，太祖覽之曰：「贄禮不用笄，但用金盤，翟車用鳳轎，雁以玉爲之。古禮有親迎，執綏御輪，今用轎，則揭簾是矣。其合巹，依古制用匏。妃朝見，入宫中，乘小車，以帷幕蔽之。謁廟，則皇太子俱往。禮成後三日，乃宴群臣命婦。」著爲令。

明會典：洪武五年詔：「古之昏禮，結兩姓之好，以重人倫。近代以來，專論聘財，習染奢侈。宜令中書省集議定制，頒行遵守，務在崇尚節儉，以厚風俗。違者論罪如律。」又令蒙古、色目人氏，既居中國，許與中國人家結昏姻，不許與本類自相嫁娶。違者，男女兩家抄没入官爲奴婢。其色目欽察自相昏姻，不在此限。

明史禮志：洪武八年十一月，徵衛國公鄧愈女爲秦王次妃，不傳制、不發册、不親迎。正、副使行納徵禮，冠服擬唐、宋二品之制，儀仗視正妃稍減。昏之日，王皮弁服，導妃謁奉先殿。王在東稍前，妃西稍後。禮畢入宫，王與正妃正坐，次妃詣王前四拜，復詣正妃前四拜。次妃東坐，宴飲成禮。次日朝見，拜位如謁殿。謁中宫，不用棗、栗、腶脩，餘並同。

蕙田案：此娶次妃禮，歷代未行。

洪武九年，太祖以太師李善長子祺爲駙馬都尉，尚臨安公主。先期，告奉先殿。下嫁前二日，命使册公主。册後次日，謁奉先殿。又定駙馬受誥儀，吏部官捧誥命置龍亭，至太師府，駙馬朝服拜受。次日，善長及駙馬謝恩。後十日，始請昏期。二十六年，稍更儀注。然儀注雖存，其拜舅姑及公主、駙馬相向拜之禮，終明之世，寔未嘗行也。明年，又更定公主、郡主封號、昏禮，及駙馬、儀賓品秩。

蕙田案：儀注具前。

明會典：永樂四年詔：「北京、山東等處，人民流移各處趁食，有將女憑媒禮，嫁在處人民爲妻已生男女者，保勘明白，仍許完聚，不必發回原籍。」

英宗正統四年，令武職不得與所管旗軍結昏。

七年，定皇帝納后之禮。

蕙田案：納后儀注具前。

十一年，令雲南、四川、貴州所屬宣慰、宣撫、安撫長官司，并邊夷府州縣土官衙門，不分官吏軍民，其男女昏姻，皆依朝廷禮法，違者罪之。

景泰三年，詔各王府庶人子女長成，或無父母，昏姻又無人敢與議，配所在官司審察，具名奏來處置。

天順四年，奏准宗室降爲庶人者，其子女昏嫁，有司每人與四表裏首飾、銀二十兩、猪四口、羊四隻，自令昏配。

明史禮志：成化二十二年，更定皇太子昏禮。凡節册等案，俱由奉天左門出。皇太子親迎，由東長安門出。親迎日，妃服燕居服，隨父母家廟行禮。執事者具酒饌，妃飲食訖。父母坐堂上，妃詣前，各四拜。父命之曰：「爾往大内，夙夜勤慎，孝敬無違。」母命之曰：「爾父有訓，爾當奉承。」合巹前，於皇太子内殿各設拜位。皇太子揖妃入就位，再拜，妃四拜，然後各升座。廟見後，百官朝賀，致詞曰：「某官臣某等，恭惟皇太子嘉禮既成，益綿宗社隆長之福。臣某等不勝欣忭之至，謹當慶賀。」帝賜宴如正旦儀。命婦詣太后、皇后前賀，亦賜宴，致詞曰：「皇太子嘉聘禮成，益綿景福。」餘大率如洪武儀。

明會典：弘治二年，令有訐告服内成昏者，如親病已危，從尊長主昏。招壻納婦罪，止坐主昏，免離異。若親死，雖未成服，輒昏配，仍依律斷離異。

明史禮志：弘治二年，册封仁和長公主，重定昏儀。入府，公主、駙馬同拜天地，行八拜禮。堂内設公主座於東，西向，駙馬東向座，餘如前儀。

明會典：嘉靖二年，令王府有不遵禁約、擅自成昏者，俱革退另選。

明史禮志：嘉靖二年，工科給事中安磐等言：「駙馬見公主，行四拜禮，公主坐受二拜。雖貴賤本殊，而夫婦分定，於禮不安。」不聽。

自宣德時，駙馬始有教習，用學官爲之。正統以後，令駙馬赴監讀書習禮。嘉靖六年，始定禮部主事一人，專在駙馬府教習。

明會典：嘉靖八年，題准士庶昏禮，如問名、納吉，不行已久，止做家禮納采、納幣、親迎等禮行之。所有儀物，二家俱無過求。

二十八年，題准王府擅自擇選繼室，已經革封者，其所生子女，照革爵庶人所生例，不許請乞封號。以後違例擅昏者，視此。

明史禮志：凡選駙馬，禮部榜諭在京官員、軍民子弟年十四至十六，容貌齊整、行止端莊、有家教者報名，司禮内臣於諸王館會選。不中，則博訪於畿内、山東、河南。選中三人，欽定一人，餘二人送本處儒學，充廪生。崇禎元年，教習駙馬主事陳鍾盛言：「臣教習駙馬鞏永固，駙馬黎明於府門外月臺四拜，云至三月後，則上堂、上門、上影壁，行禮如前。始視膳於公主前，公主飲食於上，駙馬侍立於旁，過此，方議成昏。駙馬饋果餚書『臣』，公主答禮書『賜』，皆大失禮。夫既合巹，則儼然夫婦，安有拜跪數月、稱臣侍膳，然後成昏者？會典行四拜於合巹之前，明合巹後無拜禮也。以天子館甥，下同隸役，豈所以尊朝廷？」帝是其言，令永固即擇日成昏。

蕙田案：公主下嫁，人倫攸係，風化所關。歷代以來，未有跪拜數月、稱臣侍膳如明之甚者。原其始，皆因一二驕縱踰禮勛戚之家，視爲畏途，遂乃下選庶姓。出身既微，又皆起自内臣之力，多方挾制，以致凌夷若此。昏禮之壞，可勝言哉！

右明昏禮

五禮通考卷一百五十六

嘉禮二十九

饗燕禮

蕙田案：周禮大宗伯：「以饗燕之禮親四方之賓客。」賈疏：「饗禮，亨太牢以飲賓，獻依命數，在廟行之。燕禮，其牲狗，行一獻四舉，旅降，脱屨升堂，無算爵，以醉爲度，行之在寢。」成十二年左傳：晉郤至曰：「饗以訓恭儉，燕以示慈惠。」宣十六年，定王曰：「王享有體薦，宴有折俎。公當饗，卿當燕。」周語：「王公立飫則有房烝，親戚宴享則有殽烝。」杜注：「享有體薦，設几而不倚，爵盈而不飲，殽乾而不食。燕則折俎，相與共食。」孔疏：「王爲公侯設饗，則半解其體而薦之，爲不食，故不解折。燕禮，體解節折，升之於俎，即殽烝，其物解折使可食。」又，饗則君親獻，燕則不親獻，此饗與燕之别也。而饗之禮有三：天子享元侯，一也；兩君相見，二也；凡饗賓客，三也。詩小雅彤弓：覲禮「饗禮乃歸」。周禮掌客：「三饗，壹饗。」大行人：「饗禮九獻、七獻、五獻。」郊特牲：「大饗尚腶脩。」此天子享諸侯之大饗，襄四年左傳穆叔曰「三夏，天子所以享元侯」是也。仲尼燕居言：「禮有九，大饗有四。兩君相見，揖讓而入門，入門而升堂，升堂而樂闋，下管象、武〔一〕，夏籥序興。陳其薦俎，序其禮樂，備其百官。」坊記：「大饗廢夫人之禮。」是兩君相見之大饗，成十二年左傳晉郤至曰「世之治也，諸侯間於天子之事則相朝，於是乎有饗宴之禮」是也。左傳僖十二年：「齊侯使管夷吾平戎於王，王以上卿之禮饗管仲。」三十年：「周公閱來聘，饗有昌歜、形鹽。」襄二十九年：「范獻子來聘，公享之。」昭二年：「韓宣子來聘，公享之。」等是凡饗賓客之大饗也。天子饗禮以天子饗元侯爲正，兩君相見次之。若殽烝之饗，不得謂之大饗矣。

〔一〕「武」，諸本作「舞」，據禮記正義卷五〇改。

之大饗有等數。周禮掌客：「凡諸侯之禮，上公三饗、三食、三燕，侯伯三饗、再食、再燕，子男壹饗、壹食、壹燕。」大行人：「上公之禮，廟中將幣三享，王禮再祼而酢，饗禮九獻，食禮九舉。諸侯之禮，廟中將幣三享，王禮壹祼而酢，饗禮七獻，食禮七舉。諸子，廟中將幣三享，王禮壹祼不酢，饗禮五獻，食禮五舉。」是也。鄭注：「饗，設盛禮以飲賓。」賈疏云：「盛禮者，以其饗有食有酒，兼燕與食，故云盛禮。」是燕不得爲饗，而饗則又兼燕與食矣。考之禮，惟諸侯燕其臣及公食大夫之禮見於儀禮，而饗禮久亡。今以散見於周禮傳記者，類而輯之，以著於燕禮之前，而以儀禮及左傳所載春秋饗宴之禮及後世史事附焉。

統論饗燕

周禮春官大宗伯：以饗燕之禮親四方之賓客。注：賓客，謂朝聘者。疏：饗燕，謂大行人云：「上公三饗三燕，侯伯再饗再燕，子男一饗一燕。」饗，亨大牢以飲賓，獻依命數，在廟行之。燕者，其牲狗，行一獻四舉，旅降，脱屨升坐，無算爵，以醉爲度，行之在寢。此謂朝賓，若聘客，則皆一饗，其燕與時賜無數。是親四方之賓客也。

秋官掌客：掌四方賓客之牢禮之等數。凡諸侯之禮：上公三饗、三食、三燕，侯伯三饗、再食、再燕，子男壹饗、壹食、壹燕。

春秋宣公十六年左氏傳：王享有體薦，注：享則半解其體而薦之，所以示共儉。疏：王爲公侯設享，則半解其體而薦之。爲不食，故不解折，所以示共儉也。宴有折俎。注：體解節折，升之於俎，物皆可食，所以示慈惠也。疏：王爲公侯設宴禮，體解節折，升之於俎，即殽烝是也。其物解折，使皆可食，共食噉之，所以示慈惠也。其宴飲殽烝，其數無文。若祭祀體解，案特牲饋食禮有九體，則肩一、臂二、臑三、肫四、胳五、正脊六、横脊七、長脇八、短脇九，此謂士禮也。若大夫禮，則十一體，加脡脊、代脇。其諸侯天子無文，或同十一。公當享，卿當宴，王室之禮也。注：公，謂諸侯。疏：五等諸侯，總名爲公，故云「公謂諸侯」。言諸侯親來，則爲之設享，又設燕也。享用體薦，燕用折俎。若使卿來，雖爲設享，仍用公之燕法，亦用折俎，是王室待賓之禮也。周語説此甚詳。王召士季曰：「子弗聞乎？禘郊之事，則有全烝；王公立飫，則有房烝；親戚宴享，則有殽烝。今叔父使士季實來，惟是先王之宴禮，欲以貽爾，體解節折而共飲食之，於是乎有折俎，以示容合好，將安用全烝？」注國語者，皆云禘祭宗廟，郊祭天地，則有全其牲體而升俎，謂之全烝。王公立飫，即享禮也。禮之立成者名爲飫。半解其體而升於俎，謂之房烝，傳言體薦，即房烝也。親戚宴享，則宴享禮同，皆體解節折乃升於俎，謂之殽烝。此傳略而爲文，猶是彼意，故注皆取彼解之。

成公十二年左氏傳：晉郤至曰：「世之治也，諸侯間於天子之事，則相朝也。於是乎有饗宴之禮。享以訓共儉，宴以示慈惠。」注：享有體薦，設几而不倚，爵盈而不飲，殽乾而不食，所以訓共儉。宴則折俎，相與共食。共儉以行禮，而慈惠以布政。政以禮成，民是以息，百官承事，朝而不夕，此公侯之所以扞城其民也。注：言宴享結好鄰國，所以捍蔽其民。

蕙田案：饗禮之大者有二：秋官掌客及定王所言天子饗諸侯之禮，郤至所言兩君相見之禮，而大宗伯饗燕之禮實該之。

右統論饗燕

饗禮

周禮天官小宰：以官府之六聯合邦治，二曰賓客之聯事。以法掌朝覲、會同、賓客之戒具，令百官府共其財用，治其施舍。

春官司几筵：凡大朝覲、大饗、射，王位設黼依，依前南鄉，設莞筵紛純，加繅席畫純，加次席黼純，左右玉几。疏：云饗者，謂王與諸侯行饗禮於廟，即大行人云「上公三饗」之屬是也。

昨席莞筵紛純，加繅席畫純。筵國賓於牖前，亦如之，左彤几。注：昨讀曰酢。鄭司農云：「國賓，老臣也，爲布几筵於牖前。」玄謂國賓，諸侯來朝，孤卿大夫來聘。後言几者，使不蒙「如」也。朝者彫几，聘者彤几。　疏：亦如之，亦如同二種席也。几席雖同，但上文鬼神則右几，此文生人則左几也。

大司樂：大祭祀，宿懸，遂以聲展之。大饗如祭祀。

典庸器：掌藏樂器、庸器。及祭祀，帥其屬而設筍虡，陳庸器。饗食亦如之。

蕙田案：以上大饗設几席、樂器。

秋官掌客：王合諸侯，而饗禮則具十有二牢，庶具百物備。注：饗諸侯而用王禮之數者，以公侯伯子男盡在，是兼饗之，莫敵用也。　疏：哀七年，吳來徵百牢，魯使子服景伯對曰：「周之王也，上物不過十二，以爲天之大數也。」上公以九爲節，則十二者是王禮之數也。云「以公侯伯子男盡在，是兼饗之」者，以經云合則時會殷同盡在，於是兼饗，故用十二牢也。今兼饗諸侯，無二相敵，故云「莫敵用」也。

天官宰夫：凡朝覲、會同、賓客，以牢禮之法掌其牢禮。

地官牛人：凡饗食，共其膳羞之牛。

封人：賓客，則飾其牛牲。

夏官羊人：賓客共其瀳羊。

蕙田案：以上大饗牲牢之具。

天官酒正：共賓客之禮酒，共后之致飲於賓客之禮，醫酏糟皆使其士奉之。

酒人：共賓客之禮酒、飲酒而奉之。

漿人：掌共王之六飲，共夫人致飲於賓客之禮，清醴、醫酏糟而奉之。

蕙田案：注疏謂：「禮酒，王所致酒。王致酒，后致飲。」又云：「禮酒，饗燕之酒，王不親饗，而使人各以其爵致之。」是不饗則致於其館，親饗則陳之於廟，可知。

又案：以上大饗酒醴之具。

春官小宗伯：辨六彝之名物，以待祼將。辨六尊之名物，以待賓客。注：待者，有事則給之。疏：司尊彝唯爲祭祀陳六彝六尊，不見爲賓客陳六尊，此兼言賓客，則在廟饗賓客時陳六尊，亦依祭祀四時所用。唯在野外饗，不用祭祀之尊，故左傳云「犧象不出門」也。若然，則上六彝，亦爲賓客而辨之。

典瑞：祼圭有瓚，以祼賓客。注：爵行曰祼。疏：以祼賓客，則大行人云「上公再祼，侯伯一祼」之等是也。云「爵行曰祼」者，此周禮祼，皆據祭而言。至於生人飲酒亦曰祼。故投壺禮云：「奉觴賜灌。」是生人飲酒，爵行亦曰祼也。凡賓客之事，共其玉器而奉之。注：玉器，謂祼圭之屬。疏：凡賓客，謂再祼之等。奉之者，送向所行禮之處也。

鬱人：掌祼器。凡賓客之祼事，和鬱鬯以實彝而陳之。疏：賓客祼，大行人云「公再祼」之等是也。和鬱鬯，陳於廟中饗賓客之處也。凡祼玉，濯之陳之，以贊祼事。

蕙田案：以上大饗祼具。

天官外饔：掌祭祀之割亨，共其脯、脩、刑、膴，陳其鼎俎，實之牲體、魚、腊。凡賓客之饗食之事，亦如之。

獸人：凡賓客，共其死獸、生獸。

𩾚人：凡賓客，共其魚之鱻薨。

腊人：凡賓客，共其脯、腊，凡乾肉之事。

地官川衡：賓客，共川奠。

澤虞：賓客，共澤物之奠。

場人：賓客，共其果蓏。

天官凌人：賓客，共冰。

春秋昭公四年左氏傳：古者，日在北陸而藏冰。其出之也，朝之禄位，賓、食，於是乎用之。

周禮天官籩人：賓客之事，共其薦籩、羞籩。

醢人：凡祭祀，共薦羞之豆實。賓客亦如之。

醯人：掌共五齊、七菹，凡醯物。以共祭祀之齊菹，凡醯醬之物。賓客，亦如之。疏：賓客，據饗食致之。

春秋僖公三十年左氏傳：王使周公閱來聘，饗有白黑、形鹽。辭曰：「國君，文足昭也，武可畏也，則有備物之饗，以象其德。薦五味，羞嘉穀，鹽虎形，以獻其功，吾何以堪之？」

周禮天官亨人：祭祀，共太羹、鉶羹。賓客，亦如之。疏：饗食亦應有太羹，故云「賓客亦如之」。

地官舍人：凡祭祀，共簠簋，實之陳之。賓客，亦如之。疏〔一〕：言實之陳之，據饗食之

〔一〕「疏」，諸本作「注」，據周禮注疏卷一六改。

時也。

春人：凡饗食，共其食米。注：饗有食米，則饗禮兼燕與食。疏：燕禮無食米，食禮無飲酒。若饗禮有飲酒，有食米，故云「饗禮兼燕與食」也。若然，經云「其食米」，則饗禮俱供食米也〔一〕。

饎人：凡賓客，共其簠簋之實。饗食亦如之。

秋官掌客：凡諸侯之禮，上公：豆四十，鉶四十有二，壺四十，鼎、簋十有二，牲三十有六，皆陳。侯伯：豆三十有二，鉶二十有八，壺三十有二，鼎、簋十有二，腥二十有七，皆陳。子男：豆二十有四，鉶十有八，壺二十有四，鼎、簋十有二，牲十有八，皆陳。

蕙田案：據注疏，以爲饗餼之數，大饗時，當亦如是。

禮記郊特牲：鼎俎奇而籩豆偶，陰陽之義也。籩豆之實，水土之品也。不敢用褻味而貴多品，所以交於神明之義也。

蕙田案：以上大饗陳鼎、俎、籩、豆、簠、簋之具。

〔一〕「俱」，諸本作「但」，據周禮注疏卷一六改。

周禮春官世婦：掌女宮之宿戒，及祭祀，比其具。詔王后之禮事，帥六宮之人共齍盛，相外内宗之禮事。大賓客之饗食，亦如之。注：比、帥、詔、相，其事同。疏：賓客饗食，王后亦有助王禮賓之法。故内宰「凡賓客之祼獻瑶爵，皆贊」，注云：「謂王同姓及二王之後來朝覲爲賓客者，祼之禮，亞王而禮賓。獻，謂王饗燕，亞王獻賓也。瑶爵，所以亞王酬賓也。」是其饗有后事也。

蕙田案：此條大饗内官戒具。

雞人：大祭祀，夜呼旦以嘂百官。凡國之大賓客，亦如之。

天官閽人：設門燎，蹕宮門、廟門。凡賓客，亦如之。疏：燭在地曰燎，謂若天子百，公五十，侯伯子男皆三十。所作之狀，蓋百根葦，皆以布纏之，以蜜塗其上，若今蠟燭矣。對人手爇者爲手燭，故云地燭也。賓客在宮中、廟中，謂若饗食在廟，燕在寢，皆爲設門燎及蹕止行人。

春秋襄公三十一年左氏傳：諸侯賓至，甸設庭燎。

禮記郊特牲：庭燎之百，由齊桓公始也。注：僭天子也。庭燎之差，公蓋五十，侯伯子男皆三十。疏：「庭燎之百」者，謂於庭中設火，以照燎來朝之臣夜入者，因名火爲庭燎也。禮，天子百燎，上公五十，侯伯子男三十。

蕙田案：以上大饗賓至庭燎。

周禮夏官齊僕：掌馭金路以賓。注：以待賓客。朝覲、宗遇、饗食，皆乘金路，其灋儀各以其等，爲車送逆之節。注：節，謂王乘車迎賓客及送，相去遠近之數，上公九十步，侯伯七十步，子男五十步。疏：郊特牲云：「覲禮，天子不下堂而見諸侯。」是受贄、受享，皆無迎法。今言朝覲、宗遇、饗食皆乘金路者，謂因此朝覲宗、遇而與諸侯行饗食在廟〔一〕，即有乘金路迎賓客之法也。引之者，欲見饗食迎賓與受享同，司儀所云「亦受饗食之禮也」。

春官樂師：教樂儀，行以肆夏，趨以采齊，車亦如之。環拜，以鐘鼓爲節。注：鄭司農云：「肆夏、采齊，皆樂名，或曰皆逸詩，謂人君行步，以肆夏爲節；疾趨於步，則以采齊爲節。今時行禮於太學，罷出〔二〕，以鼓陔爲節。」玄謂：行者，謂於太寢之中；趨，謂於朝廷。然則王出既服，至堂而肆夏作；出路門，而采齊作；其反，入至應門、路門，亦如之。此謂步迎賓客。王如有車出之事，登車於太寢西階之前，反降於阼階之前。尚書傳曰：「天子將出，撞黄鍾之鐘，右五鐘皆應。入則撞蕤賓之鐘，左五鐘皆應。太師於是奏樂。」疏：此王行迎賓。若春夏，受贄於朝無迎法，受享於廟則迎之。若秋冬，一受之於廟，並無迎法；若饗食在廟，燕在寢，則皆有迎法。若然，鄭此注據大寢而言，則是燕時。若饗食在廟，則與此大寢同也。先鄭云「肆夏、采齊皆樂名」者，案襄四年：「穆叔如晉，晉侯饗之，金奏肆夏。」杜亦云：「肆夏，樂曲名。」案鐘師注：「九夏皆詩之大者，載在樂章，樂崩從而亡。」以此言之，肆夏，亦詩篇名。

〔一〕「覲宗」，諸本誤倒，據周禮注疏卷三三乙正。
〔二〕「出」，原作「書」，據光緒本、周禮注疏卷三三改。

先鄭云「或曰皆逸詩」，得通一義也。案玉藻注：「齊，讀如楚茨之茨。」此「齊」讀亦從茨可知。云「此謂步迎賓客」者，以其言行與趨，是步行之法可知也。云「王如有車出之事」者，則經「車亦如之」是也。但車無行趨之法，亦門外有采齊，門内奏肆夏。

大司樂：王出入，則令奏王夏；尸出入，則令奏肆夏；牲出入，則令奏昭夏。大饗不入牲，其他皆如祭祀。注：大饗，饗賓客也。不入牲，牲不入，亦不奏昭夏也。其他，謂王出入、賓客出入，亦奏王夏、肆夏。　疏：「大饗，謂饗諸侯來朝」者，此經云「大饗」，與郊特牲「大饗尚腶脩」爲一物。言不入牲，謂饗亦在廟，其祭祀則君牽牲入殺。今大饗諸侯，其牲在廟門外殺，因即烹之，升鼎乃入，故云不入牲也。鄭知此「大饗是饗賓客」者，以其不入牲；若祭祀大饗，牲當入，故知饗賓客、諸侯來朝者也。「其他，謂王出入、賓客出入，亦奏王夏、肆夏」者，則據賓客與尸同奏肆夏。案禮器云：「大饗，其王事與？」又云：「其出也，肆夏而送之。」鄭注云：「肆夏，當爲陔夏。」彼賓出入奏肆夏，與此大饗賓出入肆夏同，而破肆夏爲陔夏者，彼鄭注大饗，爲祫祭先王，祭末有燕，而飲酒有賓醉之法，與鄉飲酒「賓醉而出奏陔夏」同，故破肆夏爲陔夏。此大饗，饗諸侯來朝，則左傳云：「饗以訓共儉，設几而不倚，爵盈而不飲。」獻依命數，賓無醉理，故賓出入奏肆夏，與尸出入同也。

鐘師：以鐘鼓奏九夏：王夏、肆夏、昭夏、納夏、章夏、齊夏、族夏、祴夏、驁夏。注：杜子春曰：「肆夏，詩也。春秋傳曰：『穆叔如晉，晉侯享之。金奏肆夏之三，不拜；工歌文王之三，又不拜；歌鹿鳴之三，三拜，曰：三夏，天子所以享元侯也。使臣不敢與聞。』肆夏與文王、鹿鳴俱稱三，謂其三章也。以此知肆夏詩也。國語曰：『金奏肆夏、繁遏、渠，天子所以享元侯。』肆夏、繁遏、渠，所謂三夏矣。」吕叔玉云：「肆夏、繁遏、渠，皆周頌也。肆夏，時邁也。繁遏，執競也。渠，思文也。肆，遂也。夏，大也。言遂於大位，謂王位也。故時邁曰：『肆於時夏，允王保之。』繁，多也。遏，止也。言福禄止於周之多也。故執競曰：『降福穰穰，降福簡簡，福禄來反。』渠，大也。言以后稷配天，王道之大也。故思文曰：『思文后稷，克配彼天。』」玄謂以文王、鹿鳴言之，則九夏皆詩篇名，頌之族類也。此歌之大者，載在樂章，樂崩亦從而亡，是以頌不能具。疏：引國語者，歌詩尊卑各有别，若天子享元侯，升歌肆夏，頌合大雅；享五等諸侯，升歌大雅，合小雅；享臣子，歌小雅，合鄉樂。若兩元侯自相享，與天子饗己同；五等諸侯自相享，亦與天子饗己同；諸侯享臣子，亦與天子享臣子同。燕之用樂與饗同，故燕禮燕臣子，升歌鹿鳴之等三篇。襄四年晉侯享穆叔，爲之歌鹿鳴，云：「君所以嘉寡君。」是宴饗同樂也。云「所謂三夏矣」者，即上引春秋「肆夏三，不拜」，三是三夏，故云「三夏」。吕叔玉云，是子春引之者，子春之意與叔玉同，三夏並是在周頌篇，故以時邁、執競、思文三篇當之。後鄭不從者，見文王、大明、緜及鹿鳴、四牡、皇皇者華，皆舉現在詩名，及肆夏、繁遏、渠，舉篇中義意，故知義非也。玄謂以文王、鹿鳴言之，則九夏皆詩篇名者，以襄四年晉侯享穆叔，奏肆夏，與文王、鹿鳴同時而作，以類而言，文王、鹿鳴等既是詩，明肆夏之三，亦是詩也。肆夏既是詩，則九夏皆詩篇名也。云「頌之族類也」者，九夏並是頌之族類也。云「此歌之大」者，以其皆稱夏也。云「載在樂章」者，此九夏本是頌，以其大而配樂，歌之則爲樂章，載在樂章也。

鎛師：凡祭祀，鼓其金奏之樂。饗食亦如之。疏：饗食，謂饗食來朝諸侯。

禮記仲尼燕居：兩君相見，揖讓而入門，入門而縣興。注：大饗，謂饗諸侯來朝者也〔一〕。縣興，金作也。疏：「兩君相見，揖讓而入門」者，諸侯來朝，兩君相見入門。「而縣興」者，謂鐘磬興而動作，謂金奏作也。

入門而金作，示情也。注：金性内明，象人情也。

郊特牲：賓入大門，而奏肆夏，示易以敬也。注：賓，朝聘者。易，和悦也。疏：案大射禮，主人納賓，是己之臣子，又無王事之勞，故賓入不奏肆夏。賓入及庭，公升，即席，乃奏肆夏。燕禮記云：「若以樂納賓，則賓及庭，奏肆夏。」卿大夫有王事之勞，則奏此樂。此是己之臣子有王事之勞，賓及庭而奏肆夏也。以大射禮、燕禮而言，此云「賓入大門」，謂朝聘之賓行朝聘既畢，燕饗之時。燕則大門是寢門也，饗則大門是廟門也。「而奏肆夏，示易以敬也」者，樂主和易，今奏此肆夏大樂者，示主人和易，嚴敬於賓也。

國語魯語：金奏肆夏、繁遏、渠，天子所以享元侯。

春秋襄公四年左氏傳：三夏，天子所以享元侯也。注：周禮以鐘鼓奏九夏，其二曰肆

〔一〕「饗」，諸本脱，據禮記正義卷五〇補。

夏，一名繁；三曰韶夏，一名遏；四曰納夏，一名渠。蓋擊鐘而奏此三夏曲。元侯，牧伯。文王，兩君相見之樂也。注：諸侯會同以相樂。疏：天子享元侯，歌肆夏，則其餘諸侯不得用肆夏，當歌文王，與兩君相見同也。然則兩元侯相見，與天子享之禮同，亦歌肆夏之類。仲尼燕居：「兩君相見，升歌清廟。」謂元侯也。不歌肆夏，辟天子也。諸侯來朝，乃歌文王，遣臣來聘必不得同矣，當歌鹿鳴也。

陸氏德明曰：國語云：「金奏肆夏、繁遏、渠。」杜遂分爲三夏之別名。吕叔玉云：「肆夏，時邁也；繁遏，執競也；渠，思文也。」

禮記郊特牲：大夫之奏肆夏也，由趙文子始也。注：僭諸侯。疏：案大射禮，公升，即席，奏肆夏。燕禮云：「若以樂納賓，則賓及庭，奏肆夏。」是諸侯之禮。今文子亦奏之，故云僭諸侯。此謂納賓樂也。若登歌下管，正樂則天子用三夏以饗元侯，元侯相饗亦得用之。

蕙田案：以上饗禮迎賓、賓入。

詩小雅彤弓：彤弓弨兮，受言藏之。我有嘉賓，中心貺之。鐘鼓既設，一朝饗之。箋：大飲賓曰饗。一朝，猶早朝。疏：饗者，烹大牢以飲賓，是禮之大者，故曰「大飲賓曰饗」，謂以大禮飲賓，獻如命數，殺牲俎豆，盛於食、燕。周語曰：「王饗有體薦，燕有折俎，公當饗，卿當燕。」是其禮盛也。言一朝者，言王殷勤於賓，早朝而即行禮，故云「一朝，猶早朝」。以燕如至夜，饗則如其獻數，禮成而罷，故以朝言之。昭元年左傳云：「鄭饗趙孟，禮終乃燕。」是饗不終日也。

周禮秋官掌客：王合諸侯而饗。禮，諸侯長十有再獻。

大行人：上公之禮，饗禮九獻；諸侯之禮，饗禮七獻；諸子之禮，饗禮五獻。注：饗，設盛禮以飲賓也。疏：「饗禮九獻」者，謂後日王速賓，賓來就廟中行饗。饗者，亨太牢以飲賓，設几而不倚，爵盈而不飲，饗以訓恭儉。九獻者，王酌獻賓，賓酢主人，主人酬賓，酬後更八獻，是謂九獻。云「饗，設盛禮以飲賓也」者，云「盛禮」者，以其饗有食有酒，兼燕與食，故云盛禮也。

禮記郊特牲：諸侯適天子，天子賜之禮太牢。疏：謂諸侯朝天子，天子賜之禮太牢。

大饗，尚腶脩而已矣。注：亦不饗味也。此大饗，饗諸侯也。疏：謂諸侯行朝享及灌以後，而天子饗燕食之也。若上公則三饗、三食、三燕，若侯伯則再饗、再食、再燕，若子男則壹饗、壹食、壹燕也。其行饗之時，雖設太牢之饌，於時先薦腶脩於筵前〔一〕，然後始設餘饌，故云「尚腶脩而已矣」。此亦明「不饗味」之義。

周禮夏官大司馬：饗食，羞牲魚，授其祭。注：祭，謂賓所以祭也。疏：饗食，謂諸侯來朝，行之在廟，皆羞進魚牲。

春秋昭公五年左氏傳：設机而不倚，爵盈而不飲。注：言務行禮。疏：朝聘之禮，有

〔一〕「薦」，諸本作「設」，據禮記正義卷二五改。

設机、進爵之時。聘義曰：「酒清，人渴而不敢飲也；肉乾，人飢而不敢食也。」是言務在行禮，不敢倚机，不敢飲酒也。

禮記聘義：聘射之禮，至大禮也。質明而始行事，日幾中而後禮成，非强有力者弗能行也。酒清，人渴而不敢飲也；肉乾，人飢而不敢食也。

蕙田案：以上烹太牢，尚腶脩，羞牲魚，獻依命數，設机而不倚，爵盈而不飲，饗之盛禮也。

周禮春官大宗伯：大賓客，則攝而載果。注：載，爲也。果，讀爲祼，代王祼賓客以鬯。君無酌臣之禮，言爲者，攝酌獻耳，拜送則王也。鄭司農云：「王不親爲主。」疏：大行人云：「上公之禮，再祼而酢。」此再祼者，有后祼，則亦攝爲之，内宰贊之。侯伯一祼而酢，子男一祼不酢，此皆無后祼，王不親酌，則皆使大宰、宗伯攝而爲之。知代王祼賓客以鬯者，見鬱人宗廟及賓客，皆以鬱實彝而陳之。云「君無酌臣之禮」者，見燕禮、大射諸侯禮，皆使大夫爲賓，宰夫爲主人，是諸侯君不酌臣。此大賓客，遣大宗伯代祼，是天子君亦不酌臣也。云「言爲者，攝酌祼耳，拜送則王」者，以其言代而爲祼，即是直祼不拜。案鄉飲酒禮、燕禮、大射，賓主獻酢皆拜送，其送，是王自爲之，以其恭敬之事不可使人故也。

鬱人：詔祼將之儀與其節。凡祼事，沃盥。疏：言凡，非一。若賓客，則大宗伯祼，鬱人沃以水盥手及洗瓚也。

小宗伯：凡賓客，以時將瓚祼。注：將，送也，猶奉也，賓客以時奉而授宗伯。天子圭瓚，諸侯璋瓚。　疏：授宗伯者，大宗伯云「大賓客，則攝而載祼」是也。祭義云：「君用圭瓚灌，大宗伯用璋瓚亞祼。」若然，天子用圭瓚，則后亦用璋瓚也。其諸侯未得圭瓚者，君與夫人同用璋瓚也。

天官小宰：凡賓客，贊祼。注：唯祼助宗伯。　疏：賓客贊祼者，謂諸侯來朝，朝享既畢，王禮之，有贊灌酢之禮也〔一〕。大宗伯職：「大賓客，則攝而載祼。」非直攝王灌，兼有后灌之時，大宗伯亦代后祼也。

春官肆師：大賓客，築鬻，贊祼將。注：此王所以禮賓客，酌鬱鬯，授大宗伯載祼。　疏：大宗伯攝而載祼，則此官主以築鬱金煮之和鬯酒也。案小宰亦云「賓客贊祼」者，容有故相代也。

典瑞：祼圭有瓚，以祼賓客。

蕙田案：周禮大行人所稱「上公再祼而酢，侯伯壹祼而酢，子男壹祼不酢」，謂朝覲之日，三享既畢，王乃以鬱鬯之酒禮賓也。其禮，上公則大宗伯代王酌圭瓚授賓，王拜送爵，小宰贊之，是爲壹祼；大宗伯又代后酌璋瓚授賓，后拜送爵，内宰贊之，是爲再祼；賓乃酌玉爵以酢，大宰贊王受之，是爲再祼而酢。若侯伯

〔一〕「禮」，諸本作「事」，據周禮注疏卷三改。

子男，則有王祼，無后祼，故云壹祼。但侯伯有祼有酢，子男有祼不酢，其爵愈卑，不敢與王爲禮也。覲禮不及禮賓之節，其當在肉袒請事之後與？覲享與大饗皆在廟，以神明臨之，故獻必先祼。周禮内宰疏云「后之祼者，饗、燕亦與焉」是也。饗禮之祼，經無明文，以禮賓之節推之，上公九獻，則王一獻，后亞獻，皆祼；侯伯七獻，子男五獻，則惟王祼而已。王祼用圭瓚，惟上公及諸侯之賜圭瓚者耳，其餘皆以璋瓚祼也。記云：「獻之屬，莫重於祼。」大饗者，賓客之大禮，其十二獻、九獻、七獻，與事神同，亦必有祼明矣。周禮所載賓客之祼事，注疏皆以禮賓當之，而不及大饗，似尚未備。

詩小雅彤弓：我有嘉賓，中心喜之。鐘鼓既設，一朝右之。箋：右之者，主人獻之，賓受爵，奠於薦右。既祭俎，乃席末坐，卒爵之謂也。疏：案燕禮云：「主人筵前獻賓，賓西階上拜，筵前受爵，反位。膳宰薦脯醢，賓升筵，膳宰設折俎。賓坐，左執爵，右祭脯醢，奠爵於薦右，興；取肺，坐絶祭，嚌之，興；加於俎，坐捝手，執爵，遂祭酒，興；席末坐啐酒。」此鄭略其事，故言之。謂「右之」者，即此燕禮所言「奠於薦右」之謂也。彼啐酒，即此卒爵，爵即酒也。鄭以下言醻之爲醻賓，故此右之，爲當獻賓。既獻賓，賓受而奠之於薦右，是言之可以明主之獻賓，故作者舉以表之。

周禮天官内宰：凡賓客之祼獻、瑶爵，皆贊。注：謂王同姓及二王之後來朝覲爲賓客者。祼之禮，亞王而禮賓。獻，謂王饗燕，亞王獻賓也。瑶爵，所以亞王酬賓也。坊記曰：「陽侯殺穆侯而竊其夫人，故大饗廢夫人之禮。」疏：云祼者，謂行朝覲禮訖，即行三享之禮。享訖，乃賓於户牖之間。獻，謂饗燕賓客，后亦助王獻賓。瑶爵，謂王饗燕酬賓時，后亦助王酬賓，皆贊助於后也。鄭知賓客是二王之後者，見大行人「上公再祼」，王先一祼，次后再祼。但祼時，大宗伯代后，至於拜送則后，則内宰亦贊后拜送爵。云「祼之禮亞王而禮賓」者，案聘禮有「以醴禮賓」之言，故鄭依而言之。若據大行人，則云祼也。云「獻謂王饗燕亞王獻賓也」者，后之祼者，饗燕亦與焉。案大行人云：「三饗、三食、三燕，無飲酒之禮，唯有饗燕耳。饗者，亨大牢以飲賓，立行禮在廟，獻依命數，爵盈而不飲。」饗、燕皆有獻賓、酬賓，后亦助王獻賓、酬賓之事，内宰皆贊后也。

太宰：大朝覲、會同，贊玉爵。注：玉爵，王禮諸侯之酢爵，其禮之於阼階上。疏：大行人云：「上公再祼而酢，侯伯一祼而酢，子男一祼不酢。」此祼時，大宗伯攝祼，非冢宰所贊，但諸侯酢王用玉爵，則冢宰贊王受之，故云贊玉爵。言其禮之於阼階上者，言禮之，謂祼諸侯也。知王在阼階上者，當依賓主之禮。案燕禮：「主君在阼，賓在户牖之間。」故知禮之王在阼階上也。

禮記郊特牲：諸侯爲賓，灌用鬱鬯，灌用臭也。疏：灌，猶獻也。謂諸侯來朝，在廟中行三享竟，然後天子以鬱鬯酒灌之也。故大行人云：「上公之禮，廟中將幣三享，王禮再祼而酢，侯伯壹灌而酢，子男壹灌不酢。」「灌用臭也」者，此亦明貴氣之禮。

大饗，君三重席而酢焉。 疏：此大饗，謂諸侯相朝，主君饗賓，賓主俱是諸侯，皆設三重之席而受酢。

詩小雅彤弓：我有嘉賓，中心好之。鐘鼓既設，一朝醻之。 箋：飲酒之禮，主人獻賓，賓酢主人，主人又飲而酌賓，謂之醻。 疏：案燕禮，賓既受獻，西階上北面，坐卒爵。賓以虚爵降，賓坐取觚，奠於篚下，盥洗。卒盥，揖升，酌以酢主人於西階上，主人北面拜受。又曰「遂卒爵」。是主人獻賓，賓酢主人也。又曰：「主人盥洗，升，媵觚於賓，酌散，西階上坐奠爵，拜賓。賓降筵，北面答拜。主人坐祭，遂飲。」又曰：「主人酌膳，賓西階上拜受爵於筵前，反位，主人拜送爵，賓升席，坐祭酒，遂奠於薦東。」是主人又飲而酌賓曰醻也。

禮記仲尼燕居：揖讓而升堂，升堂而樂闋。 疏：「揖讓而升堂，升堂而樂闋」者，賓主及階，揖讓升堂。主人獻賓，賓卒爵而樂闋，是大饗之一也。又於此之後，賓酢主君而縣興，主君飲畢而樂闋，是大饗之二也。鄭注所謂「金再作」是也。

郊特牲：卒爵而樂闋，孔子屢歎之。 疏：「卒爵而樂闋」者，賓至庭，樂作，及至主人獻賓〔一〕，

〔一〕「賓」，諸本作「爵」，據禮記正義卷二五改。

賓受爵，啐酒，拜告旨而樂止。賓飲訖，酢主人，主人受酢畢，主人獻公而樂作，公飲，卒爵而樂止，是「卒爵而樂闋」也。此卒爵，謂兼賓及主君也。依大射禮，主人受酢，不作樂。若其饗時，主君親獻賓，賓親酢主君，賓主俱作樂也。「孔子屢歎之」者，孔子見禮入門而縣興，卒爵而樂闋，數數歎美此禮，善其和易恭敬之義。

周禮春官樂師：凡樂，掌其序事，治其樂政。注：序事，次序用樂之事。凡國之小事用樂者，令奏鐘鼓。注：小事，小祭祀之事。疏：謂王玄冕所祭，皆有鐘鼓，樂師令之。凡樂成，則告備。注：成，謂所奏一竟。書曰：「簫韶九成。」燕禮曰：「大師告於樂正曰：『正歌備。』」疏：云「成，所奏一竟」者，竟則終也。所奏，八音俱作。一曲終，則爲一成，則樂師告備。如是者六，則六成。餘八變、九變亦然。故鄭引書「簫韶九成」爲證也。又云燕禮者，欲見彼諸侯燕禮，大師告於樂正，樂正告於賓與君。此天子祭禮，亦大師於樂成之時告樂師，樂師乃告王也。詔來瞽，臯舞。注：詔來瞽，詔眂瞭扶瞽者來入也。臯之言號，告國子當舞者舞。令相。注：令眂瞭扶工。鄭司農曰：「告當相瞽師者，言當罷也。瞽師、盲者，皆有相道之者。」疏：鄭見儀禮扶工者皆稱相，以其瞽人無目而稱工，故云「令眂瞭扶工」也。饗食諸侯，序其樂事，令奏鐘鼓，令相，如祭之儀。疏：言如祭之儀者，非直序樂、令鐘鼓、令相，其中詔來瞽等皆如之。

禮記郊特牲：奠酬而工升歌，發德也。歌者在上，匏竹在下，貴人聲也。疏：奠酬而工升歌，據大射禮，獻卿之後，大夫媵觶於公，所謂酬也。公奠置此酬而未舉，於時工升歌也。或可饗時，主君親酬賓，賓初奠酬薦東，於時即工升歌也。大射與燕禮異也。「發德也」者，所以奠酬升歌，歌詠其詩，發明賓主之德。

周禮春官大師：大祭祀，帥瞽登歌，令奏擊拊。下管播樂器，令奏鼓朄。大饗亦如之。疏：此大饗，謂諸侯來朝，即大行人「上公三饗，侯伯再饗，子男一饗」之類。其在廟行饗之時，作樂與大祭祀同，亦如上「大祭祀，帥瞽登歌，下管播樂器，令奏」，皆同，故云亦如之。凡祭祀、大饗及賓、射，升歌下管，一皆大師令奏，小師佐之。其鐘鼓則大祝令奏，故大祝云：「隋釁、逆尸，令鐘鼓，侑亦如之。」若賓、射及饗，鐘鼓亦當大祝令之，與祭祀同也。

小師：大祭祀，登歌，擊拊，下管擊應鼓。大饗亦如之。疏：其大饗，饗諸侯之來朝者。

眡瞭：賓、射，皆奏其鐘鼓。注：擊朄以奏之。其登歌，大師自奏之。

鐘師：凡祭祀、饗食，奏燕樂。注：以鐘鼓奏之。疏：饗食謂與諸侯行饗食之禮，在廟，故與祭祀同樂，故連言之。知以鐘鼓奏之者，以其鐘師奏九夏用鐘鼓，故知此燕樂亦用鐘鼓奏之可知也。

笙師：凡祭祀、饗、射，共其鐘笙之樂。注：鐘笙，與鐘聲相應之笙。

韎師：掌教韎樂。祭祀，則帥其屬而舞之。注：舞之以東夷之樂。大饗亦如之。

旄人：凡祭祀、賓客，舞其燕樂。

籥師：掌教國子舞羽歈籥。祭祀則鼓羽籥之舞。賓客、饗食則亦如之。疏：亦鼓之以羽籥之舞與祭祀同。以其俱在廟，故樂亦同也。

鞮鞻氏：掌四夷之樂與其聲歌。祭祀，則歈而歌之，燕亦如之。

司干：掌舞器。舞者既陳，則受舞器，既舞則受之。賓、饗亦如之。

禮記仲尼燕居：下管象武〔一〕，夏籥序興，陳其薦俎，序其禮樂，備其百官，如此而后，君子知仁焉。升歌清廟，示德也。下而管象，示事也。是故古之君子不必親相與言也，以禮樂相示而已。注：下，謂堂下也。象舞，武舞也。夏籥，文舞也。序，更也。堂下吹管，舞文武之樂，更起也。示德，相示以德也。清廟，頌文王之德也。示事，相示以事也。武，象武王之大事也〔二〕。疏：下管象武者，謂升歌清廟，堂下管中吹象武之曲。但此「下管象武」之上，少「升歌清廟」之一句。「夏籥序興」者，夏籥，謂大夏文舞之樂，以象武次序，更遞而興。於是陳列薦俎，次序禮樂，備具百官。從「夏籥序興」至此，重贊揚在上之事如此。「升歌清廟，示德也」者，清廟頌文王之德，故云示德也。「下而管象，示事也」者，象謂武王伐紂之樂，事謂王業之大事，故下管象武，示王

〔一〕「武」，諸本作「舞」，據禮記正義卷五〇改，下同。

〔二〕「武象」，諸本誤倒，據禮記正義卷五〇乙正。

業之事也。

禮記郊特牲孔疏：皇氏又云：「襄四年左氏傳云：『三夏，天子所以饗元侯。文王、大明、緜，兩君相見之樂也。』燕禮：『歌鹿鳴，合鄉樂。』凡合樂，降於升歌一等。王饗燕元侯，升歌三夏，三夏即頌。合樂降一等，即合大雅也。元侯自相饗，亦歌頌，合大雅，故仲尼燕居『兩君相見，歌清廟』是也。侯伯子男相見，既歌文王，合鹿鳴也。準約元侯，則天子饗燕侯伯子男，亦歌文王，合鹿鳴也。諸侯燕臣子，歌鹿鳴，合鄉樂，燕禮是也。其天子燕在朝臣子，工歌鹿鳴，合鄉樂。故鄭作詩譜云『天子諸侯燕群臣及聘問之賓，皆歌鹿鳴，合鄉樂』是也。」升歌、合樂所以異者，案鄉飲酒禮及燕禮，工升自西階，歌鹿鳴、四牡、皇皇者華。歌訖，笙入，立於堂下，奏南陔、白華、華黍。奏訖，乃間歌魚麗，笙由庚；歌南有嘉魚，笙崇丘；歌南山有臺，笙由儀。間歌訖，乃合鄉樂。周南關雎、葛覃、卷耳，召南鵲巢、采蘩、采蘋。間者，謂堂上堂下，一歌一吹，更遞而作。合者，上下之樂並作。此其所以異也。皇氏云：「此經卒爵樂闋之義，主人受酢之時作樂。」今案大射禮宰夫爲主人受酢之時不作樂，皇氏説非也。皇氏又云：「卒爵而樂闋，作樂三闋也。一是賓飲畢，樂闋也；二是主人受酢飲畢，樂闋也；三是賓奠酬之後，工升歌畢，將旅酬之時，樂闋也。」今案此經初云「入門而奏肆夏」，次云「卒爵而樂闋」，下云「奠酬而工升歌」，所陳之事，依先後次第，則樂闋之中，不得并數奠酬、升歌、樂闋也。且工升歌之後，則有笙入、奏南陔之等，及間歌、合樂，無「樂闋」之文，何得卒爵、樂闋之中數之爲三闋？皇氏非也。案鐘師「九夏」皆「夏」文在下，而南本「納夏」獨「夏」文在上，其義疑也。皇氏云：「天子燕饗己之臣子與燕合諸侯，同歌文王，合鹿鳴。」今案詩譜云：「天子諸侯燕群臣及聘問之賓，歌鹿鳴，合鄉樂。」皇說非也。「歌者在上，匏竹在下，貴人聲也」者，解所以不升堂之義也。匏，笙也。竹，篪笛也。歌是人聲，人聲可貴，故升之在堂。匏竹可賤，故在下。然瑟亦升堂者，瑟工隨歌工故也。

蕙田案：疏論升歌合樂特詳，故附載之。

又案：以上大饗裸獻酬，升歌合樂。

禮記禮器：琥璜爵。注：琥璜爵者，天子酬諸侯，諸侯相酬，以此玉將幣也。疏：天子饗諸侯，或諸侯自相饗，行禮至酬酒時，則有幣將送，酬爵又有琥璜之玉將幣，故云琥璜爵也。崔氏云：「諸侯貴者以琥，賤者以璜。」則公侯用琥，伯子男用璜也。

陳氏禮書：食有侑食，故有侑幣。饗有酬爵，故有酬幣。聘禮：公於賓，若不親食，使大夫致之以侑幣。致饗以酬幣，亦如之。大夫於賓，若不親饗，則公作大夫，致之以酬幣。春秋之時，秦后子享晉侯，歸取酬幣，終事八反；魯侯享范獻子，莊叔執幣，是饗有酬幣也。禮器「琥璜爵」，鄭氏以爲天子酬諸侯、諸侯相酬之禮。又王饗虢公、晉侯，皆玉五瑴，馬三匹，是天子饗諸侯、諸侯相饗，酬幣用玉也。諸侯食大夫、大夫相食，以皮帛束錦，則侑幣固有差矣。酬幣亦謂之侑，侑幣不謂之酬，故春秋傳享醴皆曰宥，以侑者勸酬之通名也。

蕙田案：以上大饗酬酒時侑幣。

周禮春官肆師：饗食授祭。注：授賓祭肺。疏：饗者，亨大牢以飲賓，獻依命數。食者，亦亨大牢以食賓，舉依命數。云「授祭」者，祭，謂祭先造食者。案膳夫云：「授王祭。」則此授祭者，非授王祭可知，故鄭云「授賓祭肺」也。必知祭肺者〔一〕，有虞氏祭首，夏后氏祭心，殷祭肝，周祭肺。肺，周所祭，故知祭者，祭肺也。

〔一〕「知」，諸本作「先」，據周禮注疏卷一九改。

王氏詳說：享用太牢，食用太牢，鄭氏以授祭爲祭肺，惜其說不廣也。既曰「祭食，祭所先進」，又曰「殽之叙，偏祭之」。所謂夕祭，牢肉是已。

鄭氏鍔曰：待以饗食之盛禮，賓客當祭，肆師授之以所祭之品。王食，則膳夫授祭。饗食賓客，則使肆師授之，爲佐擯以待賓客。

蕙田案：此條大饗授祭。

内宗：掌宗廟之祭祀，薦加豆籩。注：加爵之豆籩。疏：鄭知加籩豆是加爵之豆籩者，以其食後稱加，特牲、少牢食後三獻爲正獻，其後皆有加爵。今天子禮，以尸既食，后亞獻尸爲加，此時薦之，故云「加爵之豆籩」，即醢人、籩人加豆、加籩之實是也。及以樂徹，則佐傳豆籩。注：佐傳，佐外宗。疏：外宗佐王后。籩，玉豆籩。賓客之饗食，亦如之。疏：饗食賓客俱在廟，饗食訖，徹器與祭祀同，亦后徹。内外宗佐傳，故云「亦如之」。

樂師：及徹，帥學士而歌徹〔一〕。注：學士，國子也。鄭司農云：「謂將徹之時自有樂，故帥學士而歌徹。」玄謂：徹者歌雍，雍在周頌臣工之什。

小師：徹，歌。注：於有司徹而歌雍。

〔一〕「學」，諸本作「樂」，據周禮注疏卷二三改。下同。

天官膳夫：凡王祭祀、賓客食，則徹王之胙俎。注：膳夫親徹胙俎，胙俎最尊也，其餘則其屬徹之。賓客食而王有胙俎，王與賓客禮食，主人飲食之俎皆爲胙俎，見於此矣。疏：賓客食，則王與賓客禮食於廟，賓在户牖之間，王在阼階上，各有饌，皆設俎，故亦有胙俎，皆膳夫徹之也。王與尸、賓相答酢，故遣膳夫親徹，其餘明非王胙俎，則其屬徹之可知。云「王與賓客禮食」者，以賓客與祭祀同科，故知是禮食，非是凡平燕食。案公食大夫，主君與聘大夫禮食，賓前有食，君前無食，退俟於箱。今此天子與諸侯禮食，王前有食俎者，天子於諸侯，其禮異於諸侯與聘大夫，故王前有俎。云「主人飲食之俎皆爲胙俎，見於此矣」者，案特牲、少牢，主人之俎雖爲胙俎，直是祭祀，不兼賓客。此則祭祀、賓客俱有，故云「主人飲食之俎皆爲胙俎，見於此」。飲據祭祀，食據賓客，故雙言之也。

禮記仲尼燕居：行中規，旋中矩，和鸞中采齊，客出以雍，徹以振羽，是故君子無物而不在禮矣。注：雍、振羽，皆樂章也。振羽，振鷺及雍。疏：客出以雍者，雍詩樂章名也。言客出之時，歌雍以送之。徹以振羽者，振羽即振鷺詩，亦樂章名也。言禮畢，通徹器之時，歌振鷺也。

禮記雜記：大饗既饗，卷三牲之俎，歸於賓館。注：既饗，歸賓俎，所以厚之也。疏：大饗賓客既畢，主人卷斂三牲俎上之肉，歸於賓館。

蕙田案：以上饗禮徹歌，客出，歸賓俎。

儀禮覲禮：饗禮乃歸。注：禮謂食、燕也，王或不親以其禮幣致之。略言饗禮，互文也。

疏：以此文爲互，則饗、食、燕，皆有酬幣、侑幣。是以掌客職「三饗、三食、三燕」云云，即云「若弗酌，則以幣致之」。

蕙田案：此王不親饗致幣。

右饗禮

饗變禮

禮記坊記：子云：「禮，非祭，男女不交爵。注：交爵，謂相獻酢。以此坊民，陽侯猶殺繆侯而竊其夫人，注：同姓也，其國未聞。故大饗廢夫人之禮。」注：大饗，饗諸侯來朝者也，夫人之禮使人攝。疏：大饗之時，夫人與君同饗于賓，是繆侯及夫人共出饗賓。陽侯是繆侯同姓之國，見繆侯夫人之美，乃殺繆侯而取其夫人，反篡其國而自立，故大饗廢夫人之禮，不使夫人得預其禮也。以此言之，則陽侯以前大饗，夫人出饗鄰國之君，得有男女交爵。此云「非祭，男女不交爵」者，謂侯伯子男及卿大夫、士祭，乃交爵。若王於上公及上公相饗時，后與夫人亦男女交爵，與祼同也。自陽侯殺繆侯後，后、夫人獻禮遂廢，並使人攝也。

右饗變禮

饗失禮

郊特牲：大夫而饗君，非禮也[一]。注：其饗君，由强且富也。天子無客禮，莫敢爲主焉。君適其臣，升自阼階，不敢有其室也。注：明饗君，非禮也。疏：春秋之時，有諸侯饗天子。故莊二十一年，「鄭伯享王於闕西辟，樂備」，亂世非正法也。

右饗失禮

〔一〕「禮」，諸本脱，據禮記正義卷二五補。

五禮通考卷一百五十七

嘉禮三十

饗燕禮

儀禮燕禮

儀禮燕禮。鄭目録云：諸侯無事，若卿大夫有勤勞之功，與群臣燕飲以樂之。於五禮屬嘉禮。疏：燕有四等：諸侯無事而燕，一也，魯頌「于胥樂兮」是也；卿大夫有王事之勞，二也，記「賓及庭而奏肆夏」是也；卿大夫有聘而來，還與之燕，三也，四牡「勞使臣」是也；四方聘客與之燕，四也，郊特牲「賓入大門而奏肆夏」，又聘禮「燕與時賜」，是也。

燕禮：小臣戒與者。注：小臣相君燕飲之法。戒與者，謂留群臣也。君以燕禮勞使臣，若臣有功，故與群臣樂之。小臣則警戒告語焉，飲酒以合會爲歡也。疏：周禮太僕職云：「王燕飲，則相其法。」小臣職云：「凡大事，佐太僕。」則王燕飲，太僕相，小臣佐之。此諸侯禮降於天子，故宜使小臣相。

朱子曰：群臣朝畢將退，君欲與燕，使小臣留之。

方氏苞曰：檀弓記：「朝不坐，燕不與。」則中、下士亦有不與者矣。

欽定義疏：夏官小臣爵上士，則諸侯之小臣，其中、下士與？所燕如本國臣子，則戒於朝；若異國聘客，則當別戒於館。

膳宰具官饌於寢東。注：膳宰，天子曰膳夫，掌君飲食膳羞者也。具官饌，具其官之所饌，謂酒也、牲也、脯醢也。

欽定義疏：凡饗食在廟，皆陳鼎於門外。此燕在寢，故具饌於寢東。

樂人縣。注：縣，鐘磬也。國君無故不撤縣，言縣者，爲燕新之。設洗篚於阼階東南，當東霤。罍水在東，篚在洗西，南肆。設膳篚在其北，西面。注：設此不言其官，賤也。當東霤者，人君爲殿屋也。亦南北以堂深。肆，陳也。膳篚者，君象觚所饌也，亦南陳。言西面，尊之，異其文。

疏：漢時殿屋，四向流水，故舉漢以況周。言東霤，明亦有西霤。

敖氏繼公曰：諸篇但言設洗，無連言篚者，此「篚」字衍文。洗與罍，蓋瓦爲之。

盛氏世佐曰：二篚皆在堂下，一盛諸臣飲器，一盛君飲器。而無堂上篚者，蓋堂上之篚所以盛爵，燕禮輕，不用爵也。

司宮尊於東楹之西，兩方壺，左玄酒，南上。公尊瓦大兩，有豐，冪用綌若錫，在尊南，南上。尊士旅食於門西，兩圜壺。注：司宮，天子曰小宰，聽酒人之成要者也。尊，方壺，爲卿大夫、士也。臣道直方。於東楹之西，予君專此酒也。玉藻曰：「惟君面尊。」玄酒在南，順君之面也。瓦大，有虞氏之尊也。禮器曰：「君尊瓦甒。」豐，形似豆，卑而大。冪用綌若錫，冬夏異也。在尊南，在方壺之南也。尊士旅食者用圜壺，變於卿大夫也。旅，衆也。士衆食，謂未得正禄，所謂庶人在官者也。今文「錫」爲「緆」。

朱子曰：在尊南者，謂瓦大在方壺之南耳。疏云：「冪未用而陳於方壺之南，不雜於方壺、瓦大之間。」誤也。若然，則正在二者之間矣，何得言不雜耶？

盛氏世佐曰：司宮，即天官之宮人也。周禮宮人：「凡寢中之事，掃除、執燭、共爐炭，凡勞事。」此燕於路寢，故設尊筵賓，以司宮爲之。下經云「司宮執燭於西階上」，是其執燭之證矣。天子之宮人位中士，則諸侯司宮其下士與？鄭以小宰當之，誤。

蕙田案：小宰，諸侯之小卿，不應下執賤役，注説誤也。公食大夫記「司宮具几」，注：「司宫，大宰之屬。」賈氏以天官之宫人當之，與此互異，當從彼注。

司宫筵賓於户西，東上，無加席也。注：筵，席也。席用蒲筵，緇布純。無加席，燕私禮，臣屈也。諸侯之官無司几筵也。

蕙田案：以上告戒、設具。

射人告具。注：告事具於君。射人主此禮，以其或射也。疏：大射「告具」之上有「羹定」，此不言者，文不具。

敖氏繼公曰：是時，公蓋在阼階東南，南鄉，射人北面告之。

小臣設公席於阼階上，西鄉，設加席。公升，即位於席，西鄉。注：周禮：「諸侯酢席，莞筵紛純，加繅席，畫純。」後設公席者，凡禮，卑者先即事，尊者後也。疏：引周禮司几筵文，祭祀受酢之席也。引之者，欲見燕席與酢席同。

朱子曰：此篇與大射，雖設席先後不同，然皆公先升即位，然後納賓，非卑者先即事，但言偶不同耳，不當據文便生異義。

小臣納卿大夫，卿大夫皆入門右，北面東上。士立於西方，東面北上。祝史立於門東，北面東上。小臣師一人在東堂下，南面。士旅食者立於門西，東上。注：納者，以公命引而入也。自士以下從而入即位耳。師，長也。小臣之長一人，猶天子大僕，正君之服位者也。凡入門而右由闑東，左則由闑西。疏：卿大夫入門右，北面東上，此是擬君揖位，君爾之，始就庭位。士立於西方，東面北上，此士之定位。士賤，不待君揖，即就定位也。注云「入門而右由闑東」者，臣朝君之法；「左則由闑西」者，聘賓入門之法。

孔氏穎達曰：士之朝位，雖在西方，東面，入時仍依闑東。

公降，立於阼階之東南，南鄉，爾卿。卿西面北上，爾大夫。大夫皆少進。注：爾，近也，移也，揖而移之近之也。大夫猶北面，少前。

敖氏繼公曰：大夫不西面，别於卿也。

蕙田案：以上君臣各就位。

射人請賓。注：命當由君出也。疏：其君南面，射人北面可知。**公曰：命某爲賓。**注：某，大夫也。疏：知大夫，非卿者，以賓主相對，宰夫爲主人，是大夫，明賓亦是大夫。燕義云：「不以公卿爲賓，而以大夫爲賓，爲疑也。」

郝氏敬曰：卿不爲賓，嫌偪也。

射人命賓，賓少進，禮辭。注：命賓者，東面南顧。禮辭，辭不敏也。

敖氏繼公曰：命賓之辭蓋曰：「君命子爲賓。」少進者，宜違其位。

反命。注：射人以賓之辭告於君。又命之，賓再拜稽首，許諾。注：又，復。射人反命。注：告賓許。賓出，立於門外，東面。注：當更以賓禮入。

敖氏繼公曰：大射儀云「北面」，此「東」字蓋誤。

公揖卿大夫，乃升就席。注：揖之，入之也。

盛氏世佐曰：此揖卿大夫，共一揖也，蓋略於爾之之時矣。敖云「亦異揖之」，恐未是。

蕙田案：以上命賓。

小臣自阼階下，北面，請執冪者與羞膳者。注：執冪者，執瓦大之冪也。方、圜壺無冪。羞膳，羞於公，謂庶羞。乃命執冪者，執冪者升自西階，立於尊南，北面，東上。注：以公命於西階前命之也。東上，玄酒之冪爲上也。羞膳者從而東，由堂東升自北階，房中，西面，南上。不言之者，不升堂，略之也。膳宰請羞於諸公卿者。注：小臣不請而使膳宰，於卑者彌略也，禮以異爲敬。

蕙田案：以上命執事者。

射人納賓。注：射人爲擯者也。今文曰「擯者」。

敖氏繼公曰：納賓之辭蓋曰：「君須矣，吾子其入也。」

賓入，及庭，公降一等，揖之。注：及，至也。至庭，謂既入而左北面時。公升，就席。注：

以其將與主人爲禮，不參之也。

吕氏大臨曰：賓入，公降揖之，公升席。乃以宰夫爲主人，君不敢以己尊而略賓主之敬，臣不敢以爲賓而屈君之尊。故燕禮之節，禮之於賓主，義之於君臣，並行而不相悖。

蕙田案：以上納賓。

賓升自西階，主人亦升自西階。賓右，北面，至再拜，賓答再拜。注：主人，宰夫也。宰夫，太宰之屬，掌賓客之獻飲食者也。其位在洗北，西面。君於其臣，雖爲賓，不親獻，以其尊，莫敢伉禮也。至再拜者，拜賓來至也，天子膳夫爲獻主。疏：知主人是宰夫者，燕義云「使宰夫爲獻主」是也。「位在洗北，西面」者，下文「胥薦主人於洗北，西面」是也。

敖氏繼公曰：諸侯之宰夫，蓋以士爲之，其位亦在西方，故賓進，則主人從而升也。

張氏爾岐曰：主人亦升自西階者，代君爲獻主，不敢由阼階也。

蕙田案：此宰夫與周禮天官宰夫不同。周禮宰夫，其位下大夫，其職亞於小宰，所掌賓客之牢禮、膳獻、飲食，特舉其大綱耳。此宰夫，蓋即周官之膳夫，王燕飲，則膳夫爲獻主；諸侯，則宰夫爲獻主，其職正同。天子膳夫上士，則此宰夫，其中、下士與？注疏以周禮之宰夫當之，誤矣。

又案：以上拜至。

主人降洗，洗南，西北面。注：賓將從降，鄉之。賓降，階西，東面。主人辭降，賓對。注：對，答。

李氏如圭曰：鄉飲酒賓主異階，故主人在階下辭賓降。此宰夫與賓同由西階，故於洗南辭降。

主人北面盥，坐取觚，洗；賓少進，辭洗。主人坐奠觚於篚，興，對。賓反位。注：賓少進者，又辭，宜違其位也。獻不以爵，辟正主也。古文「觚」皆爲「觶」。疏：宰夫非正主，故用觚。鄉飲酒、鄉射是正主，皆用爵〔一〕。

敖氏繼公曰：獻公用象觚，則此乃角觚也，下放此。

主人卒洗，賓揖，乃升。注：賓每先升，尊也。主人升，賓拜洗。主人賓右奠觚，答拜，降盥。注：主人復盥，爲拜手坋塵也。賓降，主人辭，賓對。卒盥，賓揖升，主人升，坐取觚。注：取觚，將就瓦大酌膳。執冪者舉冪，主人酌膳，執冪者反冪。注：君物曰膳。膳之言善也。酌君尊者，尊賓也。主人筵前獻賓。賓西階上拜，筵前受爵，反位。主人賓右拜送爵。注：賓既拜，前受觚，退，復位。

〔一〕「皆」，諸本作「故」，據儀禮注疏卷一四改。

敖氏繼公曰：獻賓蓋亦西北面，與鄉飲酒禮同，故不著之。

膳宰薦脯醢，賓升筵，膳宰設折俎。注：折俎，牲體骨也。鄉飲酒記曰：「賓俎：脊、脅、肩、肺。」

敖氏繼公曰：公俎似當用肩，賓俎用臂，與鄉飲酒賓、主之俎異。

賓坐，左執爵，右祭脯醢，奠爵於薦右；興，取肺，坐絶祭，嚌之；興，加於俎，坐捝手，執爵，遂祭酒；興，席末坐，啐酒，降席，坐奠爵，拜，告旨，執爵興。主人答拜。注：降席，席西也。旨，美也。疏：降席，坐奠爵，拜。鄭云「降席，席西」，不言面。案前例，降席，席西，拜者皆南面，拜訖則告旨。賓西階上北面，坐卒爵，興，坐奠爵，遂拜。主人答拜。注：遂拜，拜既爵也。

蕙田案：以上主人獻賓。

賓以虚爵降。注：將酢主人。主人降，賓洗南坐奠觚。少進，辭降，主人東面對。注：上既言爵矣，復言觚者，嫌易之也。大射禮曰：「主人西階西，東面，少進，對。」今文從此以下，「觚」皆爲「爵」。疏：一升曰爵，二升曰觚，散文則觚亦稱爵，此觚即前爵。嫌易之，故復言觚也。

敖氏繼公曰：坐奠觚，興，少進，皆西北面。

賓坐取觚，奠於篚下，盥洗。注：篚下，篚南。主人辭洗。注：謙也，今文無「洗」。賓坐奠觚於篚，興，對。卒洗，及階，揖，升。主人升，拜洗如賓禮。賓降盥，主人降，賓辭降。卒盥，揖，升，酌膳，執冪如初，以酢主人於西階上。主人北面，拜受爵，賓主人之左拜送爵。注：賓既南面授爵，乃之左。

方氏苞曰：賓酢主人，亦酌膳者，主人代君以獻，則酌之如酢君，不敢用散。

主人坐祭，不啐酒。注：辟正主也。未薦者，臣也。

張氏爾岐曰：正主人皆有啐酒，惟不告旨。賓獻訖，即薦脯醢，此主人是臣，故酢時不薦，至獻大夫後，乃薦於洗北。

不拜酒，不告旨，注：主人之義。遂卒爵，興，坐奠爵，拜，執爵興。賓答拜。主人不崇酒，以虛爵降奠於篚。注：崇，充也。不以酒惡謝賓，甘美君物也。賓降，立於西階西。注：既受獻矣，不敢安盛。射人升賓，賓升，立於序內，東面。注：東西牆謂之序。大射禮曰：「擯者以命升賓。」

敖氏繼公曰：己之獻酬禮畢，主人又將與君爲禮，故不敢居堂。升賓者，優之也。序內東面，鄉君也，然則君位亦在東序內明矣。

蕙田案：以上賓酢主人。

主人盥，洗象觚，升實之，東北面獻於公。注：象觚，觚有象骨飾也。取象觚者，東面。

欽定義疏：獻酢之禮，酬而後成。未酬賓而獻公者，尊公也。先獻賓而後獻公，燕之禮，主於賓也，成公意，亦以尊公也。

公拜受爵。主人降自西階，阼階下北面拜送爵。士薦脯醢，膳宰設折俎，升自西階。注：薦，進也。大射禮曰：「宰胥薦脯醢，由左房。」疏：凡此篇内，公應先拜者，皆後拜之，尊公故也。此公先拜受爵者，受獻禮重也。前獻賓，薦脯醢及設折俎，皆使膳宰，賓卑故也。今於公，士薦脯醢，膳宰設折俎，異人，以士尊於膳宰，君尊，故使士薦。引大射禮者，證此脯醢自左房來。

敖氏繼公曰：升自西階者，俎也。著之者，嫌公俎宜由阼也。膳宰既設俎，則少退，東面而俟，既贊授肺，乃降。

欽定義疏：主人之降，皆自西階。此著之者，以當向阼階下，明不敢由便而自阼階降也。

公祭如賓禮，膳宰贊授肺。不拜酒，立卒爵，坐奠爵，拜，執爵興。注：凡異者，君尊，變於賓也。主人答拜，升，受爵以降，奠於膳篚。

欽定義疏：主人既拜送爵，不即升，俟答拜也。其北面立以俟，與主人受爵亦東北面，其奠於膳篚亦東面。

蕙田案：以上主人獻公。

更爵，洗，升，酌膳酒以降，酢於阼階下，北面，坐奠爵，再拜稽首。公答再拜。注：更爵者，不敢襲至尊也。古文「更」爲「受」。疏：主人受公酢而自酌者，不敢煩公，尊君之義。獻君自酢，同用觚，必更之者，不敢因君之爵。

楊氏復曰：主人獻公用象觚，則别於賓矣。主人阼階下拜送爵，又更爵，酢於阼階下，君尊也。君尊不酢其臣，主人自酢，成公意也。雖更爵，亦酌君之膳酒者，明酢之之意出自君也。

敖氏繼公曰：更爵者，蓋取南篚之觶。上下文酌膳皆無「酒」字，此衍。

主人坐祭，遂卒爵，再拜稽首。公答再拜，主人奠爵於篚。

敖氏繼公曰：亦興，坐奠爵，乃再拜稽首，執爵興。

蕙田案：以上主人自酢。

主人盥洗，升，媵觚於賓，酌散，西階上坐奠爵，拜賓。賓降筵，北面答拜。注：媵，送也。讀或謂揚，揚，舉也。酌散者，酌方壺酒也，於膳爲散。今文「媵」皆作「騰」。疏：案賓前受獻訖，立於序内以來，未有升筵之事，且鄉飲酒、大射酬前，賓皆無逆在席者，此言「降筵」，蓋誤。

敖氏繼公曰：洗，洗角觶也。觚，當作「觶」。

欽定義疏：獻以爵而酬以觶，飲酒之大凡也。獻或不以爵，而以觚以角以散，則皆有爲而爲之。至酬則無不以觶者，以非觶則不可以旅也。此主人酬賓也，則「觚」之當爲「觶」，審矣。

主人坐祭，遂飲。賓辭。卒爵，拜。賓答拜。注：辭者，辭其代君行酒，不立飲也。此降於正主酬也。

敖氏繼公曰：賓見主人將飲，故辭之，蓋欲即受此觶，不敢復煩主人之更酌己，且遠辟媵爵於公之禮也。媵爵於公者，亦皆先自飲，乃更酌之。

欽定義疏：坐祭，遂飲，鄉飲、鄉射之常，初不於燕而異。上文主人獻賓，賓坐祭、坐啐、坐飲、卒爵，未嘗立飲。賓酢主人亦然，賓未嘗辭也。可見代君酬本無降而立飲之禮，則賓之辭非辭其坐飲明矣。敖氏之義差長。

主人降洗。賓降，主人辭降，賓辭洗。卒洗，揖，升，不拜洗。注：不拜洗，酬而禮殺。主人酌膳，賓西階上拜。注：拜者，拜其酌也。受爵於筵前，反位。主人拜送爵。賓升席，坐祭酒，遂奠於薦東。注：遂者，因坐而奠，不北面也。奠之者，酬不舉也。疏：案鄉飲酒、鄉射主人酬賓，皆主人實觶，席前北面，賓始西階上拜。此及大射，主人始酌膳時，賓已西階上拜者，以其燕禮、大射皆是主人代君勸酒，而其賓是臣，急承君勸，不敢安暇，故先拜也。主人降，復位。賓降筵西，東南面立。注：賓不立於序内，位彌尊也。位彌尊者，其禮彌卑。疏：賓初得獻，立序内，此酬訖，立席西，漸近賓筵，是位彌尊。酬禮漸殺，故云禮彌卑也。

李氏如圭曰：下經薦主人於洗北，則洗北者，主人之位。

蕙田案：以上主人酬賓。

小臣自阼階下請媵爵者，公命長。

楊氏復曰：二人媵爵，公取此媵爵以酬賓，賓以旅酬於西階上。此與鄉飲酒禮「一人舉觶於賓，以爲旅酬始」，其義同而禮則不同。

敖氏繼公曰：此媵爵，以爲旅酬始也。長，謂下大夫之長也。不言下大夫者，以下大夫媵爵有常職故。

小臣作下大夫二人媵爵。注：作，使也。卿爲上大夫，不使之者，爲其尊。媵爵者阼階下，皆北面，再拜稽首。公答再拜。注：再拜稽首，拜君命也。媵爵者立於洗南，西面北上，序進，盥，洗角觶；升自西階，序進，酌散；交於楹北，降；阼階下皆奠觶，再拜稽首，執觶興。公答再拜。注：序，次第也，猶代也。楹北，西楹之北也。交而相待於西階上。既酌，右還而反，往來以右爲上。疏：西面北上，未盥相待之位。序進盥，則北面向洗。二大夫盥手、洗爵訖，先者升西階，由西楹之北向東楹之西，東面酌酒；訖，右還，由西楹北向西階上，北面。後者升西階，亦由西楹之北向東楹之西，酌酒；訖，亦由西楹之北西階上，北面相待，乃次第而降。故云交而相待於西階上。

蕙田案：媵爵者亦當降自西階而拜於阼階下，與主人獻公、拜送爵之禮同，後倣此。

媵爵者皆坐祭，遂卒觶；興，坐奠觶，再拜稽首，執觶興。公答再拜。媵爵者執觶，待於洗南。注：待君命也。

敖氏繼公曰：洗南西面，鄉者之位。

小臣請致者。注：請使一人與？二人與？優君也。

敖氏繼公曰：致，如致爵之致。酒，君物也，以進於公，故謂之致。

張氏爾岐曰：或皆致，或一人致，取君進止。

若君命皆致，則序進，奠觶於篚，阼階下皆再拜稽首。公答再拜。媵爵者洗象觶，升，實之，序進，坐奠於薦南，北上；降，阼階下皆再拜稽首，送觶。公答再拜。注：序進，往來由尊北，交於東楹之北，奠於薦南，不敢必君舉也。大射禮曰：「媵爵者皆退，反位。」疏：前二人酌酒，降自西階，故交於西楹之北。此酌酒，奠於君所，故交於東楹之北。先酌者東面酌訖，由尊北，又於楹北往君所，奠訖，右還而反。後酌者亦於尊北，又於楹北與反者相交。先者於南西過，後者於北東行，奠訖，亦右還而反，相隨降自西階。凡奠者於左〔一〕，將舉者於右。今媵爵於公，爲將舉旅，當奠薦右，而奠於薦左，是不敢必君之舉也。引大射禮者，此經二人階下再拜送觶，無反位之文，故引大射「媵爵者皆退，反門右，北面位」。

蕙田案：以上二人媵爵於公。

公坐取大夫所媵觶，興以酬賓。賓降，西階下再拜稽首。公命小臣辭，賓升，成拜。注：興以酬賓，就其階而酬之也。升成拜，復再拜稽首也。先時君辭之，於禮若未成然。疏：以賓降拜不於阼階下而於西階下，故知公在賓西階上也。不言西階者，以公尊，空其文也。凡臣於君，雖爲賓，與君相酬，不敢拜於堂上，皆拜於堂下。若君辭之，聞命即升；若堂下拜訖，君辭之，即升堂，復再拜稽首。所以然者，以堂下再拜，君辭之，若未成然，故復升堂，再拜稽首以成之。

公坐奠觶，答再拜，執觶興，立卒觶。賓下拜，小臣辭，賓升，再拜稽首。注：不言成拜者，爲拜故下，實未拜也。下不輒拜，禮殺也。此賓拜於君之左，不言之者，不敢敵偶於君。**公坐奠觶，答再拜，執觶興。賓進，受虚爵，降奠於篚，易觶洗。**注：君尊不酌故也。凡爵，不相襲者，於尊者言更，自敵以下言易。更作新，易，有故之辭。進受虚爵，尊君也。不言公酬賓於西階上及公

〔一〕「者於左」，諸本作「爵」，據儀禮注疏卷一四改。

反位者，亦尊君，空其文也。

朱子曰：更、易二字，注疏説雖詳，然於例頗有不合，疑本無異義，不必强生分别。

楊氏復曰：媵爵以酬賓，此别是一禮，與尋常酬賓不同，此所謂公爲賓舉旅也。燕禮，君使宰夫爲獻主，以臣莫敢與君伉禮也。今君舉觶於西階之上以酬賓，可乎？蓋君臣之際，其分甚嚴，其情甚親，使宰夫爲獻主，所以嚴君臣之分。今舉觶以酬賓，賓西階下拜；小臣辭，升成拜；公奠觶，答再拜；公卒觶，賓下拜，公答再拜。略去勢分，極其謙卑，所以通君臣之情也。注云：「不言君酬賓於西階上及公反位，尊君，空其文也。」此又所以嚴君臣之分也。

公有命，則不易不洗，反升酌膳觶，下拜。小臣辭，賓升，再拜稽首。注：下拜，下亦未拜。凡下未拜有二：或禮殺，或君親辭。君親辭，則聞命即升，升乃拜，是亦不言成拜。

敖氏繼公曰：命，謂使之仍用象觶也。不易，不敢違君意也。不洗者，嫌也。承尊者後而洗之，嫌若不以爲潔然。「觶」字衍文，大射儀無之。酌膳者以爲公所酬，亦達其意也。雖易觶，猶酌膳。

公答再拜。注：拜於阼階上也〔一〕。於是賓請旅侍臣。

〔一〕「上」，諸本作「下」，據儀禮注疏卷一四改。

蕙田案：以上公酬賓之禮終。

賓以旅酬於西階上。注：旅，序也，以次序勸卿大夫飲酒。射人作大夫長，升受旅。注：言作大夫，則卿存矣。長者，尊先而卑後。賓大夫之右坐奠觶，拜，執觶興。大夫答拜。注：賓在右者，相飲之位。疏：賓在西階上酬卿，賓與卿並北面，賓在東，卿在西，是賓在大夫之右。賓位合在西，而今在東者，相飲之位也。賓坐祭，立飲，卒觶，不拜。注：酬而禮殺。疏：對酢之時，坐卒爵，拜既爵，是禮盛也。

敖氏繼公曰：賓獨祭酬酒者，以此酒爲君所酬，異之也。

若膳觶也，則降更觶，洗；升，實散。大夫拜受，賓拜送。注：言更觶，卿尊也。

張氏爾岐曰：膳觶本非臣所可襲，以君命，故得一用，至酌他人，則必更矣。注釋「更」字義，亦未可信。

盛氏世佐曰：此爲「公有命，不易不洗」者而言。若既易，則不更不洗，而竟實散矣。不酌膳，異於公所酬也。

大夫辯受酬，如受賓酬之禮，不祭。卒受者，以虛觶降，奠於篚。注：卒，猶後也。大射禮曰：「奠於篚，復位。」今文「辯」皆作「徧」。疏：不祭者，酬禮殺也。經云「降奠於篚」，不言「反位」，故引大射。奠爵於篚，訖，當復門右北面位。

張氏爾岐曰：大夫辨受酬，不及於士也。

蕙田案：以上公爲賓舉旅。

主人洗，升，實散，獻卿於西階上。注：酬而後獻卿，别尊卑也。飲酒成於酬也。疏：此酬非謂尋常獻酬，乃是君爲賓舉旅行酬也〔一〕。飲酒之禮成於酬，君尊臣卑，是以君禮成，卿乃得獻。

楊氏復曰：卿者，君之股肱腹心，燕禮之所當先也，獻禮後卿，何也？燕義曰：「不以公卿爲賓，而以大夫爲賓，爲疑也，明嫌之義也。」既命大夫爲賓，故先獻賓，獻賓而後獻公。又獻禮成於酬，禮成而後酬卿，此事之序，禮之宜，非後於卿也。

司宫兼卷重席，設於賓左，東上。注：言兼卷，則每卿異席也。重席，重蒲筵緇布純也。卿坐東上，統於君也。席自房來。疏：公食大夫記云：「司宫具几，與蒲筵常緇布純，加萑席尋，玄帛純。」彼爲異國之賓，有蒲筵、萑席兩重席，故稱加。此燕己臣子，一種席重設之，故不稱加。卿升，拜受觚。主人拜送觚。卿辭重席，司宫徹之。注：徹，猶去也。重席雖非加，猶爲其重累，去之，辟君也。

張氏爾岐曰：以君有加席兩重，此雖蒲筵一種重設，嫌其兩重與君同也。

乃薦脯醢。卿升席坐，左執爵，右祭脯醢，遂祭酒，不啐酒。降席，西階上北面，

〔一〕「君爲賓」，諸本作「賓爲君」，據儀禮注疏卷一四乙正。

坐卒爵，興；坐奠爵，拜，執爵興。主人答拜，受爵。卿降復位。注：不酢，辟君也。卿無俎者，燕主於羞。疏：薦脯醢，不言其人，略之。下記云「羞卿者，小膳宰」是也。

張氏爾岐曰：獻公，主人酢於阼階下。此不酢者，嫌與獻公同也。

辯獻卿，主人以虛爵降，奠於篚。注：今文無「奠於篚」。射人乃升卿，卿皆升就席。若有諸公，則先卿獻之，如獻卿之禮。注：諸公者，謂大國之孤也。席於阼階西，北面東上，無加席。注：席孤北面，爲其大尊，屈之也。亦因阼階西位近君，近君則屈，親寵苟敬，私昵之坐。疏：記云：「賓爲苟敬，席於阼階之西」，以爲敬。此孤亦席於阼階西，故爲苟敬，私昵之坐也。

蕙田案：以上主人獻公卿。

小臣又請媵爵者。二大夫媵爵如初。注：又，復。請致者。若命長致，則媵爵者奠觶於篚，一人待於洗南。長致，致者阼階下再拜稽首。公答再拜。注：命長致者，公或時未能舉，自優暇也。

張氏爾岐曰：前媵爵云「若命皆致」，此媵爵云「若命長致」，皆不定之辭，非謂前必二人，後必一人也，欲互見其儀耳。

洗象觶，升，實之，坐奠於薦南；降，與立於洗南者二人皆再拜稽首送觶。公答再拜。注：奠於薦南者，於公所用酬賓觶之處。二人俱拜，以其共勸君。疏：前二人媵觶，奠於薦南，北上。其上觶已取，爲賓舉旅，下觶仍在。今大夫又媵一觶，奠於薦南，知是所用酬賓觶之處也。

楊氏復曰：「二大夫媵爵如初」，謂如前下大夫二人媵爵時之禮也。然有同，亦有異。前二人媵爵，此亦二人媵爵，故序進，酌散，交於西楹之北，降阼階下，奠觶，卒觶，再拜稽首，執觶待於洗南，是則同。前小臣請致者，君命皆致，故序進，酌膳，奠於薦南，與後者交於東楹之北，降而之阼階下，再拜稽首，送觶。此則不然。君命長致，故一人待於洗南，惟長一人進酌膳，奠於薦南，降而之阼階下，與二人皆再拜稽首〔一〕，送觶無序進，交於東楹北之事，此其異也。

蕙田案：以上再媵爵。

公又行一爵，若賓若長，唯公所酬。注：一爵，先媵者之下觶也。若賓若長，則賓禮殺矣。長，公卿之尊者也。賓則以酬長，長則以酬賓。

敖氏繼公曰：先若二人致，則此一爵乃先致者之下觶；先若一人致，則此乃後致者之上觶也。此酬主於公若卿，乃或又酬賓者，容遂尊者之所欲耳。

以旅於西階上，如初。大夫卒受者，以虛觶降，奠於篚。疏：言如初者，一如上爲賓舉旅之節。

〔一〕「二人」，諸本作「一人」，據儀禮圖卷六改。

楊氏復曰：經云如初，謂如前公爲賓舉旅時禮也。前君命二人皆致，有兩觶奠於薦南；後命長致，有一觶奠於薦南，前後凡有三觶。燕禮自立司正以前，凡有三舉旅，用此三觶也。初酬賓時，公坐取所媵一觶以酬賓，是行一觶也。此公又行一爵，若賓若長，唯公所酬。注云：「公又行一爵，先媵者之下觶也。」下觶未舉，今舉之，是行二觶也。工歌之後，笙入之前，公又舉奠觶，唯公所賜，以旅於西階上，如初，是行三觶也。注疏之文不甚顯焕，故表而出之。又主人獻士之後，賓媵觶於公，公取此觶，爲大夫舉旅，此又在三觶之外也。

蕙田案：以上公爲諸公卿舉旅。

主人洗，升，獻大夫於西階上。大夫升，拜受觚。主人拜送觚。大夫坐祭，立卒爵，不拜既爵。主人受爵，大夫降，復位。注：既，盡也。不拜之者，禮又殺。疏：前卿受獻不酢，已是禮殺。今大夫受獻，不但不酢，又不拜既爵，故云「禮又殺」。

張氏爾岐曰：自此下至樂正告公，主人獻大夫，未及旅而樂作，獻工後，乃舉旅，旅已奏笙，間歌合樂，爵樂更作，以成三旅，禮又殺，而樂大備，所以致和樂之情也。

胥薦主人於洗北，西面，脯醢，無胥。注：胥，膳宰之吏也。主人，大夫之下，先大夫薦之，尊之也。不於上者，上無其位也。胥，俎實。疏：大射注云：「主人，大夫。」不云「下」。此云「大夫之下」者，謂大夫之中，位次在下。燕禮大夫堂上，士在下，獨此宰夫言堂上無位者，以其主人位在阼階，君已在阼，故主人辟之，位在下。

欽定義疏：天子之宰夫爲下大夫，則諸侯之宰夫宜降一等。天子以膳夫爲獻主，而膳夫爲上士，則諸侯之獻主又宜下之。注謂「大夫之下」者，言主人之爵視大夫爲下，正以明其爲士也。大射注曰「下大夫」也，亦言其下於大夫耳，未嘗直云「主人，大夫」也。疏蓋誤會注意。

辯獻大夫，遂薦之。繼賓以西，東上。注：徧獻之乃薦，略賤也。亦獻而後布席也。卒，射人乃升大夫，大夫皆升，就席。

蕙田案：以上主人獻大夫。

席工於西階上，少東。樂正先升，北面，立於其西。注：工，瞽矇，歌諷誦詩者也。凡執技藝者稱工。少牢饋食禮曰：「皇尸命工祝。」樂記師乙曰：「乙，賤工也。」樂正於天子，樂師也。凡樂，掌其序事，樂成則告備。小臣納工，工四人，二瑟。小臣左何瑟，面鼓，執越，内弦，右手相。入，升自西階，北面東上坐。小臣坐授瑟，乃降。注：工四人者，燕禮輕，從大夫制也。面鼓者，燕尚樂，可鼓者在前也。越，瑟下孔也。内弦，弦爲主也。相，扶工也。後二人徒相。天子，大僕二人也。小臣四人，祭僕六人，御僕十二人，皆同官。

盛氏世佐曰：小臣止四人，而盡用之相工，鄭疑其不足於他用，故引周禮序官之文，以見其同官者衆，或可兼攝遞代也。案小臣之職，「掌王之小命，詔小法儀，正燕服之位」。於諸侯當亦不異。此篇戒群臣，設公席，納卿大夫，既而請執冪、羞膳者，請媵、請致、辭賓，皆以小臣爲之，至是，又納工而爲之相，前後職事，各不相妨，雖四人，何慮其不給乎？且小臣相工，方行禮之時則然耳，非專司其事也。專司其事者，眡瞭也。周禮上瞽、中瞽、下瞽共三百人，眡瞭之數亦如之，每瞽一相，必不可少也。諸侯之眡瞭，雖少於天子，亦豈小臣所能充其數乎？且眡瞭非官也，而小臣則以上士爲之，於諸侯亦當爲中士，豈得以群僕侍御之臣親兹細事乎？眡瞭之相瞽，常職也。燕與大射納工之時，小臣等官相之以樂賓，故重其事，非常職也。舊說，諸侯無眡瞭，使小臣代之，非。

工歌鹿鳴、四牡、皇皇者華。注：三者，皆小雅篇也。卒歌，主人洗，升，獻工。工不興，左瑟一人拜受爵，主人西階上拜送爵。注：工歌乃獻之，賤者先就事也。左瑟，便其右。一人，工之長者也。工拜於席。疏：工北面，以西爲左，空其右，受獻，酒從東楹之西來，故以右爲便。薦脯醢。注：輒薦之，變於大夫也。疏：大夫徧獻乃薦。此獻一人即薦，禮尚異，故變於大夫也。使人相祭，注：使扶工者相其祭薦、祭酒。卒爵，不拜。注：賤不備禮。主人受爵，注：將復獻衆工也。衆工不拜受爵，坐祭，遂卒爵。辯有脯醢，不祭。主人受爵，降奠於篚。注：遂，猶因也，古文曰：「卒爵不拜。」

蕙田案：以上工歌。

公又舉奠觶，唯公所賜。以旅於西階上，如初。注：言賜者，君又彌尊，賓長彌卑。張氏爾岐曰：奠觶，媵爵者奠於薦南之觶也。公舉之，爲大夫旅酬也。如初，如爲賓爲卿舉旅之節也。

卒。注：旅畢也。

蕙田案：以上公爲大夫舉旅。

笙入，立於縣中，奏南陔、白華、華黍。注：以笙播此三篇之詩。縣中，縣中央也。鄉飲酒禮曰：「磬南，北面。」奏南陔、白華、華黍，皆小雅篇也，今亡，其義未聞。疏：諸侯軒縣，闕南面而已，故得言「縣中」。鄉飲酒惟有一磬縣而已，不得言縣中，故云「磬南」。

主人洗，升，獻笙於西階上。一人拜，盡階，不升堂，受爵，降。主人拜送爵。階前坐祭，立卒爵，不拜既爵，升，授主人。注：一人，笙之長者也。鄉射禮曰：「笙一人，拜於下。」

敖氏繼公曰：「升授主人」下當有「爵」字，如鄉飲、鄉射禮，此文脱耳。

衆笙不拜受爵，降。坐祭，立卒爵。辯有脯醢，不祭。疏：「辯有脯醢」者，亦獻訖，薦於位之前。乃間歌魚麗，笙由庚；歌南有嘉魚，笙崇丘；歌南山有臺，笙由儀。注：間，代也。謂一歌，則一吹也。六者，皆小雅篇也。遂歌鄉樂：周南關雎、葛覃、卷耳，召南鵲巢、采蘩、采蘋。注：周南、召南，國風篇也。疏：二南是大夫、士樂，故名鄉樂。鄉飲酒不言鄉樂者，以是己之樂，不須言鄉。此是諸侯禮，下歌大夫、士樂，故以鄉樂言之。又鄉飲酒注云：「合樂，謂歌與衆聲俱作。」此經無「合樂」字，其實亦與衆聲俱作。

大師告於樂正曰：「正歌備。」注：大師，上工也，掌合陰陽之聲，教六詩，以六律爲之音者也。子貢問師乙曰：「吾聞聲歌，各有宜也，如賜者，宜何歌也？」是明其掌而知之也。正歌者，升歌及笙各三終，間歌三終，合樂三終，爲一備。備，亦成也。

楊氏復曰：燕禮歌笙，間合四節，與鄉飲酒禮同。鄉飲酒禮則四節相繼而作，燕禮於工歌三終之後，公爲大夫舉旅，既舉旅之後，乃笙入三終，間歌三終，合樂三終，而後樂備。蓋燕尚飲酒，故於工歌之後笙入之前，有旅酬之禮。

樂正由楹内東楹之東告於公，乃降，復位。注：言由楹内者，以其立於堂廉也。復位，位在東縣之北。敖氏繼公曰：告於公，亦北面。不告賓者，臣統於君，與鄉禮異也。復位，則是反其初位矣。鄉飲酒禮注云：「樂正降立西階東，北面。」

蕙田案：降復之位，敖說與注不同，敖說近之。

又案：以上樂終。

射人自阼階下，請立司正，公許。射人遂爲司正。注：君許其請，因命用爲司正。君三舉爵，樂備作矣。將留賓飲酒，更立司正以監之，察儀法也。射人俱相禮，其事同。郝氏敬曰：初，燕禮嚴，終則易懈。初酬賓、卿、大夫人少，終酬士人衆，故正之以司正也。

司正洗角觶，南面，坐奠於中庭；升，東楹之東受命，西階上北面命卿、大夫：「君曰：『以我安！』」卿、大夫皆對曰：「諾！敢不安！」注：洗奠角觶於中庭，明其事以自表，威儀多也。君意殷勤，欲留賓飲酒，命卿、大夫以我故安，或亦其實不主意於賓也。疏：鄉飲酒司正洗觶，執以升自西階，不奠，是威儀少也。不主意於賓者，欲兼群臣共安也。司正降自西階，南面，坐取觶，升，酌散；降，南面，坐奠觶；右還，北面，少立，坐取觶；興，坐不祭，卒觶，奠之；興，再拜稽首；注：右還，將適觶南，先西面也。必從觶西，爲君之在東也。少立者，自嚴正，慎其位也。左還，南面，坐取觶，洗，南面，反奠於其所。注：反奠虛觶，不空位也。

郝氏敬曰：其所，即中庭初奠之所。

楊氏復曰：燕禮、大射禮，司正洗角觶，南面，坐奠於中庭；又降自西階，南面，取觶，升，酌散；降，南面，坐奠觶；又右還，北面，取觶，卒觶，奠之，再拜稽首；又左還，南面，坐取觶。進退皆由觶西。蓋君在阼，不敢背君，若從觶東而左還，北面，則背君故也。鄉飲、鄉射皆臣禮，只有北面奠觶之文，威儀簡故也。

蕙田案：以上立司正。

升自西階，東楹之東，請徹俎，降，公許。告於賓，賓北面取俎以出。膳宰徹公俎，降自阼階以東。注：膳宰降自阼階，以賓親徹，若君親徹然。疏：臣之升降當西階，今不降西階而降自阼階，當君降處，故云若君親徹降自阼階也。

欽定義疏：凡請於君，皆自阼階下。乃司正之請安賓與此請徹俎，則於東楹之東者，既受安賓之命，當以辯命於堂；既承徹俎之命，亦當以告於賓，二者皆將有事於堂上，故與他禮異也。徹俎下「降」字，疑當在「告於賓」下，傳寫者誤耳。鄉飲、射禮司正既降，命弟子復升，立序端，及賓徹俎，乃受以出。此禮賓，自徹以出，故直言降而已，亦別於臣禮也。

卿大夫皆降，東面，北上。注：以將坐，降待賓反也。

蕙田案：以上徹俎。

賓反入，及卿大夫皆説屨，升，就席。公以賓及卿大夫皆坐，乃安。注：凡燕坐，必説屨。屨賤，不在堂也。禮者尚敬，敬多則不親。燕安坐，相親之心也。疏：不云「君降説屨」者，據少儀，尊者坐在室，則説屨於户内。今此燕在堂上，則君尊，説屨於堂上席側可知。羞庶羞。注：謂膷肝膋、狗胾醢也。骨體所以致敬也，庶羞所以盡愛也。敬之愛之，厚賢之道。疏：案大射云「羞庶羞」，注云：「所進衆羞，謂膷肝膋、狗胾醢也。或有炰鼈、膾鯉、雉、兔、鶉、鴽。」大射先行燕禮，明與彼同。此注不言炰鼈已下，注文不具也。肝膋見内則，用狗肝，蒙之以其膋，濡炙之。大夫祭薦。注：燕乃祭薦，不敢於盛成禮也。疏：謂未立司正之前，立行禮，受獻之時，不祭脯醢。祭先是成禮，不敢成禮於盛時也。

敖氏繼公曰：獻時不得祭薦，故至是乃爲之。必祭者，宜終此禮，然後可以食庶羞也。

司正升受命，皆命：「君曰：『無不醉』。」賓及卿大夫皆興，對曰：「諾！敢不醉。」皆反坐。注：皆命者，命賓、命卿大夫也。起、對，必降席，司正退立西序端。

蕙田案：以上説屨升坐。

主人洗，升，獻士於西階上。士長升，拜受觶。主人拜送觶。注：獻士用觶，士賤也。疏：大夫已上獻用觚，旅酬乃用觶。獻士即用觶，士賤。士坐祭，立飲，不拜既爵。其他不拜，坐祭，立飲。注：他，謂衆士也。亦升受爵，不拜。

郝氏敬曰：士長，士之尊者，如司正、司士等是也。其他，謂長以下。不拜，謂受、送皆不拜也。

乃薦司正與射人一人、司士一人、執冪二人，立於觶南，東上。注：天子射人、司士，皆下大夫二人。諸侯則上士，其人數亦如之。司正爲上。疏：此等皆士而先薦者，以其皆有事，故先薦。司士，掌群士爵禄廢置之事，士中之尊，故亦先薦。「司正爲上」者，以其爲庭長〔一〕，故設在上，先薦之。又士位在西，有事者別在觶南，北面，東上也。辯獻士。士既獻者立於東方，西面，北上，乃薦士。注：每已獻而即位於東方，蓋尊之。畢獻，薦於其位。疏：庭中之位，卿東方西面，大夫北面，士西方東面，是東方尊。今卿大夫得獻，升堂，位空，故士得獻，即東方卿位，是尊之也。

欽定義疏：士之變位，其義有二：一則以卿大夫既獻，皆變而位於上，故士亦既獻而變其位於東也；二則以卿大夫既升，則東方虚無人，而東爲君方，故變士之位以從君也。燕義所謂「士以次就位於下者」，此也。

祝史小臣師亦就其位而薦之。注：次士獻之，已不變位，位自在東方。疏：上設位之時，

〔一〕「爲」，原作「在」，據光緒本、儀禮注疏卷一五改。

祝史在門東，小臣在東堂下，是先在東方也。主人就旅食之尊而獻之。旅食不拜，受爵，坐祭，立飲。注：北面酌，南鄉獻於尊南。不洗者，以其賤，略之也。亦畢獻乃薦之，主人執虛爵奠於篚，復位。

蕙田案：以上主人獻士及旅食。

若射，則大射正爲司射，如鄉射之禮。注：大射正，射人之長者也。如鄉射之禮者，燕爲樂卿大夫，宜從其禮也。如者，如其「告弓矢既具」至「退中與算」也。納射器而張侯，其告，請先於君，乃以命賓及卿大夫。其爲司正者，亦爲司馬，君與賓爲耦。鄉射記曰自「君射」至「龍旜」，亦其異者也。薦旅食乃射者，是燕射主於飲酒。

張氏爾岐曰：經云「若射」，不定之辭，或射或否，唯君所命。若不射，則主人獻。旅食後，賓即媵觶舉酬。注云「薦旅食乃射」，是燕射主於飲酒，以大射主於射，未爲大夫舉旅即射也。

蕙田案：以上因燕而射。

賓降洗，升媵觚於公，酌散，下拜。公降一等，小臣辭。賓升，再拜稽首。公答再拜。注：此當言「媵觶」，酬之禮皆用觶，言觚者，字之誤也。古者「觶」字，或作「角」旁「氏」，由此誤爾。

郝氏敬曰：酌散，先自飲也。公降一等，敬其爲賓也。

賓坐祭，卒爵，再拜稽首。公答再拜。賓降，洗象觶，升酌膳，坐奠於薦南，降拜。

小臣辭。賓升，成拜，公答再拜。賓反位。注：反位，反席也。

欽定義疏：賓之媵觶，其義有四。主人獻賓，承公命也，以卑不敢酢尊，故賓酢主人而未嘗酢公，至是而藉以示報焉，所以成禮於公也，明有尊也。媵觶者下大夫，而賓亦大夫也，向者以君命而尊於其伍，至是而亦事其事焉，所以自伍於下大夫也，明等夷也。爲賓卿舉旅，使下大夫媵宜也。爲大夫舉旅，亦用下大夫所媵之觶，猶之可也。若爲士舉旅而媵以下大夫，則非等矣。於是賓自媵之，所謂降尊以就卑也，明下賤也。酬之義，主於周。向者雖三舉旅，未嘗及士。至是賓則藉其所媵者，以使在燕之長幼卑尊無不飲公之德；公亦藉賓之所媵者，以使在燕之長幼卑尊無不飲賓之觶。蓋君臣之分益明，而賓主之道兩得矣，明辯惠也。

蕙田案：以上賓媵觶於公。

公坐取賓所媵觶，興，唯公所賜。注：至此又言興者，明公崇禮不倦也。今文「觶」又爲「觚」。

敖氏繼公曰：此酬主於士，而所賜不及之，以其賤而在下也。

受者如初受酬之禮。

張氏爾岐曰：如其自賓降，至進受虛爵也。

降，更爵，洗。升，酌膳，下拜。小臣辭。升，成拜，公答拜。乃就席，坐行之。注：坐行之，若今坐相勸酒。有執爵者。注：士有盥升，主酌授之者。

張氏爾岐曰：前三舉旅，皆酬者自酌授人，至此，乃有代酌授之者。

唯受於公者拜。注：公所賜者也。其餘則否。

郝氏敬曰：惟最初一人受公賜爵者拜，其餘執爵者，所送皆就席，坐飲，不拜也。

司正命執爵者爵辯，卒受者興，以酬士。注：欲令惠均。

張氏爾岐曰：前三舉旅，皆止於大夫。今爲士舉旅，故命之相旅，固司正職也。「執爵者爵辯，卒受者興，以酬士」，即其命之之辭。

大夫卒受者以爵興，西階上酬士。士升，大夫奠爵拜，士答拜。注：興酬士者，士立堂下，無坐位。大夫立卒爵，不拜，實之。士拜受，大夫拜送。士旅於西階上，辯。注：祝史、小臣，旅食皆及焉。

敖氏繼公曰：拜受、拜送，旅酬之正禮也。士始受旅，故從其正禮，至無算爵，則旅不拜矣。

士旅酌，注：旅，序也。士以次序自酌相酬，無執爵者。卒。

蕙田案：以上公爲士舉旅。

主人洗，升自西階，獻庶子於阼階上，如獻士之禮。辯，降，洗，遂獻左右正與內小臣，皆於阼階上，如獻庶子之禮。注：庶子，掌正六牲之體及舞位，使國子修德學道，世子之官也，而與膳宰、樂正聯事。樂正亦教國子以舞。左右正，謂樂正、僕人正也。小樂正立於西縣之北，僕人正、僕人師、僕人士立於其北，北上。大樂正立於東縣之北。若射，則僕人正、僕人士陪於工後。內小臣，奄人掌君陰事陰令，后夫人之官也。皆獻於阼階上，别於外內臣也。獻正下及內小臣，則磬人、鐘人、鎛人、鼓人、僕人之屬，盡獻可知也。凡獻，皆薦也。疏：天子謂之諸子，諸侯謂之庶子，掌公卿、大夫、士之適子，掌事實同，故取諸子職解之。以掌正六牲之體，得與膳宰聯事；掌國子修德學道，得與樂正聯事。言此者，欲見膳宰得獻，此庶子亦得獻之意。云「左右正」者，據中庭爲左右。

敖氏繼公曰：庶子，謂卿、大夫、士之子。周官亦多以庶子繼士而言，正指此也。燕義以此爲諸子之官，似失之。獻之於阼階上，變於其父所飲之位也。庶子未必皆有爵，乃先左右正獻之，明不與之序也。左右正，未詳其官，然與內小臣同獻，意其亦爲內臣也。

郝氏敬曰：庶子、左右正、內小臣，皆君侍從之臣，主人於獻士後皆獻之。庶子，即公、卿、大夫子侍衛者。左右，君左右。詩云：「膳夫左右。」正，長也。內小臣，奄士。以上三臣在君側，就阼階上獻之。

盛氏世佐曰：周禮宮伯職云：「掌王宮之士、庶子。」大司馬職云：「王弔勞士，庶子則相。」又云：

「大會同，則帥士、庶子而掌其政令。」司士職：「周知卿大夫、士、庶子之數。」酒正職：「共饗士、庶子之酒。」凡此，皆以庶子繼士而言，謂卿大夫、士之支庶子也。以貴游子弟，且有宿衛之勞，故獻之。以其未有爵命，故獻在士後。若燕義所云庶子官即周禮之諸子，其爵爲下大夫，於諸侯則上士也，其位當在西方東面，其獻亦當在西階上，不於此也。左右者，侍衛近習之臣，而正則其長也。左右非一，故不言其官。然以詩、書考之，雲漢以膳夫共稱，立政與攜僕並數，則其職掌，亦略可見矣。

蕙田案：經云：「獻庶子於阼階上。」又云：「宵，則庶子執燭於阼階上。」則庶子者，公之近臣，從公而位在阼階者也。先鄭注周禮，以爲宿衛之官者得之。注疏據燕義，謂即諸子之官，固非。而敖氏、郝氏、盛氏以爲卿大夫、士之子，恐亦未盡然也。至解左右正，則郝氏、盛氏之説爲長，注疏失之鑿矣。

又案：以上獻庶子以下。

無算爵。注：算，數也。爵行無次無數，惟意所勸，醉而止。士也，有執膳爵者，有執散爵者。

敖氏繼公曰：亦各序進，盥洗其觶以升。

盛氏世佐曰：膳爵，象觶也，以酌膳，故曰膳爵。散爵，角觶也，以酌散，故曰散爵。

執膳爵者酌以進公，公不拜，受。執散爵者酌以之公，命所賜。所賜者興，受爵，降席下，奠爵，再拜稽首。公答拜。注：席下，席西也。古文曰「公答再拜」。疏：自旅酬以前，受公爵，皆降拜，升，成拜。至此，不復降拜者，禮殺故也。賓與卿、大夫席皆南面，統於君，皆以東爲上，故知席下爲席西也。

受賜爵者，以爵就席坐，公卒爵，然後飲。注：不敢先虛爵，明此勸惠，從尊者來也。執膳爵者受公爵，酌，反奠之。注：宴歡在於飲酒，成其意。

盛氏世佐曰：公既卒爵，不以降奠於篚而復實之者，欲公重舉此觶也。不與散爵並行而反奠於君所者，象觶非臣所飲也。

受賜爵者興，授執散爵，執散爵者乃酌行之。注：予其所勸者。唯受爵於公者拜。卒受爵者興，以酬士於西階上。士升，大夫不拜，乃飲，實爵。注：乃，猶而也。

張氏爾岐曰：此實爵，當是大夫自酌與之，不使人代。

士不拜，受爵。大夫就席。士旅酌，亦如之。

張氏爾岐曰：亦旅於階下而不拜也。

公有命徹冪，則卿大夫皆降西階下，北面，東上，再拜稽首。公命小臣辭。公答再拜，大夫皆辟。注：命徹冪者，公意殷勤，必盡酒也。小臣辭，不升成拜，明雖醉，正臣禮也。不言賓，賓彌臣也。君答拜於上，示不虛受也。

敖氏繼公曰：冪，兩甒之冪也。命徹冪者，命執冪者遂徹之，示與臣下同此酒，不自異也。在堂者皆降拜，謝君意也。士不拜，賤，不敢與君爲禮也。云「有命」，又云「則」，見其然否不定也。拜下臣之正禮也，必辭之者，以賓在其中也。

遂升，反坐。士終旅於上，如初。注：卿大夫降而爵止，於其反席，卒之。

朱子曰：士方旅而大夫降，則爵止不行。公辭而大夫復升，士乃終旅於上。

無算樂。注：升歌、間合，無數也，取歡而已。其樂章亦然。

蕙田案：以上無算爵。

宵則庶子執燭於阼階上，司宮執燭於西階上，甸人執大燭於庭，閽人爲大燭於門外。注：宵，夜也。燭，燋也。甸人，掌共薪蒸者。庭大燭，爲位廣也。閽人，門人也。爲，作也，作大燭以俟賓客出。

劉氏彝曰：燕以示慈惠，則貴舒緩，故飲至夜而不爲過，所以致其厚也。饗以訓恭儉，則貴謹飭，故饗在朝而不爲速，所以致其敬也。

欽定義疏：阼階上者，爲公燭也，庶子時入直宿衛，故主之。西階上者，爲賓燭也，司宮掌寢，故主之。庭者，爲士若旅食燭也，甸人掌薪蒸，故主之。門外者，爲賓出燭也，閽人掌出入，故主之。門外之燭曰「爲」，蓋樹而不執。

賓醉，北面坐，取其薦脯以降。注：取脯，重得君賜。

敖氏繼公曰：賓未醉，不敢起；既醉，不敢留。餘人之出者，皆以賓爲節也。

奏陔。注：陔，陔夏，樂章也。賓出奏陔夏，以爲行節也。凡夏，以鐘鼓奏之。賓所執脯以賜鐘人於門内霤，遂出。注：必賜鐘人，鐘人掌以鐘鼓，奏九夏。今奏陔以節己，用賜脯以報之，明雖醉不忘禮。古文「賜」作「錫」。卿大夫皆出，注：隨賓出也。公不送。注：賓禮訖，是臣也。

蕙田案：以上燕畢，賓出。

公與客燕，注：謂四方之使者。疏：燕異國卿大夫與臣子同，惟戒賓爲異，故於禮末見之。曰：「寡君有不腆之酒，以請吾子之與寡君須臾焉。使某也以請。」注：君使人戒客辭也。禮使人各以其爵。寡，鮮也，猶言少德，謙也。腆，善也。上介出請，入告。對曰：「寡君，君之私也。君無所辱賜於使臣，臣敢辭。」注：上介出答主國使者辭也。私，謂獨受恩厚也。君無所爲辱賜於使臣，謙不敢當也。敢者，怖懼用勢決之辭。「寡君固曰『不腆』，使某固以請。」「寡君，君之私也。君無所辱賜於使臣，臣敢固辭。」注：重傳命。固，如故。

朱子曰：「寡君，君之私也」以下，是客對辭。

張氏爾岐曰：使者重傳命戒客，客重使上介致辭。

「寡君固曰『不腆』，使某固以請。」「某固辭不得命，敢不從！」注：許之也。於是出見主國使者。辭以見許爲得命。

朱子曰：「某固辭」以下，是客對辭。

致命曰：「寡君使某，有不腆之酒，以請吾子之與寡君須臾焉。」注：親相見，致君命辭也。「君貺寡君多矣，又辱賜於使臣，臣敢拜賜命。」注：貺，賜也，猶愛也。敢拜賜命，從使者拜君之賜命，猶謙不必辭也。

朱子曰：「君貺寡君」以下，是客對辭。

蕙田案：以上公與客燕。

記：燕，朝服於寢。注：朝服者，諸侯與其群臣日視朝之服也。謂冠玄端、緇帶、素韠、白屨也。燕於路寢，相親昵也。疏：冠玄端、緇帶、素韠、白屨，皆士冠禮文。其實諸侯當白舄，其臣當白屨也。

蕙田案：此記服及燕所。

其牲狗也，亨於門外東方。注：亨於門外，臣所掌也。

敖氏繼公曰：門外東方，爨所在也。古者寢廟之門外皆有爨，吉則在東，凶則在西。

蕙田案：此記牲。

若與四方之賓燕，則公迎之於大門内，揖讓升。注：四方之賓，謂來聘者也。自戒至於拜至，皆如公食，亦告饌具而後公即席。小臣請執冪、請羞者，乃迎賓也。

欽定義疏：必迎之者，别於己臣也。迎不於門外者，别於朝賓也。此所迎賓，其正聘使也，故下云「賓爲苟敬」。其介之爲賓者，當從聘使而入，於公與賓揖讓時，止於門外之位。

賓爲苟敬，席於阼階之西，北面。有脀，不嚌肺，不啐酒。其介爲賓。注：苟，且也，假也。主國君饗時，親進醴於賓。今燕，又且獻焉。人臣不敢褻煩尊者，至此升堂而辭讓，欲以臣禮燕，爲恭敬也。於是席之，如獻諸公之位。言苟敬者，賓實主國所宜敬也。脀，折俎也。不嚌、啐，似若尊者然也。介門西，北面，西上。公降迎上介以爲賓，揖讓升，如初禮。主人獻賓、獻公，既獻苟敬，乃媵觚，群臣即位，如燕也。疏：言苟敬者，賓實主國所宜敬，但爲辭讓，故以命介爲賓，不得敬之。今雖以介爲賓，不可全不敬，於是席之於阼階西，而且敬之，故云苟敬也。上燕己臣子之時，獻賓、獻公既，即媵觶以酬賓。今苟敬之〔一〕，前有薦有俎，實與君同，則知獻公後即獻苟敬，乃可酬賓也。

敖氏繼公曰：苟，誠也，實也。燕主爲賓而設，賓於是時雖不爲正賓，而實爲主君之所敬，故云苟敬也。公與賓既揖讓升，公拜至，賓答拜；公乃揖賓各就席。公降，擯者以命命上介爲賓，上介禮辭

〔一〕「今」，儀禮注疏卷一五作「但」。

許，再拜稽首。公答拜。上介出，公乃升就席。擯者納賓，皆如群臣爲賓之禮。必以上介爲賓者，禮，君與臣燕，爲賓者不以公卿而以大夫，雖燕異國之臣亦如之。賓，卿也。上介，大夫也。故以上介爲賓也。阼階之西，諸公之位也。席苟敬於是，且有胥，皆尊異之。不嚌、啐者，辟正賓。

盛氏世佐曰：燕禮輕於饗，而外臣與己國之臣又有間。若以聘賓爲燕賓，公親獻與，則賓意有所不安，且非所以通款曲、致殷勤也。使宰獻與，則與待己國之臣無異，又非所以尊賓也。於是席之於君側諸公之位，不嚌、不啐，其禮似殺於賓，而折俎之設，又有非己國諸公所得同者，則其敬之也，不以文而以實矣，故云「苟敬」也。必以介爲賓者，聘禮公於賓一食再饗，介一食一饗，其與賓行禮之時，介每爲賓所厭而不得伸我敬，故必特爲介設食饗之禮。至燕則合之，而以介爲正賓，則所以待介者，亦不薄也。此其斟酌於尊卑豐殺之宜，化裁乎賓主君臣之道，信非聖人不能爲也。

無膳尊，無膳爵。注：降尊以就卑也。

敖氏繼公曰：膳尊，瓦大也。膳爵，象觚、象觶也。所燕者非己臣子，故不宜自異。

蕙田案：以上記與四方之賓燕。

與卿燕，則大夫爲賓；與大夫燕，亦大夫爲賓。注：不以所與燕者爲賓者，燕爲序歡心，賓主敬也。公父文伯飲南宮敬叔酒，以路堵父爲客，此之謂也。君恒以大夫爲賓者〔一〕，大夫卑，雖尊之，猶遠於君。　疏：此謂與己臣子燕法也。

朱子曰：公所與燕者，雖不爲賓，亦當如異國之賓爲苟敬。

欽定義疏：饗食之主，皆公自爲之，而燕則別立主者，伸公尊也。饗食之賓，亦賓自爲之，而燕則別立賓者，亦優尊也。蓋燕以序歡心，故正主與正賓，皆不欲其僕僕爾亟拜也，此燕禮之義也。

蕙田案：此記爲賓者。

羞膳者與執冪者，皆士也。注：尊君也。膳宰卑於士。羞卿者，小膳宰也。注：膳宰之佐也。　疏：以經不辨其人，故記人言之。

蕙田案：此記羞者、執冪者。

若以樂納賓，則賓及庭，奏肆夏。賓拜酒，主人答拜而樂闋。公拜受爵而奏肆

〔一〕「恒」，諸本作「但」，據儀禮注疏卷一五改。

夏，公卒爵，主人升受爵以下而樂闋。注：肆夏，樂章也，今亡。以鍾鎛播之，鼓磬應之，所謂金奏也。記曰：「入門而縣興，示易以敬也」。卿大夫有王事之勞，則奏此樂焉。疏：常燕己臣子無樂，王事之勞，或有或無，故言若也。九夏皆詩篇名，頌之族類也。鍾師云「掌金奏」，鄭注云〔一〕：「金，謂鍾及鎛。」又云：「凡樂事，以鐘鼓奏九夏。」鄭注云：「先擊鍾，次擊鼓。」是奏肆夏時，有鐘鎛鼓磬。彼經注雖不言磬，但縣内有此四者，故鄭兼言磬也。言賓及庭，奏肆夏，則非尋常大夫爲賓。與宰夫爲主人相對者，謂若賓爲苟敬四方賓之類，特奏肆夏。其事既重，若非有王事之勞，何以致此故也。

陳氏暘曰：賓及筵而樂作，則闋於未卒爵之前。公受爵而樂乃作，則闋於卒爵之後。

欽定義疏：此賓，指所命之賓，非謂所燕之賓也。知者以賓拜酒，主人答拜，而樂闋決之也。若所燕之賓入門而右，而公爾之，與拜酒之節遠矣。

升歌鹿鳴，下管新宮，笙入三成。注：新宮，小雅逸篇也。管之入三成，謂三終也。疏：鹿鳴不言工歌，新宮不言笙奏，而言升歌、下管，欲明笙奏異於常燕。常燕，即上所陳四節是也。特言「下管新宮，笙入三成」者，謂笙奏新宮三終，申說下管之義。

敖氏繼公曰：歌鹿鳴之三也，大射云「三終」是也。凡升歌，皆歌三篇，不止一篇而已，下管亦然。

〔一〕「鄭注云」，諸本脱，據儀禮注疏卷一五補。

三成，謂奏南陔、白華、華黍也。於歌與管，但言篇名，於笙言三成，文互見也。

欽定義疏：樂以四節爲正，惟鄉射不歌、不笙、不間。大射不間、不合者，主於射，略於樂也。燕以序歡，所重在樂，故上經所言原備四節，此文升歌一也，下管二也，笙入三也，合樂四也。雖不間，有管則盛矣。如謂笙入即奏新宫，是闕一節，僅有三節也。且笙入於下管之後，則方管時，笙尚在外，何由與管爲一乎？

遂合鄉樂。注：鄉樂，周南、召南六篇也。言遂者，不間也。若舞，則勺。注：勺，頌篇，告成大武之樂歌也。其詩曰：「於鑠王師，遵養時晦。」又曰：「實維爾公，允師。」既合鄉樂，萬舞而奏之，所以美王侯，勸有功也。疏：言若者，或爲之舞，或不爲之舞。舞則作周萬舞之舞，而奏勺詩。傳曰：「萬者，干舞也。」

蕙田案：以上記盛樂。

唯公與賓有俎。注：主於燕，其餘可以無俎。

蕙田案：此記有俎者。

獻公，曰：「臣敢奏爵以聽命。」注：授公釋此辭，不敢必受之。疏：謂主人獻公及賓媵觶於公，雖非獻，亦釋此辭。

蕙田案：此記獻公之辭。

凡公所辭，皆栗階。注：栗，蹙也，謂越等，急趨君命也。凡栗階，不過二等。注：其始升，猶聚足連步。越二等，左右足各一發而升堂。疏：栗階不過二等，據上等而言，故鄭云「其始升，猶聚足連步」也。聚足，謂前足躡一等，後足從之併；連步，謂足相隨，不相過，即聚足也。至近上二等，左右足各一發而升堂也。

郝氏敬曰：凡公所辭，辭拜下也。

蕙田案：此記栗階之節。

凡公所酬，既拜，請旅侍臣。注：既拜，謂自酌升拜時也。儐者阼階下告於公，還西階下告公許。旅，行也，請行酒於群臣。必請者，不專惠也。

敖氏繼公曰：凡，凡四舉旅之禮。請，請於擯者。侍臣，侍飲之臣也。

張氏爾岐曰：賓受公虛爵，自酌升拜。公答拜，於是時請之。

蕙田案：此記受公酬者請旅之節。

凡薦與羞者，小膳宰也。注：謂於卿大夫以下也。上特言「羞卿者，小膳宰」，欲絶於賓。羞賓者亦士。

欽定義疏：薦君使士，薦賓使膳宰，經有明文。羞膳羞卿，上記言之，故知此記爲大夫以下發也。薦賓者膳宰，則羞賓者亦膳宰與？

有内羞。注：謂羞豆之實，酏食、糝食；羞籩之實，糗、餌、粉、餈。

敖氏繼公曰：内羞，房中之羞也。祭禮，尊者之庶羞内羞，同時進之。

蕙田案：經云「羞庶羞」，不及「内羞」，故記者著之。云有者，見其出於君之加厚，非常典也。

又案：以上記薦與羞者及内羞。

君與射，則爲下射，袒朱襦，樂作而後就物。注：君尊。小臣以巾授矢，稍屬。注：君尊，不搢矢。

陳氏祥道曰：鄉射記：「大夫與士射，袒纁襦。」此記言「君射，袒朱襦」，蓋大夫與士射，士肉袒，以拾蔽膚；大夫則有纁襦在，但以拾斂衣而已。君與大夫射，大夫肉袒，以拾蔽膚；君則有朱襦在，但以拾斂衣而已。

敖氏繼公曰：言「與射」，則君於燕射，或時不與矣。稍屬者，稍與發矢時相連屬也。

張氏爾岐曰：稍屬者，發一矢，復授一矢。

不以樂志。注：辟不敏也。

敖氏繼公曰：古文「志」、「識」通。每發，不以樂之節爲識，而必欲應之，亦優君也。

既發，則小臣受弓，以授弓人。注：俟復發也。不使大射正，燕射輕。

盛氏世佐曰：大射儀：「公既發，大射正受弓而俟。」此以弓人代之，故云「燕射輕」也。必由小臣授之者，弓人疏且賤，不敢親受之於君也。然則其授公也，亦小臣受之於弓人以授公與？

上射退於物一笴。既發，則答君而俟。注：答，對也。而鄉君也。若飲君燕，則夾爵。注：謂君在不勝之黨，賓飲之如燕，媵觚則又夾爵。疏：夾爵者，將飲君，先自飲，及君飲訖，又自飲也。

欽定義疏：鄉射記：「若飲君，如燕則夾爵。」此似脱一「如」字。

君在，大夫射，則肉袒。注：不纓襦，厭於君。疏：鄉射，大夫與士射，則袒纓襦。

蕙田案：以上記公射。

若與四方之賓燕，媵爵，曰：「臣受賜矣，臣請贊執爵者。」注：受賜，謂公鄉者酌之[一]。至燕，主人事賓之禮殺，賓降洗，升媵觶於公，答恩惠也。相者對曰：「吾子無自辱焉。」注：辭之也。對，答也。亦告公，以公命答之也。

敖氏繼公曰：此下當有「賓再請而相者許」之辭，記不備見也。

蕙田案：此記賓媵爵之辭。

[一]「酌」，儀禮注疏卷一五作「酬」。

有房中之樂。注：弦歌周南、召南之詩，而不用鐘磬之節也〔一〕。謂之房中者，后夫人之所諷誦，以事其君子。

陳氏祥道曰：毛氏以詩「招我由房」爲房中樂，鄭氏則以磬師之燕樂爲房中樂，又謂弦歌周南、召南而不用鐘磬之節。關雎之詩曰「鐘鼓樂之」，而周官教燕樂以磬師，則房中之樂，非不用鐘磬也。毛萇、侯芭、孫毓皆云有鐘磬，王肅言無鐘磬，與鄭氏同。賈公彦曰：「房中樂以祭祀，則有鐘磬；以燕，則無鐘磬。」

張氏爾岐曰：疏云：「承上文，與四方之賓燕乃有之。」愚謂常燕有無算樂，恐亦未必不有也。

蕙田案：此記房中樂。

右儀禮燕禮

燕義

禮記燕義：古者周天子之官，有庶子官。庶子官職諸侯、卿、大夫、士之庶子之卒，掌其戒令，與其教治，別其等，正其位。國有大事，則率國子而致於大子，唯所用

〔一〕「磬」，諸本作「鼓」，據儀禮注疏卷一五改。

之。若有甲兵之事，則授之以車甲，合其卒伍，置其有司，以軍法治之，司馬弗正。凡國之政事，國子存游卒，使之修德學道，春合諸學，秋合諸射，以考其藝而進退之。注：職，主也。庶子，猶諸子也。周禮諸子之官，司馬之屬也。卒，讀皆爲倅，諸子副代父者也。戒令，致於大子之事。教治，修德學道。位，朝位也。國子，諸子也。國子屬大子，司馬雖有軍事，不賦也。游卒，未仕者也。燕禮有庶子官，是以義載此以爲説。疏：燕禮云「主人升自西階，獻庶子於阼階上」，又云「庶子執燭」，是周禮有庶子官也。此官職主諸侯及卿、大夫衆庶之子，所以官名庶子也。庶，衆也。適子衆多，故總謂之庶子，非適子庶弟而稱庶子也。必知適子者，以其倅是副貳於父之言。

芮氏城曰：此燕禮，乃諸侯之禮，與天子官何與？周禮夏官諸子職掌，與燕飲何與？雖經内有「獻庶子」及「庶子執燭」之文，然其受獻在士舉旅以後，其執事與甸人、閽人相聯，乃諸侯官之最卑者。燕禮之行，貴者衆矣，不舉其職，而先最賤者何哉？删之爲當。

欽定義疏：此必他書斷簡，掇拾者見下有「士庶子就位於下」字，遂取以附此耳。

蕙田案：此條決非燕義之文，蓋簡帙脱亂，誤編於此。鄭、賈解儀禮，俱因此致誤。

諸侯燕禮之義，君立阼階之東南，南鄉，爾卿、大夫，皆少進，定位也。君席阼階之上，居主位也。君獨升，立席上，西面，特立，莫敢適之義也。注：定位者，爲其始入蹴踖，揖而安定也。疏：燕禮，卿大夫皆入門右，北面，君南向爾卿；卿西面，北上，爾大夫；大夫皆少進，皆北面。所以然者，定群臣之位也。「莫敢適」，言臣下莫敢與君敵匹而爲禮也。

陳氏祥道曰：爾之者，以示其相親而無嫌於褻也。定位，則小卿次上卿，大夫次小卿，士、庶子次就位是也。阼階之上，所以爲主位，而君席之所居者也。

蕙田案：定位，即卿、大夫入門右立位，非布席之位也。陳氏以席次言之，誤。

方氏慤曰：卿、大夫在北面，故鄉而爾之，欲其皆少進以定位也。始則南鄉，示君道也。終則西面，示主道也。示君道者，待之以臣禮。示主道者，待之以賓禮。至於待之以賓禮，猶莫敢居賓位以相敵焉，是乃所以深明君臣之義也。

設賓主，飲酒之禮也。使宰夫爲獻主，臣莫敢與君亢禮也。不以公卿爲賓而以大夫爲賓，爲疑也，明嫌之義也。賓入中庭，君降一等而揖之，禮之也。注：設賓主者，飲酒致歡也。宰夫，主膳食之官也。天子使膳宰爲主人。公，孤也。疑，自下上至之辭也。公卿尊矣，復以爲賓，則尊與君大相近。疏：公卿，朝臣之尊，賓又敵主之義。爲其嫌疑，故使大夫爲賓也。疑，擬也。是在下比擬於上，故云「自下上至之辭」。

陳氏祥道曰：位不辨則名不正，等不别則分不明。故膳夫者，國之膳食之司也，使之爲獻主而不以君，言君爲主而大夫爲賓，則禮相敵而有所亢矣。大夫者，知足以帥人者也，使之爲賓而不以卿，言卿爲賓而主之者在君，則體相親而有所疑矣。疑爲其近君也，亢爲其不臣也。易曰「君子以辨上下，定民志」，記亦曰「禮所以别嫌明微」，此膳夫爲獻主而大夫爲賓之意也。

方氏慤曰：宰夫，乃天官之膳夫，非天官之宰夫也。亦謂之宰夫者，皆以燮制爲事故也。杜蕢曰：「蕢也，宰夫也，非刀匕是供。」蓋謂是矣。使宰夫爲主者，王氏謂燕飲則君於群臣亦有賓主之道，故不可以無獻主。然君臣之義，不可以燕廢也，故使膳夫爲獻主而已。蓋燕飲以食飲養賓，而膳夫以食飲養王之官也。使所以養王者，養賓焉，則王之厚意也。所謂獻主者，主人飲賓曰獻，蓋攝主人而獻賓也。

君舉旅於賓，及君所賜爵，皆降，再拜稽首，升，成拜，明臣禮也。君答拜之，禮無不答，明君上之禮也。臣下竭力盡能以立功於國，君必報之以爵禄，故臣下皆務竭力盡能以立功，是以國安而君寧。禮無不答，言上之不虛取於下也。上必明正道以道民，民道之而有功，然後取其什一，故上用足而下不匱也，是以上下和親而不相怨也。和寧，禮之用也。此君臣上下之大義也，故曰：「燕禮者，所以明君臣之義也。」注：言聖人制禮，因事以託政。臣再拜稽首，是其竭力也。君答拜之，是其報以禄位也。疏：「君舉旅於賓」者，謂舉旅酬之酒以酬賓。賜爵者，特賜臣下之爵。凡賓受君之酬及臣受君賜爵，皆降自西階，再拜稽首。以受君恩，又升堂，更再拜稽首，以成拜也。燕禮凡臣之拜，君無不答拜之，示爲上之道，不虛取於下，上必須報之也。上下既須相報，故在上明正道以教道於民，民亦依君訓道，有功報上。君既薄斂於上，民亦什一而税於下，上下親睦，而不相怨恨。前明君臣相報，此明君民上下相報也。

方氏慤曰：「舉旅」，即下言舉旅行酬也。旅，序也。舉爵以序，行酬酢之禮也。鄉飲酒禮亦謂之「相旅」，即中庸所謂「旅酬」是也。「君所賜爵」，謂旅酬之外，君有特賜之爵也。「升成拜」者，既降階而拜，又升而拜，以成前拜之禮故也。賓必再拜，以明臣下竭力盡能，以立功於國；君必答拜，以明君上發爵賜禄，以報功於臣。故曰「明臣禮」也，又曰「明君上之禮」也。或言君，或言臣，或言臣下，或言君臣上下，皆互相備也。

陳氏澔曰：先是，宰夫代主人行爵，酬賓之後，君命下大夫二人媵爵，公取此媵爵以酬賓，賓以旅酬於西階上。旅，序也，以次序勸卿大夫飲酒也。此之謂「君舉旅於賓」也。「君所賜爵」，則特賜臣下之爵也。此二者，賓皆降西階下，再拜稽首。公命，小臣辭，則賓升而成拜，謂復再拜稽首也。先時以君辭之，於禮未成，故云「成拜」也。

欽定義疏：禮通於上下，故拜無不答。因答拜之禮，推及君臣報功之道，又因君臣之禮，推及君民取與之義，以見禮之可以爲國也。

席：小卿次上卿，大夫次小卿，士、庶子以次就位於下。獻君，君舉旅行酬，而后獻卿；卿舉旅行酬，而后獻大夫；大夫舉旅行酬，而后獻士；士舉旅行酬，而后獻庶子。俎豆、牲體、薦羞，皆有等差，所以明貴賤也。注：牲體，俎實也。薦，謂脯醢也。羞，庶羞也。疏：「席小卿次上卿」者，案燕禮，上卿在賓席之東，小卿在賓席之西，而云「次上卿」，以俱南面，東上，遥相次耳。「大夫次小卿」者，案燕禮，大夫在小卿之西，故燕禮云：「辯獻大夫，遂薦之，繼賓以西，東上。」「士庶子以次就位於下」者，燕禮於西階上獻士，既，受獻者立於阼階下，西面北上；獻庶子於阼階上，既獻，立於阼階下，故云「以次就位於下」也。公及卿大夫、士等牲體、薦羞之節，皆有等差，但燕禮不載，無以言也。

吕氏大臨曰：禮之所貴，别而已矣。親疏、長幼、貴賤、賢不肖，皆别也。大别之中，又有細别存焉。均親也，而有斬衰、大功、小功、緦麻、袒免之異；均長也，而有父事、兄事、肩隨之異。故以賤事貴，有十等焉，所謂「王、公、卿、士、皂、輿、隸、僚、僕、臺」也。君者，積尊而爲之也。苟無差等，民可得而犯之，貴貴之義有所不行，此亂之所由生也。燕禮之别，故上卿、小卿、大夫、士、庶子，其席其就位皆有次，獻君、獻卿、獻大夫、獻士、獻庶子及舉旅行酬皆有序，俎豆、牲體、薦羞皆有等差。君臣貴賤之義，極其密察至於此者，所以防亂也。

右燕義

五禮通考卷一百五十八

嘉禮三十一

饗燕禮

經傳燕禮

周禮天官膳夫：王燕飲酒，則爲獻主。注：鄭司農云：「主人當獻賓，則膳夫代王爲主，君不敢臣也。燕義曰：『使宰夫爲獻主，臣莫敢與君亢禮。』」疏：謂王與臣以禮燕飲，則膳夫爲獻主。案儀禮使宰夫爲主人〔一〕，此天子使膳夫爲獻主，皆是飲食之官代君酌臣。

〔一〕「主人」，諸本作「獻主」，據周禮注疏卷四改。

酒正：凡王之燕飲酒，共其計，酒正奉之。注：共其計者，獻酬多寡，度當足也。

春官鞮鞻氏：掌四夷之樂與其聲歌。祭祀則歈而歌之，燕亦如之。注：歈之，以管籥爲之聲。

夏官太僕：王燕飲則相其灋。注：相，左右。疏：此燕飲，謂與諸侯燕，若公三燕，侯伯再燕，子男一燕之等。或王與群臣燕之等皆是。

秋官司儀：王燕則諸侯毛。注：謂以須髮坐也。朝事尊尊上爵，燕則親親上齒。鄭司農云：「謂老者在上也。老者二毛，故曰毛。」疏：此燕，則公三燕，侯伯再燕，子男一燕。朝事上爵者，依爵尊卑爲先後，燕則不問爵之尊卑，取以年齒爲先後也。

陳氏祥道曰：於司儀，見王所以燕諸侯者以齒也，故曰「王燕則諸侯毛」。於膳夫，見王所以爲燕者，非自爲主也，故曰「王燕飲則爲獻主」。於太僕，見王所以燕者，必於内朝也，故曰「王燕則太僕相其法」。於酒正，見王所以燕賓者，必有多寡之數也，故曰「王燕則共其計」。於鞮鞻氏，見王所以燕者，必有樂也，故曰「掌四夷樂與其聲歌，祭祀則歈而歌之，燕亦如之」。然其牢禮之物、獻酬之數、衣服器皿之用，與夫樂舞節奏，皆不得而詳，故孔穎達謂天子燕禮已亡也。

蕙田案：以上天子燕禮。

禮記郊特牲：三獻之介，君專席而酢焉。此降尊以就卑也。注：三獻，卿大夫來聘，主君饗燕之。以介爲賓，賓爲苟敬，則徹重席而受酢也。專，猶單也。疏：謂諸侯遣卿來聘，卿禮三獻，其副爲大夫，與卿爲介，謂之三獻之介。大夫席雖再重，今爲介，降一席，祇合專席。主君若受此介之酢爵，雖是諸侯合三重之席，必徹去重席，單席而受焉。降諸侯之尊，以就介之卑也。五等諸侯之卿皆三獻，若春秋之時，則與此禮異。若大國之卿，則禮同子男，故昭元年鄭人饗趙孟，具五獻籩豆。杜注：「朝聘之制，大國之卿五獻。」其侯伯次國，其卿與大國大夫同。故昭六年季武子云：「下臣得貺，不過三獻。」杜云「大夫三獻」是也。

蕙田案：此諸侯燕聘賓之禮。

檀弓：朝不坐，燕不與。注：朝燕於寢，大夫坐於上，士立於下。疏：若路門外正朝，則大夫以下皆立；若燕朝在於路寢，如孔子攝齊升堂，則坐也。燕禮獻卿、大夫及樂作之後西階上獻士，士既獻者，立於東階下，西面，無升堂之文，是士立於下。

蕙田案：燕禮，士非不與。云「不與」者，謂不與堂上之位。

又案：此諸侯燕其臣之禮。

少儀：凡祭於室中，堂上無跣，燕則有之。注：祭不跣者，主敬也。燕則有跣，爲歡也。燕所尊在堂，將燕，降，脱屨乃升堂。

凡飲酒，爲獻主者，執燭抱燋，客作而辭，然後以授人。注：爲宵言也。主人親執燭，敬賓，示不倦也。言獻主者，容君使宰夫也。未爇曰燋。執燭，不讓，不辭，不歌。注：以燭繼晝，禮殺。疏：禮，賓主有讓，及更相辭謝，又各歌詩相顯。今既夜莫，所以殺於三事。

蕙田案：此燕時雜儀。

鄭康成詩譜：其用於樂，國君以小雅，天子以大雅。然而饗賓或上取，燕或下就，何者？天子饗元侯，歌肆夏，合文王；諸侯歌文王，合鹿鳴。諸侯於鄰國之君，與天子於諸侯同。疏：左傳曰：「肆夏，天子所以饗元侯。」魯語曰：「金奏肆夏、繁遏、渠，天子所以饗元侯。」是天子饗元侯，歌肆夏也，則非元侯，不得歌之。肆夏，頌之族類，頌下惟有大雅，故知於諸侯歌文王也。傳又言：「文王，兩君相見之樂。」是諸侯於鄰國之君，亦歌文王，與天子於諸侯同也。鄉飲酒、燕禮，合樂皆降於升歌，則知歌文王者，當合鹿鳴；歌肆夏者，當合文王也〔一〕。傳言「金奏肆夏」，此云「歌」者，凡樂之初作，皆擊金奏之。論語云：「始作，翕如也。」鄭云：「始作，謂金奏。」又左傳云：「歌鐘二肆。」是歌必以金奏之。其實文王、鹿鳴，亦金奏；肆夏，亦工歌，互言之也。此歌在堂上，

〔一〕「當」，原脱，據光緒本、毛詩正義卷九補。

故郊特牲云：「歌者在上，貴人聲也。」其合樂則在堂下，故降升歌一等。元侯，謂諸侯之長，牧伯也。牧伯與上公則爲大國，其餘侯伯爲次國，子男爲小國，非元侯也，故總謂之諸侯，用樂與兩君相見之樂同。儀禮注云「兩君相見，歌大雅，合小雅。天子與次國、小國之君燕，亦如之」是也。仲尼燕居云：「兩君相見，升歌清廟，下管象。」彼兩元侯相見法也。元侯相見，亦與天子於元侯同，不歌肆夏，避天子也。其元侯於次國、小國，亦當與諸侯於鄰國同。

天子、諸侯燕群臣及聘問之賓，皆歌鹿鳴，合鄉樂。疏：天子、諸侯於國君皆云「饗」，於臣皆云「燕」，所以見尊卑之禮異。臣與國君，別其等。其實國君與臣，饗燕皆有，何者？周禮掌客職曰：「上公三饗三燕。」是天子於諸侯，饗燕俱有也。鹿鳴，天子小雅，而序曰：「燕群臣嘉賓也。既飲食之。」箋云：「飲之而有幣酬，即饗所用。」是天子於群臣，饗、燕俱有也。左傳曰：「晉侯使士會平王室，定王饗之。」又曰：「晉士文伯如周，王與文伯燕。」是天子於聘問之賓，饗、燕俱有也。秋官司儀職曰：「凡諸公相爲賓，致饗食。」左傳曰：「公與晉侯燕於河上。」是諸侯相於，饗、燕俱有也。左傳曰：「穆叔如晉，晉侯饗之。」聘禮曰：「公於賓，再饗一燕。」是諸侯於聘問之賓，饗、燕俱有也。左傳曰：「季文子如宋致女，復命，公饗之。」燕禮燕己之臣子，是諸侯自於群臣，饗、燕俱有也。其用樂，由尊卑爲差，不由饗、燕爲異。燕禮燕鄰國聘問之賓，歌鹿鳴，晉侯饗穆叔，歌鹿鳴之三，三拜，是其用樂同也。故儀禮注引穆叔之辭乃云：「然則諸侯相與燕，升歌大雅，合小雅；天子與次國、小國之君燕，亦如之與？大國之君燕，升歌頌，合大雅。」所言用樂，與此饗同。

是天子、諸侯於國君饗、燕同樂也。此用樂之差，謂升歌、合樂爲例。其舞，則燕禮云：「若舞則酌。」是諸侯於臣得用頌，與此異也。又郊特牲曰：「大夫之奏肆夏，自趙文子始。」注云：「僭諸侯。」明諸侯得奏肆夏。故郊特牲又曰：「賓入門而奏肆夏，示易以敬。」注云：「賓，朝聘者也。」又大射、燕禮納賓，皆云：「及庭，奏肆夏。」及周禮注杜子春云「賓來，奏納夏」之等，皆謂賓始入及庭未行禮之時，與升歌、合樂別也。

蕙田案：此論燕時之樂。

詩小雅鹿鳴序：鹿鳴，燕群臣嘉賓也。既飲食之，又實幣帛筐篚，以將其厚意，然後忠臣嘉賓，得盡其心矣。箋：飲之而有幣，酬幣也。食之而有幣，侑幣也。疏：燕禮，賓惟一人，而云「群臣皆爲嘉賓」者，燕禮於客之内，立一人爲賓，使宰夫爲主，與之對行禮耳。其實，君設酒殽，群臣皆在，君爲之主，群臣總爲賓也。燕禮云：「若與四方之賓燕，則迎之於大門内，其燕皆與臣同。」則此嘉賓之中，容四方之賓矣。

朱子曰：君臣之分，以嚴爲主。朝廷之禮，以敬爲主。然一於嚴敬，則情或不通，而無以盡其忠告之益。故先王因其飲食聚會，而制爲燕饗之禮，以通上下之情。而其樂歌，又以鹿鳴起興，而言其禮意之厚如此，庶乎人之好我，而示我以大道也！序以此爲燕群臣嘉賓之詩，而燕禮亦云「工歌鹿鳴、四牡、皇皇者華」，即謂此也。鄉飲酒用樂亦然。而學記言「大學始教，宵雅肄三」，亦謂此三詩。然則又爲上下通用之樂矣，豈本爲燕群臣嘉賓而作，其後乃推而用之鄉人也與？

呦呦鹿鳴，食野之苹。我有嘉賓，鼓瑟吹笙。吹笙鼓簧，承筐是將。人之好我，示我周行。

何氏楷曰：鼓瑟吹笙，即燕樂也。瑟在堂上，笙在堂下。古者，主人三獻禮成之後而樂作，記所謂「凡舉爵，三作而不徒爵」，故作樂以樂之。燕禮：「小臣納工，工四人，二瑟。小臣左何瑟，面鼓，執越，内弦，右手相。入，升自西階，北面東上，坐。小臣坐授瑟，乃降。工歌鹿鳴、四牡、皇皇者華。卒歌，笙入，立於縣中，奏南陔、白華、華黍。乃間歌魚麗，笙由庚；歌南有嘉魚，笙崇丘；歌南山有臺，笙由儀。」先鼓瑟而後吹笙，故詩言之序如此。承筐，指幣帛言。或疑燕禮無用幣之文。兒壽謂周語云：「先王之燕，體解節折而共飲食之，於是乎有折俎加豆，酬幣宴貨，以示容合好。」則燕未嘗不用酬幣也。

呦呦鹿鳴，食野之蒿。我有嘉賓，德音孔昭。視民不恌，君子是則是傚。我有旨酒，嘉賓式燕以敖。箋：德音，先王道德之教也。飲酒之禮，於旅也語。

何氏楷曰：壽謂此作樂，坐燕之後，而復行旅酬之禮時也。鄉射禮云：「古者於旅也語。」疏義云：「賓筵之初，禮樂方盛，言語則慢矣。迨至旅酬，則禮已成，樂已備，於是而語乃無嫌也。」

呦呦鹿鳴，食野之芩。我有嘉賓，鼓瑟鼓琴。鼓瑟鼓琴，和樂且湛。我有旨酒，以燕樂嘉賓之心。

何氏楷曰：八音以絲爲君，絲又以琴爲君。鄉飲酒禮「二人皆左何瑟」，燕禮「小臣左何瑟」，不及琴者，以瑟見琴也。壽謂首章言鼓瑟吹笙，至此復言鼓瑟鼓琴者，蓋旅酬既終，作無算樂之時也。先是作樂，樂賓之後，君命曰：「以我安。」皆對曰：「諾！敢不安。」既而君曰：「無不醉。」皆興，對曰：「諾！敢不醉。」於是旅酬，禮畢。無算爵，言以醉爲節，不限數也。公有命徹冪，然後皆升堂，反坐，無算樂。向者獻酬有節，笙歌間合，皆三終。今曰無算，不拘三也。此詩鼓瑟鼓琴重言，義或因此。

伐木序：伐木，燕朋友故舊也。自天子至於庶人，未有不須友以成者。親親以睦，友賢不棄，不遺故舊，則民德歸厚矣。

朱子曰：此燕朋友故舊之樂歌。

伐木丁丁，鳥鳴嚶嚶。出自幽谷，遷于喬木。嚶其鳴矣，求其友聲。相彼鳥矣，猶求友聲。矧伊人矣，不求友生！神之聽之，終和且平。

伐木許許，釃酒有藇。既有肥羜，以速諸父。寧適不來，微我弗顧。於粲洒埽，陳饋八簋。既有肥牡，以速諸舅。寧適不來，微我有咎。傳：以筐曰釃，以藪曰湑。藇，美貌。羜，未成羊也。天子謂同姓諸侯，諸侯謂同姓大夫，皆曰父。異姓則稱舅。國君友其賢臣，大夫、士友其宗族之仁者。粲，鮮明貌。圓曰簋，天子八簋。箋：粲然已灑擹矣，陳其黍稷矣，謂爲食禮。疏：此有酒有羜，召族人飲之，蓋是燕禮，非饗也，何則？聘禮注云：「饗，謂亨太牢以飲賓也。」今此惟肥羜而已，是非饗禮明矣。燕禮記云：「其牲狗。」不用羊豕，此有肥羜者，天子之禮，異於諸侯也。儀禮特牲、少牢、聘禮、公食之等，皆以簋盛黍稷，則八簋是黍稷之器。案周官掌客職，五等諸侯，簋皆十二。又公食大夫禮上大夫六簋〔一〕，此天子云八簋者，據待族人設食之禮。知是食禮者，燕禮主於飲酒，無飯食，則此簋盛黍稷，是食禮可知。

伐木于阪，釃酒有衍。籩豆有踐，兄弟無遠。民之失德，乾餱以愆。有酒湑我，

〔一〕「六簋」，諸本作「八簋」，據毛詩正義卷九改。

無酒酤我。坎坎鼓我，蹲蹲舞我。迨我暇矣，飲此湑矣。傳：衍，美貌。餱，食也。湑，莤之也。酤，一宿酒也。蹲蹲，舞貌。　箋：踐，陳列貌。兄弟，父之黨、母之黨。此族人陳王之恩也。王有酒則泲莤之，王無酒酤買之，要欲厚于族人。爲我擊鼓坎坎然，爲我興舞蹲蹲然，謂以樂樂已。又述王意曰：「及我今之閒暇，共飲此湑酒。」欲其無不醉之意。　疏：禮有同姓、異姓、庶姓。同姓，王之同宗，是父之黨也；異姓，王舅之親；庶姓，與王無親者。天子於諸侯，非同姓皆曰舅，不由有親無親，則舅文又兼庶姓矣。其中容有舅甥之親，故通言母之黨也。父黨、母黨得同曰兄弟者，兄弟是相親之辭，推而廣之，異姓亦得言之，故釋親云：「父之黨爲宗族，母與妻之黨爲兄弟。」此不言妻黨者，以舅是母黨之稱，故特言母耳，其實妻黨亦曰兄弟。釋親又曰「妻之父爲婚兄弟，婿之父爲姻兄弟」是也。

朱子曰：言人之所以至于失朋友之義者，非必有大故，或但以乾餱之薄，不以分人，而至于有愆耳。故我于朋友，不計有無，但及閒暇，則飲酒以相樂也。

丘氏濬曰：此詩可見人君之于其臣下，非但有大燕饗，若夫閒暇之時，其于諸父、諸舅、朋友故舊，亦必有燕飲，以篤其恩義云。

何氏楷曰：伐木，文王季冬大飲三族也。王居明堂禮：「季冬，命國爲酒，以合三族。君子説，小人樂。」詩云：「迨我暇矣，飲此湑矣。」謂歲暮禮闋，王者乃暇也。禮有饗、有食、有燕，此詩言有肥牡，有肥羜，是用太牢，則同於饗；言「陳饋八簋，籩豆有踐」，是有飯有殽，則同于食；言「有酒湑我，無酒酤我」，是無算爵；言「坎坎鼓我，蹲蹲舞我」，是無算樂，則同于燕。兼是三者而有之，禮之盛也。三族有二義，其一謂父子及身，小記云「以三爲五，以五爲九」是也；其一謂父族及母族、妻族也。是詩有「以速諸舅」之言，則當從後義。

魚麗序：魚麗，美萬物盛多，能備禮也。

朱子曰：此燕饗通用之樂歌。案儀禮鄉飲酒及燕禮，前樂既畢，皆間歌魚麗，笙由庚；歌南有嘉魚，笙崇丘；歌南山有臺，笙由儀。然則此六者，蓋一時之詩，而皆爲燕饗賓客上下通用之樂。

魚麗于罶，鱨鯊。君子有酒，旨且多。魚麗于罶，魴鱧。君子有酒，多且旨。魚麗于罶，鰋鯉。君子有酒，旨且有。物其多矣，維其嘉矣。物其旨矣，維其偕矣。物其有矣，維其時矣。

朱子曰：即燕饗所薦之羞，而極道其美且多，見主人禮意之勤，以優賓也。

南有嘉魚序：南有嘉魚，樂與賢也。太平之君子至誠，樂與賢者共之也。箋：樂得賢者，與共立於朝，相燕樂也。

朱子曰：此亦燕饗通用之樂。

南有嘉魚，烝然罩罩。君子有酒，嘉賓式燕以樂。　南有嘉魚，烝然汕汕。君子有酒，嘉賓式燕以衎。　南有樛木，甘瓠纍之。君子有酒，嘉賓式燕綏之。　翩翩者鵻，烝然來思。君子有酒，嘉賓式燕又思。

朱子曰：此亦因所薦之物，而道達主人樂賓之意也。

南山有臺序：南山有臺，樂得賢也。得賢則能爲邦家立太平之基矣。

朱子曰：此亦燕饗通用之樂。

南山有臺，北山有萊。樂只君子，邦家之基。樂只君子，萬壽無期。　南山有桑，北山有楊。樂只君子，邦家之光。樂只君子，萬壽無疆。　南山有杞，北山有李。樂只君子，民之父母。樂只君子，德音不已。　南山有栲，北山有杻。樂只君子，遐不眉壽。樂只君子，德音是茂。　南山有枸，北山有楰。樂只君子，遐不黄耇。樂只君子，保艾爾後。

蓼蕭序：蓼蕭，澤及四海也。

朱子曰：諸侯朝于天子，天子與之燕，以示慈惠，故歌此詩。

何氏楷曰：蓼蕭，諸侯繼世嗣封，天子與之燕而歌。此左傳襄二十六年，齊侯如晉，晉侯享之，賦蓼蕭。叔向命晉侯拜曰：「寡君敢拜齊君之安我先君之宗祧也。」昭十二年：「宋華定來聘，通嗣君也，享之，爲賦蓼蕭。」據二傳，其一以賦此詩，爲安先君之宗祧；其一以通嗣君之故賦此詩，則其爲繼世嗣封之詩明矣。

蓼彼蕭斯，零露湑兮。既見君子，我心寫兮。燕笑語兮，是以有譽處兮。蓼彼蕭斯，零露瀼瀼。既見君子，爲龍爲光。其德不爽，壽考不忘。蓼彼蕭斯，零露泥泥。既見君子，孔燕豈弟。宜兄宜弟，令德壽豈。蓼彼蕭斯，零露濃濃。既見君子，鞗革沖沖。和鸞雝雝，萬福攸同。

朱子曰：其曰「既見」，蓋于其初燕而歌之也。

湛露序：湛露，天子燕諸侯也。箋：燕，謂與之燕飲酒也。諸侯朝覲、會同，天子與之燕，所以示慈惠。

湛湛露斯，匪陽不晞。厭厭夜飲，不醉無歸。傳：厭厭，安也。夜飲，私燕也。箋：燕飲之禮，宵則兩階及庭門皆設大燭焉。

歐陽氏修曰：露以夜降者也。因其夜飲，故近取以爲比。

郝氏敬曰：朝以朝旦，禮主于辨也。飲以昏夜，情主于合也。

湛湛露斯，在彼豐草。厭厭夜飲，在宗載考。傳：夜飲必於宗室。箋：豐草，喻同姓諸侯也。載之言則也。考，成也。夜飲之禮，在宗室同姓諸侯則成之，於庶姓，其讓之則止。

朱子曰：宗室，蓋路寢之屬也。

湛湛露斯，在彼杞棘。顯允君子，莫不令德。箋：杞也棘也，異類，喻異姓諸侯也。令，善也。無不善其德，言飲酒不至于醉。

其桐其椅，其實離離。豈弟君子，莫不令儀。箋：桐也椅也，同類而異名，喻二王之後也。其實離離，喻其薦俎禮物多於諸侯也。飲酒不至于醉，徒善其威儀而已，謂陔節也。

菁菁者莪序：菁菁者莪，樂育材也。君子能長育人材，則天子喜樂之矣。

朱子曰：此亦燕飲賓客之詩。

何氏楷曰：朱傳以爲燕飲賓客之詩。子貢傳則云：「所以燕賢也。」申培説謂天子燕賓興之士，則歌此詩。陳氏疑爲天子行禮于學校，燕飲而歌此詩。今案，詩中無言及燕飲之事，但以有歸美君子之辭，則雖燕饗通用無不可者，非爲燕飲作也。

菁菁者莪，在彼中阿。既見君子，樂且有儀。菁菁者莪，在彼中沚。既見君子，我心則喜。菁菁者莪，在彼中陵。既見君子，錫我百朋。汎汎楊舟，載沉載浮。既見君子，我心則休。

詩小雅六月：吉甫燕喜，既多受祉。來歸自鎬，我行永久。飲御諸友，炰鼈膾鯉。侯誰在矣，張仲孝友。箋：吉甫既伐玁狁而歸，天子以燕禮樂之，則歡喜矣，又多受賞賜也。御，侍也。王以吉甫遠從鎬地來，又日月長久，今飲之酒，使其諸友恩舊者侍之，又加其珍美之饌，所以極勸之也。張仲，吉甫之友，其性孝友。疏：燕禮，其牲狗。天子之燕，不過有牢牲。魚鼈非常膳，故云加之。

桑扈：交交桑扈，有鶯其羽。君子樂胥，受天之祜。交交桑扈，有鶯其領。君子樂胥，萬邦之屏。之屏之翰，百辟爲憲。不戢不難，受福不那。兕觵其觩，旨酒思柔。彼交匪敖，萬福來求。箋：兕觵，罰爵也。古之王者，與群臣燕飲，上下無失禮，其罰爵徒觩然陳設而已。其飲美酒，思得柔順中和，與共其樂，言不憮敖，自淫恣也。

朱子曰：此天子燕諸侯之詩。

何氏楷曰：此諸侯春來朝天子，而天子饗之之詩。桑扈、黄鳥，俱春時所有，非朝而何？周禮九夏，驁夏居其一，杜子春謂「公出入，奏驁夏」。驁、敖，古俱通作「傲」。此詩詠饗諸侯，而末有「彼交匪敖」之語，正與夏名相合，則饗禮出入所奏，其即此詩乎？

蕙田案：何氏以桑扈即九夏之驁夏，太鑿。

鴛鴦：鴛鴦于飛，畢之羅之。君子萬年，福禄宜之。鴛鴦在梁，戢其左翼。君子萬年，宜其遐福。乘馬在廄，摧之秣之。君子萬年，福禄艾之。乘馬在廄，秣之摧之。君子萬年，福禄綏之。

朱子曰：此諸侯所以答桑扈也。

魚藻：魚在在藻，有頒其首。王在在鎬，豈樂飲酒。魚在在藻，有莘其尾。王在在鎬，飲酒樂豈。魚在在藻，依于其蒲。王在在鎬，有那其居。

朱子曰：此天子燕諸侯而諸侯美天子之詩。

瓠葉序：瓠葉，大夫刺幽王也。上棄禮而不能行，雖有牲牢饔餼，不肯用也。故思古之人，不以微薄廢禮焉。

朱子曰：此亦燕飲之詩。

幡幡瓠葉，采之亨之。君子有酒，酌言嘗之。傳：幡幡，瓠葉貌，庶人之菜也。箋：亨，熟也。熟瓠葉者，以爲飲酒之菹也。此君子，謂庶人之有賢行者也。其農功畢，乃爲酒漿，以合朋友，習禮講道藝也。酒既成，先與父兄、室人亨瓠葉而飲之，所以急和親親也。飲食而曰嘗者，以其爲之，主于賓客，賓客則加之以羞。疏：士禮有特牲豚豕，此止言瓠葉與兔首，明非有位之人，故言庶人之菜。

王氏安石曰：嘗其旨否，然後行獻酬之禮。

朱子曰：蓋述主人之謙辭，言物雖薄，而必與賓客共之也。

有兔斯首，炮之燔之。君子有酒，酌言獻之。傳：毛曰炮，加火曰燔。獻，奏也。箋：斯，白也。有兔白首者，兔之小者也。炮之燔之者，將以爲飲酒之羞也。飲酒之禮，既奏酒于賓，乃薦羞。每酌言言者，禮不下庶人，庶人依士禮立賓主，爲酌名。

朱子曰：有兔斯首，一兔也，猶數魚以尾也。

何氏楷曰：公食大夫云：「上大夫庶羞二十，加于下大夫以雉、兔、鶉、鴽。」禮記內則紀諸膳，有雉、兔、鶉、鴽。又有以兔爲羹者，內則云「兔羹，和糝不蓼」，又云「雉、兔，皆有芼」也。有以兔爲菹類者，內則云「兔爲宛脾」也。有以兔爲醢者，周禮加豆之實，芹菹、兔醢，內則云「腒羹，兔醢」也。此詩單舉兔一物，而又以炮炙爲言，皆禮所不載。內則云「兔去尻」，則棄其後臀處不用，故但舉首以顯之耳。

有兔斯首，燔之炙之。君子有酒，酌言酢之。傳：炕火曰炙。酢，報也。箋：報者，賓既卒爵，洗而酌主人也。凡治兔之宜，鮮者，毛炮之；柔者，炙之；乾者，燔之。疏：炕，舉也，謂以物貫之而舉于火上以炙之。

有兔斯首，燔之炮之。君子有酒，酌言醻之。傳：醻，道飲也。箋：主人既卒酢爵，又酌自飲，卒爵，復酌進賓，猶今俗之勸酒。

何氏楷曰：禮，主人導飲之後，賓受爵却不飲，奠于席前，乃行旅酬之禮，交錯以徧。今此一獻禮薄，當無旅酬之事。

蕙田案：春秋傳趙武賦瓠葉，而穆叔知其欲一獻。則此詩蓋燕饗用一獻之正禮也。禮有獻有酢有酬，而後一獻之禮終，故曰獻之禮成於酬。此詩三章以下次第，正與禮合。周禮醢人所共七菹，無瓠葉。然賓客之禮，醬用五十甕，以五齏、七菹、七醢、三臡實之，尚不及其半，禮文之不備者多矣。經云「采之亨之」，或亦取以芼羹，如牛藿、羊苦、豕薇之類，非爲菹也。庶羞用兔，惟上大夫以上始有之。毛、鄭以爲庶人之禮，失之矣。燕饗之品多矣，於蔬云瓠葉，於羞云兔，舉其至薄者言之耳。其云「君子有酒」，與魚麗、南有嘉魚諸詩之文同，豈庶人足以當之乎？

大雅公劉：篤公劉，于京斯依。蹌蹌濟濟，俾筵俾几。既登乃依，乃造其曹，執豕于牢，酌之用匏。食之飲之，君之宗之。傳：賓既登席坐矣，乃依几矣。曹，群也。執豕于牢，新國則殺禮也。酌之用匏，儉以質也。爲之君，爲之大宗也。疏：此又言宫室既就，饗燕群臣也。

吕氏祖謙曰：既饗燕而定經制，以整屬其民，上則皆統于君，下則各統于宗。蓋古者建國立宗，其事相須。楚執戎蠻子而致邑立宗，以誘其逸民，即其事也。

蕙田案：公劉，夏時之諸侯也。詩述其燕飲群臣之事，云「俾筵俾几」，則筵賓授几之禮也。云「執豕于牢」，則殺烝折俎之禮也。云「酌之用匏」，則酌獻酢酬之禮也。云「食之飲之」，則又兼饗食之禮矣。云「君之宗之」，則又兼族燕、族飫之禮矣。周公制禮，蓋本乎此。

春秋文公四年左氏傳：昔諸侯朝正于王，王宴樂之，於是乎賦湛露，則天子當陽，諸侯用命也。諸侯敵王所愾而獻其功，於是乎賜之彤弓一、彤矢百、玈弓矢千，以覺報宴。

昭五年左氏傳：宴有好貨，飧有陪鼎。

陳氏祥道曰：先王之世，近自九族同姓與夫兄弟朋友之親，而遠至乎諸侯群臣與夫蠻貊夷狄之邦，莫不有恩以見其愛，有文以盡其禮，故禮行而天下服，此古所爲燕也。行葦之詩「或歌或咢，洗爵奠斝」，燕九族同姓也；常棣之詩「兄弟既翕，和樂且湛」，燕兄弟也；伐木之詩「矧伊人矣，不求友生」，燕朋友也。若燕諸侯，則有湛露；燕群臣嘉賓，則有鹿鳴；而燕夷狄，則所謂蓼蕭「澤及四海」是也。

蕙田案：天子燕禮有六：一燕諸侯來朝，詩蓼蕭、湛露是也；二燕諸侯有功，詩彤弓是也；三燕群臣，詩鹿鳴是也；四燕臣有功，詩六月云「吉甫燕喜」是也；五燕親戚故舊，詩伐木是也；六燕諸侯之聘客，左傳「王以文伯宴」是也。諸侯燕禮有五：一兩君相燕，司儀云「諸公相爲賓」，左傳「晉侯以公燕于河上」是也；二燕群臣，儀禮燕禮是也；三卿大夫有王事之勞，及因聘而還燕之，詩四牡「勞使臣」是也；四燕四方聘客，聘禮「燕與時賜」是也；五燕天子之使，左傳「周公閱來聘，饗之」，有饗，則亦當有燕也。儀禮惟有諸侯燕群臣之禮，其散見於他經者，今並蒐採，以補禮文之闕。若夫祭畢之燕已見吉禮，與族人燕已見飲食禮，俱不載入。

右經傳燕禮

春秋饗燕

春秋莊公十八年左氏傳：虢公、晉侯朝王，王饗醴，命之宥。注：王之覲群后，始則行饗禮，先置醴酒，示不忘古。飲燕則命以幣物。宥，助也，所以助歡敬之意。言備設。疏：「王饗醴，命之宥」者，王爲之設饗禮，置醴酒，命之以幣物，所以助歡也。周禮掌客：「王待諸侯之禮，上公三饗、三食、三燕，侯伯三饗、再食、再燕，子男壹饗、壹食、壹燕。」三禮先言「饗」，是王之覲群后，始則行饗禮也。詩序曰：「鹿鳴，燕群臣嘉賓也。既飲食之，又實幣帛筐篚，以將其厚意。」聘禮云：「若不親食，使大夫朝服，致之以侑幣。致饗以酬幣，亦如之。」是饗禮有酬幣也。禮，主人酌酒于賓曰獻，賓答主人曰酢，主人又酌以酬賓曰酬。幣，蓋于酬酒之時賜之幣也。所賜之物，即下玉、馬是也。傳稱饗醴命宥，言其備設盛禮也。此注「命之宥」者，命在下以幣物宥助。皆賜玉五瑴、馬三匹，非禮也。注：雙玉爲瑴。王命諸侯，名位不同，禮亦異數，不以禮假人。注：侯而與公同賜，是借人禮。

僖公二十五年左氏傳：晉侯朝王，王享醴，命之宥。注：既行饗禮，而設醴酒，又加之以幣帛，以助歡也。宥，助也。請隧，弗許，曰：「王章也。未有代德，而有二王，亦叔父之所惡也。」與之陽樊、温、原、欑茅之田。

二十有八年左氏傳：晉侯獻楚俘於王，鄭伯傅王，用平禮也。注：傅，相也。以周平王享晉文侯仇之禮享晉侯。己酉，王享醴，命晉侯宥。注：既饗，又命晉侯助以束帛，以將厚意。

蕙田案：以上天子饗諸侯。

僖公十二年左氏傳：齊侯使管夷吾平戎於王，王以上卿之禮饗管仲，管仲辭曰：「臣，賤有司也。有天子之二守國、高在，若節春秋來承王命，何以禮焉？陪臣敢辭。」王曰：「舅氏！余嘉乃勳，應乃懿德，謂督不忘，往踐乃職，無逆朕命。」管仲受下卿之禮而還。君子曰：「管氏之世祀也，宜哉！讓不忘其上。詩曰：『愷悌君子，神所勞矣。』」

宣公十六年左氏傳：晉侯使士會平王室，定王享之。原襄公相禮，殽烝。注：烝，升也，升殽于俎。疏：禮，升殽于俎，皆謂之烝，故烝爲升也。鄭玄詩箋云：「凡非穀而食之曰殽。」則殽是可食之名。切肉爲殽，乃升于俎，故謂之殽烝。武子私問其故。注：享當體薦而殽烝，故問之。疏：若公侯來朝，王爲設享，則當有體薦，薦其半體，亦謂之房烝。武子謂已被王享，亦當房烝，今乃殽烝，故怪而問之。王聞之，召武子曰：「季氏，而弗聞乎？王享有體薦，宴有折俎。公當享，卿當宴，王室之禮也。」

國語周語：晉侯使隨會聘於周，定王饗之殽烝，原公相禮。隨會私於原公曰：「吾聞王室之禮無毁折，今此何禮也？」原公以告。王召士季曰：「子弗聞乎？禘郊之事，則有全烝；王公立飫，則有房烝；親戚宴饗，則有殽烝。今叔父使士季，實來修舊德以奬王室。惟是先王之宴禮，欲以貽女，余一人敢設飫禘焉？且惟戎翟則有體薦。夫戎翟冒没輕儳，貪而不讓，不俟馨香嘉味，故坐諸門外，而使舌人體委與之。今我王室一二兄弟，以時相見，將龢協典禮，無亦擇其柔嘉，選其馨香，潔其酒醴，品其百籩，修其簠簋，奉其犧象，出其尊彝，陳其鼎俎，静其巾冪，敬其祓除，體解節折而共飲食之。於是乎有折俎加豆，胡有孑然其效戎翟也？將焉用全烝？」武子遂不敢對而退。歸乃講聚三代之典禮，於是修執秩以爲晉法。

春秋成公二年左氏傳：晉侯使鞏朔獻齊捷於周。王使委於三吏，禮之如侯伯克敵使大夫告慶之禮。王以鞏伯宴而私賄之，使相告之曰：「非禮也，勿籍。」注：籍，書也。

昭公十五年左氏傳：晉荀躒如周，葬穆后，籍談爲介。既葬除喪，以文伯宴，樽以魯壺。注：魯壺，魯所獻壺樽。王曰：「伯氏，諸侯皆有以鎮撫王室，晉獨無有，何也？」

蕙田案：以上天子饗燕諸侯之大夫。

莊公二十一年左氏傳：鄭伯享王於闕西辟，樂備。注：樂備，備六代之樂。王與之武公之略，自虎牢以東。鄭伯之享王也，王以后之鞶鑑與之。注：后，王后也。鞶帶而以鑑爲飾也。

蕙田案：此條諸侯饗天子。

又案：大夫饗君謂之非禮，則諸侯饗天子，其非禮可知矣。至莊二十年，傳稱「王子頹享五大夫，樂及徧舞」。時子頹出惠王而自立，故假天子饗群臣之禮行之。此僭亂之事，惡可以言禮？故削而不書。

僖公二十二年左氏傳：楚子入享於鄭，注：爲鄭所饗。九獻。注：用上公之禮，九獻酒而禮畢。疏：案儀禮，主人酌以獻賓，賓酢主人，主人又酌以酬賓，乃成一獻之禮。九獻者，九爲獻酬而禮始畢也。庭實旅百，注：庭中所陳品數百也。加籩豆六品。注：食物六品，加於籩豆。籩豆，禮食器。饗畢，夜出，文芈送於軍。取鄭二姬以歸。叔詹曰：「楚王其不没乎？爲禮卒於無别。無别不可謂禮，將何以没？」諸侯是以知其不遂霸也。

二十四年左氏傳：宋成公如楚。還，入於鄭。鄭伯將享之，問禮於皇武子，對曰：「宋，先代之後也，於周爲客。天子有事，膰焉；有喪，拜焉。豐厚可也。」鄭伯從之，享宋公有加，禮也。

二十九年左氏傳：冬，介葛盧來，以未見公，故復來朝。禮之，加燕好。注：燕，燕禮也。好，好貨也。

文公三年左氏傳：公如晉，及晉侯盟。晉侯饗公，賦菁菁者莪。莊叔以公降拜，曰：「小國受命於大國，敢不慎儀，君貺之以大禮，何樂如之？抑小國之樂，大國之惠也。」晉侯降，辭。登，成拜。注：俱還上，成拜禮。公賦嘉樂。

十三年左氏傳：鄭伯與公宴於棐，子家賦鴻雁。季文子曰：「寡君未免于此。」文子賦四月。子家賦載馳之四章。文子賦采薇之四章。鄭伯拜，公答拜。

成公三年左氏傳：齊侯朝於晉，晉侯享齊侯。齊侯視韓厥，韓厥曰：「君知厥也乎？」齊侯曰：「服改矣。」韓厥登，舉爵曰：「臣之不敢愛死，爲兩君之在此堂也。」

襄公九年左氏傳：公送晉侯，晉侯以公宴于河上。問公年，季武子對曰：「會于沙隨之歲，寡君以生。」

十年左氏傳：宋公饗晉侯于楚丘，請以桑林。荀罃辭。荀偃、士匄曰：「諸侯宋、魯于是觀禮。魯有禘樂，賓祭用之。宋以桑林享君，不亦可乎？」舞，師題以旌夏。晉侯懼而退，入于房，去旌，卒享而還。注：桑林，殷天子之樂名。師，樂師。旌夏，大旌也。題，識也，以大旌表識其行列。

十六年左氏傳：晉侯與諸侯宴于溫，使諸大夫舞，曰：「歌詩必類。」

二十五年左氏傳：莒子朝于齊，饗諸北郭。

二十六年左氏傳：齊侯、鄭伯爲衛侯故如晉，晉侯兼享之。晉侯賦嘉樂，國景子相齊侯，賦蓼蕭；子展相鄭伯，賦緇衣。叔向命晉侯拜二君曰：「寡君敢拜齊君之安我先君之宗祧也，敢拜鄭君之不貳也。」

二十八年左氏傳：蔡侯歸自晉，入于鄭，鄭伯享之，不敬。子産曰：「蔡侯其不免乎！日其過此也，君使子展迋勞於東門之外，而傲，吾曰：『猶將更之。』今還，受享而惰，乃其心也。君小國，事大國，而惰傲以爲己心，將得死乎。」

三十一年左氏傳：晉侯見鄭伯，有加禮，厚其宴好而歸之。

昭公三年左氏傳：鄭伯如楚，子産相。楚子享之，賦吉日。既享，子産乃具田備，王以田江南之夢。

七年左氏傳：楚子享公于新臺，使長鬣者相。好以大屈，注：宴好之賜。大屈，弓名。既而悔之。

十一年左氏傳：三月丙申，楚子伏甲而饗蔡侯于申，醉而執之。夏四月丁巳，殺之。

十二年左氏傳：晉侯享諸侯，子産相鄭伯，辭于享，請免喪而後聽命。晉人許之，禮也。晉侯以齊侯宴，中行穆子相。投壺，晉侯先，穆子曰：「有酒如淮，有肉如坻。寡君中此，爲諸侯師。」中之。齊侯舉矢曰：「有酒如澠，有肉如陵。寡人中此，與君代興。」亦中之。伯瑕謂穆子曰：「子失辭。吾固師諸侯矣，壺何爲焉？其以中儁也。齊君弱吾君，歸弗來矣。」穆子曰：「吾軍帥彊禦，卒乘競勸，今猶古也，齊將何事？」公孫傁趨進曰：「日旰君勤，可以出矣。」以齊侯出。

十七年左氏傳：小邾穆公來朝，公與之燕。季平子賦采菽，穆公賦菁菁者莪。昭子曰：「不有以國，其能久乎？」

郯子來朝，公與之宴。

二十七年左氏傳：公如齊，齊侯請享之。子家子曰：「朝夕立於其朝，又何享焉？其飲酒也。」乃飲酒，使宰獻，而請安。注：比公于大夫也。禮，君不敵臣，宴大夫，使宰爲主。獻，獻爵也。請安，齊侯請自安，不在坐也。子仲之子曰重，爲齊侯夫人，曰：「請使重見。」子家子乃以君出。

定公十年左氏傳：公會齊侯于祝其，實夾谷。孔子相。齊侯將享公，孔子謂梁丘據曰：「齊、魯之故，吾子何不聞焉？事既成矣，而又享之，是勤執事也。且犧象不出門，嘉樂不野合。享而既具，是棄禮也；若其不具，用秕稗也。用秕稗，君辱；棄禮，名惡。子盍圖之？夫享，所以昭德也。不昭，不如其已也。」乃不果享。疏：諸侯相見之禮，享在廟，燕在寢，不得行于野。僖二十八年，晉侯朝王于踐土，王享醴，命之宥。襄十年，宋公享晉侯于楚丘，請以桑林。十九年，公享晉六卿于蒲圃。二十七年，鄭伯享趙孟于垂隴。如此之類，或特賞殊功，或畏敬大國，皆權時之事，非正禮也。孔子知齊懷詐，慮其掩襲，託正禮以拒之。

蕙田案：以上兩君相饗燕。

僖公三十年左氏傳：王使周公閱來聘，饗有昌歜、白黑、形鹽。注：昌歜，昌蒲菹。白，熬稻。黑，熬黍。形鹽，鹽形象虎。辭曰：「國君，文足昭也，武可畏也，則有備物之饗，以象其德。薦五味，羞嘉穀，鹽虎形，以獻其功。吾何以堪之？」注：嘉穀，熬稻黍也，以象其文也。鹽虎形，以象武也。

蕙田案：此諸侯饗天子之大夫。

桓公九年左氏傳：冬，曹太子來朝，賓之以上卿，禮也。享曹太子。初獻，樂奏而歎。施父曰：「曹太子其有憂乎？非歎所也。」

僖公二十三年左氏傳：晉公子重耳及楚，楚子饗之，曰：「公子若反晉國，則何以報不穀？」對曰：「子女玉帛，則君有之。羽毛齒革，則君地生焉。其波及晉國者，君之餘也，其何以報君？」曰：「雖然，何以報我？」對曰：「若以君之靈，得反晉國，晉、楚治兵，遇於中原，其避君三舍。若不獲命，其左執鞭弭，右屬櫜鞬，以與君周旋。」子玉請殺之。楚子曰：「晉公子廣而儉，文而有禮。其從者肅而寬，忠而能力。晉侯無親，外内惡之。吾聞姬姓，唐叔之後，其後衰者也，其將由晉公子乎？天將興之，誰能廢之？違天，必有大咎。」乃送諸秦。他日，公享之。子犯曰：「吾不如衰之文也，請使衰從。」公子賦河水，公賦六月。趙衰曰：「重耳拜賜。」公子降，拜稽首，公降一級而辭焉。衰曰：「君稱所以佐天子者命重耳，重耳敢不拜。」注：古者禮會，因古詩以見意，欲言賦詩斷章也。

國語晉語：公子過鄭，鄭文公亦不禮焉。遂如楚，楚成王以周禮享之，九獻，庭實旅百。公子欲辭。子犯曰：「天命也，君其享之。亡人而國薦之，非敵而君設之，非天，誰啓之心？」

蕙田案：重耳時爲諸公子，當以大夫之禮享之。楚子乃爲設九獻、庭實旅百，則以上公相待，非禮之正，故公子欲辭。

春秋文公四年左氏傳：衛甯武子來聘。公與之宴，爲賦湛露及彤弓。注：非禮之常。公特命樂人以示意，故言爲賦。不辭，又不答賦。使行人私焉，對曰：「臣以爲肄業及之也。昔諸侯朝正于王，王宴樂之，於是乎賦湛露，則天子當陽，諸侯用命也。諸侯敵王所愾，而獻其功，王于是賜之彤弓一、彤矢百、玈弓矢千，以覺報宴。今陪臣來繼舊好，君辱貺之，其敢干大禮以自取戾？」

十五年左氏傳：宋華耦來盟，公與之宴。辭曰：「君之先臣督得罪于宋殤公，名在諸侯之策。臣承其祀，其敢辱君？請承命於亞旅。」魯人以爲敏。

成公十二年左氏傳：晉郤至如楚聘，且莅盟。楚子享之，子反相，爲地室而懸焉。注：懸，鐘鼓也。郤至將登，金奏作於下，注：擊鐘而奏樂。疏：朝，賓入門而奏樂。聘，客至庭乃奏樂。此將登堂始奏樂者，縣當在庭，而楚爲地室而縣，待客登堂乃奏，皆所以見異。驚而走出。子反曰：「日云暮矣，寡君須矣，吾子其入也。」賓曰：「君不忘先君之好，施及下臣，貺之以大禮，重之以備樂。如天之福，兩君相見，何以代此？下臣不敢。」注：言此兩君相見之禮。子反曰：「如天之福，兩君相見，無亦唯是一矢以相加遺，焉用樂？寡君須矣，吾子其入也！」賓曰：「若讓之以一矢，禍之大者，其何福之爲？世之治也，諸侯間於天子之事，則相朝也，于是乎有享宴之禮。享以訓恭儉，宴以示慈惠。恭儉以行禮，而慈惠以布政。政以禮成，民是以息。百官承事，朝而不夕，此公侯之所以扞城其民也。故詩曰：『赳赳武夫，公侯干城。』及其亂也，諸侯貪冒，侵欲不忌，爭尋常以盡其民，略其武夫以爲己腹心、股肱、爪牙。故詩曰：『赳赳武夫，公侯腹心。』天下有道，則公侯能爲民干城，而制其腹心。亂則反之。今吾子之言，亂之道也，不可以爲法。然吾子，主也，至敢不從？」遂入卒事。歸以語范文子。文子曰：「無禮，必食言，吾死無日矣！」

成公十四年左氏傳：衛侯享苦成叔，甯惠子相。苦成叔傲，甯子曰：「苦成家其亡乎！古之爲享食也，以觀威儀、省禍福也。故詩曰：『兕觥其觩，旨酒思柔。彼交匪傲，萬福來求。』今夫子傲，取禍之道也。」

襄公四年左氏傳：穆叔如晉，晉侯享之。金奏肆夏之三，不拜。工歌文王之三，又不拜。歌鹿鳴之三，三拜。韓獻子使行人子員問之曰：「子以君命辱於敝邑，先君之禮，藉之以樂，以辱吾子。吾子舍其大而重拜其細，敢問何禮也？」對曰：「三夏，天子所以享元侯也，使臣弗敢與聞。文王，兩君相見之樂也，臣不敢及。鹿鳴，君所以嘉寡君也，敢不拜嘉？四牡，君所以勞使臣也，敢不重拜？皇皇者華，君教使臣曰：『必諮于周。』臣聞之，訪問于善爲咨，咨親爲詢，咨禮爲度，咨事爲諏，咨難爲謀。臣獲五善，敢不重拜？」

八年左氏傳：晉范宣子來聘，公享之。宣子賦摽有梅。季武子曰：「誰敢哉？今譬於草木，寡君在君，君之臭味也。歡以承命，何時之有？」武子賦角弓。賓將出，武子賦彤弓。宣子曰：「城濮之役，我先君文公獻功于衡雍，受彤弓於襄王，以爲子孫藏。匄也，先君守官之嗣也，敢不承命。」君子以爲知禮。

十九年左氏傳：公享晉六卿於蒲圃，賜之三命之服，軍尉、司馬、司空、輿尉、候奄皆受一命之服。賄荀偃束錦、加璧、乘馬，先吴壽夢之鼎。季武子如晉拜師，晉侯享之。范宣子爲政，賦黍苗。季武子興，再拜稽首，曰：「小國之仰大國也，如百穀之仰膏雨焉。若常膏之，其天下輯睦，豈惟敝邑？」賦六月。

二十年左氏傳：季武子如宋，褚師段逆之以受享，賦常棣之七章以卒，宋人重賄之。

二十七年左氏傳：六月丁未朔，宋人享趙文子，叔向爲介。司馬置折俎，禮也。

注：折俎，體解節折，升之於俎，合卿享宴之禮〔一〕。周禮司馬掌會同之事。疏：周禮大司馬云：「大會同，則帥士庶子而掌其政令。大祭祀、饗食，羞牲魚。」故宋人此享，令司馬置折俎也。仲尼使舉是禮也，以爲多文辭。七月壬午，宋公兼享晉、楚之大夫，趙孟爲客，注：客，一坐所尊。子木與之言，弗能對；使叔向侍言焉，子木亦不能對也。鄭伯享趙孟於垂隴，子展、伯有、子西、子產、子太叔、二子石從。趙孟曰：「七子從君，以寵武也，請皆賦，以卒君貺。武亦以觀七子之志。」子展賦草蟲。趙孟曰：「善哉！民之主也，抑武也不足以當之。」伯有賦鶉之賁賁。趙孟曰：「牀第之言不踰閾，況在野乎！非使人之所得聞也。」子西賦黍苗之四章。趙孟曰：「寡君在，武何能焉？」子產賦隰桑。趙孟曰：「武請受其卒章。」子太叔賦野有蔓草。趙孟曰：「吾子之惠也。」印段賦蟋蟀。趙孟曰：「善哉！保家之主也，吾有望矣。」公孫段賦桑扈。趙孟曰：「匪交匪敖，福將焉往？若保是言也，欲辭福祿，得乎？」

楚薳罷如晉莅盟，晉侯享之。將出，賦既醉。叔向曰：「薳氏之有後於楚國也，宜

〔一〕「享」，諸本脱，據春秋左傳正義卷三八補。

哉！承君命，不忘敏，子蕩將知政矣。敏以事君，必能養民，政將焉往？」

二十九年左氏傳：范獻子來聘，拜城杞也。公享之。展莊叔執幣。注：公將以酬賓。射者三耦，公臣不足，取於家臣。家臣，展瑕、展玉父爲一耦；公臣，公巫召伯、仲顔莊叔爲一耦，鄫鼓父、黨叔爲一耦。疏：燕禮云：「若射，則大射正爲司射。」是燕有射也。此云「公享之」，則享法亦有射也。

昭公元年左氏傳：夏四月，趙孟、叔孫豹、曹大夫入于鄭，鄭伯兼享之。子皮戒趙孟。注：戒享期。禮終，趙孟賦瓠葉。子皮遂戒穆叔，且告之。穆叔曰：「趙孟欲一獻，注：瓠葉詩，義取薄物而以獻酬，知欲一獻。子其從之！」子皮曰：「敢乎？」穆叔曰：「夫人之所欲也，又何不敢？」及享，具五獻之籩豆於幕下。注：朝聘之制，大國之卿五獻。趙孟辭，注：趙孟自以今非聘鄭，故辭五獻。私於子産曰：「武請於家宰矣。」乃用一獻。趙孟爲客，禮終，乃宴。注：卿會公侯，享宴皆折俎，不體薦。穆叔賦鵲巢，趙孟曰：「武不堪也。」又賦采蘩，曰：「小國爲蘩，大國省穡而用之，其何實非命？」子皮賦野有死麕之卒章，趙孟賦常棣，且曰：「吾兄弟比以安，尨也可使無吠。」穆叔、子皮及曹大夫興，拜，舉兕爵曰：「小國賴子，知免於戾矣。」飲酒樂。趙孟出曰：「吾不復此矣。」

昭公二年左氏傳：晉韓宣子來聘，公享之。季武子賦緜之卒章，韓子賦角弓，季武子賦節之卒章。聘於衛，衛侯享之，北宫文子賦淇澳，宣子賦木瓜。

六年左氏傳：季孫宿如晉，晉侯享之，有加籩。注：籩豆之數，多于常禮。武子曰：「小國之事大國也，苟免於討，不敢求貺。得貺，不過三獻。注：周禮，大夫三獻。今豆有加，下臣弗堪，無乃戾也。」韓宣子曰：「寡君以爲驩也。」對曰：「寡君猶未敢，況下臣，君之隸也，敢聞加貺？」固請徹加，而後卒事。晉人以爲知禮。

十二年左氏傳：宋華定來聘。享之，爲賦蓼蕭，弗知，又不答賦。昭子曰：「必亡。宴語之不懷，寵光之不宣，令德之不知，同福之不受，將何以在？」

十六年左氏傳：晉韓起聘於鄭，鄭伯享之。子産戒曰：「苟有位於朝，無有不共恪。」孔張後至，立於客間；執政禦之，適客後；又禦之，適縣間。客從而笑之。注：執政，掌位列者。禦，止也。縣，樂肆。疏：諸侯享賓之禮亡，惟有公食大夫存耳。其禮云：「大夫納賓，賓入門左〔一〕。及廟門，公揖入，賓入三揖，至于階，三讓，公升二等，賓升。大夫立于東夾南，西面北上。

〔一〕「賓」，諸本脱，據春秋左傳正義卷四七補。

士立于門東，北面西上。」饗食事，俱在廟，則享位亦當然也。孔張後至，蓋賓入廟門乃始來至，當從大夫適東夾之南，西面位也。張乃立于客間。賓入，未升階，立于西方，孔張入客行間也。「執政禦之，適客後」，移立于客之西也；「又禦之，適縣間」，適鐘磬樂肆之間也。大射禮：「樂人宿縣于阼階東，笙磬西面，其南笙鐘，其南鑮，皆南陳。西階之西，頌磬東面，其南鐘，其南鑮，皆南陳。」張初立客間，已在西方；被禦，適客後，又益西；又被禦，適縣間，蓋又復益西，入於頌磬鐘鑮之間也。

二十五年左氏傳：宋公享昭子，賦新宮，昭子賦車轄。明日宴，飲酒樂。宋公使昭子右坐，語相泣也。樂祁佐，退而告人曰：「今兹君與叔孫，其皆死乎！吾聞之：哀樂而樂哀，皆喪心也。心之精爽，是謂魂魄，魂魄去之，何以能久？」

定公六年左氏傳：季桓子如晉，獻鄭俘也。陽貨强使孟懿子往報夫人之幣，晉人兼享之。注：賤魯，故不復兩設禮。

十年左氏傳：武叔聘於齊，齊侯享之。

蕙田案：以上諸侯饗燕鄰國之大夫。

宣公二年左氏傳：晉侯飲趙盾酒，伏甲將攻之，其右提彌明知之，趨登曰：「臣侍君宴，過三爵，非禮也。」遂扶以下。疏：此飲趙盾酒，是小飲酒耳，非正燕禮。燕禮，獻酬之後，方脱屨升堂，行無算爵，非止三爵而已。其侍君小飲，則三爵而退。玉藻云：「三爵而油油以退。」是三爵禮訖，自當退也。

成公九年左氏傳：季文子如宋致女。復命，公享之，賦韓奕之五章。穆姜出於房，再拜，曰：「大夫勤辱，不忘先君，以及嗣君，施及未亡人。先君猶有望也，敢拜大夫之重勤。」又賦緑衣之卒章而入。

襄公三年左氏傳：晉侯以魏絳爲能以刑佐民矣，反役，與之禮食，使佐新軍。疏：與之禮食者，若公食大夫禮以大夫爲賓，公親爲之特設禮食。

十四年左氏傳：孫文子如戚，孫蒯入使。公飲之酒，使大師歌巧言之卒章。

二十年左氏傳：季武子如宋，歸，復命，公享之。賦魚麗之卒章，公賦南山有臺。武子去所，曰：「臣不堪也。」

二十六年左氏傳：鄭伯賞入陳之功。三月甲寅朔，享子展，賜之先路、三命之服，先八邑；賜子産次路、再命之服，先六邑。

昭公九年左氏傳：晉荀盈卒於戲陽，殯於絳，未葬。晉侯飲酒，樂。饍宰屠蒯趨入，請佐公使尊，許之。而遂酌以飲工，曰：「女爲君耳，將司聰也。辰在子卯，謂之疾日，君徹宴樂，學人舍業，爲疾故也。君之卿佐，是爲股肱，股肱或虧，何痛如之？女弗聞而樂，是不聰也。」又飲外嬖嬖叔曰：「女爲君目，將司明也。服以旌禮，禮以行事，事有其物，物有其容。今君之容，非其物也，而女不見，是不明也。」亦自飲也，曰：「味以行氣，氣以實志，志以定言，言以出令。臣實司味，二御失官，而君弗命，臣之罪也。」公說，徹酒。

禮記檀弓：知悼子卒，未葬。平公飲酒，師曠、李調侍，鼓鐘。杜蕢自外來，聞鐘聲曰：「安在？」曰：「在寢。」杜蕢入寢，歷階而升，酌，曰：「曠飲斯。」又酌，曰：「調飲斯。」又酌，堂上，北面，坐飲之。降，趨而出。平公呼而進之曰：「爾飲曠，何也？」曰：「子卯不樂，知悼子在堂，斯其爲子卯也大矣。曠也，大師也，不以詔，是以飲之也。」「爾飲調，何也？」曰：「調也，君之褻臣也。爲一飲一食，忘君之疾，是以飲之也。」「爾飲，何也？」曰：「蕢也，宰夫也。非刀匕是供，又敢與知防，是以飲之也。」平公曰：「寡人亦有過焉。酌，而飲寡人。」杜蕢洗而揚觶。公謂侍者曰：「如我死，則必毋廢斯爵也。」至於今，既畢獻，斯揚觶，謂之「杜舉」。

春秋哀公十六年左氏傳：衛侯飲孔悝酒於平陽，重酬之，大夫皆有納焉。醉而送之，夜半而遣之。

二十五年左氏傳：衛侯爲靈臺於藉圃，與諸大夫飲酒焉。褚師聲子韤而登席，注：古者見君，解韤。公怒。辭曰：「臣有疾，異於人。若見之，君將噎之[一]，是以不敢。」公愈怒。大夫辭之，不可。

公宴於五梧，武伯爲祝。注：上壽酒。惡郭重，曰：「何肥也？」季孫曰：「請飲彘也！以魯國之密邇仇讎，臣是以不獲從君[二]，克免於大行，又謂重也肥。」公曰：「是食言多矣。能無肥乎？」飲酒不樂。

蕙田案：以上諸侯饗燕其臣飲酒附。

襄公二十七年左氏傳：齊慶封來聘，叔孫與慶封食，不敬。爲賦相鼠，亦不知也。

昭公二年左氏傳：晉韓宣子來聘，既享，宴於季氏。有嘉樹焉，宣子譽之。武子曰：「宿敢不封殖此樹，以無忘角弓？」遂賦甘棠。宣子曰：「起不堪也。無以及

〔一〕「噎」，諸本作「㱇」，據春秋左傳正義卷六〇改。
〔二〕「是」，原脱，據光緒本、春秋左傳正義卷六〇補。

召公。」

蕙田案：以上大夫饗聘客。

莊公二十二年左氏傳：陳公子完飲桓公酒，樂。注：齊桓賢之，故就其家會，據主人之辭，故言飲桓公酒。疏：春秋之世，設享禮以召君者，皆大臣擅寵，如衛公叔文子、宋向魋之徒始爲之耳，非禮法也。敬仲，羈旅之臣，且知禮者也，必不召公臨己，知桓公賢之，自就其家會也。公曰：「以火繼之。」辭曰：「臣卜其晝，未卜其夜，不敢。」疏：服虔云：「臣將享君，必卜之，示戒慎也。此桓公自就其家，非敬仲發心請享，蓋桓公告其往日，乃卜之耳。」夜飲之禮，在宗室，同姓則成，于庶姓，讓之則止。敬仲非齊同姓，故不敢也。君子曰：「酒以成禮，不繼以淫，義也；以君成禮，弗納於淫，仁也。」

昭公元年左氏傳：秦后子享晉侯，注：爲晉侯設享禮。造舟于河，注：造舟爲梁，通秦、晉之道。十里舍車，注：一舍八乘，爲八反之備。自雍及絳。注：雍、絳相去千里，用車八百乘。歸取酬幣，注：備九獻之儀，始禮，自齎其一，故續送其八酬酒幣。疏：每一獻酒，必有幣帛以隨之，后子自齎其一，以爲初獻，故續送其八也。飲酒之禮，主人初獻于賓，賓酢主人，主人受賓之酢禮，飲訖，又飲，乃酌以酬賓，如是乃成爲一獻。于酬之時，始有幣以勸飲，故以爲酬酒幣也。終事八反。注：每十里以八乘車，各以次載幣，相授而還，不徑至，故言八反。

定公十三年左氏傳：初，衛公叔文子朝，而請享靈公。注：欲令公臨其家。退，見史鰌而告之。史鰌曰：「子必禍矣！子富而君貪，其及子乎！」文子曰：「然！吾不先告子，是吾罪也。君既許我矣，其若之何？」史鰌曰：「無害。子臣，可以免。戍也驕，其亡乎。」

哀公十四年左氏傳：宋桓魋之寵害於公。公使夫人驟請享焉，而將討之。未及，魋先謀公，請以鞌易薄。公曰：「不可。薄，宗邑也。」乃益鞌七邑，而請享公焉。以日中爲期，家備盡往。公知之。

蕙田案：以上大夫饗君。

成公五年左氏傳：宋公子圍龜爲質於楚而歸，華元享之。請鼓譟以出，鼓譟以復入〔二〕，注：出入輒擊鼓。曰：「習攻華氏。」宋公殺之。

襄公二十三年左氏傳：季氏飲大夫酒，臧紇爲客。既獻，臧孫命北面重席，新樽

〔二〕「復」，原脱，據光緒本、春秋左傳正義卷二六補。

絜之。召悼子，降，逆之。大夫皆起，及旅，而召公鉏，注：獻酬禮畢，通行爲旅。使與之齒。季孫失色。

二十八年左氏傳：齊慶封來奔，叔孫穆子食慶封，慶封氾祭。注：氾祭，遠散所祭，不共。穆子不說，使工爲之誦茅鴟，亦不知。

昭公四年左氏傳：叔孫爲孟鐘，曰：「爾未際，饗大夫以落之。」

哀公七年左氏傳：季康子欲伐邾，乃饗大夫以謀之。

國語魯語：公父文伯飲南宫敬叔酒，路堵父爲客，羞鼈小，堵父怒，相延食鼈。辭曰：「將使鼈長而後食之。」遂出。文伯母聞之，怒曰：「吾聞之先子曰：『祭養上尸，享養上賓。』鼈於何有？而使夫人怒也。」

蕙田案：以上大夫相饗食。

春秋莊公四年：春，王二月，夫人姜氏享齊侯于祝丘。杜注：享，食也，兩君相見之禮，非夫人所用，直書以見其失。

汪氏克寬曰：春秋傳晉侯饗齊侯，宋公饗晉侯，楚子饗公；小邾子、郯子來朝，公與之燕；公饗宰周公、范宣子，饗晉六卿于蒲圃；甯俞、華耦來，公與之燕；至鄭伯饗王、王饗晉侯，經皆不書，而書夫人饗齊侯，則以其非禮也。

蕙田案：此夫人饗諸侯。

右春秋饗燕

五禮通考卷一百五十九

嘉禮三十二

饗燕禮

儀禮公食大夫禮

儀禮公食大夫禮。鄭目録云：「主國君以禮食小聘大夫之禮，於五禮屬嘉禮。」疏：篇中薦豆六，黍稷六簋，庶羞十六豆，此等皆是下大夫小聘之禮，下乃别言食上大夫之法。聘禮據侯伯之大聘，此篇小聘大夫者，周公設經，互見爲義。不言食賓與上介，直言大夫者，小聘，上介乃是士，是以直云大夫，兼得大夫聘賓與上介，亦兼小聘之賓。

公食大夫之禮。使大夫戒，各以其爵。注：戒，猶告也。告之必使同班敵者，易以相親敬。疏：此篇雖據子男大夫爲正，兼見五等諸侯大聘使卿之事，故云各以其爵也。**上介出請，入告，**注：問所以爲來事。**三辭，**注：爲既先受賜，不敢當。疏：既先受賜，謂聘日致饗受賜大禮，故今辭食，不敢當之。但受饗之時，禮辭而已，至于享食，皆當三辭。**賓出，拜辱，**注：拜使者，屈辱來迎己。**大夫不答拜，將命，**注：不答拜，爲人使也。將，猶致也。**賓再拜稽首，**注：受命。**大夫還。**注：復於君。**賓不拜送，遂從之。**注：不拜送者，爲從之，不終事。疏：鄉飲、鄉射戒賓，遂從之，而云「拜辱」、「拜送」者，以主人先反，不相隨故也。覲禮，使者勞賓，侯氏送于門外，遂從之，使者既不先反，猶拜送者，尊天子使故也。

蕙田案：以上戒賓。

賓朝服，即位於大門外，如聘。注：於是朝服，則初時玄端。如聘，亦入於次俟。疏：云「大門外，如聘」者，則賓主設擯、介以相待，如聘時。賓在館拜所戒大夫即玄端，賓遂從大夫至君大門外，入次，乃去玄端，著朝服，出次，即位也。聘禮重，賓發館即皮弁。此食禮輕，及大門乃朝服。**即位，具。**注：主人也。擯者俟君于大門外，卿大夫、士序，及宰夫具其饌物，皆于廟門之外。

盛氏世佐曰：即位，謂自公以下也。具，官各饌其所供之物也。燕禮告具而後即位，此即位乃具者，食重於燕也。

蕙田案：經言即位，不言主人者，上言「賓即位」，則此爲主人可知也。敖氏

以即位仍屬賓者，非。郝氏又連上文「如聘」、「即位」爲句，尤誤。

又案：以上即位。

羹定，注：肉謂之羹。定，猶熟也。著之者，下以爲節。甸人陳鼎七，當門，南面，西上，設扃鼏。鼏若束若編。注：七鼎，一大牢也。甸人，冢宰之屬，兼亨人者。南面，西上，以其爲賓，統於外也。扃，鼎扛，所以舉之者也。凡鼎鼏，蓋以茅爲之，長則束本，短則編其中央，今文「扃」作「鉉」。

疏：聘禮致飧與饔餼皆九鼎，此亦一大牢而七鼎者，食禮輕，無鮮魚、鮮腊，與聘禮「腥一牢鼎七」同也。案亨人職云：「掌共鼎鑊。」又甸師職云：「掌以薪蒸役外、内饔之事。」故使甸人兼亨人陳鼎也。設洗如饗。注：必如饗者，先饗後食，如其近者也。饗禮亡，燕禮則設洗於阼階東南。疏：引燕禮者，欲見設洗之法，燕與饗食同。小臣具槃匜，在東堂下。注：爲公盥也。公尊，不就洗。小臣於小賓客饗食，掌正君服位。疏：夏官小臣職云：「小祭祀、賓客、饗食，如大僕之法。」

敖氏繼公曰：凡行禮，其以槃匜盥而不就洗者，尊者一人而已，有敵者則否。不言簞巾，文略耳。祭禮有槃匜，必有簞巾。

欽定義疏：夏官小臣職：「大祭祀、朝覲，沃王盥。」此諸侯之小臣，故主沃公盥。

宰夫設筵，加席、几。注：設筵於户西，南面而左几。公不賓至授几者，親設湆醬，可以略此。

無尊。注：主於食，不獻酬。

敖氏繼公曰：言此者，嫌酒漿，或用尊也。

飲酒、漿飲，俟於東房。注：飲酒，清酒也。漿飲，截漿也。其俟奠于豐上也。飲酒先言飲，明非獻酬之酒也。漿飲先言漿，别於六飲也。疏：截之言載，以其汁滓相載，故云截。漢法有此名也。

凡宰夫之具，饌於東房。注：凡，非一也。飲食之具，宰夫所掌也。酒漿不在凡中者，雖無尊，猶嫌在堂。

敖氏繼公曰：此所饌者，謂豆、簠、簋、鉶也。

蕙田案：以上陳設。

公如賓服，迎賓於大門内。注：不出大門，降於國君。疏：自此盡「階上北面再拜稽首」，言主君迎賓、拜至之事。大夫納賓，注：大夫，謂上擯也。納賓，以公命。賓入門左，公再拜。賓辟，再拜稽首。注：左，西方，賓位也。辟，逡遁不敢當君拜也。

欽定義疏：聘禮「公迎賓，再拜，賓辟，不答拜」者，以公爲聘君而拜，己不敢承其禮也。此則爲食己而拜，故既辟，還，復再拜稽首。

公揖入，賓從。注：揖入，道之。及廟門，公揖入。注：廟，禰廟也。疏：儀禮之内，單言

廟者，皆據禰廟。若非禰廟，則言廟祧。受聘在祖廟，食饗在禰，燕禮又在寢，是其差次也。賓入，三

揖。注：每曲揖，及當碑揖，相人偶。至於階，三讓，注：讓先升。公升二等，賓升。注：遠下

人君。

敖氏繼公曰：此下大夫與公升階之儀，乃與卿同。然則升階尊卑之差，不過一等。

大夫立於東夾南，西面北上。注：東夾南，東西節也。取節於夾，明東於堂。疏：此主國

卿大夫立位。序西爲正堂，序東有夾室，立於夾室之南，是東於堂也。士立於門東，北面西上。注：

統於門者，非其正位，辟賓在此。疏：燕禮、大射士在西方，東面北上，不統於門。今統於門者，以賓在

門西，辟賓在此，非正位故也。小臣東堂下，南面西上。宰東夾北，西面南上。注：宰，宰夫之

屬也。古文無「南上」。

敖氏繼公曰：宰，大宰也。宰，尊官，於此乃見之者，位定在後耳。「南上」二字，古文無之。經惟

言宰，是獨立於此也。「南上」之文無所用之，傳寫者因下文而衍此二字耳，宜從古文。

欽定義疏：此宰，内宰也。天官内宰：「凡賓客之祼獻、瑶爵，皆贊。致后之賓

客之禮。」侯國之内宰，亦當然也。饗賓則夫人亞祼。此食禮，殺於饗，夫人不親，

内宰位於東夾之北，以見外内之官備，所以示夫人敬客之意也。下經授公醬湆及

爲賓設豆、籩、鉶、稻者，皆宰夫也。宰惟授公湆，視宰夫爲尊，則宰非宰夫之屬明矣。大宰爲司徒之兼官，三卿之長，不應不立於東夾南而在東夾北也。注爲「南上」二字所惑，故以宰夫之屬言之。敖氏以爲大宰，則亦未詳於外内之辨也。其下即内官之士，豈其倫乎？

觀承案：内官之南上者，統於宰。而宰之南上者，又統於君。以其位在東夾之北，則君在南，固宜以南爲上耳。謂此二字爲衍，恐亦未然。

内官之士在宰東北，西面，南上。注：夫人之官，内宰之屬也。自卿大夫至此，不先即位，從君而入者，明助君饗食，賓自無事。

欽定義疏：此爲内宰之屬，則位於其上者，爲内宰明矣。此内官，士也，非奄也。

介門西，北面，西上。注：西上，自統於賓也。然則承擯以下，立於士西，少進，東上。疏：云「承擯以下立於士西，少進，東上」者，以介統於賓而西上，則擯統於君而東上可知。又承擯是大夫，尊於士，故知少進，東上也。不言上擯者，上擯有事，其位不定，故不言。

蕙田案：以上迎賓。

公當楣，北鄉，至再拜。賓降也，公再拜。注：楣，謂之梁。至再拜者，興禮俟賓，嘉其來也。公再拜，賓降矣。疏：「至再拜」者，公方一拜，賓即降，公再拜者，賓降後，又一拜。本當再拜，故皆以再拜言之。賓西階東，北面，答拜。注：西階東，少就主君，敬也。

欽定義疏：己國之臣，拜位在阼階下。燕禮「主人獻公，二大夫媵爵於公」皆是也。若爲賓，則拜於西階下，燕禮「大夫爲賓者」是也。聘禮私覿，賓降拜於階東，視階下爲稍東，别於主君也。此亦然，故注以爲少就主君也。

擯者辭，注：辭拜於下。拜也，公降一等，辭曰：「寡君從子，雖將拜，興也。」注：賓降再拜，公降，擯者釋辭矣。賓猶降，終其再拜稽首。興，起也。

欽定義疏：賓在西階東，欲答拜時，擯者即辭之，而賓拜自若，故曰拜也。公見其不聽擯者之辭，乃降一等，以示親辭，而擯者致辭曰：「寡君從子而降矣。子雖將拜，其興也。」容此兩辭之間，而賓之再拜已訖，非謂賓拜未再得辭即興。若然，則上文賓升不得謂已拜矣。

賓栗階升，不拜。注：自以已拜也。栗，實栗也。不拾級連步，趨主國君之命。不拾級而下曰辵。

張氏爾岐曰：升降有四法：拾級連步，謂兩足相隨不相過，是尋常升階法。栗階者，始升猶聚足連步，至近上二等，左右足各一發而升堂，是趨君命之法，故燕禮記云「凡栗階，不過二等」。又此經注「不拾級而下曰辵」，疏以爲越三等，是下階近地三等，即不聚足也。又云「越一等爲歷階」，共爲四法。

命之，成拜，階上北面，再拜稽首。注：賓降拜，主君辭之。賓雖終拜，於主君之意，猶爲不成。

敖氏繼公曰：拜下者，臣也。拜於上者，賓也。既升而命之成拜，所以賓之。

蕙田案：以上拜至。

士舉鼎，去鼏於外，次入。陳鼎於碑南，南面，西上。右人抽扃，坐奠於鼎西，南順。出自鼎西，左人待載。注：入由東，出由西，明爲賓也。今文「奠」爲「委」，古文「待」爲「持」。疏：次入，序入也。去鼏於外者，以入當載於俎，故去之。士喪、士虞皆入，乃去鼏，喪禮變於吉也。

敖氏繼公曰：次入鼎，在西者先，在東者後也。「碑」下脱一「南」字；「西南」之「南」，衍文，皆傳寫誤也。順出，以次而出也。順出，正禮也。其或逆出，由便耳。

盛氏世佐曰：鼎南面，以西爲右，右人在鼎西，故抽扃，即奠於其西，便也。南順，言奠扃之法，南北設之，順鼎面也。舉鼎之時，扃横加於鼎上，及其奠也，直設於鼎旁，故云順也。出自鼎西，謂右人奠扃訖，即自鼎西而出也。上云「次入」，則出亦以次可知，故不須言順出，惟逆出乃著之，以其變於初也。敖氏分句不審，乃以「西南」之「南」爲衍字，過矣。

蕙田案：「碑南，南面」，石經及古本俱缺一「南」字，監本有之，蓋後人所增也。經云「士舉鼎，次入」，不云「次出」者，舉入以見出也。下文「旅人取匕，甸人舉鼎，順出」，不云「次入」者，舉出以見入也。敖君善以下有「順出」之文，疑「南」字爲衍，失之矣。當從盛氏爲是。

雍人以俎入，陳於鼎南。旅人南面加匕於鼎，退。注：旅人，雍人之屬，旅食者也。雍人言入，旅人言退，文互相備也。出入之由，亦如舉鼎者。匕俎每器一人，諸侯官多也。

敖氏繼公曰：雍人西面，於鼎南陳俎，俎南順。旅人南面，於鼎北加匕，匕北枋。

大夫長盥，洗東南，西面北上，序進盥。退者與進者交於前。卒盥，序進，南面匕。注：長，以長幼也。序，猶更也。前，洗南。載者西面。注：載者，左人也。亦序自鼎東，西面於其前，大夫匕則載之。疏：待載時在鼎東，南面，今大夫鼎北面南匕之，左人當載，故序自鼎東，西面。俎當鼎南，則載者在鼎南，稍東。

敖氏繼公曰：南面，立於鼎後也。匕，出鼎實也。西面，執俎以載也。

魚腊飪。注：飪，熟也。食禮宜熟，饗有腥者。　疏：上文直言「羹定」，肉謂之羹，恐魚腊不在其中，故此特著魚腊飪也。樂記：「大饗，俎腥魚。」是饗禮有腥也。又春秋傳：「王享有體薦。」以饗禮用體薦，則腥矣。豚解者，皆腥也。

蕙田案：疏引「大饗，俎腥魚」，證饗之用腥。然彼大饗，謂祫祭先王，非饗賓客也，賈氏誤矣。其云「豚解者皆腥」，則得之。

載體進奏。注：體，謂牲與腊也。奏，謂皮膚之理也。進其理，本在前。下大夫體七个。　疏：體七个，用右胖肩、臂、臑、肫、骼、脊、脅。其左胖爲庶羞，下文十六豆、二十豆是也。「進其理，本在前」者，此謂生人食法，故進本。本，謂近上者。若祭祀則進末，故少牢云「進末」，鄭云：「變於食生」是也。

魚七，縮俎，寢右。注：右，首也。寢右，進鬐也。乾魚近腴多骨鯁。　疏：縮，縱也。魚在俎爲縱，於人亦横。賓在户牖之間，南面。俎則東西陳之，魚在俎，首在右，腹腴鄉南。鬐，脊也。進脊在北，鄉賓，是取脊少骨鯁者以優賓也。若祭祀，則進腴，以鬼神尚氣。腴者，氣之所聚，故少牢進腴是也。**腸、胃七，同俎。**注：以其同類也。不異其牛羊，腴賤也。此俎實凡二十八。　疏：牛羊同是畜類，又其腹腴賤，故略之同俎也。牛羊各有腸、胃，腸、胃各七，四七二十八也。**倫膚七。**注：倫，理也，謂精理滑脆者。　疏：倫膚，謂豕之皮革爲之。**腸、胃、膚，皆横諸俎，垂之。**注：順其在牲之性也，腸、胃垂及俎拒。大夫既匕，匕奠於鼎，逆退，復位。注：事畢，宜由便也。士匕載者，又待設俎。

敖氏繼公曰：匕奠於鼎，謂加匕於鼎上也，位東夾南。

蕙田案：以上鼎入、載俎。

公降盥，注：將設醬。賓降，公辭。注：辭其從己。卒盥，公壹揖壹讓，公升，賓升。

注：揖、讓皆一，殺於初。

欽定義疏：凡降盥而升，皆一揖，以距階近，無三揖之位也。始至，於階三讓，此惟一讓，則殺於初矣。亦公升二等，而後賓升。

宰夫自東房授醯醬。注：授，授公也。醯醬，以醯和醬。疏：案記云：蒲筵常長丈六尺，於堂上户牖之間，南面設之。乃設正饌於中席已東，自中席已西設庶羞也。公設之，注：以其爲饌本。

賓辭，北面坐遷而東遷所。注：東遷所，奠之東側，其故處。疏：「東遷所」者，謂以西爲上，君設當席中，故東遷之，辟君設處。側，近也，近其故處。

敖氏繼公曰：東遷所，東遷於其所也。所者，謂醬之正位也。公設之處，於其正位必少西。少西者，爲賓當遷之故也。遷之者，示不敢當公親設之意，且以爲禮也。

蕙田案：以上公親設醬，正饌之一。

公立於序内，西鄉。注：不立阼階上，示親饌。　疏：君之行事，皆在阼階上，今近阼北者，以設饌在户西近北，今君亦近北，示親監饌故也。賓立於階西，疑立。注：不立階上，以主君離阼也。疑，正立也，自定之貌。今文曰「西階」。宰夫自東房薦豆六，設於醬東，西上。韭菹以東醓醢、昌本，昌本南麋臡，以西菁菹、鹿臡。注：醓醢，醢有醓。昌本，昌蒲本，菹也。醢有骨謂之臡。菁，蓂菁，菹也。

蕙田案：以上宰夫設豆，正饌之二。

士設俎於豆南，西上，牛、羊、豕、魚在牛西〔一〕，腊、腸胃亞之。注：亞，次也，不言綪錯，俎尊也。　疏：上設豆，綪陳之；下設黍稷，錯陳之；此設俎不綪不錯。膚以爲特。注：直豕與腸胃東也。特膚者，出下牲賤。　疏：豕在牛羊之下。膚，豕之所出，故云賤也。旅人取匕，甸人舉鼎，順出，奠於其所。注：以其空也。其所，謂當門。

敖氏繼公曰：甸人加扃，乃舉鼎。其出也，亦匕先而鼎後。

蕙田案：以上士設俎，正饌之三。

〔一〕「西」，諸本作「南」，據儀禮注疏卷二五改。

宰夫設黍、稷六簋於俎西，二以並，東北上。黍當牛俎，其西稷，錯以終，南陳。注：並，併也。

蕙田案：以上宰夫設簋，正饌之四。

大羹湆不和，實於鐙。宰右執鐙，左執蓋，由門入，升自阼階，盡階，不升堂，授公，以蓋降，出，入，反位。注：大羹湆，煮肉汁也。大古之羹不和，無鹽菜。瓦豆謂之鐙。宰，謂大宰，宰夫之長也。有蓋者，饌自外入，爲風塵。今文「湆」爲「汁」。又曰「入門自阼階」，無「升」。疏：宰位在東夾北，西面，南上。今以蓋降出，送門外，乃更入，反此位也。

李氏如圭曰：湆升自阼階者，公親設之故也。

敖氏繼公曰：自門入者，湆在爨也。士昏禮曰：「大羹湆在爨。」記曰：「亨於門外東方。」

欽定義疏：大羹湆皆盛於鐙，經特於此見之。湆與鉶爲類，特牲禮主婦設兩鉶，隨設大羹湆。但以湆由門外入，故設之不以主婦耳，其實主婦職也。此禮宰設之以授公，亦足見宰之爲内宰矣。

公設之於醬西，賓辭，坐遷之。注：亦遷東所。

盛氏世佐曰：遷湆之法，與醬同。

蕙田案：以上公親設大羹湆，正饌之五。

宰夫設鉶四於豆西，東上。牛以西羊，羊南豕，豕以東牛。注：鉶，菜和羹之器。

疏：記云：「牛藿、羊苦、豕薇〔一〕。」是菜和羹，以鉶盛之。羹在鉶言之，謂之鉶羹；據器言之，謂之鉶鼎；正鼎之後設之，謂之陪鼎；入庶羞言之，謂之羞鼎，其實一也。

蕙田案：以上宰夫設鉶，正饌之六。

飲酒，實於觶，加於豐。注：豐，所以承觶者也，如豆而卑。宰夫右執觶，左執豐，進設於豆東。注：食有酒者，優賓也。設於豆東，不舉也。燕禮記曰：「凡奠者於左。」疏：案下文「宰夫執漿飲，賓興受」，惟用漿酳口，不用酒。今主人猶設之，是優賓也。此酒不用，故奠於豆東。案鄉飲酒、鄉射記皆云：「凡奠者於左，舉者於右。」注云「燕禮記」者，必傳寫者之誤。

楊氏復曰：上文「飲酒、漿飲，俟於東房」，疏云：「酒漿皆以酳口。」此又云：「漿以酳口，不用酒。今主人猶設之，所以優賓。」兩説牴牾不同。又案下文「祭飲酒於上豆之間，魚、腊、醬、湆不祭」。夫魚、腊、醬、湆不祭，而祭飲酒，則知酒以優賓，但賓不舉爾，豈酳口之物哉！當以優賓之義爲正。

蕙田案：以上宰夫設飲酒，正饌之七。

宰夫東面，坐啓簋會，各郤於其西。注：會，簋蓋也，亦一一合郤之，各當其簋之西。疏：

〔一〕「豕」，原作「肉」，據光緒本、儀禮注疏卷二五改。

卻者，仰也。簋蓋有六，兩兩相重而仰之。少牢云：「佐食啓會蓋二以重，設於敦南也。」

蕙田案：簋設於羹湆之先，至是始啓之，事有節也。

欽定義疏：正饌，醬最先設，次則豆由房出，又次則俎自階升，又次則簋由房出，又次則湆自階升，至鉶則復由房出。其上下設饌之人，亦相間以成禮如此。

蕙田案：以上設正饌。

贊者負東房，南面，告具於公。注：負東房，負房户而立也。南面者，欲得鄉公與賓也。公再拜，揖食。注：再拜，拜賓饌具。賓降拜，注：答公拜。公辭，賓升，再拜稽首。注：不言成拜，降未拜。賓升席，坐，取韭菹，以辯擩於醢，上豆之間祭。注：擩猶染也。

敖氏繼公曰：此所擩者，醓醢以下五豆，惟云醢者，省文耳。少牢饋食用四豆，「尸取韭菹，擩於三豆」，是其徵也。

贊者東面，坐取黍，實於左手，辯，又取稷，辯，反於右手，興以授賓。賓祭之。注：取授以右手，便也。賓亦興受，坐祭之於豆祭也。獨云贊興，優賓也。少儀曰：「受立，授立，不坐。」

疏：此所授者，皆謂遠賓者，菹醢及鉶不授，以其近賓也。雖不授，亦祭之。

敖氏繼公曰：辯，謂辯取於三簋。先黍後稷，不欲其雜也。每取黍稷，皆以右手實於左手，既則反於右手也。亦壹以授賓，不言壹者，已明也。

三牲之肺不離，贊者辯取之，壹以授賓。注：肺不離者，刌之也。不言刌，刌則祭肺也。此舉肺不離而刌之，便賓祭也。祭離肺者，絶肺祭也。壹猶稍也。**賓興受，坐祭。**注：於是云「賓興受，坐祭」，重牲也。賓亦每肺興受，祭於豆祭。

張氏爾岐曰：離而不殊，留中央少許相連，謂之離肺。刌則切斷之，故云不離。祭離肺者，必用手絶斷其連處，刌肺則否，故注云：「便賓祭也。」壹，説文訓「專壹」，廣韻訓「合」，當是總合授賓，使之祭，如上文祭黍稷之例。注云：「壹猶稍也。」又云：「每肺興受。」恐與經未合。食禮本殺，節文不宜如是其煩。

方氏苞曰：注「豆祭」，似當作「際」，傳寫誤也。

挩手，扱上鉶以柶，辯擩之，上鉶之間祭。注：扱，扱其鉶菜也。挩，拭也，拭以巾。

敖氏繼公曰：扱上鉶以柶，謂以內列牛鉶之柶扱其鉶也。辯擩之，遂以柶擩三鉶也。

欽定義疏：辯擩之，謂以上鉶之菜擩於餘鉶之汁，所以示辯也。

祭飲酒於上豆之間，魚、腊、醬、湆不祭。注：不祭者，非食物之盛者。疏：以有三牲，故魚、腊不祭，若入庶羞，則祭之。

敖氏繼公曰：魚、腊屬於牲，醬屬於豆，湆屬於鉶，故雖設之，亦不祭也。不言腸胃、膚者，在魚、腊之下，不祭可知。

蕙田案：正饌之設凡七，而賓之祭者五：韭菹一也，黍稷二也，肺三也，鉶四也，飲酒五也。醬與大羹湆，皆公親設之而不祭者，醬即醢醢類也，湆即鉶類也。祭醢以菹擩之，祭鉶以菜擩之，今醬、湆無菹與菜，無所用以擩者。又酒漿之氣清，醬、湆之質濁，豆間欲其潔，故祭飲酒，不祭醬、湆也。

又案：以上賓祭正饌。

宰夫授公飯粱，公設之於湆西。賓北面辭，坐遷之。注：既告具矣，而又設此，殷勤之加也。遷之，遷而西之，以其東上也。疏：知粱東上者，下文「宰夫膳稻於粱西」，是以粱在東爲上。公與賓皆復初位。注：位，序内階西。宰夫膳稻於粱西。注：膳，猶進也，進稻粱者以簠。疏：上設黍稷訖云「卻會」，此不云「卻會」者，先於房去之故也。

郝氏敬曰：穀以粱爲大，故君自設；食以稻爲善，故宰夫供膳。食美曰膳。

盛氏世佐曰：設膳曰膳，猶置尊曰尊，布筵曰筵也。

蕙田案：以上公親設粱，宰夫膳稻，加饌之一節。敖氏疑「膳」當作「設」，似有理，然以郝氏、盛氏之説通之，經文未必誤也。

士羞庶羞，皆有大，蓋執豆，如宰。注：羞，進也。庶，衆也。進衆珍味可進者也。大，以肥美者特爲臠，所以祭也。魚或謂之膴。膴，大也。唯醢、醬無大。如宰，如其進大羹湆，右執豆，左執蓋。

欽定義疏：俎與庶羞，皆士設之，以其自堂下來，與饌於東房者異也。取諸門外，以其加也。

觀承案：「蓋執豆」三字當爲句。「蓋執」者，連蓋而執之也。下文「以蓋降」三字亦當爲句，而「授」字自宜連上文爲句也。

先者反之。注：庶羞多，羞人不足，則相授於階上，復出取也。疏：反之者，以其庶羞十六豆，羞人不足，故先至者反取之。下文云：「先者一人升，設於稻南。」其人不反，則此云「先者反之」，謂第二已下爲先者也。由門入，升自西階。先者一人升，設於稻南簋西，間容人。注：簋西，黍稷西也。必言稻南者，明庶羞加，不與正豆併也。間容人者，賓當從間往來也。疏：稻與庶羞俱是加，故南北相繼，俱在黍稷正饌之西，不與正豆併也。「賓當從間往來」者，下文賓「左擁簠粱，右執湆以降，公辭，升，反奠於其所」是也。

敖氏繼公曰：先者一人，士之長，設膷者也。稻南，言其東西節也。簋西，言其南北節也。

旁四列，西北上。注：不統於正饌者，雖加，自是一禮，是所謂羹、胾中別。疏：曲禮云「左殽右胾」，殽，此謂之羹，一也。殽爲正饌，胾爲切肉，即庶羞與此正饌東、庶羞西，間容人同。膷以東臐、

膮、牛炙。注：膷、臐、膮，今時臛也。牛曰膷，羊曰臐，豕曰膮，皆香美之名也。**炙南醢，以西牛胾、醢、牛鮨。**注：先設醢，絣之以次也。內則謂「鮨爲膾」，然則膾用鮨。**鮨南羊炙，以東羊胾、醢、豕炙。炙南醢，以西豕胾、芥醬、魚膾。**注：芥醬，芥實醬也。內則曰：「膾，春用葱，秋用芥。」**衆人騰羞者盡階，不升堂，授，以蓋降，出。**注：「騰」當作「媵」。媵，送也。授，授先者一人。

盛氏世佐曰：士媵羞者雖衆，而升堂設之者惟最先一人，其餘則授於西階上也。故先者一人不反，其餘皆反。

蕙田案：以上士設庶羞，加饌之二。

欽定義疏：正饌之列，其在東之東者，以西爲上，豆與俎是也；其在東之西者，以東爲上，簋與鉶是也。加饌之列，其在西之北者，以東爲上，粱與稻是也；其在西之南者，以西爲上，庶羞是也。一陳饌之間，亦必相變如此。

蕙田案：以上設加饌。

贊者負東房，告備於公。注：復告庶羞具者，以其異饌。**贊升賓。**注：以公命命賓升席。**賓坐席末，取粱，即稻，祭於醬、湇間。**注：即，就也。祭稻粱不於豆祭，祭加宜於加。

張氏爾岐曰：醬湇不得言加，注偶誤。粱是公所親設，醬湇亦公所親設，公設是饌尊處，故祭粱不於豆而於此耳。

贊者北面坐，辯取庶羞之大，興，一以授賓。賓受，兼壹祭之。注：一一受之而兼壹祭之，庶羞輕也。自祭之於膷、臐之間，以異饌也。

敖氏繼公曰：祭不言其所，亦於醬湆間可知。

欽定義疏：賓之祭饌者六，其親取以祭者三，爲贊所授以祭者三。然於豆則辯取之而後擩，擩而後祭；於鉶則既扱而擩之辯，辯而後祭；於簠則取粱即稻而後祭，是皆兼壹而祭也。贊所授者，於簋曰「取辯，興，以授賓而賓祭之」；於俎曰「辯取，興，以授賓而賓祭之」；於羞亦曰「辯取，興，以授賓而賓兼壹祭之」，是贊皆壹授，而賓皆兼壹而祭也。注於俎謂賓每肺興，受而祭，是以贊爲非壹授賓，亦非壹祭也；於羞謂壹壹授之而兼壹祭之，是以贊爲非壹授，惟賓爲壹祭也，似皆不合於經。祭於膷臐之間，亦以其爲加饌之上豆，故意之云爾。蒙粱稻而言，則敖氏謂湆醬間者近之。正饌祭於豆間，加饌祭於湆醬間，亦足以別矣。

賓降拜，注：拜庶羞。疏：上文正饌，公先拜，賓答拜，此賓先拜公，公答拜。公辭。賓升，再拜稽首，公答再拜。

蕙田案：以上賓祭加饌。

賓北面自間坐，左擁簠粱，右執湇以降。注：自間坐，由兩饌之間也。擁，抱也。必取粱者，公所設也。以之降者，堂，尊處，欲食於階下然也。公辭。賓西面坐，奠於階西，東面對，西面坐取之，栗階升，北面，反奠於其所，降辭公。注：奠而後對，成其意也。降辭公，敬也。必辭公者，爲其尊而親臨己食。侍食，贊者之事。

張氏爾岐曰：成其意者，成其降食階下之意。降辭公，辭公之親臨也。

公許，賓升，公揖，退於箱。注：箱，東夾之前，俟事之處。擯者退，負東塾而立。注：無事。賓坐，遂卷加席，公不辭。注：贊者以告公，公聽之，重來，優賓。疏：公既在序外，賓食在户西，若不告公，公何以知之？明知贊者告公也。公來則勞賓，不來則賓不勞，故不來者，所以優饒賓也。

欽定義疏：大射儀賓有加席，不辭者，以公亦有加席也。此無阼席，故賓卷之。

賓三飯以湇醬。注：每飯歠湇，以殽擩醬，食正饌也。三飯而止，君子食不求飽。不言其殽，優賓。疏：案特牲、少牢尸食時舉殽，皆言次第，此不言者，任賓取之，是優賓也。宰夫執觶漿飲與其豐以進。注：此進漱也，非爲卒食，爲將有事，緣賓意欲自潔清。賓挩手，興受。注：受觶。宰夫設其豐於稻西。注：酒在東，漿在西〔一〕，是所謂左酒右漿〔二〕。庭實設。注：乘皮。

張氏爾岐曰：設之，將以侑賓。

賓坐祭，遂飲，奠於豐上。注：飲，漱。

蕙田案：以上賓食。

公受宰夫束帛以侑，西鄉立。注：束帛，十端帛也；侑，猶勸也。主國君以爲食賓殷勤之意未至，復發帛以勸之，欲用深安賓也。西鄉立，序内位也，受束帛於序端。

欽定義疏：賓既飲，則贊者以告，而公出自箱矣。蓋飲者，食畢之事。賓而飲，將有告退之心矣，故以是爲侑幣之節。

賓降筵，北面。注：以君將有命也，北面於西階上。擯者進相幣。注：爲君釋幣〔三〕，辭於賓。

賓降辭幣，升聽命，注：降辭幣，主國君又命之。升聽命，釋許辭。降拜，注：當拜受幣。公辭，賓升，再拜稽首，受幣，當東楹，北面。注：主國君南面授之。當東楹者，欲得君行一，臣行二也。

〔一〕「漿」，原作「稻」，據光緒本、儀禮注疏卷二五改。
〔二〕「漿」，原作「醬」，據光緒本、儀禮注疏卷二五改。
〔三〕「君」，原作「賓」，據光緒本、儀禮注疏卷二五改。

退西楹西，東面立。注：俟主國君送幣也。退不負序，以將降。公壹拜，賓降也，公再拜。注：賓不敢俟成拜。介逆出。注：以賓事畢。賓北面揖，執庭實以出。注：揖執者，示親受。公降立。注：俟賓反。上介受賓幣，從者訝受皮。注：從者，府史之屬。訝，迎也。疏：知非士介者，子男小聘，使大夫士介一人而已。介已受賓幣，故知訝受者，是府史之屬也。

蕙田案：以上公以束帛侑。

賓入門左，没霤，北面，再拜稽首。注：便退則食禮未卒，不退則嫌。更入行拜，若欲從此退。

敖氏繼公曰：霤，門内霤也。没霤，庭南也。拜者，謝侑幣之賜也。没霤而拜，以公立於中庭也。

公辭，注：止其拜，使之卒食。揖讓如初，注：如初入也。升。賓再拜稽首，公答再拜。注：賓拜，拜主國君之厚意。賓揖，介入復位。賓降，辭公如初。注：將復食。賓升，公揖，退於箱。賓卒食會飯，三飲。注：卒，已也。已食會飯，三漱漿也。會飯，謂黍稷也。此食黍稷，則初時食稻粱。

敖氏繼公曰：向者三飯乃飲，此三飲，蓋九飯也。九飯，大夫禮也。後禮更端，故與前三飯不相蒙。食加飯而飲漿，則此所飲者其酒與？

張氏爾岐曰：上文宰夫設黍稷云「啓會」，是簋兼會設之。稻粱不言「啓會」，是簠不兼會，故經以黍稷爲會飯也。

不以醬湇。注：不復用正饌也。初時，食加飯用正饌，此食正飯用庶羞，互相成也。後言湇，或時後用。

楊氏復曰：案注云「初時食加飯」，謂食稻粱。「用正饌」，謂以殽擩醬，食正饌也。「此食正飯」，謂食黍稷也。但「用庶羞」，則經無其文。據下文「上大夫庶羞，酒飲、漿飲，庶羞可也」，注云：「於食庶羞，宰夫又設酒漿，以之食庶羞可也。」以彼證此，恐此食會飯有三飲，亦食庶羞，此注所以有互相成之義也。

捝手，興，北面坐取粱與醬以降，西面坐，奠於階西。注：示親徹也。不以出者，非所當得，又以己得侑幣。

張氏爾岐曰：公所親設，賓亦親徹。

東面，再拜稽首。注：卒食拜也。不北面者，異於辭。疏：上文受侑幣，出，更入門，北面拜，其時欲辭退，故北面。此卒食禮終，故東面。公降，再拜。注：答之也，不辭之使升堂，明禮有終。

敖氏繼公曰：公拜，亦西面於阼階下。

蕙田案：以上賓卒食。

介逆出，賓出。公送於大門内，再拜。賓不顧。注：初來揖讓，而退不顧，退禮略也，示難進易退之義。擯者以賓不顧告公，公乃還也。

蕙田案：以上賓出。

有司卷三牲之俎，歸於賓館。注：卷，猶收也，無遺之辭也。三牲之俎，正饌尤尊，盡以歸賓，尊之至也。歸俎者，實於篚，他時有所釋故。疏：特牲及士虞收俎歸於尸，三个〔一〕，是有所釋。此無所釋，故稱卷也。魚、腊不與。注：以三牲之俎無所釋故也。禮之有餘爲施惠。不言腸胃、膚者，在魚、腊下，不與可知也。

蕙田案：以上歸賓俎。

明日，賓朝服拜賜於朝。拜食與侑幣，皆再拜稽首。注：朝，謂大門外。疏：聘禮拜饔與餼，不拜束帛者，彼使人致之，故不拜。此食禮，君親賜，故拜之。訝聽之。注：受其言，入告出報也。此下大夫有士訝。

蕙田案：以上賓拜賜。

上大夫八豆、八簋、六鉶、九俎，魚、腊皆二俎。注：記公食上大夫，異於下大夫之數。豆

〔一〕「三」上，諸本衍「釋」字，據儀禮注疏卷二五刪。

加葵菹、蝸醢，四四爲列，俎加鮮魚、鮮腊，三三爲列，無特。疏：周禮醢人：朝事之豆，韭菹、醓醢，昌本、麋臡，菁菹、鹿臡，茆菹、麋臡。上文六豆，用鹿臡以下仍有茆菹、麋臡在〔一〕。今八豆，不取茆菹、麋臡，而取饋食之豆葵菹、蝸醢者，以特牲、少牢參之。無特者，陳饌要方，上七俎，東西兩行爲六俎，一俎特於俎東〔二〕，此九俎爲三行，故無特。雖無特，膚亦爲下。

敖氏繼公曰：豆加茆菹、麋臡，簋加黍、稷，各一，鉶加羊豕〔三〕，俎加鮮魚、鮮獸於膚之下。九俎則四四爲列，而特鮮獸。

魚、腸胃、倫膚，若九若十有一，下大夫則若七若九。注：此以命數爲差也。九，謂再命者也；十一，謂三命者也；七，謂一命者也。九或上或下者，再命謂小國之卿，次國之大夫也。卿則曰上，大夫則曰下，大國之孤視子男。疏：周禮典命：「諸侯之臣分爲三等，三命、再命、一命。不命與一命同。」此經魚、腸胃、倫膚，亦分爲三等，有十一、有九、有七，則十一當三命，九當再命，七當一命也。大國之孤四命，與子男同十三，侯伯十五，上公十七，差次可知。

欽定義疏：子男之卿雖八豆、八簋、六鉶、九俎，與公侯伯之卿同，然其魚、腸

〔一〕「下」，諸本作「上」，據儀禮注疏卷二六改。
〔二〕「特」上，儀禮注疏卷二六有「在」字。
〔三〕「豕」，諸本作「俎」，據儀禮集説卷九改。

胃、倫膚三俎，惟用九數，不得用十有一數，若公侯伯之卿則用十有一數也。子男之大夫雖六豆、六簋、四鉶、七俎，與公侯伯之大夫同，然其魚、腸胃、倫膚三俎，惟用七數，不得用九數，若公侯伯之大夫則用九數也。就其同之中，又有少異者，以明其等。

庶羞，西東毋過四列。注：謂上下大夫也。疏：下大夫庶羞，東西四行，南北亦四行；上大夫東西四行，南北五行。上大夫庶羞二十，加於下大夫，以雉、兔、鶉、駕。注：駕，無母。疏：案爾雅釋鳥云：「駕，鴾母。」郭璞曰：「鴽也。」莊子曰：「田鼠化爲鶉。」淮南子云：「蝦蟆所化。」月令曰：「田鼠化爲駕。」然則駕、鶉一物也。

張氏爾岐曰：據經，鶉、駕並列，還是兩物。

蕙田案：以上食上大夫禮。

若不親食，注：謂主國君有疾病，若他故。使大夫各以其爵、朝服，以侑幣致之。注：執幣以將命。豆實，實於罋，陳於楹外，二以並，北陳。簋實，實於筐，陳於楹内、兩楹間，二以並，南陳。注：陳罋、筐於楹間者，象授受於堂中也。南北相當，以食饌同列耳。罋北陳者，變於食。罋數如豆，醢、芥醬從焉，筐米四。疏：正食之時，豆設於醬東，西上。今於楹間北陳，故云變也。

菹醢各異物，不可同罋，故罋數如豆，上大夫八豆則八罋，下大夫六豆則六罋也。庶羞之醢，同是醬類，故使之相從。但庶羞之醢，更無別種，宜同一罋。芥醬宜亦一罋也。筐米四者，黍稷各一筐，稻粱又二筐。

朱子曰：兩楹間，不必與楹相當，謂堂東西之中耳。

庶羞陳於碑內。注：生魚也，魚、腊從焉。上大夫加鮮魚、鮮腊、雉、兔、鶉、鴽，不陳於堂，辟正饌。疏：上文魚膾是魚之中膾者，此則全生不膾，何者？本膾在豆，與胾炙俱設，今胾炙在牲未殺，膾全不破可知。庶羞之内，鄭獨云生魚者，以其胾炙在牲不殺，於此無矣。雖有乾腊、雉兔之等，以生魚爲主也。云「魚腊從焉」者，雖無三牲之肉，有乾魚腊可知。庶羞本在堂上，正饌之西，今在碑内，故云辟正饌。**庭實陳於碑外。**注：執乘皮者也，不參分庭一在南者，以言歸，宜近内。疏：庭實正法，皆參分庭一在南而陳之，故昏禮記云：「納徵，執皮者參分庭一在南。」今云「碑外」，繼碑而言近北矣。彼參分庭一在南陳之，謂在主人之庭，參分庭一陳之，擬與賓向外，故近南。此陳於客館，擬與賓入内，宜近内。**牛、羊、豕陳於門内，西方，東上。**注：爲其踐汙館庭，使近外。**賓朝服以受，如受饗禮。**注：朝服，食禮輕也。疏：歸饗餼時，卿韋弁，賓皮弁受。**無儐。**注：以己本宜往。**明日，賓朝服以拜賜於朝。訝聽命。**注：賜亦謂食，侑幣。

蕙田案：以上君不親食。

大夫相食，親戒速。注：記異於君者也。速，召也。先就告之，歸具，既具，復自召之。**迎賓**

於門外，拜至，皆如饗拜。注：饗，大夫相饗之禮也，今亡。降盥，受醬、湆、侑幣束錦也，皆自阼階降堂受，授者升一等。注：皆者，謂受醬、受湆、受幣也。侑用束錦，大夫文也。降堂，謂止階上。

欽定義疏：授公者，宰夫也。此授大夫者，其大夫之宰與？

蕙田案：公食有授粱之節，此不見者，主所親設，則賓親執之。下云「執粱與湆」，是粱亦親設可知，文不具。

賓止也。注：主人三降，賓不從。疏：以主人降堂，不至地，故賓止不降也。

張氏爾岐曰：注言三降，不數降盥者，盥時賓亦從降，自如常法也。

賓執粱與湆，之西序端。注：不敢食於尊處。主人辭，賓反之。卷加席，主人辭，賓反之。

欽定義疏：公食禮賓卷席時，公已退於箱，公不辭，賓卑也。此卷加席，而主人辭，則大夫猶未退矣。意者公食之禮，公未退，則賓不敢遽即席。大夫食之禮，則賓未即席，大夫不敢遽退與？

辭幣，降一等，主人從。注：從辭賓降。受侑幣，再拜稽首，主人送幣亦然。注：敵也。疏：臣於君當稽首，平敵相施當頓首。今言敵而稽首者，食禮相尊敬，雖敵亦稽首，與臣拜君同也。

盛氏世佐曰：此受幣當於兩楹間，與公食大夫當東楹者異。

辭於主人，降一等，主人從。注：辭，謂辭其臨己食。**卒食，徹於西序端。**注：亦親徹。**東面再拜，降出。**注：拜，亦拜卒食。**其他皆如公食大夫之禮。**疏：「其他」謂豆數、俎體、陳設，皆不異上陳，但禮異者，謂親戒速，君則不親迎賓，公不出。此大夫出大門，公受醬湇幣，不降，此大夫則降也。公食大夫，大夫降食於階下，此言西序端。上公食卷加席，公不辭，此則辭之，皆是異也。

楊氏復曰：案大夫相食與公食大夫之禮，其稍異者：公食使大夫戒，此大夫相食親戒速；公食迎賓於大門內，此迎賓於門外；公食公降階盥，此降堂盥；公食受醬、受幣於宰夫，此降堂而受；公食受湇，宰盡階不升堂，此降者升一等；公食執粱與湇之西階下，此之西序端；公食賓降辭幣，此賓降一等；公食卷加席，公不辭，此卷加席，主人辭；公食徹粱與湇，奠於西階，此奠於西序端。

張氏爾岐曰：降而盥，侑用錦；降辭幣時，主人從而辭降；受幣時，主人稽首送幣；降辭主人，主人從降；卒食，徹於西序端，不拜階下，亦皆異於公食者。

蕙田案：以上大夫相食。

若不親食，則公作大夫，朝服以侑幣致之。注：作，使也。大夫有故，君必使其同爵者爲之致禮。列國之賓來，榮辱之事君臣同。**賓受於堂，無儐。**注：與受君禮同。

蕙田案：以上大夫不親食。

記：不宿戒。注：食禮輕也。此所以不宿戒者，謂前期三日之戒，申戒爲宿，謂前期一日。疏：不宿戒，謂不爲三日之戒，又不爲一日之宿，與鄉飲酒、鄉射禮同當日爲之。**戒不速。**注：食賓之朝，夙興戒之，賓則從戒者而來，不復召。**不授几。**注：異於醴也。**無阼席。**注：公不坐。

郝氏敬曰：不授几，公不親授也。無阼席，不設主席也。

蕙田案：此記食禮異於常禮。

亨於門外東方。注：必於門外者，大夫之事也。東方者，主陽。疏：少牢廩爨、饔爨皆在門外，亦大夫事。

蕙田案：此記亨。

司宮具几，與蒲筵常緇布純，加萑席尋玄帛純，皆卷自末。注：司宮，大宰之屬，掌宮廟者也。丈六尺曰常，半常曰尋。純，緣也。萑，細葦也。末，經所終，有以識之。必長筵者，以有左右饌也。今文「萑」皆爲「莞」。疏：上陳饌之時，正饌在左，庶羞在右。陳饌雖不在席上，皆陳於席前，當席左右，其間容人，故必長筵也。**宰夫筵，出自東房。**注：筵本在房，宰夫敷之也。天子諸侯左右房。

蕙田案：此記筵席。

賓之乘車在大門外，西方，北面立。注：賓車不入門，廣敬也。凡賓即朝，中道而往，將至，下行，而後車還立於西方。賓及位而止，北面，卿大夫之位當車前。凡朝位，賓主之間，各以命數爲遠近之節也。　疏：云「中道」者，内則云：「男子由右，女子由左，車從中央也。」「卿大夫之位當車前」者，案大行人云：「上公立當軹，侯伯立當前疾，子男立當衡。」又云：「大國之孤，朝位當車前。」則卿大夫立，亦與孤同一節。云「凡朝位，賓主之間，各以命數爲遠近之節」者，案大行人云：「上公朝位，賓主之間九十步，侯伯七十步，子男五十步。」注云：「朝位，謂大門外賓下車，及王車出迎所立處。」又云：「凡諸侯之卿，其禮各下其君二等。」云「依命數」者，據君而言，其臣依君命數而降之。

盛氏世佐曰：立當車前，謂旅擯之時也。當，遥當之也。蓋賓至大門外西方下車，入於次，及擯者出請事，賓出次，步進直闑西，北面立，是時賓主之間相去七十步、五十步、三十步不等。車在西方北，去門之節，亦如之。賓於車東，東西相望，當車前也。以聘禮及大行人注疏參之自見。

蕙田案：此記乘車。

鉶芼、牛藿、羊苦、豕薇，皆有滑。注：藿，豆葉也。苦，苦荼也。滑，堇荁之屬。

敖氏繼公曰：内則曰：「堇、荁、枌、榆、免、薧、滫、瀡以滑之。」故注以滑爲堇荁之屬。

蕙田案：此記鉶芼。

贊者盥，從俎升。注：俎，其所有事。

張氏爾岐曰：贊者佐賓祭，故盥升以待事。俎先設，故俎升亦升。

蕙田案：此記贊者升節。

簠有蓋冪。注：稻粱將食，乃設，去會於房，蓋以冪。冪，巾也。疏：簠簋相將，簋既有會，明簠亦有會可知。簠盛稻粱，將食乃設，故去會於房，蓋以冪。至於陳設，冪亦去之。云「有蓋冪」者，據出房未設而言。

蕙田案：此記簠。

凡炙無醬。注：已有鹹和。

郝氏敬曰：炙宜乾食，故不設醬。

蕙田案：此記炙。

上大夫蒲筵，加萑席。其純，皆如下大夫純。注：謂三命大夫也。孤爲賓，則莞筵紛純〔一〕，加繅席畫純也。疏：欲見公侯伯之卿三命，亦與子男、下大夫同。

蕙田案：此記上大夫筵席。

〔一〕「紛純」，原作「粉席」，據儀禮注疏卷二六改。

上贊，下大夫也。

卿擯由下。注：不升堂也。疏：此謂上擯，詔賓主升降周旋之事，而不升堂。

注：上，謂堂上。擯，贊者，事相近，以佐上、下爲名。

敖氏繼公曰：上贊，即贊者，以其佐賓食於堂上，故云上贊。以下大夫爲之，欲其不尊於賓也。

張氏爾岐曰：堂上之贊，以下大夫爲之。擯佐於堂下，贊佐於堂上，故曰事相近，言其相終始也。

蕙田案：此記擯、贊者。

上大夫庶羞。酒飲、漿飲，庶羞可也。注：於食庶羞，宰夫又設酒漿，以之食庶羞可也，以優賓。

張氏爾岐曰：前經下大夫不言食庶羞，言飲漱不言飲酒，亦其禮之殊者。

拜食與侑幣，皆再拜稽首。注：嫌上大夫不稽首。

蕙田案：此記食上大夫儀。

劉敞公食大夫義：食禮，公養賓、國養賢〔一〕，一也。親之故愛之，愛之故養之，養之故食之。食而弗愛，猶豢之也。愛而弗敬，猶畜之也。饗禮，敬之至也；食禮，愛之至也。饗，爲愛弗勝其敬；食，爲敬弗勝其愛：文質之辨也。公使大夫戒，必

〔一〕「國」，諸本脱，據公是集卷三七補。

以其爵，恭也。己輕則卑之，己重則是以其貴臨之也。賓三辭聽命，言是禮之貴，弗敢當也。弗敢當，故難進也。公迎賓於大門内，非不能至於外也，所以待人君之禮也。臣之意欲尊其君，子之意欲尊其父，故迎賓於大門内，所以順其爲尊君之意也。三揖至於階，三讓而升堂，充其意，諭其誠也。於廟用祭器，誠之盡也。君子於所尊敬不敢狎，不敢狎，故神明之；神明之，故忠臣嘉賓樂盡其心也。大夫立於東夾南，西面北上；士立於門東，北面西上；小臣東堂下，南面西上；宰東夾北，西面南上；内官之士在宰東北，西面南上。百官有司備，以樂養賢也。設筵加席几，致安厚之義也。公設醬，然後宰夫薦豆菹醢、士設俎；公設大羹，然後宰夫設鉶啓簋，言以身親之也。賓徧祭，公設粱，宰夫膳稻，士膳庶羞，爲殷勤也。賓三飯，飯粱以湆醬〔一〕，此君子之厚己也〔二〕。賓必親徹，有報之道也。庭實乘皮，侑以束帛，雖備物，猶欲其加厚焉也。公拜送，終之以敬也。有司卷三牲之俎，歸於賓館，不敢褻其餘也。

〔一〕「飯」，諸本脱，據公是集卷三七補。
〔二〕「此」，諸本作「以」，據公是集卷三七改。

上大夫八豆、八簋、六鉶、九俎，庶羞二十，其餘衰見，是德之殺也。君子言之曰：「愛人者，使人愛之者也；敬人者，使人敬之者也；親人者，使人親之者也；自卑者，使人尊之者也。」是故公養賓，國養賢，其義一也，未有愛之、敬之、親之、尊之而其位不安者也；未有不愛、不敬、不尊、不親，而能長有其國者也。將由乎好德之君，則將怡焉，惟恐其不足於禮；將由乎驕慢之君，則將曰「是食於我而已矣」。故禮，君子所不足，小人所泰餘也。孔子食於少施氏，將祭，主人辭曰：「不足祭也。」將飧，主人辭曰：「不足飧也。」孔子退，曰：「吾食而飽。少施氏有禮哉！」故君子難親也，將親之，舍禮何以哉？

右儀禮公食大夫禮

經傳食禮

周禮秋官大行人：上公之禮，食禮九舉；諸侯之禮，食禮七舉；諸子，食禮五舉。

注：鄭司農云：「舉，舉樂也。」玄謂九舉，舉牲體九飯也。　疏：食禮九舉者，亦亨大牢以食賓，無酒。行食禮之時，九舉牲體而食畢。先鄭云：「舉，舉樂也。」後鄭易之以爲「舉牲體」者，但此經食禮九舉，與「饗

禮九獻」相連，故以食禮九舉爲舉牲體，其實舉中可以兼樂也。

禮記坊記：子云：「敬則用祭器。」注：祭器，籩、豆、簠、鉶之屬也。有敬事於賓客則用之，謂饗食也。盤盂之屬爲燕器。故君子不以菲廢禮，不以美没禮。故食禮，主人親饋則客祭，主人不親饋則客不祭。故君子苟無禮，雖美不食焉。

右經傳食禮

五禮通考卷一百六十

嘉禮三十三

饗燕禮

蕙田案：三代以後，封建廢而饗燕之禮亦亡。惟天子宴群臣之禮，累代相承不廢，猶有鹿鳴、天保之遺意焉。漢、魏有元正朝會，晉有冬至小會，唐以後乃有聖節朝會。皆於稱賀之後，備設筵宴，謂之大宴。其立春、上元、寒食、上巳、四月八日、重午、七夕、中秋、重九諸節，亦有賜宴，而或宴或否，代各不同。其天子特宴宰輔、侍從諸臣無常期，謂之曲宴。至如國有大慶，及大禮告成、宮室落成之類，亦多設宴。雖未必盡合於古禮，而可以通上下之情，示慈惠之意，亦太平盛事也。至於宴蕃國主及使臣，則入賓禮；凱旋勞軍、閱武饗射，則入軍禮。巡幸宴犒、外官見辭、幸勳戚第之類，皆不常有，且非宴饗之正，故不及云。

兩漢宴饗

漢書高帝本紀：四年十一月，西入關。至櫟陽，存問父老，置酒，留四日。

蕙田案：此巡幸設宴之始。後代天子巡幸宴勞從官及所過郡縣吏人，史冊所載甚多，別見「巡狩」門。此特志其緣起。

五年夏五月，帝置酒雒陽南宮。　六年三月，上置酒，封雍齒，因趣丞相急定功行封。

叔孫通傳：漢七年，長樂宫成，諸侯群臣朝十月。至禮畢，盡伏。置法酒，諸侍坐殿上皆伏抑首，以尊卑次起上壽。觴九行，謁者言「罷酒」。御史執法，舉不如儀者輒引去。竟朝置酒，無敢讙譁失禮者。

丘氏濬曰：此後世大朝賀宴會之禮所由起。自漢行歲首慶賀禮，魏、晉以後又有賀冬至禮，唐中葉又有所謂賀生日禮，皆於是日行禮畢，設大宴，以享百官。

蕙田案：此歲首大宴之始，亦宫室落成設宴之始。

史記高祖本紀：九年，未央宫成。高祖大朝諸侯群臣，置酒未央前殿。高祖奉玉巵，起爲太上皇壽，曰：「始大人常以臣無賴，不能治産業，不如仲力。今某之業所就，孰與仲多？」殿上群臣皆呼萬歲，大笑爲樂。

蕙田案：此於大宴捧觴，爲太上皇壽。

漢書高祖本紀：十二年冬十月，上破布軍於會缶。還，過沛，留，置酒沛宫，悉召故人父老子弟佐酒。發沛中兒，得百二十人，教之歌。酒酣，上擊筑，自歌曰：「大風起兮雲飛揚，威加海内兮歸故鄉，安得猛士兮守四方！」令兒皆和習之。乃以沛爲湯沐邑，復其民，世世無有所與。沛父老諸母故人日樂飲極歡，道舊故爲笑樂。十餘日，上欲去，沛父兄固請。上曰：「吾人衆多，父兄不能給。」乃去。沛中空縣，皆之邑西獻。上留止，張飲三日。

蕙田案：此幸故里設宴之始。

三輔黄圖：武帝建柏梁臺，群臣能賦七字者，賜上座。

蕙田案：此曲宴詞臣之始。

王尊傳：成帝即位，尊劾奏丞相匡衡：「正月行幸曲臺，臨饗罷衛士。衡與中二千石大鴻臚賞等會坐殿門下，衡南鄉，賞等西鄉。衡更爲賞布東鄉席，起立延賞坐，私語如食頃。衡知行臨，百官共職，萬衆會聚，而設不正之席，使下坐上，相比爲小惠於公門之下，動不中禮，亂朝廷爵秩之位。」有詔弗治。於是衡慙懼，免冠謝罪，上丞相、侯印綬。

續漢書禮儀志：季冬饗遣故衛士儀：百官會，位定，謁者持節引故衛士入自端門。衛司馬執幡鉦護行。行定，侍御史持節慰勞，以詔問所疾苦，受其章奏所欲言。畢饗，賜作樂，觀以角牴。樂闋，罷遣，勸以農桑。百官賀正月：二千石以上上殿稱萬歲，舉觴御坐前。司空奉羹，大司農奉飯，奏食舉之樂。百官受賜宴饗，大作樂。其每朔，惟十月旦從故事者，高祖定秦之月，元年歲首也。

通鑑綱目：安帝永初三年十二月，詔饗遣衛士，勿設戲作樂。

後漢書桓帝本紀：延熹元年五月己酉，大會公卿以下，賞賜各有差。

册府元龜：先主初入蜀，於涪大會，置酒作樂。

右兩漢宴饗

魏晉至隋宴饗

南齊書禮志：魏武都鄴，正會用漢儀。後魏文修洛陽宫室，權都許昌，宫殿狹小，元日於城南立氈殿，青帷以爲門，設樂饗會。後還洛陽，依漢舊事。

魏氏春秋：甘露元年二月丙辰，帝宴群臣於太極東堂，與侍中荀顗、尚書崔贊、袁亮、鍾毓，給事中中書令虞松等並講述禮典，遂言帝王優劣之差。

晉書禮志：武帝更定元會儀，夜漏未盡七刻，謂之晨賀。晝漏上三刻，更出，百官奉壽酒，謂之晝會。冬至日受方國及百僚稱賀，因小會。

蕙田案：元會儀及樂章，詳見「朝賀門」。

明帝本紀：太寧元年三月戊寅朔，改元，停享宴之禮，懸而不樂。二年春正月丁丑，帝臨朝，停享宴之禮，懸而不樂。

宋書明帝本紀：泰豫元年春正月甲寅朔，上有疾，不朝會。

南齊書高帝本紀：建元元年秋九月戊申，車駕幸宣武堂宴會，詔諸王公以下賦詩。

二年春三月，車駕幸樂游苑，宴王公以下賦詩。

武帝本紀：永明二年八月丙午，車駕幸舊宫，小會，設金石樂，在位者賦詩。四年閏正月甲寅，以藉田禮畢，車駕幸閱武堂，勞酒小會。　五年三月戊子，車駕幸芳林園，禊宴。　九月己丑，詔曰：「九日出商飈館，登高宴群臣。」辛卯，車駕幸商飈館。

蕙田案：上巳、九日宴群臣始此。

梁書武帝本紀：大同十年春三月庚戌，幸回賓亭，宴帝鄉故老。

太清元年五月丁酉，車駕幸德陽堂，宴群臣，設絲竹樂。

陳書武帝本紀：永定二年冬十二月丙寅，高祖於太極殿東堂宴群臣，設金石之樂，以路寢告成也。

宣帝本紀：太建四年冬十二月壬寅，甘露降樂游苑。甲辰，輿駕幸樂游苑，採甘露，宴群臣。　七年閏九月，甘露頻降樂游苑。丁未，輿駕幸樂游苑，採甘露，宴群臣。

魏書明元帝本紀：永興四年四月乙未，宴群臣於西宮，使各獻直言。　五年十一月，大享於西宮。

神瑞二年二月丁亥，大享於西宮。

泰常七年二月丙戌，車駕還宮，大享於西宮。

太武帝本紀：始光二年九月，永安、安樂二殿成。丁卯，大享以落之。

文成帝本紀：太安四年九月辛亥，太華殿成。丙寅，享群臣。

孝文帝本紀：太和九年正月癸未，大享群臣於太華殿，班賜皇誥。十年正月癸亥朔，帝始服衮冕，朝享萬國。十六年正月戊午朔，享群臣於太華殿。十月庚戌，太極殿成，大享群臣。十七年正月壬子朔，帝享百寮於太極殿。十八年夏五月乙亥，詔罷五月五日、七月七日饗。

蕙田案：重午、七夕之宴，未詳始於何時。

宣武帝本紀：景明三年十二月壬寅，饗群臣於太極前殿。

出帝本紀：太昌二年正月庚寅朔，朝享群臣於太極殿。

北齊書文宣帝本紀：天保九年十一月甲午，帝至自晉陽，登三臺，御乾象殿，朝宴群臣，並命賦詩。

北周書明帝本紀：武成二年春正月癸丑朔，大會群臣於紫極殿，始用百戲焉。三月辛酉，重陽閣成，會群公、列將、卿大夫於芳林園，賜錢帛各有差。

武帝本紀：天和元年春正月辛巳，路寢成，幸之，令群臣賦古詩，京邑耆老並預會焉。　三年春三月丁未，大會百寮及四方賓客於路寢。

建德六年夏四月庚戌，大會群臣及諸蕃客於路寢。

隋書高祖本紀：開皇三年三月庚申，宴百寮。　十二年十一月辛亥，有事於南郊。壬子，宴百寮，頒賜各有差。

煬帝本紀：大業十一年正月甲午朔，大享百寮。

右魏晉至隋宴饗

唐宴饗

唐開元禮：皇帝正至受群臣朝賀并會儀　皇帝千秋節受群臣朝賀并會儀。俱見「朝賀」門。

册府元龜：武德元年五月戊申，宴群臣，賜帛各有差。八月庚子，設宴，三品以上賜雜綵，各有差。　二年二月癸巳，宴群臣，臨奏九部樂，賜錢各有差，極歡而罷。三年七月戊辰，宴群臣。　八月庚戌，宴群臣，奏九部樂於庭，賜布帛各有差。　四年五月癸亥，宴五品以上，奏九部樂於庭。　七月戊辰，宴群臣，奏九部樂於庭，帝舉酒，屬百官，極歡乃罷。賜錢帛各有差。　五年正月壬子，幸昆明池，宴從官，賜帛各有差。三月己酉，宴群臣，賜帛各有差。

舊唐書高祖本紀：武德六年春三月乙未，幸昆明池，宴百官。夏四月己未，舊宅改爲通義宫，於是置酒高會，賜從官帛各有差。

册府元龜：武德六年三月己丑，宴五品以上於昭德殿，賜帛各有差。九月丙子，宴五品以上於内苑，舉酒以屬群臣，極歡而罷。十月甲辰，以有年宴群臣，賜物各有差。　七年四月癸卯，宴群臣，奏九部樂，賜帛各有差。　八年三月丁酉，宴群臣於玄武門，陳倡優爛熳之伎。四月丁未，赤雀巢於殿門，宴五品以上，上頌者十餘人，極歡而罷。五月乙巳，宴五品以上及外戚於内殿，賦詩賜綵，極歡而罷。　九年五月乙卯，宴群臣。

太宗以武德九年八月甲子即位。甲戌，宴群臣於顯德殿前，賜帛各有差。

舊唐書音樂志：貞觀元年，宴群臣，始奏秦王破陣之曲。

册府元龜：貞觀二年五月丙辰，以夏麥大稔，宴群臣，奏九部樂於庭，賜帛各有差。九月壬子，宴群臣，奏九部樂，賜帛各有差。賜天下大酺三日，慶有年也。十一月甲子，宴群臣，賜帛各有差。三年正月甲子，宴群臣，奏九部樂，歌太平，舞獅子。

於庭，賜帛有差。四年二月己酉，宴三品以上於中華殿。三月戊辰，宴三品以上林光殿，賜物各有差。七月壬辰，宴群臣於芳華殿，奏九部樂於庭，帝大悦，親舉酒以屬群臣，群臣奉觴稱慶，極歡而罷，賜帛各有差。五年正月甲戌，宴群臣，奏九部樂，歌太平，舞獅子，賜從官帛各有差。

舊唐書音樂志：貞觀六年，太宗行幸慶善宫，宴從臣於渭水之濱，賦詩十韻。其宫即太宗降誕之所。車駕臨幸，每特感慶，賞賜閭里，有同漢之宛、沛焉。於是起居郎吕才以御製詩等於樂府，被之管絃，名爲功成慶善樂之曲，令兒童八佾，皆進德冠，紫袴褶，爲九功之舞。冬至享讌，及國有大慶，與七德之舞，皆奏於庭。

册府元龜：六年正月甲戌，宴三品以上於百福殿，賜物各有差。二月戊寅，宴三品以上於丹霄殿，賜帛各有差。閏八月己卯，宴近臣於丹霄殿樓，帝甚懽，夜分乃散，各賜錢帛有差。七年正月癸巳，宴三品以上於玄武門，賜帛各有差。十一年正月壬辰，宴五品以上於兩儀殿，賜帛各有差。三月庚子，宴三品以上於西苑，帝御龍舟，汎於積翠池。十一月庚戌，宴五品以上於貞觀殿，奏九部樂，賜帛各有差。十三年正月庚子，會群臣，奏功成慶善及破陣之樂。　十四年正月己酉，宴群臣於玄武門，奏倡優百戲之樂，賜物各有差。　九月乙巳，宴京官五品以上於兩儀殿，奏九部之樂。　十六年十一月乙亥，以輿駕還宮，宴百寮，奏十部樂。　先是伐高昌，收其樂工，付太常，增九部樂爲十部。　十八年二月辛酉，詔三品以上，賜宴於玄武門。　帝既工隸書，又好飛白，於王、衛之間，別更立意，遂觸類增長，精妙絶倫，每有新奇，群臣無不下拜啓請。　是日，帝操筆作飛白書，群臣乘酒，就帝手中相競。　散騎常侍劉洎登御牀，引手，然後得之。　其不得者，咸稱洎登御牀，罪當死，請引付法。　帝笑而言曰：「昔有婕妤辭輦，今見常侍登牀。」五月甲戌，詔司徒長孫無忌以下十餘人於丹霄殿賜宴，各賜膜皮。

舊唐書高宗本紀：永徽元年春正月壬寅，御太極殿，受朝而不會。

册府元龜：永徽三年二月甲辰，宴三品於百福殿，帝舉酒，極歡，賜以錦綵各有差。　甲寅，京城百姓以歲旱，帝避正寢，撤膳，遂降甘雨，相率宴樂，兼奏倡優百戲，帝御安福門樓以觀之。　五年四月癸巳，宴文武群官及麟遊縣老人於玄武門，賜物各有差。

顯慶元年正月己卯，宴文武群官及朝集使、蕃客、京城老人八十以上，賜物各有差。

麟德元年八月丙子，帝自萬年宮還，便幸舊宅。丁丑，宴群臣，賜物有差。

舊唐書高宗本紀：乾封元年春正月癸酉，宴群臣，陳九部樂，賜物有差，日昳而罷。

册府元龜：咸亨三年六月甲寅，御冷泉亭子，召許敬宗及東西臺三品，舉酒作樂。

舊唐書高宗本紀：上元元年九月辛亥，百寮具新服，上宴之於麟德殿。

儀鳳三年秋七月丁巳，宴近臣、諸親於咸亨殿。

調露二年春正月乙酉，宴諸王、諸司三品以上、諸州都督刺史於雒城南門樓，奏新造六合還淳之舞。

中宗本紀：景龍三年春正月乙亥，宴侍臣及近親於黎園亭，宴侍臣學士。九月壬戌，幸九曲亭子，宴侍臣學士。四年三月甲寅，幸臨渭亭，修禊，飲，賜群臣柳棬以辟惡。四月丁亥，上遊櫻桃園，引中書門下五品以上諸司長官、學士等嘗櫻桃，便令馬上口摘，置酒爲樂。乙未幸隆慶池，結綵爲樓，宴侍臣，泛舟戲樂。

玄宗本紀：先天二年九月己卯，宴王公百寮於承天門，令左右於樓下撒金錢，許中書門下五品以上官及諸司三品以上官爭拾之。

册府元龜：開元十年正月乙巳，御含元殿，宴群臣。　十五年十一月庚子，御含元殿，宴群臣。　十六年十一月丙午，御含元殿，宴群臣。

舊唐書玄宗本紀：開元十七年秋八月癸亥，上以降誕日，讌百僚於花萼樓。

蕙田案：此聖節設宴之始，自後，開元二十三年、二十四年、二十五年、二十八年、天寶十四載，俱以降誕日宴群臣，或在花萼樓，或在廣達樓，或在勤政樓。至乾元元年，於金明樓宴百官，則在內禪之後。

册府元龜：二十三年七月戊寅，以藉田禮畢，大置酒於應天門，以會百官。　二十五年正月己丑，以望日命有司於勤政樓前樹燈，宴群臣於樓下。

蕙田案：正月望日宴群臣，始見於此。

舊唐書玄宗本紀：開元二十八年春正月壬寅，以望日御勤政樓讌群臣，連夜燒燈，會大雪而罷，因命自今常以二月望日夜爲之。

天寶四載春三月甲申，宴群臣於勤政樓。

册府元龜：天寶四載二月，敕今月十四、十五、十六日，宜令中書門下及兩省供奉官、諸司文官四品以上、郎官、御史、節度、採訪使等，並於花萼樓下宴。五載正月，敕今月十四、十五、十六日，宜令中書門下及兩省供奉官、文官四品以上、武官三品以上正員並御史中丞、嗣王、郡王、郎官、御史、節度使，並於花萼樓下參宴，不須入朝。

舊唐書玄宗本紀：十三載三月丙午，御躍龍殿門，張樂，宴群臣，極歡而罷。壬戌，御勤政樓，大酺。十四載春三月丙寅，宴群臣於勤政樓，奏九部樂，上賦詩效柏梁體。

册府元龜：乾元二年九月丙寅，帝降誕日，宴百官於宣政殿前，賜絹三千匹。寶應元年八月丁巳，宴宰臣及師保、常侍、給舍、中丞、六尚書、左右丞、侍郎、諸司長官等於延英殿，賜物有差。永泰元年正月辛亥，宴宰臣及兩省五品以上、御史臺五品以上、尚書省四品以上等官及諸司長官於延英殿。大曆五年六月辛丑，宴宰臣、節度使、六尚書、御史大夫、京兆尹於内殿。六年正月己卯，宴宰臣及節度使、六尚書、御史大夫、京兆尹、判度支、户部侍郎於内殿，賜物有差。　八年閏十一月癸亥，宴宰臣及節度使、轉運使、御史大夫、京兆尹、判度支、户部侍郎於内殿。　九年四月辛巳，宴宰臣及諸節度使、轉運使、御史大夫、京兆尹、判度支、户部侍郎及勳舊大臣於内殿，賜物有差。　十年八月乙亥，宴宰臣及御史大夫、節度使、轉運使、判度支、户部侍郎、京兆尹於三殿。　十三年正月甲戌，帝御三殿，宴宰臣及節度使、轉運使、判度支、户部侍郎、京兆尹等，賜物有差。　二月庚辰，帝御三殿，宴侍臣五品以上、御史臺五品以上、尚書省四品以上，及節度、觀察、在城判官等，并宰臣、勳臣兄弟等並赴會，凡三日連宴，錫賚極於豐厚。　十四年二月壬辰，帝御三殿，宴宰臣及兩省供奉官，并文武百寮，賜物有差。　癸巳，又御三殿，宴至德以來勳臣子弟及藩邸舊臣子弟，賜物有差，順時令，廣恩也。

舊唐書德宗本紀：貞元四年春正月甲寅，宴群臣於麟德殿，設九部樂，内出舞馬，上賦詩一章，群臣屬和。　九月丙午，詔：「比者卿士内外，左右朕躬，朝夕公門，勤勞庶務。今方隅無事，蒸庶小康，其正月晦日、三月三日、九月九日三節日，宜任文武百寮選勝地，追賞爲樂。每節，宰相及常參官共賜錢五百貫文，翰林學士一百貫文，左右神威、神策等軍每厢共賜錢五百貫文，金吾、英武、威遠諸衛將軍共賜錢二百貫文，客省奏事共賜錢一百貫文，委度支每節前五日支付，永爲常式。」癸丑，賜百寮宴於曲江亭，仍作重陽賜宴詩六韻賜之。群臣畢和，上品其優劣，以劉太真、李紓爲上等，鮑防、于邵爲次等，張濛、殷亮等二十人又次之，惟李晟、馬燧、李泌三宰相之詩不加優劣。　六年春二月戊辰朔，百寮會宴於曲江亭，上賦中和節群臣賜宴七韻。　三月庚子，百寮宴於曲江亭，上賦上巳詩一篇賜之。

蕙田案：德宗移正月晦日宴於二月朔，改名中和節。

册府元龜：貞元八年正月，詔三節宴集，先已賜諸衛將軍錢，其部率以下可賜錢百千。　八月，詔九日宴會宜罷。

舊唐書德宗本紀：九年春二月庚戌朔，先是，宰相以三節賜宴〔一〕，府縣有供帳之弊，請以宴錢分給，各令諸司選勝宴會，從之。是日中和節，宰相宴於曲江亭，諸司隨便。自是分宴焉。　秋九月己卯，罷九日宴，以太師晟喪也。　十年秋九月戊子，賜百寮九日宴，上賦詩賜之。

〔一〕「賜」，諸本作「次」，據舊唐書德宗本紀改。

冊府元龜：十年九月十日，以重陽宴賜百寮，追賞。初九日，以雨罷宴，及是方會宴。

舊唐書德宗本紀：十一年春三月辛未，賜宰臣、兩省供奉官宴於曲江亭。秋九月己卯，賜宰臣、兩省供奉官宴於曲江亭，賦詩六韻賜之。

冊府元龜：十二年二月己卯，寒食節，帝御麟德殿之東亭，觀武臣及勳戚子弟會毬，兼賜宰臣讌饌。於宰臣位後，施畫屏風，圖漢、魏名相，仍紀其嘉言美行，題之於下。辛臣各賜錦綵百匹、銀瓶盤各一具，其從官、直省各有差。

蕙田案：寒食節賜宴始此。

舊唐書德宗本紀：十三年春二月丁巳，賜宰臣、兩省供奉官宴於曲江亭。秋九月辛卯九日，宴宰臣百官於曲江亭，上賦詩以賜之。十四年春二月戊午，上御麟德殿，宴文武百寮，初奏破陣樂，徧奏九部樂，及宮中歌舞妓十數人列於庭。先是上制中和樂舞曲，是日奏之，日晏方罷。比詔：「二月一日中和節宴，以雨雪，改用此日。」上又賦仲春麟德殿宴群臣詩八韻，頒賜群臣有差。

冊府元龜：十四年二月壬子朔，以雨雪不克，宴會改俟他日。九月重陽節，以襄陽節度樊澤卒，廢朝。其百官宴享，宜改取十一日。

舊唐書德宗本紀：十五年春二月，罷中和節宴會，年凶故也。癸卯，罷三月群臣宴賞，歲饑也。

冊府元龜：十五年九月，詔罷今年重陽日宴會。是日，吴少誠逆徒圍許州。十六年正月，詔罷今年中和節宴會。二月，詔罷今年三月三日宴會。九月壬寅，駙馬都尉郭曖卒，罷九日宴會。

舊唐書德宗本紀：十七年春二月癸巳朔，賜群臣宴於曲江亭，上賦中和節賜宴曲江詩六韻賜之。三月乙丑，賜群臣宴於曲江亭。秋九月戊辰，賜群臣宴於曲江亭，上賦九日賜宴曲江詩六韻賜之。十八年春二月戊子朔，賜群臣宴於馬璘之山池。三月乙丑，賜群臣宴於馬璘之山池。秋九月癸亥，賜群臣宴於馬璘山池，上賦九日賜宴詩六韻賜之。十九年春二月壬午朔，賜宴於馬璘之山池。

蕙田案：時馬璘宅已没入官，爲奉誠園，故賜群臣宴於此。

冊府元龜：十九年三月上巳，賜中書門下及兩省供奉官會宴於馬璘池亭。

舊唐書德宗本紀：二十年春二月丙午朔，罷中和節宴，歲儉也。九月庚辰，賜群臣宴於馬璘山池。

憲宗本紀：元和二年春正月丁巳，停中和、重陽二節賜宴，其上巳宴，仍舊賜之。二月丁丑，寒食節，宴群臣於麟德殿，賜物有差。

册府元龜：元和二年三月上巳節，賜宰臣百寮合宴於曲江亭。

舊唐書憲宗本紀：七年三月辛酉，以惠昭太子葬，罷曲江上巳宴。

册府元龜：七年九月甲子重陽節，賜百官宴於曲江。　八年九月戊午，賜群臣宴於曲江。　九年九月壬午重陽節，賜百官宴於曲江。　十一年七月丙寅，權停重陽日曲江賜宴。　十二年八月癸未，敕今年重陽日，公卿宴宜權停。　十三年二月乙亥，御麟德殿，宴宰臣及太子三少、六尚書、左右丞、侍郎、御史中丞、中書門下省五品以上官、翰林學士、京兆尹、度支鹽鐵使、左右金吾將軍、威遠皇城六軍及諸衛大將軍、駙馬都尉、諸道朝覲節度使、公主、郡主等，觀擊鞠、角觝之戲，大合樂，極歡而罷，以錦綵、銀器頒賜有差。　丙子，又召宰相、師保、中丞、京尹、度支鹽鐵使，並入内，觀諸親及軍使會鞠。　十四年三月乙酉，宴文武百寮於麟德殿。　丙戌，又宴宰輔及大臣、翰林學士於禁中。

舊唐書穆宗本紀：元和十五年九月戊申，以重陽節曲宴郭釗兄弟、貴戚、主壻等於宣和殿。

長慶元年二月辛卯，寒食節，宴群臣於麟德殿，頒賜有差。三年三月丁巳朔，宰臣百寮賜宴於曲江亭。九月，賜宰臣百寮重九宴於曲江亭。

册府元龜：長慶三年時，韋綬爲太子侍讀。綬之在書府遇重陽日，百官有曲江之宴，特請與集賢學士等别爲一會。從之。

舊唐書敬宗本紀：寶曆元年春三月，宴群臣於三殿。二年春二月丁巳，寒食節，三殿宴群臣，自戊午至庚申，方止。三月甲戌，賜宰臣百寮上巳宴於曲江亭。

文宗本紀：太和六年正月乙未朔，以久雪，廢元會。二月己丑，寒食節，上宴群臣於麟德殿。八年三月甲寅，上巳，賜群臣宴於曲江亭。九年冬十月壬午，賜群臣宴於曲江亭。

册府元龜：開成元年二月，京兆尹歸融因對奏：「上巳日曲江宴，緣初遇兩公主出降〔一〕，物力不辦，請改日。」帝曰：「去年重陽，改就九月十九日，未失重九之意。今

〔一〕「兩」，諸本作「雨」，據册府元龜卷一一一改。

上巳日，改取十三日可乎？」融受命而退。

舊唐書文宗本紀：開成二年三月丙寅，罷曲江宴。八月敕：「慶成節宜令京兆尹準上巳、重陽例，於曲江會文武百寮，延英奉觴宜權停。」十月庚子，慶成節，賜群臣宴於曲江。三年十月甲午慶成節〔一〕，命中人以酒酺、仙韶樂，賜群臣宴於曲江亭。四年正月丁卯夜，於咸泰殿觀燈作樂，三宮太后、諸公主等畢會〔二〕。三月乙酉，賜群臣上巳宴於曲江。冬十月戊午慶成節，賜群臣宴於曲江亭。

武宗本紀：會昌二年五月，敕慶成節百官率醵外，别賜錢三百貫，以備素食合宴，仍令京兆府供帳，不用追集坊市樂人〔三〕。

蕙田案：唐時宴饗群臣，見於舊唐書及册府元龜者多矣。元旦、冬至朝會，大宴也；正月望日及晦日、德宗改於二月朔，名中和節。上巳、寒食、重陽及誕聖節，俱有賜宴，節宴也。若無事而宴宰臣及三品、四品、五品以上，不爲定期，即宋之

〔一〕「甲午」，原作「甲子」，據光緒本、舊唐書文宗本紀改。
〔二〕「太后諸公主」，原作「太傅諸公」，據舊唐書文宗本紀改。
〔三〕「不」，諸本脱，據舊唐書武宗本紀補。

曲宴也。開元禮及唐書禮樂志惟有元至及千秋節饗會儀注，其餘皆無之。今摭採舊書及册府元龜所載，以存一代之制。至於外臣朝辭及勳臣特宴，概不及焉。

右唐宴饗

五代宴饗

册府元龜：後唐同光元年八月癸卯，以内園新殿成，名曰長春殿，宴大臣，賜分物有差。十月辛巳，萬壽節，宴長春殿，賜百官分物。己亥，宴於崇元殿。十二月丁亥，宴群臣於嘉慶殿。　二年四月庚辰，宴武臣於嘉慶殿。九月癸卯，宴大臣於長春殿。丁未，又宴群臣於嘉慶殿。十月丙寅朔，宴大臣於嘉慶殿。丁亥，宴群臣於長春殿。壬辰，嘉慶殿宴近臣。十一月丙寅朔，宴大臣於嘉慶殿。戊子，宴群臣於嘉慶殿。壬辰，宴近臣於嘉慶殿。　三年閏十二月庚午，宴諸王武臣於長春殿，始聽樂。　四年二月戊子朔，宴武臣於嘉慶殿。

天成元年五月甲戌，宴文武百寮於長春殿。　二年二月癸未，宴武臣於長春殿。三月壬子朔，幸會節園，宰相、樞密使及節度使在京者，共進錢絹請宴。四月戊子，幸會節園，召宰臣、學士、在京勳臣赴宴。八月戊戌，宴宰相、學士及勳臣於長春殿。九月己未，宴在京藩侯、郡守於長春殿，各有頒賜。甲子，宴群臣於長春殿，賜物有差。乙丑，宴樞密使及在京節度使、内諸司使等於長春殿。十月乙未，帝在汴，宴宰臣、學士、諸將校等於玉華殿。丁酉，宴群臣於玉華殿。乙巳，宴於玄德殿。三年二月辛巳，宴從臣於玉華殿。戊戌，開社宴於玉華殿。三月戊申，宴百寮於玉華殿。丁卯，宴從臣於南莊。八月戊戌，宴侍臣於玉華殿。九月乙丑，帝在汴，宴百辟於玉華殿。十一月壬午，宴宰臣、學士及東都留守孔循於麟趾殿。四年三月乙酉，宴宰相、在京節度使於中興殿。辛卯，宴百辟於長春殿。丙申，幸會節園，召從臣赴宴。四月丙午，宴於中興殿。八月戊戌，宴勳臣於廣壽殿。丁巳，宴大臣於長春殿。九月乙酉，宴群臣於長春殿。十一月戊辰，宴勳臣於廣壽殿。

長興元年二月乙未，宴群臣於長春殿，酬郊祀行事也。二月丁卯，幸會節園，宴宰相及諸道入覲節度使，賜物有差。四月己亥，幸會節園，宴大臣，至暮歸宫。六月，宴群臣於長春殿。九月壬申，宴百官於長春殿。二年三月己亥，宴群臣於長春殿，賜物有差。四月丁酉，幸會節園，宴宰臣、親王、内臣及在京侯伯。五月癸酉，宴群臣於長春殿。九月丁酉，宴百寮於長春殿。十二月己巳，宴近臣於長春殿。三年二月戊午，宴群臣於長春殿。四月，宴群臣於長春殿。九月壬辰，宴群臣於長春殿，教坊進新曲，奏畢，賜名長興殿。四年三月辛卯，宴百寮於長春殿。十一月癸未，宴近臣及諸軍將校於中興殿。

清泰元年五月甲寅，宴群臣於長春殿。二年三月丙午，宴群臣於長春殿，宰臣、樞密使、前任節度使、六統軍進捧觴獻壽，日夕而罷。辛酉，宰臣、學士、皇子、樞密、宣徽使、侍衛馬步都指揮使共進錢五十萬、絹五百匹，請開宴。

五代史晉本紀：天福六年二月戊申，停買宴錢。

蕙田案：宴饗之禮，以示慈惠。五季之臣，爭進錢以求開宴，非禮甚矣，晉祖罷之，是也。

册府元龜：後晉天福六年五月甲戌，宴群臣於永福殿。七月甲戌，宴宰臣、前任見任節度刺史、統軍、行軍副使於永福殿。八月戊申，宴文武百官於武德殿。九月庚辰，宴文武百官於武德殿，諸道進奉使來朝者亦與焉。十月壬寅，宴宰臣、節度、防禦、團練使、刺史、統軍行軍副使於晝堂。十一月乙亥，宴宰臣、節度、防禦、團練使、刺史、統軍行軍副使、諸軍指揮使於文思殿，諸道進奉使亦與焉。七年二月己丑，御武德殿，開宴；乙未，御文思殿，開宴。三月丙子，御文思殿，宴宰臣、前任見任節度使、刺史、行軍副使、統軍、諸軍都指揮使。閏三月丁未，御崇德殿，宴宰臣、前任見任節度、防禦、團練、刺史、統軍行軍副使、都指揮使。四月丙辰，宴宰臣、節度、防禦、團練、刺史、行軍副使、統軍諸軍都指揮使於崇德殿。

後漢乾祐三年三月丙午，嘉慶節，群臣入相國寺齊，賜教坊樂。甲寅入朝，侯伯高行周以下，以皇帝初舉樂，獻銀縑千計，請開御筵，謂之買宴。戊午，宴群臣於永福殿，入覲諸侯貢獻上壽，内樂百戲，日宴而罷。

後周廣順元年三月壬午，宴群臣於廣政殿。四月戊申，幸城南園，賜從官酒食，未時還宮。五月壬午，幸城南園，賜從官酒食。八月乙未，幸班荆館，賜從官酒食；丙午，宴群臣於永福殿，始舉樂。十月壬辰，幸城南園，賜從官王饒、王彦超等酒食，午後還宮。十二月乙未，帝幸城西園，賜從官酒食，申時還宮；丙辰，幸城南園，賜從官酒食，申時還宮。二年正月甲子，宴宰相、勳臣於廣政殿。三月庚申，幸城南園，召宰相、近臣、諸統軍射；己卯，宴群臣於永福殿。八月丙申，宴群臣於永福殿。九月甲寅朔，宴宰臣、前任藩侯、郡守、諸軍將校於廣政殿。十月丙戌，幸南園，賜從官酒食；庚子，幸樞密院，召近臣，賜酒食。十二月己亥，宴於廣政殿。　三年正月壬子朔，朝賀畢，御永福殿，百寮稱觴獻壽，舉教坊樂；辛巳，幸城南園，賜從官酒食。閏正月癸未，宴見任前任節度、防禦等使、諸軍大將於廣政殿；戊戌，宴宰臣、見任前任藩臣、諸軍將校於廣政殿；壬寅，幸城南園，賜從官酒食。二月壬午，宴宰臣、前任藩帥、禁衛大將於廣政殿。三月甲午，宴宰臣、前任藩帥、禁衛大將於廣政殿；丙午，宴群臣於永福殿；戊申，幸城南園，賜從官酒食。四月乙丑，幸城南園，賜酒食。五月甲申，宴宰相於廣政殿；乙丑，宴在京文武將相於廣政殿；壬寅，幸城南園，賜從官酒食。七月丙午，幸城南園，賜從官酒食。八月甲寅，宴文武將相於廣政殿；丙寅，宴群臣於永福殿。十月丙辰，幸城南園，又幸城西園，賜從官酒食。

顯德元年七月甲戌，宴文武百寮於永福殿。八月癸丑，宴文武百官於永福殿。九月戊戌，御永福殿，宴文武臣寮。　二年八月甲寅，内庫法酒初熱，帝面賜宰臣、樞密使以下，數爵而止。九月甲子，宴宰臣、樞密使、侍衛諸將以下，食於萬歲殿。　三年十一月辛卯，宴於廣政殿。　四年二月辛酉，詔文武百官今後凡遇入閤日，宜賜廊滄。五月乙巳，宴文武百寮於廣政殿。八月乙卯朔，御崇元殿，文武百官入閣，既罷，賜百官廊飡，時帝御廣德殿西樓以觀焉，命中黄門閲視，酒饌無不精腆。九月庚戌，宴百寮於廣德殿。五年五月丁亥，宴文武於廣政殿。是月壬辰，帝謂侍臣曰：「向來御厨造食，各分等差。今後賜宴群臣，食物並須類從，所食不得更有分别。」閏七月庚申，宴文武百官於廣德殿。九月乙丑，賜宰臣、樞密使、三司使、翰林學士、中書舍人宴於玉津園，張教坊樂。先是，帝以前代有賜百官觀稼之事，復以是歲秋成，又念内臣之勞，故有是命。十月庚辰，宴文武百寮及諸道進奉使於廣德殿；丙申，宴於廣政殿。十二月乙酉，宴於廣政殿。六年正月壬子，宴於廣政殿。二月庚申，宴於廣政殿。三月甲子，宴於廣政殿；壬申，復宴於廣政殿。五月乙酉，還京，賜百官及諸道進奉使宴於迎春苑。

右五代宴饗

宋宴饗

宋史禮志：燕饗之設，所以訓恭儉、示慈惠也。宋制，嘗以春秋之季仲及聖節、郊祀、藉田禮畢，巡幸還京，凡國有大慶皆大宴，遇大災、大札則罷。天聖後，大宴率於集英殿，次宴紫宸殿，小宴垂拱殿，若特旨則不拘常制。凡大宴，有司預於殿庭設山樓排場，爲群仙隊仗、六番進貢、九龍五鳳之狀，司天雞唱樓於其側。殿上陳錦繡帷帟，垂香毬，設銀香獸前檻内，藉以文茵，設御茶牀、酒器於殿東北楹間，群臣醆斝於殿下幕屋。設宰相、使相、樞密使、知樞密院、參知政事、樞密副使、同知樞密院、宣徽使、三師、三公、僕射、尚書丞郎、學士、直學士、御史大夫、中丞、三司使、給、諫、舍人、節度使、兩使留後、觀察、團練使、待制、宗室、遥郡團練使、刺史、上將軍、統軍、軍厢指揮使坐於殿上，文武四品以上、知雜御史、郎中、郎將、禁軍都虞候坐於朵殿，自餘升朝官、諸軍副都頭以上、諸蕃進奉使、諸道進奉軍將以上分於兩廡〔二〕。宰臣、使相坐以繡墩；曲宴行幸用杌子。參知政事以下用二蒲墩，加罽毯；曲宴樞密使、副並同。軍都指揮使以上用一蒲墩；自朵殿而下皆緋緣氈條席。殿上器用金，餘以銀。其日，樞密

〔二〕「軍將」，諸本誤倒，據宋史禮志十六校勘記乙正。

使以下先起居訖，當侍立者升殿。宰相率百官入，宣徽、閤門通唱，致辭訖〔一〕，宰相升殿，進酒，各就坐，酒九行。每上舉酒，群臣立侍，次宰相、次百官舉酒〔二〕，或傳旨命釂，即搢笏起飲，再拜。曲宴多令不拜。或上壽朝會，止令滿酌，不勸。中飲更衣，賜花有差。宴訖，舞蹈拜謝而退。

建隆元年，大宴於廣德殿，酒九行而罷。

乾德元年十一月，南郊禮成，大宴廣德殿，謂之飲福。

是後三年，開寶三年、五年、六年、七年、八年，並設秋宴於大明殿，以長春節在二月故也。

蕙田案：志所載太祖朝秋宴有六，本紀俱不書。紀稱開寶二年七月甲子大宴，則又志所未及也。

太祖本紀：開寶二年七月甲子，大宴，賜宰相、樞密院、翰林學士、節度觀察使襲

〔一〕「訖」，諸本作「謝」，據宋史禮志十六校勘記改。
〔二〕「舉」，原作「奉」，據光緒本、宋史禮志十六改。

衣金帶。四年五月乙未朔，御明德門，受劉鋹俘，釋之。大宴於大明殿，鋹預焉。九年夏四月庚子，有事圜丘。壬寅，大宴，賜親王、近臣、列校襲衣金帶鞍馬器幣有差。

太宗本紀：太平興國二年二月壬寅，大宴崇德殿，不作樂。

禮志：太平興國之後，止設春宴，在大明者十一，在含光者六。宴日，親王、樞密使副、宣徽、三司使、駙馬都尉皆侍立，軍校自龍武四廂都指揮使以上，立於庭。其宴契丹使，亦於崇德殿，但近臣及刺史、郎中而上預焉。

蕙田案：本紀淳化元年，改大明殿爲含光殿，大明與含光，其實一殿也。

太宗本紀：淳化元年九月，大宴崇政殿。

禮志：淳化四年正月，以南郊禮成，大宴含光殿，直史館陳靖上言：「古之享宴者，所以省禍福而觀威儀也。故宴以禮成，賓以賢序，風、雅之作，兹爲盛焉。伏見近年内殿賜宴，群臣當坐於朵殿、兩廊者，拜舞方畢，趨馳就席，品列之序，糾紛無別。及至尊舉爵，群臣起立，先後不整，俯仰失節。欲望自今令有司預依品位告諭，其有踰越班次、拜起失節、喧嘩過甚者，並令糾舉。又惟飫賜之典，以寵武夫，大烹之餘，故爲盛饌。計一飯所費，可數人之屬厭，而將校輩或至終宴之時，尚有欲炙之色，蓋執事者失於察視，不及潔豐而使然也。伏望並申嚴制。」

至道元年三月，御史中丞李昌齡亦言：「廣宴之設，以均飫賜，得齒高會，宜乎盡禮。而有位之士，鮮克致恭，當糾其不恪。又供事禁庭，當定員數，籍姓名以謹其出入。酒殽之司，或虧精潔，望分命中使巡察。」並從之。

真宗本紀：咸平二年八月丁巳，大宴崇德殿，始作樂。十一月庚寅，大宴含光殿。

禮志：咸平三年二月，大宴含光殿。自是，始備設春秋大宴。五年，御史臺言：「大宴，起居舍人、司諫、正言、三院使、御史並坐於殿廊，望自今移升朵殿，自餘依舊。」十二月，詔凡內宴，宗正卿令升殿坐，班次依合班儀。翰林學士梁灝請以春秋大宴、小宴、賞花、行幸次爲四圖，頒下閤門遵守。從之。

景德二年九月，詔曰：「朝會陳儀，衣冠就列，將以訓上下、彰文物，宜慎等威，用符紀律。況屢頒於條令，宜自顧於典刑。稍歷歲時，漸成懈慢。特申明制，以儆具寮。自今宴會，宜令御史臺預定位次，各令端肅，不得諠譁。違者，殿上委大夫、中丞，朵殿委知雜御史、侍御史，廊下委左右巡使，察視彈奏；內職殿直以上赴起居、入殿庭行私禮者，委閤門彈奏；其軍員，令殿前侍衛司各差都校一人提轄，但虧失禮容，即送所司勘斷訖奏。仍令閤門、宣徽使互相察舉，敢蔽匿者糾之。」

真宗本紀：景德二年十一月庚申，大宴含光殿。　三年秋七月甲子，大宴含光殿，始用樂。　四年八月丁未，中書門下言莊穆皇后祥除已久，秋宴請舉樂，不允；壬子，中書門下再表請秋宴，聽樂，又不允。

大中祥符元年十一月丁丑，帝至自泰山；乙酉，大宴含光殿。

禮志：大中祥符元年十二月〔一〕，詔宣徽院、御史臺、閤門、殿前馬步軍司，凡内宴臣寮、軍員并祗候使臣等，並以前後儀制曉諭，務令遵禀，違者密具名聞。其軍員有因酒言詞失次及醉仆者，即先扶出，或遣殿前司量添巡檢軍士護送歸營。又詔臣僚有託故請假不赴宴者，御史臺糾奏。

真宗本紀：四年二月，大宴群臣於穆清殿。　三月丙戌，大宴大明殿。　四月丙辰，大宴含光殿。

〔一〕「十二月」，原作「十一月」，據光緒本、宋史禮志十六改。

蕙田案：改大明殿爲含光，在太宗朝，此復云大明殿，疑誤。

九年八月戊子，以旱罷秋宴。

天禧元年九月戊申，以蝗罷秋宴。

禮志：天禧四年，直集賢院祖士衡言：「大宴將更衣，群臣下殿，然後更衣，更衣後再坐，則群臣班於殿庭，候上升坐，起居謝賜花，再拜升殿。」

天聖三年，監察御史朱諫言：「伏見大宴，宗室先退，允爲得禮。尚有文武臣僚父子兄弟，皆預再坐，欲望自今内宴，百官有父子、兄弟、叔姪同赴，再坐時卑者先退。」

慶曆七年，御史言：「凡預大宴并御筵，其所賜花，並須戴歸私第，不得更令僕從持戴，違者糾舉。」

仁宗本紀：慶曆八年八月己丑，以河北、京東西水災，罷秋宴。

嘉祐七年春三月甲子，以旱罷大宴。

禮志：熙寧二年正月，閤門言：「準詔裁定集英殿宴入殿人數：中書二十二人，樞密院三十人，宣徽院八人，親王八人，昭德軍節度使、兼侍中曹佾三人，皇親使相三人，皇親正刺史以上至節度使并駙馬都尉各一人，翰林司一百七十八人，御厨六百人，儀鸞司一百五十人，祗候庫二十人，內衣物庫七人，新衣庫七人，內弓箭庫三人，鈐轄教坊所三人，鐘鼓樓一十六人，御藥院八人，內物料庫九人，法酒庫一十六人，內酒坊八人，入內內侍省前後行、親事官共五人，皇城司職員手分二人，御史臺知班一十一人，灑掃親從官人員已下一百人，兩廊覷步親從官四十二人，提舉司勾押官手分三人，提舉火燭巡檢人員一十人，快行親從官一十一人，支散兩省花後苑造作所工匠等四人，客省承受行首八人，四方館職掌二人，閤門承受行首已下一十八人。」是歲十一月，以皇子生，宴集英殿。　七年九月，詔：「自今大宴，親王、皇親使相、樞密使副使、宣徽使、駙馬都尉，並於殿門外幕次就賜酒食。」舊制，會食集英西廊之廡下，喧嘩爲甚，權發遣宣徽院吴充奏其事，故有是命。

神宗本紀：元豐二年九月丁亥，大宴集英殿。

禮志：元豐七年三月，大宴集英殿，命皇子延安郡王侍立。宰相王珪等率百官廷賀。詔曰：「皇家慶事，與卿等同之。」珪等再拜稱謝。久之，王乃退。時王未出閤，帝特令侍宴，以見群臣。　九年，閤門言：「大宴不用兩軍妓女，只用教坊小兒之舞。」王拱辰請以女童代之。

蕙田案：元豐紀元止於八年，此云「九年」者，蓋「九月」之誤。

八年〔一〕，詔罷獨看。故事，大宴前一日，御殿閲百戲，謂之獨看。修國史范祖禹言：「是日進神宗紀草，陛下覽先帝史册甫畢，即觀百戲，理似未安，故請罷之。」

蕙田案：獨看之禮，本不經見，況在諒闇之中乎！淳夫請罷之，極是。

元祐三年二月〔二〕，罷春宴。八月，罷秋宴，以魏王出殯，翰林學士蘇軾不進教坊致語故也。是後，以時雨未足，集英殿試舉人，尚書省火，禁中祈禳，邠國公主未葬，皆罷宴。凡大宴有故而罷，則賜預宴官酒饌於閤門朝堂，升殿官雖假故不從游宴，亦遣中使就第賜焉。親王、中書、樞密、宣徽、三司使副、學士、步軍都虞候以上、三師、三公、東宫三師三公以下、曾任中書門下致仕者，亦同。

哲宗本紀：元祐四年三月丁亥，以不雨，罷春宴。

紹聖三年三月壬辰，以禁中屢火，罷春宴。四年九月壬子，以星變，罷秋宴。

〔一〕「八年」上，宋史禮志十六補「元祐」二字。
〔二〕「二月」，宋史禮志十六作「六月」。

元符元年九月丁未，以霖雨，罷秋宴。二年九月壬戌，雨，罷秋宴。

禮志：大觀三年，議禮局上集英殿春秋大宴儀。其日，預宴文武百寮詣殿庭，東西相向立。皇帝出御需雲殿，閤門、内侍、管軍等起居。皇帝降坐，御集英殿，鳴鞭，殿中監以下通班起居。殿中監、少監升殿，通喚閤門官升殿。攝左右軍巡使韡笏起居訖，繫鞵執杖侍立，餘非應奉官分出。次鐘鼓樓節級就位，四拜起居。次舍人通喚訖，分引群官横行北向，東上閤門官贊大起居，班首出班，俛伏，跪，致辭訖，俛伏，興，復位。群官再拜，舞蹈，又再拜，贊各就坐，再拜。舍人分引升殿，席前相向立，朶殿、兩廡官立於席後。有遼使，則舍人引大遼舍利西入大起居，贊各就坐，贊再拜，贊就坐，引升西廊。次舍人傳事引從人分入，四拜起居，謝坐，並同舍利儀。教坊使以下通班大起居，看醆人謝，升殿再拜。内侍進御茶牀，殿侍酹酒訖，次贊天武門外祗候。東上閤門官詣御坐，奏班首姓名以下進酒。舍人分引殿上臣僚横行北向，贊再拜。舍人引班首稍前，東上閤門官接引詣御坐，東北向，搢笏，殿中監奉盤醆授班首，少監啓醆，以酒注之。班首奉詣御前進訖，少退，虚跪，興，以槃授殿中監，出笏，東上閤門官引退，舍人接引復位，贊再拜。舍人引班首稍前，殿上臣僚席前相向立，東上閤門官接引詣御坐，東北向，搢笏，殿中監授槃，奉詣御前，西向立，樂作，皇帝飲訖。舍人分引殿上臣僚橫行北向，東上閤門引班首接醆，退，虚跪，興，授醆殿中監，出笏，引退，舍人接引復位，贊再拜，贊各賜酒，群臣再拜，贊各就坐，群官皆立席後，復贊就坐。酒初行，群官搢笏授酒，先宰相，次百官，皆作樂。皇帝再舉酒，並殿中監、少監進。群臣俱立席後，樂作，飲訖，贊各就坐。復行群臣酒，飲訖。皇帝三舉酒，皆如第一之儀。尚食典、奉御進食，太官設群臣食，樂作。賜祗應臣僚酒食，贊謝拜訖，復位。皇帝四舉酒，並典御進酒。樂工致語，群臣皆立席後，致語訖，贊百官再拜，就坐，樂作。皇帝五舉酒，樂工奏樂，庭下舞隊致詞，樂作，舞隊出。東上閤門奏再坐時刻。俟放隊訖，内侍舉御茶牀，皇帝降坐，鳴鞭，群臣退。賜花，再坐。前二刻，御史臺、東上閤門催班，群臣戴花北向立，内侍進班齊牌，皇帝詣集英殿，百官謝花再拜，又再拜就坐。内侍進御茶牀，皇帝舉酒，殿上奏樂，庭下作樂。皇帝再舉酒，殿上奏樂，庭下舞隊前致語，樂作，出。皇帝三舉酒、四舉酒，皆如上儀。若宣示醆，即隨所向，閤門官以下揖稱宣示醆，躬贊就坐。若宣勸，即立席後躬飲訖，贊再拜。内侍舉御茶牀，舍人引班首以下降階再拜，舞蹈，又再拜訖，分班出。閤門官側奏無公事，皇帝降坐，鳴鞭。

集英殿飲福大宴儀。初，大禮畢，皇帝逐頓飲福，餘酒封進入内。宴日降出，酒既三行，泛賜預坐臣僚飲福酒各一醆，群臣飲訖，宣勸，各興立席後，贊再拜謝訖，復坐飲，並如春秋大宴之儀。

紹興十三年三月三日，詔宴殿陳設止用緋、黄二色，不用文繡，令有司遵守，更不制造。五月，閤門修立集英殿大宴儀注。

蕙田案：南渡以後大宴之禮久廢。至是歲，五月天申節，大宴集英殿，始修東京故事。

乾道八年十二月，詔今後前宰相到闕，如遇赴宴賜茶，其合坐墩杌，非特旨，並依官品。又行門、禁衛諸色祗應人，依紹興例，並賜絹花。自是惟正旦、生辰、郊祀及金使見辭各有宴，然大宴視東京則亦簡矣。

蕙田案：南渡，無春、秋二宴。寧宗開禧二年，以用兵，罷瑞慶節宴。理宗端平三年，以星變，罷天基節宴。度宗咸淳九年，以襄陽陷，罷乾會節宴。則聖節之宴，亦有不舉者矣。

又案：以上宋大宴。

宋史禮志：曲宴。凡幸苑囿、池籞、觀稼、畋獵，所至設宴，惟從官預，謂之曲宴。或宴大遼使、副於紫宸殿，則近臣及刺史、正郎、都虞候以上預。暮春，後苑賞花、釣魚，則三館、秘閣皆預。

太祖建隆元年七月，親征澤、潞，宴從臣於河陽行宮，又宴韓令坤已下於禮賢講武殿，賜襲衣、器幣、鞍馬，以賞澤、潞之功也。

乾德三年七月六日，詔皇弟開封尹、宰相、樞密使、翰林學士、中書舍人泛舟後苑新池，張樂宴飲，極歡而罷。是歲重陽，宴近臣於長春殿。

太平興國九年三月十五日，詔宰相、近臣賞花於後苑，帝曰：「春氣暄和，萬物暢茂，四方無事，朕以天下之樂爲樂。宜令侍從詞臣各賦詩〔一〕。」

雍熙二年四月二日，詔輔臣、三司使、翰林、樞密直學士、尚書省四品兩省五品以上、三館學士宴於後苑，賞花、釣魚，張樂賜飲，命群臣賦詩習射。賞花曲宴自此始。

三年十二月一日，大雨雪，帝喜，御玉華殿，詔宰臣及近臣，謂曰：「春夏以來，

〔一〕「詞」，諸本作「司」，據宋史禮志十六改。

未嘗飲酒，今得此嘉雪，思與卿等同醉。」又出御製雪詩，令侍臣屬和。

真宗咸平二年二月晦〔一〕，賞花，宴於後苑〔二〕，帝作中春賞花釣魚詩，儒臣皆賦，遂射於水殿，盡歡而罷。自是遂爲定制。四年十一月二十日，御龍圖閣曲宴，詔近臣觀太宗草、行、飛白、篆、籀、八分書及畫。

景德二年十二月五日，宴尚書省五品諸軍都指揮使以上、契丹使於崇德殿，不舉樂，以明德太后喪制故也。時契丹初來賀承天節，擇膳夫五人齎本國異味，就尚食局造食，詔賜膳夫衣服、銀帶、器帛。六年七月二十九日，詔輔臣觀粟於後苑御山子，觀御製文閣御書及嘉禾圖，賜飲。是日，皇子從游。四年七月十一日，詔近臣及寇準、馮拯觀内苑穀，遂宴於玉宸殿。十月二十九日，詔皇太子、宗室、近臣、諸帥赴玉宸殿翠芳亭觀稻，賜宴，仍以稻分賜之。

蕙田案：景德改元，止於四年，志稱六年者，大中祥符之六年也。其後又稱

〔一〕「二年」，宋史禮志十六原脱，補作「三年」。

〔二〕「宴」，諸本脱，據宋史禮志十六補。

四年者，天禧之四年也。真宗以天禧二年始册皇太子，此稱皇太子，必在天禧以後矣。本紀：「天禧四年十月丙午，召皇子、宗室、近臣玉宸殿觀稻賜宴。」即其事也。此皆史文之脱誤。

仁宗天聖三年上元節，乃朝謁景靈上清宫、啓聖院、相國寺，還，御正陽門，宴從官，觀燈。次日，太后詔命婦臨觀。及春秋大宴，歲爲常。夏，觀南御莊刈麥；秋，瑞聖園刈穀，並宴從官，或射，不爲常。

皇祐五年，後苑寶政殿刈麥，謂輔臣曰：「朕新作此殿，不欲植花，歲以種麥，庶知穡事不易也。」自是幸觀穀、麥，惟就後苑。春夏賞花、釣魚，則歲爲之。

嘉祐七年十二月，特召兩府、近臣、三司副使、臺諫官、皇子、宗室、駙馬都尉、管軍臣僚至龍圖、天章閣，觀三聖御書，及寶文閣爲飛白分賜，下逮館閣官，製觀書詩，賜韓琦以下和進，遂宴群玉殿，傳詔學士王珪撰詩序，刊石於閣。數日，再會天章閣，觀三朝瑞物，復宴群玉殿。酒行，上曰：「天下久無事，今日之樂，與卿等共之，宜盡醉，勿復辭。」因召韓琦至御榻前，别賜一大卮。出禁中名花，金盤貯香藥，令各持歸，莫不霑醉，至暮而罷。

熙寧元年四月，御史中丞滕甫言：「臣聞君命召，不俟駕。此臣子所以恭其上也。今賜宴而有託詞不至者，甚非恭上之節也。請自今宴設，群臣非大故與實有疾病，無得託辭。仍令御史臺察舉。」二年八月，實録書成，皆宴垂拱殿。十月，修定閤門儀制所言：「垂拱殿曲宴，當直翰林學士與觀文、資政、龍圖、寶文、樞密、直龍圖、天章、寶文閣直學士並赴坐，而翰林學士兼他職者不預。考之官制，似未齊一。請自今曲宴，翰林學士與雜學士並赴。」從之。

蕙田案：書成賜宴，始此。

神宗本紀：元豐五年秋七月丁未，垂拱殿宴修史官。十一月庚寅，紫宸殿宴侍祠官。

禮志：紹聖三年十一月，以進神宗皇帝實録畢，曲宴，宰臣、執政、文臣試侍郎、武臣觀察使以上〔一〕，并修國史官赴坐。

元符元年五月，詔受寶畢，宴於紫宸殿，宰臣以下，文武執事官、六曹員外郎、監

〔一〕「武臣」上，原衍「執政」二字，據光緒本、宋史禮志十六刪。

察御史以上，武臣郎將、諸軍副指揮使以上預坐。

大觀三年，議禮局上垂拱殿曲宴儀。皇帝視事畢，東上閤門進呈坐圖，舍人奏閤門無公事，皇帝降坐，鳴鞭，入殿後閤。諸司排設備，東上閤門附內侍奏班齊，皇帝出閤，升坐，鳴鞭。三公、直學士以上、親王、使相至觀察使以上，分東西入，詣殿庭，橫行北向立定。班首奏「聖躬萬福」，舍人贊各就坐，再拜訖，分引詣東西階升殿，席前相向立。次教坊使以下常起居，次看醆人謝，升殿，次內侍進御茶牀，殿侍斟酒訖，閤門詣御坐，躬奏班首姓名以下進酒。舍人分引殿上臣僚，橫行北向，贊再拜。班首奉酒躬進，樂作，皇帝飲訖。舍人贊各賜酒，群官俱再拜；贊各就坐，群官皆立席後，復贊就坐。酒初行，先宰相，次百官，皆作樂。後準此。尚食興，奉御進食，太官令設群官食。酒五行，若宣示醆，即隨所向，閤門揖稱宣示醆，躬贊就坐。若宣勸，即立席後躬飲，贊再拜。內侍舉茶牀〔一〕，舍人引班首以下降階，橫行，北向再拜，分班出。皇帝降坐。

上巳、重陽賜宴儀。其日，預宴官以下並赴宴所就次，諸司排設備，預宴官以

〔一〕「茶」上，宋史禮志十六有「御」字。

下詣庭中望闕位立。次中使詣班首之左，稍前立，中使宣曰：「有敕。」在位官皆再拜訖。中使宣曰：「賜卿等御筵。」在位官皆再拜，搢笏，舞蹈，又再拜。中使退，預宴官分東西升階就坐。酒行，樂作；飲訖、食畢，樂止。酒五行，預宴官並興就次，賜花有差。少頃，戴花畢，預宴官詣望闕位立，謝花再拜訖，復升，就坐。酒行，樂作；飲訖、食畢，樂止。酒四行而退。

蔡京保和殿曲宴記：宣和元年九月十二日，皇帝召臣蔡京、臣王黼、臣燕王俣、臣楚王似、臣嘉王楷、臣嗣濮王仲理、臣童貫、臣馬熙載、臣蔡攸、臣蔡絛、臣蔡鯈，宴保和殿。

李邦彥延福宮曲宴記：宣和二年十二月癸巳，召宰執、親王等曲宴於延福宮，特召學士承旨臣邦彥、學士臣宇文粹中與，示異恩也。

蕙田案：以上宋曲宴。

宋史禮志：賜酺自秦始。秦法，三人以上會飲則罰金，故因事賜酺，吏民會飲，過則禁之。唐嘗一再舉行。太宗雍熙元年十二月，詔曰：「王者賜酺推恩，與衆共樂，所以表升平之盛事，契億兆之歡心。累朝以來，此事久廢，蓋逢多故，莫舉舊章。今四海混同，萬民康泰，嚴禋始畢，慶澤均行。宜令士庶之情，共慶休明之運。可賜酺三日。」二十一日，御丹鳳樓觀酺，召侍臣賜飲。自樓前至朱雀門張樂，作山車、旱船，往來御道。又集開封府諸縣及諸軍樂人，列於御街，音樂雜發，觀者溢道，縱士庶遊觀，遷市肆百貨於道之左右。召畿甸耆老列坐樓下，賜之酒食。明日，賜群臣宴於尚書省，仍作詩以賜。明日又宴群臣，獻歌、詩、賦、頌者數十人。

景德四年二月甲申，上御五鳳樓觀酺，宗室、近臣侍坐，樓前露臺奏教坊樂。後二日，上復御樓，賜宗室、文武百官宴於都亭驛，賜諸班諸軍將校羊酒。

大中祥符元年正月，詔應致仕官，並令赴都亭驛酺宴，御樓日合預坐者亦聽。又詔朝臣已辭、未見，並聽赴會。凡賜酺，命内諸司使三人主其事，於乾元樓前露臺上設教坊樂。又駢繫方車四十乘，上起綵樓者二，分載鈞容直、開封府樂〔一〕。復爲棚車二十四，每十二乘爲之，皆駕以牛，被之錦繡，縈以綵絧，分載諸軍、京畿伎樂，又於中衢編木爲欄處之。徙坊市邸肆，對列御道，百貨駢布，競以綵幄鏤版爲飾〔二〕。上御乾

〔一〕「府樂」，諸本脱，據宋史禮志十六校勘記補。
〔二〕「鏤」，原作「樓」，據光緒本、宋史禮志十六改。

元門，召京邑父老分番列坐樓下，傳旨問安否，賜以衣服、茶帛。若五日，則第一日近臣侍坐，特召丞、郎、給、諫，上舉觴，教坊樂作，二大車自昇平橋而北，又有旱船四挾之以進，棚車由東西街交騖，並往復日再焉。東距望春門，西連閶闔門，百戲競作，歌吹騰沸。宗室親王、近列牧伯洎舊臣、宗室官，爲設綵棚於左右廊廡。士庶縱觀，車騎填溢，歡呼震動。第二日，宴群臣百官於都亭驛，宗室於親王宫。第三日，宴宗室內職於都亭驛、近臣於宰相第。第四日，宴百官於都亭驛、宗室於外苑。第五日，復宴宗室內職於都亭驛、近臣於外苑。上多作詩，賜令屬和，及别爲勸酒詩。禁軍將校日會於殿前、馬、步軍之廨。

蕙田案：以上宋賜酺之宴。

又案：秦、漢以下，賜大酺者，俾吏民會聚飲酒，非朝廷宴饗之禮也。宋始於御樓觀酺之日，賜宗室、臣工宴以樂之。一時民物蕃庶及上下同樂之意，皆可想見。

觀承案：賜酺雖不見於經，然周禮地官族師云：「春秋祭酺，亦如之。」注云：「酺者，爲人物災害之神也。族長無飲酒之禮，因祭酺而與其民以長幼相獻酬焉。」豈非即酺飲之禮乎？王氏曰：「古禮，民不得群飲，故漢文賜民大酺五日。

此言春秋祭酺，蓋亦祭社畢，而民得相與飲酒，因以書其行也。」據此，則祭酺即賜酺之始無疑。故秦、漢以來都行之，但相沿而轉失其實，或不必祭酺，而直賜之大酺五日耳。是則經證顯然。宋志謂始於秦者，特考之未詳耳。

禮志：游觀。天子歲時游豫，則上元幸集禧觀、相國寺，御宣德門觀燈；首夏幸金明池觀水嬉，瓊林苑宴射；大祀禮成，則幸太一宫、集禧觀、相國寺恭謝，或詣諸寺觀焚香，或至近郊閲武、觀稼，其事蓋不一焉。

三元觀燈，本起於方外之説。自唐以後，常於正月望夜，開坊市門然燈。宋因之，上元前後各一日，城中張燈，大内正門結綵，爲山樓影燈，起露臺，教坊陳百戲。天子先幸寺觀行香，遂御樓，或御東華門及東西角樓，飲從臣。四夷蕃客各依本國歌舞列於樓下。東華、左右掖門、東西角樓、城門大道、大宫觀寺院，悉起山棚，張樂陳燈。皇城雉堞，亦徧設之。其夕，開舊城門達旦，縱士民觀。後增至十七、十八夜。

蕙田案：以上宋游觀及觀燈之宴。紀、志所載事迹甚繁，以非宴饗之正，故略而不叙。

右宋宴饗

遼金元宴饗

遼史太宗本紀：天顯四年春正月壬申朔，宴群臣及諸國使，觀俳優、角觝戲。五月癸酉，謁二儀殿，宴群臣。會同三年五月庚午，以端午宴群臣及諸國使，命回鶻、燉煌二使作本俗舞，俾諸使觀之。

穆宗本紀：應曆十四年冬十一月壬午，日南至，宴飲達旦。十六年秋九月庚子，以重九宴飲，夜以繼日，至壬子乃罷。十七年夏五月壬辰〔一〕，罷重五宴。十八年正月乙酉朔，宴於宮中，不受賀。己亥，觀燈於市。以銀百兩市酒，命群臣亦市酒，縱飲三夕。

景宗本紀：乾亨四年三月乙未，清明，與諸王大臣較射，宴飲。

聖宗本紀：統和三年閏九月庚辰，重九，駱駝山登高，賜群臣菊花酒。五年春

〔一〕「壬辰」，原作「壬午」，據光緒本、遼史穆宗本紀改。

三月，幸長春宮，賞花釣魚，以牡丹徧賜近臣，歡飲累日〔一〕。

道宗本紀：清寧元年十二月，應聖節，上太皇太后壽，宴群臣、命婦。四年十一月癸酉，行再生及柴册禮，宴群臣於八方陂。

蕙田案：遼時正旦、冬至、生辰、清明、重五、重九，皆有宴，又仿宋制，有賞花、釣魚宴，又有頭魚頭鵝宴。及再生柴册禮成宴，則國俗所有也。

金史禮志：曲宴儀。皇帝即御座，鳴鞭、報時畢，殿前班小起居，到侍立位。引臣僚并使客左入，傍折通班，至丹墀舞蹈，五拜，不出班奏「聖躬萬福」，又再拜。出班謝宴，舞蹈，五拜〔二〕。各上殿祗候。分引預宴官上殿，其餘臣僚右出。次引宋使從人入，至丹墀再拜，不出班奏「聖躬萬福」，又再拜。有敕賜酒食，又再拜，引左廊立。次引高麗、夏從人入，分左右廊立。果牀入，進酒。皇帝舉酒時，上下侍立官並再拜，接盞，畢，進酒官到位，當坐者再拜，坐，即行臣使酒。傳宣，立飲畢，再拜，坐。次從人

〔一〕「飲」，遼史聖宗本紀作「宴」。
〔二〕「不出班奏聖躬萬福又再拜出班謝宴舞蹈五拜」十九字，諸本脱，據金史禮志十一補。

再拜，坐。至四盞，餅茶入，致語。聞鼓笛時，揖臣使并從人立，口號絶，坐宴并侍立官並再拜，坐，次從人再拜，坐。食入，五盞，歇宴。教坊謝恩畢，揖臣使起，果牀出。皇帝起入閤，臣使下殿歸幕次。賜花，從人隨出戴花畢，先引從人入，左右廊立，次引臣使入，左右上殿位立。皇帝出閤坐，果牀入，坐立並再拜，坐，次從人再拜，坐。九盞，將曲終，揖從人至位再拜，引出。聞曲時，揖臣使起，再拜，下殿。果牀出。至丹墀謝宴，舞蹈，五拜，分引出。

蕙田案：元旦、聖誕上壽儀，已見「朝賀」門，不重載。

熙宗本紀：皇統元年三月己未〔一〕，上宴群臣於瑶池殿。

海陵本紀：貞元三年十一月丙辰，燕百官於太和殿。

世宗本紀：大定二年正月辛未，御太和殿，宴百官，宗戚、命婦賜賚有差。三年五月乙未，以重五，幸廣樂園射柳，命皇太子、親王、百官皆射，勝者賜物有差。上復御常武殿，賜宴擊毬。自是歲以爲常。二十八年三月御慶和殿，受群臣朝，復宴於

〔一〕「三月」，諸本作「二月」，據金史熙宗本紀改。

神龍殿，諸王、公主以次奉觴上壽，上歡甚。

章宗本紀：明昌五年秋七月丙戌，以天壽節，宴樞光殿。承安元年七月御紫宸殿，受諸王、百官賀，賜諸王、宰執酒。敕有司，以酒萬尊置通衢，賜民縱飲。

禮志：承安三年正月，上諭旨有司曰：「比聞宋國花宴，殿上不設餚饌，至其歇時，乃備於廊下。今花宴上賜食，甚爲拘束，若依彼例可乎？且向者人使見辭，殿上亦常有酒禮，今已移在館宴矣。」有司奏曰：「曲宴之禮舊矣。彼方，酒一行、食一上，必相須成禮，而國朝之例，酒既罷而食始進。至於花宴日，宋使至客省幕次有酒禮，而我使至其幕則有食而無酒，各因其舊，不必相同。古者宴禮設食以示慈惠，今遽更之，恐遠人有疑，失朝廷寵待臣子之意。」乃命止如舊。

章宗本紀：四年七月，敕宣徽院官，天壽節，凡致仕宰執，悉召與宴。

衛紹王本紀：崇慶元年八月，萬秋節，以兵事不設宴。

宣宗本紀：貞祐三年正月，曲宴群臣、宋使，定文武五品以上侍坐員，遂爲常制。

元史禮樂志：元之有國，肇興朔漠，朝會、宴饗之禮，多從本俗。世祖至元八年，命劉秉忠、許衡始制朝儀。而大饗宗親、錫宴大臣，猶用本俗之禮爲多。

輟耕録：天子凡宴享，一人執酒觴，立於右階；一人執柏板，立於左階。執板者抑揚其聲，贊曰「斡脱」；執觴者如其聲，和之曰「打弼」。則執板者節一板，從而王侯卿相合坐者坐，合立者立，於是衆樂皆作。然後進酒，詣上前。上飲畢，授觴，衆樂皆止。别奏曲以飲陪位之官，謂之喝盞，蓋沿襲金舊禮，至今不廢。諸王大臣，非有賜命不敢用焉。斡脱、打弼，未考其義〔一〕。

右遼金元宴饗

明宴饗

明史禮志：明制有大宴、中宴、常宴、小宴。洪武元年，大宴群臣於奉天殿，三品以上陞殿，餘列於丹墀，遂定正旦、冬至、聖節宴謹身殿禮。二十六年重定大宴禮，陳於奉天殿。永樂元年，以郊祀禮成，大宴。十九年，以北京郊社、宗廟及宫殿成，大宴。宣德、正統間，朝官不與者，給賜節錢。

〔一〕「義」，諸本作「儀」，據輟耕録卷二一改。

明會典：大宴儀，洪武二十六年定。是日，尚寶司設御座於奉天殿，錦衣衛設黄麾於殿外之東西，金吾等衛設護衛官二十四員於殿東西。教坊司設九奏樂歌於殿内，設大樂於殿外，立三舞雜隊於殿下。光禄寺官設酒亭於御座下之西，膳亭於御座下之東，珍羞醯醢亭於酒膳亭之東西；設御筵於御座之東西〔一〕，設群臣四品以上位於殿内之東西，設群臣酒尊食桌於殿外，設五品以下位桌於東西兩廊。司壺、尚食各供乃事。引禮引群臣殿外東西相向立，儀禮司跪奏「請陞座」。駕興，大樂作。陞座，鳴鞭，樂止。鳴贊引文武官四品以上由東西門入殿中，横班北向立。五品以下官立於殿外丹墀，北向立。樂作，贊四拜，樂止。光禄寺官進御筵，大樂作，捧案至御前，樂止。進花，樂作，進訖，樂止。光禄寺官開爵注酒，捧詣御前，進第一爵酒。教坊司跪奏，一奏炎精開運之曲。贊内外官皆跪，教坊司跪奏，進酒，飲畢，贊衆内外官俯伏，興，樂作，贊四拜，平身，樂止。贊各就位，序班隨進群臣桌，散花，樂作。散訖，樂止。序班即進群臣盞，第二爵酒，教坊司跪奏，二奏皇風之曲。樂作，光禄寺官斟酒御前，

〔一〕「珍羞醯醢亭於酒膳亭之東西設御筵於御座之東西」，原作「西向」，據光緒本、明會典卷七二改。

序班隨斟群臣酒。教坊司跪奏，進酒，候皇帝舉酒，群臣以次舉飲，訖，樂止。光禄寺官進湯，鼓吹響節前導至殿外，鼓吹止，殿上樂作，群臣起立。光禄寺官進湯御前，群臣復位，序班即供群臣湯，樂止。教坊司跪奏，進湯，樂作。候皇帝舉箸，群臣次舉，皇帝進湯訖，贊饌成，樂止。武舞入，教坊司跪奏平定天下之舞，舞畢，出。第三爵酒，教坊司跪奏，三奏眷皇明之曲，樂作，進酒如前儀。樂止，教坊司跪奏撫安四夷之舞，舞畢，出。第四爵酒，教坊司跪奏，四奏天道傳之曲，樂作，進湯如前儀。食畢，教坊司跪奏車書會同之舞，舞畢，出。第五爵酒，教坊司跪奏，五奏振皇綱之曲，進酒如前儀。飲畢，教坊司跪奏百戲承應，舞畢，出。第六爵酒，教坊司跪奏，六奏金陵之曲，進酒、進湯如前儀。教坊司跪奏八蠻獻寶進呈，舞畢，出。第七爵酒，教坊司跪奏，七奏長楊之曲，進酒如前儀。教坊司跪奏採蓮隊子承應，畢，出。第八爵酒，教坊司跪奏，八奏芳醴之曲，進酒、進湯如前儀。食畢，教坊司跪奏魚躍於淵承應，畢，出。第九爵酒，教坊司跪奏，九奏駕六龍之曲，進酒如前儀。飲訖，光禄寺官收御前爵，序班隨收群臣盞。光禄寺官進湯、進大膳，大樂作，群臣起立，進訖〔一〕，序班隨供群臣飯，教坊司跪奏進膳。食訖，贊膳成，樂止。光禄寺官收膳訖，教坊司跪奏百花隊舞承應，舞畢，出。鳴贊唱「徹案」，序班撤群臣桌，訖，光禄寺官即撤御案，贊宴成。群臣皆出席，北向立。序班即撤群臣坐，殿外官皆詣丹墀，北向立。贊鞠躬，樂作，贊四拜，興，平身，樂止。群臣分東西立，儀禮司跪奏「禮畢」。駕興，大樂作，鳴鞭，百官以次出。中宴、常宴。凡中宴，禮儀同大宴，但進酒七爵。凡常宴，同中宴，但百官一拜三叩頭，進酒或三爵，或五爵而止。

續定大宴儀：是日，陳設如前儀，駕自右順門至奉天門丹陛，大樂作，陞座。鴻臚寺官贊拜，百官四拜，興，平身，樂止。光禄寺官進御筵，内官捧案進膳，樂作，設案畢，樂止。内官進花、進膳，樂作，進訖，樂止。教坊司跪奏，一奏上萬壽之曲。侑食樂作，内官斟酒，捧爵至御案前，鴻臚寺贊跪，文武百官皆跪，教坊司跪奏進酒，鴻臚寺官贊俯伏，興，平身，樂止。贊各就位，百官就坐，簪花訖，教坊司跪奏平定天下之舞，舞畢，出。教坊司跪奏，二奏仰天恩之曲。樂作，内官斟酒，捧爵至御案前，教坊

〔一〕「進訖」下，明會典卷七二有「復坐」二字。

司奏進酒，進酒畢，樂止。殿外導湯，樂作，至殿内，迎湯，樂作。内官捧湯至御案前，教坊司奏進湯，樂作，鴻臚寺官贊饌成，内官撤湯，樂止。教坊司奏黄童白叟鼓腹謳歌承應，舞畢，奏撫安四夷之舞，舞畢，教坊司跪奏，三奏感地德之曲，樂作，進酒如前儀，樂止。教坊司跪奏車書會同之舞，舞畢，教坊司跪奏，四奏民樂生之曲，樂作，進酒如前儀，樂止。殿外導湯，樂作，至殿内迎湯，樂止〔一〕。内官捧湯至御案前，教坊司奏進湯，樂作，鴻臚寺官贊饌成，内官撤湯，樂止。教坊司跪奏表正萬邦之舞，舞畢，教坊司跪奏，五奏感皇恩之曲，樂作，進酒如前儀，樂止。殿外導湯膳，樂作，至殿内迎湯膳，樂作，内官捧湯膳至御案前，教坊司奏進膳，樂作，鴻臚寺官贊饌成，内官撤湯膳并御筵，樂止。教坊司跪奏天命有德之舞，舞畢，奏纓鞭德勝蠻夷隊舞承應，畢，教坊司更進，致語畢，鴻臚寺官贊四拜，興，平身，樂止。鴻臚寺官跪奏，禮畢。

蕙田案：炎精開運九曲，洪武十五年所定。上萬壽五曲，永樂十八年所定。

凡宴饗樂章，已見「朝賀」門，不重載。

〔一〕「止」，明會典卷七二作「作」。

凡大祀天地，次日慶成，大宴文武百官及四夷使臣、土官人等。其位次，公侯駙馬伯、文武職四品以上及學士、武職都指揮使以上陞殿，東西侍坐，學士坐於文職四品官之上。翰林院、左右春坊、經筵官、六科都給事中、左右給事中、尚寶司卿少卿司丞、通政司參議、大理寺丞、國子監司業、翰林院帶俸參議、太常寺寺丞、鴻臚寺少卿寺丞、順天府治中、欽天監監正監副、太醫院院使院判、神樂觀提點、道録司知觀等官，中左門序坐。皇親都指揮同知僉事、達官都指揮同知僉事、署都指揮僉事、皇親正副千户百户所鎮撫、兵馬都指揮、外國副使、野人都指揮等官，中右門序坐。翰林院修撰等官、六科給事中、監察御史、中書舍人、陪祀郎中員外郎、五府經歷、都察院經歷、都事、照磨、檢校、司務、翰林院帶俸官、太常寺典簿博士等官、犧牲所千百户、詹事府主簿、通事舍人、鴻臚寺署丞主簿序班、欽天監五官等官、太醫院御醫、達官指揮使同知僉事、正千户副千户百户所鎮撫、外國人等，丹墀東序坐。指揮使、指揮同知、陪祀指揮同知僉事、外國人等，丹墀西序坐。其遇朝覲，各布政使方面、行太僕寺卿、運使、知府官員陪祀者與宴，方面官列於中左門班次，卿、運使、知府列於東丹墀班次。衍聖公、張真人與宴，列於二品文官班次，其餘真人領宴及以事故者亦領宴，

其法王、佛子、國師、禪師、僧官、喇嘛俱於大慈恩寺宴，内官一員侍宴。先期，禮部官行各衙門開與宴官員職名，畫位次進呈，仍懸長安門示衆。宴之日，糾儀御史四人，二人立於殿東西，二人各於丹墀左右，錦衣衛、鴻臚寺、禮科，亦各委官糾舉。

凡正旦、冬至、萬壽聖節，洪武、永樂間大宴，並如慶成儀。宣德間，朝官不預宴，給賜節錢、鈔錠，各處進表官，亦令預宴，免宴則通賜節錢。宣德以後遇節，令文武官及外夷人員并國師以下，除有宴外，其餘官吏人等，俱照例關支節錢。官并監生鈔一錠，儒士、知印吏、典僧道樂工二貫。若奉旨免宴，關與節錢，大小官員各鈔一錠，遂爲定例。

徐氏乾學曰：案明代，凡遇聖節、正旦、冬至，皆賜群臣宴。官卑禄薄者免宴，賜以鈔，謂之節錢，俾均惠其家屬。自正統後，内臣用事者，畏侍宴上立，遂罷宴，皆給以鈔，因而成例。

蕙田案：以上大宴。

明史禮志：凡立春、元宵、四月八日、端午、重陽、臘八日，永樂間，俱於奉天門賜百官宴，用樂。其後皆宴於午門外，不用樂。立春日賜春餅，元宵日團子，四月八日不落莢，嘉靖中，改不落莢爲麥餅。端午日涼糕糉，重陽日糕，臘八日麪，俱設午門外，以官品序坐。宣德五年冬，久未雪，十二月大雪。帝示群臣喜雪詩，復賜賞雪宴。群臣進和章，帝擇其寓警戒者録之，而爲之序。

春明夢餘録：大宴之外，如遇立春日春餅，元宵團子，四月初八日佛誕日用不落莢，端午涼糕糉子，重陽糕，臘八日麵，俱先期奏請。至日，早朝畢，復奏，百官隨一拜三叩頭，起。宴畢，復一拜三叩頭而出。嘉靖十四年四月，上諭夏言曰：「内殿禮儀，四月八日俗事宜革，其賜百官不落莢亦當改。」已復諭曰：「禮記月令謂，是月麥先熟，薦寢廟。今歲以孟夏之五日，薦麥内殿，賜百官麥餅。」大學士張孚敬、李時奏曰：「不落莢者，相沿釋氏之説，於理無據。仰見皇上據經析理，得先王遺意。著爲令。」查神宗年光禄寺誌，稱四月初八日，英華殿、欽安殿用大不落莢三百對、紅棗一斤十二兩，而乾清、坤寧、翊坤等宮，每宮大五十對、小一百對，各小宮大三十對、小五十對。多人每不落莢四個，皆以糯米、粳米、黑糖、蜜、紅棗爲之。則世廟所廢，神宗時似復行矣。惟宴改爲麥餅，則在四月初五日，於午門前宴百官，有上桌、中桌二樣，閣部單坐，宮坊以下各雙坐。

蕙田案：嘉靖以後，改四月八日宴於四月五日，明志失載。

又案：以上節宴。

禮志：皇太后聖誕，正統四年，賜宴午門。東宮千秋節，永樂間，賜府部堂上、春坊、科道、近侍、錦衣衛及天下進箋官，宴於文華殿。宣德以後，俱宴午門外。

明會典：凡皇太后壽旦，正統四年，賜百官宴於午門外。皇太后聖旦節、皇后令旦節，正統間，上桌按酒四般〔一〕、菜四色、點心一楪、壽麵一椀、酒三鍾；中合桌同，壽麵二椀、酒六鍾。

蕙田案：據會典，則皇后令旦亦有宴，明史失載。

又案：以上明皇太后、皇后、皇太子生辰賜宴。

禮志：凡祀圜丘、方澤、祈穀、朝日夕月、耕耤、經筵日講、東宮講讀，皆賜飯。親蠶，賜内外命婦飯。纂修校勘書籍，開館暨書成，皆賜宴。閣臣九年考滿，賜宴於禮部，九卿侍宴。

蕙田案：此因事賜宴。

〔一〕「般」，諸本作「盤」，據明會典卷一一四改。

凡宴命婦，坤寧宮設儀仗、女樂。皇后常服陞座，皇妃、皇太子妃、王妃、公主亦常服隨出閤，入就位。大小命婦各立於座位後。丞相夫人率諸命婦舉御食案。丞相夫人捧壽花，二品外命婦各舉食案於皇妃、皇太子妃、王妃、公主前。大小命婦各就座位，奉御執事人分進壽花於殿内及東西廡。酒七行，上食五次，酌酒、進湯、樂作止，並如儀。

蕙田案：此中宮賜宴禮。

右明宴饗

五禮通考卷一百六十一

嘉禮三十四

射禮

蕙田案：孔氏穎達曰：「射禮有三：一爲大射，是將祭擇士之射；二爲賓射，是諸侯來朝而天子與之射，或諸侯相朝而與之射；三爲燕射，謂燕息而與之射。」此所論皆臨時行禮之射。又有平日肄習之射，則鄉射是也。射以觀德行，故古聖人最重其事。禮既殘缺，其完善可考者獨有儀禮大射儀、鄉射禮二篇，又戴記射義一篇而已。鄭康成注鄉射，以爲惟大射、賓射、燕射謂之禮射，則其餘皆散射也。又注周官云：「庶民無禮射。」今取儀禮大射、鄉射二篇爲首，尊全經也，旁采經傳，分大射、賓射、燕射、鄉射，存其略也，終以諸書所論射雜儀及射器，而射禮粗備矣。

又案：劉向別録以射入吉禮，唐開元禮入軍禮，通典因之。射爲六藝之一，原所以習禮樂，非專尚威武，至於諸經言射，兼朝、祭、饗、燕，亦不得專屬吉禮。鄭康成注儀禮大射、鄉射皆屬嘉禮，宋史亦以大射入嘉禮，頗存古意，今從之。

儀禮大射儀

儀禮大射儀：鄭目録云：「名曰大射者，諸侯將有祭祀之事，與其群臣射以觀禮。數中者得與於祭，不數中者不得與於祭。於五禮屬嘉禮。」

敖氏繼公曰：諸侯與其群臣飲酒而習射之禮也。言大射者，别於賓射、燕射也。

盛氏世佐曰：射義云：「諸侯之射也，必先行燕禮。」又云：「諸侯君臣盡志於射，以習禮樂。」此篇所陳是也。亦曰「大射」者，别於鄉射也。卿大夫與其民習射於鄉學，謂之鄉射；諸侯與其臣習射於大學，謂之大射。其與賓射、燕射異者，彼是因賓、燕而射，射否惟欲，主於序歡情也。此則爲射而燕，主於習禮樂也。不曰「禮」而曰「儀」，以其威儀之法比鄉射尤詳也。

大射之儀。君有命戒射。注：將有祭祀之事，當射，宰告於君，君乃命之。宰戒百官有事於射者。注：宰，於天子冢宰，治官卿也；作大事，則掌以君命，戒於百官。射人戒諸公、卿、大夫射，司士戒士射與贊者。注：射人，掌以射法，治射儀。司士，掌國中之士，治凡其戒令。皆司馬之屬也。殊戒公、卿、大夫與士，辨貴賤也。贊，佐也，謂士佐執事不射者。前射三日，宰夫戒宰及司馬。射人宿視滌。注：宰夫，冢宰之屬，掌百官之徵令者。司馬，於天子政官之卿，凡大射則合其六耦。滌，謂溉器，掃除射宮。

蕙田案：以上戒百官。

觀承案：上文「射人戒」，是前期旬有一日；此「宰夫戒」，是前射之三日；「射人宿」是夕宿，爲前一日，宗伯「宿視滌濯」是也。

司馬命量人量侯道與所設乏，以貍步：大侯九十，參七十，干五十；設乏，各去其侯西十、北十。注：量人，司馬之屬，掌量道、巷、塗數者。侯，謂所射布也，尊者射之，以威不寧侯；卑者射之，以求爲侯。量侯道，謂去堂遠近也。容謂之乏，所以爲獲者之禦矢。貍之伺物，每舉足者止，視遠近，爲發必中也，是以量侯道取象焉。鄉射記曰：「侯道五十弓。」考工記曰：「弓之下制六尺。」則此貍步六尺明矣。大侯，熊侯，謂之大者，與天子熊侯同。參讀爲糝，糝，雜也。雜侯者，豹鵠而麇飾，下天子大夫也。干，讀爲豻。豻侯者，豻鵠豻飾也。大夫將祭於己，射麋侯；士無臣，祭不射。疏：熊侯而謂之大者，言畿外諸侯亦得用三侯，其數上同於天子，而非畿内諸侯所可比，故於熊侯加大以别之。然不嫌於偪上者，天子三侯，則虎侯、熊侯、豹侯，諸侯不得用虎侯，而以熊侯、參侯、豻侯爲三侯。若畿内，則但有熊侯、豹侯，此其所以别也。云「豹鵠而麋飾，下天子大夫也」者，司裘云「卿大夫則共麋侯」，此則豹皮爲鵠，以麋飾其側，不用純麋，是下天子大夫也。豻，鄭注周禮云「胡犬」，豻侯，亦取捷黠意。大夫得置家臣，故將祭得大射擇士；士卑，無臣，故祭不得射也。**遂命量人、巾車張三侯。大侯之崇，見鵠於參，參見鵠於干，干不及地武。不繫左下綱。設乏，西十、北十。凡乏用革。**注：巾車，於天子宗伯之屬，掌裝衣車者，亦使張侯。侯，巾類。崇，高也。高必見鵠。鵠，所射之主。鵠之言較，較，直也，射者所以直己志。或曰：鵠，鳥名，射之難中，中之爲儁，是以取名。淮南子曰：「鳱鵠知來。」〔一〕然則所云正者，正也，亦鳥名，齊、魯之間，名題肩爲正。正、鵠皆鳥之捷黠者。考工記曰：「梓人爲侯，廣與崇方，參分其廣而鵠居一焉。」則大侯之鵠方六尺，糝侯之鵠方四尺六寸大半寸，豻侯之鵠方三尺三寸少半寸。及，至也。武，迹也，中人之足，長尺二寸。以豻侯計之，參侯去地一丈五寸少半寸，大侯去地二丈二尺五寸少半寸。凡侯北面，西方謂之左。前射三日，張侯設乏，欲使有事者豫志焉。疏：

〔一〕「知」，原作「如」，據光緒本、儀禮注疏卷一六改。

鄉射云：「乏，參侯道，居侯黨之一，西五步。」注云：「此乏去侯北十丈，西三丈。」此經云「西十、北十」，則西與北皆六丈，不得爲三分居侯黨之一者，以其三侯入堂深故也。西亦六丈者，以三侯恐矢揚傷人，與一侯亦異也。三侯之下，總云「西十、北十」，則其乏皆西十、北十矣。侯之廣狹，取度於侯道。大侯道九十弓，弓取二寸，二九十八，侯中丈八尺，三分其侯而鵠居一，故知鵠方六尺也〔一〕。參侯、干侯亦以侯道弓數及弓取二寸推之，大侯中丈八尺，鵠方六尺；參侯中丈四尺，鵠方四尺六寸大半寸；干侯中一丈，鵠方三尺三寸少半寸。凡言大半寸者，二分寸之二；少半寸者，三分寸之一。

張氏爾岐曰：王大射用虎侯、熊侯、豹侯；畿内諸侯二侯，以熊侯爲首；畿外諸侯得用三侯，熊侯、糝侯、豻侯，以熊侯同於天子，故云大侯。三侯共道，遞近以二十步爲率。尊者射遠，卑者射近，侯遠則鵠大，侯近則鵠小。大侯之鵠見參侯之上，參侯之鵠見干侯之上，干侯下綱則去地一尺二寸，此三侯高下之法也。注知三侯之鵠廣狹之數者，以侯之廣狹取則於侯道之遠近，每弓取二寸，九十弓者十八尺，七十弓者十四尺，五十弓者十尺，每侯之鵠，又各取其侯三分之一，故推知之也。設乏「西十、北十」，西與北各去侯六丈也。云「凡乏」，三侯各有乏也。

蕙田案：此所言侯，與司裘職文異，注以爲彼乃畿内諸侯，此爲畿外諸侯。

〔一〕「方」，原脱，據光緒本、儀禮注疏卷一六補。

敖繼公謂畿内無諸侯。盛世佐謂王制「天子之縣内諸侯，禄也」，故春秋有凡伯、祭伯，當從盛氏。參侯，康成以爲當作「糝」，敖繼公以爲「參如『無往參』之參，謂介於二者之間也。大侯以大於二侯名，則參侯以參於二侯名，大侯爲熊侯，參侯爲豹侯歟」。當從敖氏作如字讀，但謂爲豹侯亦無所據，不如盛世佐謂參用豹侯、麋侯爲的。

又案：以上張侯。

樂人宿縣於阼階東，笙磬西面，其南笙鐘，其南鑮，皆南陳。注：周禮曰：「凡縣鐘磬，半爲堵，全爲肆。」有鐘有磬爲全。鑮如鐘而大，奏樂以鼓鑮爲節。建鼓在阼階西，南鼓。應鼙在其東，南鼓。注：南鼓，謂所伐面也。應鼙，應朔鼙也，先擊朔鼙，應鼙應之。鼙，小鼓也，在東，便其先擊小後擊大也。鼓，不在東縣。南，爲君也。西階之西頌磬，東面。其南鐘，其南鑮，皆南陳。一建鼓在其南，東鼓。朔鼙在其北。注：朔，始也。奏樂先擊西鼙，樂爲賓所由來也。一建鼓在西階之東，南面。注：言面者，國君於其群臣備三面爾，無鐘磬，有鼓而已。其爲諸侯則軒縣。簜在建鼓之間。注：簜，竹也，謂笙簫之屬，倚於堂。鼗倚於頌磬，西紘。注：紘，編磬繩也。設鼗於磬西，倚於紘也。王制曰：「天子賜諸侯樂，則以柷將之；賜伯、子、男樂，則以鼗將之。」

盛氏世佐曰：燕禮縣與燕同日。此亦於射前一日爲之者，大射重於燕也。樂以人聲爲貴，故歌者在上，匏竹在下。上下，謂堂上、堂下也。陳氏云：「頌磬歌於西，是南鄉、北鄉，以西方爲上，所以貴人聲也；笙磬吹於東，是以東方爲下，所以賤匏竹也。」非就堂下，樂中亦有差等。笙管，聲之發乎人者也；磬鐘之屬，聲之發乎器者也。故有時以笙爲主，而磬以下應之，所謂「笙奏」也，詩云「笙磬同音」是也。有時以管爲主，而磬以下應之，所謂「下管」也，詩云「嘒嘒管聲，既和且平，依我磬聲」是也。下經云「乃管新宫三終」，則大射樂以管爲主矣。

蕙田案：以上樂縣。

厥明，司宫尊於東楹之西，兩方壺，膳尊兩甒在南，有豐。冪用錫若絺，綴諸箭，蓋冪，加勺，又反之。皆玄尊。酒在北。注：膳尊，君尊也。後陳之，尊之也。豐以承尊也。冪，覆尊巾也。錫，細布也。絺，細葛也。箭，篠也。爲冪蓋，卷辟綴於篠，横之也。又反之，爲覆勺也。皆玄尊，二者皆有玄酒之尊，重本也。酒在北，尊統於君，南爲上也，唯君面尊，言專惠也。疏：「唯君面尊」，謂君燕臣子，專其恩惠，故尊鼻嚮君。尊士旅食於西鑮之南，北面，兩圜壺。注：旅，衆也。士衆食未得正禄，謂庶人在官者。圜壺，變於方也。賤無玄酒。又尊於大侯之乏東北，兩壺獻酒。注：爲隸僕人、巾車、繆侯豻侯之獲者。郊特牲曰：「汁獻涚於醆酒。」服不之尊，俟時而陳於南，統於侯，皆東面。疏：此爲隸僕以下卑賤之人而獻鬱鬯者，此所得獻，皆因祭侯，爲侯之神，故用鬱鬯也。

設洗於阼階東南，罍水在東，篚在洗西，南陳。設膳篚在其北，西面。又設洗於獲者之尊西北，水在洗北，篚在南，東陳。注：無爵，因服不也。有篚，爲奠虛爵也。服不之洗，亦侯時而陳於其南。小臣設公席於阼階上，西鄉。司宫設賓席於户西，南面，有加席。卿席賓東，東上。小卿賓西，東上。大夫繼而東上。若有東面者，則北上。席工於西階之東，東上。諸公阼階西，北面，東上。官饌。注：百官各饌其所當共之物。

蕙田案：以上陳設。

羹定。射人告具於公。公升，即位於席，西鄉。小臣師納諸公、卿、大夫，諸公、卿、大夫皆入門右，北面，東上。士西方，東面，北上。太史在干侯之東北，北面，東上。士旅食者在士南，北面，東上。小臣師、從者在東堂下，南面，西上。注：太史在干侯東北，士旅食者在士南，爲有侯，故入庭深也。小臣師，正之佐也。正相君，出入君之大命。

張氏爾岐曰：自此至「南面，反奠於其所，北面立」，皆將射先燕之事。公命賓、納賓以來，主人獻賓，賓酢主人，主人獻公，主人受公酢，主人酬賓，二人舉觶，公取觶酬賓，遂旅酬。主人獻卿，二人再舉觶，公爲卿舉旅酬。主人獻大夫。工入，奏樂。凡十二節。

公降，立於阼階之東南，南鄉。小臣師詔揖諸公、卿、大夫。諸公、卿、大夫西面，北上，揖大夫，大夫皆少進。注：詔，告也。變「爾」言「揖」，亦以其入庭深也。上言「大夫」，誤衍耳。大射正擯。注：大射正，射人之長。擯者請賓，公曰：「命某爲賓。」注：某，大夫名。擯者命賓，賓少進，禮辭。注：命賓者，東面，南顧。辭，辭以不敏。反命。注：以賓之辭告於君。又命之。賓再拜稽首，受命。注：又，復。擯者反命。賓出，立於門外，北面。公揖卿、大夫，升，就席。小臣自阼階下北面，請執冪者與羞膳者。注：請士可使執君兩甒之冪及羞脯醢庶羞於君者。方圜壺，獻無冪。乃命執冪者。執冪者升自西階，立於尊南，北面，東上。注：命者於西階前以公命命之。東上，執玄尊之冪爲上。羞膳者從而東，由堂東升自北階，立於房中，西面，南上。不言命者，不升堂，略之。膳宰請羞於諸公、卿者。注：膳宰請者，異於君也。擯者納賓。賓及庭，公降一等揖賓，賓辟。注：及，至也。辟，逡遁不敢當盛。公升，即席。注：以賓將與主人爲禮，不參之。

蕙田案：以上即位、命賓、納賓。

奏肆夏。注：肆夏，樂章名，今亡。

敖氏繼公曰：穆叔聘於晉，晉侯享之。金奏肆夏之三，穆叔曰：「三夏，天子所以享元侯也，使臣不敢與聞此。」惟奏肆夏而不及繁遏、渠，其辟天子之享禮與？

賓升自西階。主人從之，賓右北面至再拜。賓答再拜。注：主人，宰夫也，又掌賓客之獻飲食。君於臣雖爲賓，不親獻，以其莫敢亢禮。**主人降洗，洗南，西北面。**注：賓將從降，鄉之，不於洗北，辟正主。**賓降階西，東面。主人辭降，賓對。主人北面盥，坐取觚，洗。賓少進，辭洗。主人坐，奠觚於篚，興，對。賓反位。**注：賓少進者，所辭異，宜違其位也。獻不用爵，辟正主。**主人卒洗，賓揖，升**〔一〕**。**注：賓每先升，尊也〔二〕。**主人升，賓拜洗。主人賓右奠觚答拜，降盥。賓降，主人辭降，賓對。卒盥，賓揖，升。主人升，坐，取觚。**注：取觚，將就瓦甒酌膳。**執冪者舉冪，主人酌膳，執冪者蓋冪。酌者加勺，又反之。**注：反之，覆勺。**筵前獻賓。賓西階上拜受爵於筵前，反位。主人賓右拜送爵。**注：賓既拜，於筵前受爵，退，復位。**宰胥薦脯醢。**注：宰胥，宰官之吏也。不使膳宰薦，不主於飲酒，變於燕。**賓升筵。庶子設折俎。**注：庶子，司馬之屬，掌正六牲之體者也。鄉射記曰：「賓俎，脊、脅、肩、肺。」不使膳宰設俎，爲射變於燕。**賓坐，左執觚，右祭脯醢，奠爵於薦右；興，取肺，坐，絶祭，嚌之；興，加**

〔一〕「升」上，諸本衍「乃」字，據儀禮注疏卷一六删。
〔二〕「尊也」，諸本作「揖之」，據儀禮注疏卷一六改。

於俎，坐捝手，執爵，遂祭酒；興，席末坐，啐酒，降席，坐奠爵，拜告旨，執爵興。主人答拜。注：降席，席西也。旨，美也。樂闋。注：闋，止也。樂止者，尊賓之禮盛於上也。疏：燕禮記云「賓及庭，奏肆夏。賓拜酒，主人答拜而樂闋」，亦據啐酒時。按郊特牲「賓入大門而奏肆夏，卒爵而樂闋」，與此啐酒樂闋不同者，彼注謂朝聘者〔一〕，故卒爵而樂闋；此燕己臣子法，故啐酒而樂闋也。賓西階上北面，坐卒爵；興，坐奠爵，拜，執爵興。主人答拜。

蕙田案：以上主人獻賓。

賓以虛爵降。主人降。賓洗南西北面坐奠觚，少進，辭降。主人西階西，東面，少進，對。賓坐取觚，奠於篚下，盥洗。注：既卒爵，賓將酢主人也。篚下，篚南也。主人辭洗。賓坐奠觚於篚，興，對。卒洗，及階揖，升。主人升，拜洗如賓禮。賓降，盥，主人降，賓辭降。卒盥，揖，升，酌膳。執冪，如初。以酢主人於西階上。主人北面拜受爵，賓主人之左拜送爵。主人坐祭，不啐酒，不拜酒，遂卒爵，興；坐奠爵，拜，執爵興。賓答拜。主人不崇酒，以虛爵降，奠於篚。賓降，立於西階西，東面。擯者以命升賓。

〔一〕「注」，諸本脱，據儀禮注疏卷一六補。

賓升，立於西序，東面。注：命，公命也。

蕙田案：以上賓酢主人。

主人盥，洗象觚，升，酌膳，東北面獻於公。公拜受爵。乃奏肆夏。注：言乃者，其節異於賓。

蕙田案：前賓入之時已奏肆夏，故康成云：「其節異於賓。」敖繼公云此奏「當以東方之縣」。

主人降自西階，阼階下北面拜送爵。宰胥薦脯醢，由左房。庶子設折俎，升自西階。注：鄉射記曰：「主人俎，脊、脅、臂、肺。」公祭如賓禮，庶子贊授肺，不拜酒，立卒爵，坐奠爵，拜，執爵興。主人答拜。樂闋。升，受爵，降，奠於篚。

蕙田案：以上主人獻公。

更爵洗，升，酌散以降，酢於阼階下，北面坐奠爵，再拜稽首。公答拜。主人坐祭，遂卒爵，興；坐奠爵，再拜稽首。公答拜。主人奠爵於篚。

蕙田案：以上主人自酢。

主人盥洗，升，媵觚於賓，酌散西階上，坐奠爵，拜。賓西階上北面答拜。主人坐祭，遂飲。賓辭。卒爵，興；坐奠爵，拜，執爵興。賓答拜。主人降洗，賓降，主人辭降，賓辭洗，卒洗，賓揖，升，不拜洗。主人酌膳。賓西階上拜受爵於筵前，反位。主人拜送爵。賓升席，坐祭酒，遂奠於薦東。主人降，復位。賓降筵西，東南面立。

蕙田案：以上主人酬賓。

又案：自此以下，儀節多與燕禮相爲出入。

小臣自阼階下請媵爵者，公命長。小臣作下大夫二人媵爵。媵爵者阼階下皆北面再拜稽首。公答拜。媵爵者立於洗南，西面，北上，序進，盥洗角觶，升自西階，序進，酌散，交於楹北，降，適阼階下，皆奠觶，再拜稽首，執觶興。公答拜。媵爵者皆坐祭，遂卒觶，興；坐奠觶，再拜稽首，執觶興。公答再拜。媵爵者執觶待於洗南。小臣請致者。若命皆致，則序進，奠觶於篚，阼階下皆北面再拜稽首。公答拜。媵爵者洗象觶，升，實之，序進，坐奠於薦南，北上，降，適阼階下，皆再拜稽首送觶。公答拜。媵爵者皆退，反位。注：反門右北面位。

蕙田案：以上媵觶於公。

公坐取大夫所媵觶，興以酬賓。賓降，西階下再拜稽首。小臣正辭。賓升成拜。

注：正，長也。

敖氏繼公曰：小臣正辭，亦公命之。

公坐奠觶，答拜，執觶興。公卒觶，賓下拜。小臣正辭。賓升，再拜稽首。公坐奠觶，答拜，執觶興。賓進受虛觶，降，奠於篚，易觶，興，洗。公有命，則不易，不洗。反升酌膳，下拜。小臣正辭。賓升，再拜稽首。公答拜。賓告於擯者，請旅諸臣。擯者告於公，公許。

敖氏繼公曰：旅，旅酬之也。賓因君所賜，請旅諸臣，所以廣君賜也。公許，擯者又以告賓，乃旅也。

賓以旅大夫於西階上。擯者作大夫長升受旅。賓大夫之右坐奠觶，拜，執觶興。大夫答拜。賓坐祭，立卒觶，不拜。若膳觶也，則降，更觶，洗，升，實散。大夫拜受。賓拜送，遂就席。

盛氏世佐曰：賓初立西序，東面，既及於筵西東南面立，至是始就席，禮以漸殺也。

大夫辯受酬，如受賓酬之禮，不祭酒。卒受者以虛觶降，奠於篚，復位。

蕙田案：以上公爲賓舉旅。

主人洗觚，升，實散，獻卿於西階上。司宫兼卷重席，設於賓左，東上。卿升，拜受觚。主人拜送觚。卿辭重席，司宫徹之。乃薦脯醢。卿升席。庶子設折俎。

敖氏繼公曰：卿有俎，大射差重於燕也。

盛氏世佐曰：案此薦不言其人，意亦宰胥也。

卿坐，左執爵，右祭脯醢，奠爵於薦右；興，取肺，坐絶祭，不嚌肺；興，加於俎，坐挩手，取爵，遂祭酒；執爵興，降席，西階上北面坐卒爵；興，坐奠爵，拜，執爵興。主人答拜，受爵。卿降，復位。注：復西面位。辯獻卿。主人以虚爵降，奠於篚。擯者升卿，卿皆升就席。若有諸公，則先卿獻之，如獻卿之禮，席於阼階西，北面，東上，無加席。

蕙田案：以上主人獻諸公、卿。

小臣又請媵爵者。二大夫媵爵，如初。請致者。若命長致，則媵爵者奠觶於篚，

注：命長致者，使長者一人致也。公或時未能舉，自優暇。一人待於洗南。注：不致者。長致者阼階下再拜稽首，公答拜。注：再拜稽首，拜君命。洗象觶，升，實之，坐奠於薦南，降，與立於洗南者二人皆再拜稽首送觶。公答拜。注：奠於薦南，先媵者上觶之處也。二人皆拜如

初，共勸君飲之。

蕙田案：以上二人再媵觶於公。

公又行一爵，若賓若長，唯公所賜。注：於是言賜，射禮明尊卑。以旅於西階上，如初。注：賜賓則以酬長，賜長則以酬賓。大夫長升受旅以辯。大夫卒受者以虚觶降，奠於篚。

蕙田案：言賜，敖氏云「文異耳」，盛世佐云「當從注」。

又案：以上公爲卿舉旅。

主人洗觚，升，獻大夫於西階上。大夫升，拜受觚。主人拜送觚。大夫坐祭，立卒爵，不拜既爵。主人受爵。大夫降，復位。注：大夫卒爵不拜，賤，不備禮。胥薦主人於洗北，西面，脯醢，無脀。辯獻大夫，遂薦之。繼賓以西，東上；若有東面者，則北上。卒，擯者升大夫。大夫皆升，就席。

蕙田案：以上主人獻大夫。

乃席工於西階上，少東。小臣納工，工六人，四瑟。注：工謂瞽矇善歌諷誦詩者也。六人，太師、少師各一人，上工四人。四瑟者，禮大樂衆也。

敖氏繼公曰：大射差重於燕，加瑟者二人。然則諸侯祭、饗，歌與瑟各四人與？以是推之，天子之制，其隆殺之數，亦可知矣。

僕人正徒相大師，僕人師相少師，僕人士相上工。注：徒，空手也。僕人正，僕人之長。師，其佐也。士，其吏也。天子視瞭相工，諸侯兼官，是以僕人掌之。大師、少師，工之長也。凡國之瞽矇，正焉，杜蒯曰「曠也，大師也」，於是分別工及相者，射禮明貴賤。疏：正爲長，師爲衆，故僕人正爲長，師爲佐。士在僕人之下，故知僕人之吏。**相者皆左何瑟，後首，内弦，挎越，右手相。**注：謂相上工者，後首，主於射，略於樂也。内弦，挎越，以右手相工，由便也。越，瑟下孔，所以發越其聲者也。**後者徒相入。**注：謂相大師、少師者也。上列官之尊卑，此言先後之位，亦所以明貴賤。凡相者，以工出入。**小樂正從之。**注：從大師也。後升者，變於燕也。小樂正，於天子樂師也。疏：燕禮樂正先升，又不使小樂正者，彼主於樂，此則略於樂也。**升自西階，北面，東上。**注：工六人。**坐授瑟，乃降。**注：相降立於西縣之北。**小樂正立於西階東。**注：不統於工，明工雖衆，位猶在此。**乃歌鹿鳴三終。**注：歌鹿鳴三終，而不歌四牡、皇皇者華，主於講道，略於勞苦與諮事。**主人洗，升，實爵，獻工。工不興，左瑟，**注：洗爵獻工，辟正主也。獻不用觚，工賤，異之。工不興，不能備禮。左瑟，便其右。**一人拜受爵。**注：謂大師也。言一人者，工賤，同之也，工拜於席。**主人西階上拜送爵。薦脯醢。使人相祭。**注：使人相者，相其祭薦、祭酒。**卒爵，不拜。主人受虚爵。衆工不拜**

受爵，坐祭，遂卒爵。辯有脯醢，不祭。主人受爵，降奠於篚，復位。大師及少師、上工皆降，立於鼓北，群工陪於後。注：鼓北，西縣之北也。言鼓北者，與鼓齊面，餘長在後也。群工陪於後，三人爲列也。疏：下文太師、少師始遷向東，明此降者在西縣之北可知。云「鼓北」者，案前列樂縣之時，鼓在鎛南，今不言在鐘磬之北，遥據鼓而言之者〔一〕，欲取形大又面向東，工亦面向東，故遥取鼓面也。乃管新宫三終。注：管，謂吹簜以播新宫之樂。其篇亡，其義未聞。笙從工而入〔二〕，既管不獻，略下樂也。立於東縣之中。

張氏爾岐曰：注「立於東縣」句可疑。愚案：燕禮「笙入，立於縣中。」注云：「縣中，縣中央也。」鄉飲酒禮曰：「磬南，北面。」疏云：「諸侯軒縣，闕南面而已，故得言縣中。鄉飲酒唯以磬縣而已，不得言縣中，而云磬南。注引鄉飲酒者，欲見此雖軒縣，近北面縣之南也。」此經初設樂，無北面縣，但移東縣，建鼓在阼階西，又設一建鼓在西階東，正當北面一縣之處。簜在建鼓之間，注云：「簜，謂笙簫之屬，倚於堂。」又與燕禮笙入所立之位同。疑設之在此者，亦奏之於此。至此「管新宫三終」，注乃云「立於東縣之中」，不知於經何據。若云辟射位，射事未至，無可辟也。且上文太師等「立於鼓北」，亦當是

〔一〕「據」，諸本作「繼」，據儀禮注疏卷一七改。
〔二〕「笙」，諸本作「管」，據儀禮注疏卷一七改。

此建鼓之北，注以爲西縣之北，不知西縣何以單名爲鼓。竊疑太師等立此，或亦以將奏管，故臨之，非徒立也。至下「管三終」，乃相率而東耳。既從工而入，工升堂，笙即立堂下，亦其宜也。姑存此疑以質知者。

卒管，太師及少師、上工皆東坫之東南，西面，北上，坐。注：不言縣北，統於堂也。於是時，大樂正還北面立於其南。

盛氏世佐曰：管之者，大師諸人也。管數未聞，然以鄉射記「三笙一和」推之，則管亦不止於一矣。管奏，則堂下諸樂並奏以應之。書曰：「下管鞉鼓，合止柷敔。」既管不獻者，以奏管者既受獻，群工賤，又不奏管故也

蕙田案：以上作樂娱賓，射前燕禮備。

擯者自阼階下請立司正。注：三爵既備，上下樂作，君將留群臣而射，宜更立司正以監之，察儀法也。公許，擯者遂爲司正。注：君許其請，因命用之。不易之者，俱相禮，其事同也。司正適洗，洗角觶，南面坐奠於中庭，注：奠觶者，著其位以顯其事，威儀多也。升，東楹之東受命於公，西階上北面命賓、諸公、卿大夫：「公曰以我安賓。」諸公、卿、大夫皆對曰：「諾，敢不安！」注：以我安者，君意殷勤，欲留之，以我故安也。

敖氏繼公曰：此中庭者，亦阼階前南北之中，與燕禮司正之位同，以當辟射也。群臣皆爲射而

來，時猶未射，固無嫌於不安，而司正乃受命以安之者，緣其意若不敢，必君之終行射事然也。受命亦北面，與請徹俎同。

司正降自西階，南面，坐取觶，升，酌散，降，南面，坐奠觶；注：奠於中庭故處〔一〕。興，右還，北面少立，坐取觶；興，坐不祭，卒觶，奠之；興，再拜稽首，左還，南面，坐取觶，洗，南面反奠於其所，北面立。注：皆所以自昭明於衆也。將於觶南北面則右還，於觶北南面則左還。如是，得從觶西往來也。必從觶西往來者，爲君在阼，不背之也。

蕙田案：以上將射，立司正安賓察儀。

司射適次，袒、決、遂，執弓，挾乘矢於弓外，見鏃於弣，右巨指鉤弦。注：司射，射人也。次，若今時更衣處，張幃席爲之〔二〕。耦次在洗東南。袒，左免衣也。決，猶闓也，以象骨爲之，著右巨指，所以鉤弦而闓之。遂，射韝也，以朱韋爲之，著左臂，所以遂弦也。方持弦矢曰挾。乘矢，四矢。弣，弓把，見鏃焉，順其射也。右巨指，右手大擘，以鉤弦，弦在旁，挾由便也。疏：司射、射人、大射正、司正、擯者，其實一人也。

〔一〕「處」，原作「也」，據味經窩本、儀禮注疏卷一七改。
〔二〕「張」，原作「帳」，據味經窩本、儀禮注疏卷一七改。

張氏爾岐曰：此下方及射事。有三耦不釋獲之射，有三耦、衆耦釋獲之射，有以樂射，共三番射，亦略如鄉射之節。自此至「左右撫之，興，反位」，皆言三耦不釋獲之射。司射納器比耦，司射誘射、三耦乃射，射已取矢，凡四節。

自阼階前曰：「爲政請射。」注：爲政，謂司馬也。司馬，政官，主射禮。**遂告曰：「大夫與大夫，士御於大夫。」**注：因告選三耦於君。御，猶侍也。大夫與大夫爲耦，不足，則士侍於大夫，與爲耦也。**遂適西階前，東面，右顧，**疏：司射西階前、東面者，君在阼，宜向之。右顧者，以其有司是士，士在西階南，東面，是以右顧向之。**命有司納射器。射器皆入。君之弓矢適東堂，賓之弓矢與中、籌、豐皆止於西堂下。衆弓矢不挾，總衆弓矢、楅，皆適次而俟。**注：中，閒中，算器也。籌，算也。豐，可奠射爵者。衆弓矢，三耦及卿、大夫以下弓矢也。司射矢亦止西堂下。衆弓矢不挾，則納公與賓弓矢者挾之。楅，承矢器。**工人、士與梓人升自北階，兩楹之間，疏數容弓，若丹若墨，度尺而午。射正莅之。**注：工人、士、梓人，皆司空之屬，能正方圜者。一從一横曰午，謂畫物也。**卒畫，自北階下。司宮埽所畫物，自北階下。**注：埽物，重射事也。工人、士、梓人、司宮，位在北堂下。**太史俟於所設中之西，東面以聽政。**注：中未設也，太史俟焉，將有事也。鄉射禮曰：「設中，南當楅，西當西序，東面。」**司射西面誓之曰：「公射大侯，大夫射參，士**

射干。射者非其侯，中之不獲。卑者與尊者爲耦，不異侯。」太史許諾。遂比三耦。注：比，選次之也。不言面者，大夫在門右，北面；士西方，東面。疏：天子大射、賓射六耦三侯，畿內諸侯則二侯四耦，畿外諸侯大射、賓射皆三侯三耦。但諸侯畿外、畿內各有一申一屈，故畿外三侯，遠尊得申，與天子同三耦則屈，畿內二侯，近尊則屈，四耦則申。若燕射，則天子、諸侯例同三耦，一侯而已，以其燕私，屈也。若卿、大夫、士，例同一侯三耦。三耦俟於次北，西面，北上。司射命上射曰：「某御於子。」命下射曰：「子與某子射。」卒，遂命三耦取弓矢於次。注：取弓矢不拾者，次中隱蔽處。

蕙田案：鄭以次中隱蔽，不拾，其説欠理。敖繼公云：「此下當有三耦袒、決、遂，拾弓矢之事，文不具耳。」

又案：以上誓太史，納射器，比三耦。

司射入於次，搢三挾一个，出於次，西面揖，當階北面揖，及階揖，升堂揖，當物北面揖，及物揖，由下物少退，誘射。注：搢，扱也〔一〕。挾一个，挾於弦也。个，猶枚也。由下物而少退，謙也。誘，猶教也。疏：射人誘射，與鄉射同，但鄉射往階西取弓矢，此則入次取弓矢爲異。然

〔一〕「扱」，原作「捷」，據味經窩本、儀禮注疏卷一七改。

此云「入次，搢三挾一个」，則已前皆挾乘矢不改，鄉射亦然。**射三侯，將乘矢，始射干，又射參，大侯再發。**注：將，行也。行四矢，象有事於四方。詩云：「四矢反兮，以禦亂兮。」**卒射，北面揖。**注：揖於當物之處，不南面者，爲不背卿。疏：鄉射「南面揖」者，彼尊東，或公或卿大夫位同不別，故司射不特尊之。此大射辨尊卑，尊東唯有天子命卿，其餘小卿及大夫皆賓西，故特尊之，不背之也。

郝氏敬曰：卒時北面揖，敬君事，殊於鄉射揖南面也。

及階揖，降，如升射之儀。遂適堂西，改取一个挾之，注：改，更也。不射而挾矢，示有事也。**遂取扑，搢之，以立於所設中之西南，東面。**注：扑，所以撻犯教者也。於是言立，著其位也。鄉射記曰：「司射之弓矢與扑，倚於西階之西。」疏：鄉射先立于所設中之西南，乃誘射；此則誘射卒，始來就位。

蕙田案：以上司射誘射。

司馬師命負侯者執旌以負侯。注：司馬師，正之佐也。欲令射者見侯與旌，深志於侯中也。負侯，獲者也，天子服不氏，下士一人，徒四人，掌以旌居乏待獲。析羽爲旌。疏：引天子服不氏爲獲者，明諸侯亦當然也。

蕙田案：司馬師，鄭云「正之佐」，盛世佐云「軍司馬之佐」，軍司馬之職本闕，不可知，此何以知必爲軍司馬佐？且經文亦無軍司馬，當從鄭。負侯者，鄭云

「獲者」，盛云「在天子爲射鳥氏。周禮射鳥氏『射則取矢，矢在侯高，則以并夾取之』。諸侯蓋以庶人在官者爲之」。此可以補鄭之闕。旌，鄭云「析羽」，敖繼公云「翿旌」，盛云「三侯之旌各不同，大侯之旌以析羽爲之，鄉射記云『於郊則以旌獲』是也；參侯、干侯之旌以雜帛爲之，鄉射記云『旌各以其物』是也」。敖説偏，鄭亦混，惟盛氏得之。

負侯者皆適侯，執旌負侯而俟。司射適次，作上耦射。注：作，使也。司射反位。上耦出次，西面揖，進。上射在左，並行，當階北面揖，及階揖。上射先升三等，下射從之中等。注：上射在左，便射位也。中，猶間也。

張氏爾岐曰：發位並行。及升，上射皆居左。履物南面，上射乃在右，右物爲上也。

上射升堂，少左。下射升，上射揖，並行。注：並，併也，併東行。皆當其物，北面揖，及物揖。皆左足履物，還視侯中，合足而俟。注：視侯中，各視其侯之中。大夫耦則視參中，參中十四尺；士耦則視干中，干中十尺。司馬正適次，袒、決、遂，執弓，右挾之，出，升自西階，適下物，立於物間，左執弣，右執簫，南揚弓，命去侯。注：司馬正，政官之屬。簫，弓末，揚弓者，執下末。揚，猶舉也。適下物，由上射後東過也。命去侯者，將射當獲也。鄉射禮曰：「西南面，立於物間。」負侯皆許諾以宮，趨直西，及乏南，又諾以商，至乏，聲止。注：宮爲君，商爲臣，其聲和相生也。鄉射禮曰：「獲者執旌，許諾。」疏：宮數八十一，商數七十二，彈宮則商應，故云聲和也。

蕙田案：「宮」字絶句。張爾岐以「宮趨」爲句，非是。

授獲者，退立於西方。獲者興，共而俟。注：大侯，服不氏負侯，徒一人居乏，相代而獲。參侯、干侯，徒負侯居乏，不相代。鄉射禮曰：「獲者執旌，許諾，聲不絶，以至於乏，坐，東面偃旌，興而俟。」司馬正出於下射之南，還其後，降自西階，遂適次，釋弓，説決、拾，襲，反位。注：拾，遂也。鄉射禮曰司馬「反位，立於司射之南」。司射進，與司馬正交於階前，相左，由堂下西階之東北面視上射，命曰：「毋射獲，毋獵獲。」上射揖，司射退，反位。注：射獲，矢中乏也。從旁爲獵。乃射。上射既發，挾矢，而后下射射，拾發以將乘矢。注：拾，更也。將，行也。獲者坐而獲，注：坐言獲也。舉旌以宮，偃旌以商，注：再言獲也。獲而未釋獲。注：但言獲，未釋算。卒射，右挾之，北面揖，揖如升射〔一〕。注：右挾之，右手挾弦。上射降三等，下射少右，從之，中等，並行，上射於左，與升射者相左，交於階前，相揖。適次，釋弓，説

〔一〕「揖」，原脱，據光緒本、儀禮注疏卷一七補。

決、拾，襲，反位。注：上射於左，由下射階上少右，乃降待之。言襲者，凡射皆袒。三耦卒射，亦如之。司射去扑，倚於階西，適阼階下，北面，告於公曰：「三耦卒射。」反，搢扑，反位。

蕙田案：以上三耦初射。

司馬正袒、決、遂，執弓，右挾之，出，與司射交於階前，相左。注：出，出於次也。袒時亦適次。升自西階，自右物之後，立於物間，西南面，揖弓，命取矢。注：揖，推之。負侯許諾，如初去侯，皆執旌以負其侯而俟。注：俟小臣取矢，以旌指教之。司馬正降自西階，北面命設楅。注：此出於下射之南，還其後而降之。小臣師設楅。司馬正東面，以弓爲畢。注：畢，所以教助執事者。鄉射記曰：「乃設楅於中庭，南當洗，東肆。」既設楅，司馬正適次，釋弓，說決、拾，襲，反位。小臣坐委矢於楅，北括。司馬師坐乘之，注：乘，四四數之。卒，若矢不備，則司馬正又袒，執弓，升，命取矢如初，曰：「取矢！不索。」乃復求矢，加於楅。卒，司馬正進，坐，左右撫之，興，反位。注：左右撫，分上、下射。此坐皆北面。

蕙田案：以上設楅取矢，第一番射禮竟。

司射適西階西，倚扑，升自西階，東面，請射於公。注：倚扑者，將即君前，不敢佩刑器也。升堂者，欲諸公、卿、大夫辯聞也。公許。遂適西階上，命賓御於公，諸公、卿則以耦告於上，大夫則降，即位而后告。注：告諸公、卿於堂上，尊之也。司射自西階上北面告於大夫曰：「請降。」司射先降，搢扑，反位。大夫從之降，適次，立於三耦之南，西面，北上。注：適次，由次前而北，西面立。司射東面於大夫之西比耦。大夫與大夫。命上射曰：「某御於子。」命下射曰：「子與某子射。」卒，遂比衆耦。注：衆耦，士也。衆耦立於大夫之南，西面，北上。若有士與大夫爲耦，則以大夫之耦爲上。注：爲上，居群士之上。命大夫之耦曰：「子與某子射。」告於大夫曰：「某御於子。」注：士雖爲上射，其辭猶尊大夫。命衆耦，如命三耦之辭。諸公、卿皆未降。注：言未降者，見其志在射〔一〕。

蕙田案：以上請射於公及比衆耦。

遂命三耦各與其耦拾取矢。皆袒、決、遂，執弓，右挾之。注：此命入次之事也。司射既命而反位，不言之者，上射出，當作取矢，事未訖。一耦出，西面揖，當楅，北面揖，及楅揖。注：三耦同入次，其出也一。上射出，西面立，司射作之，乃揖行也。當楅，楅正南之東西。上射東面，下射西面。上射揖，進坐，横弓，卻手自弓下取一个，兼諸弣，興，順羽，且左還，毋周，

〔一〕「射」，原作「降」，據光緒本、儀禮注疏卷一七改。

反面，揖。注：横弓者，南踣弓也。卻手自弓下取矢者，以左手在弓表，右手從裏取之，便也。兼，并也，并矢於弣。當順羽，既又當執弦。順羽者，手放而下備不整理也。左還，反其位。毋周，右還而反東面也。君在阼，還周則下射將背之。下射進坐，横弓，覆手自弓上取一个，兼諸弣，興，順羽，且左還，毋周，反面，揖。注：横弓，亦南踣弓也。人東西鄉，以南北爲横。覆手自弓上取矢，以左手在弓裏，右手從表取之，便也。既拾取矢，梱之。注：梱，齊等之也。

蕙田案：梱，郝敬云：「叩也，叩四矢使齊。」即鄭氏意。張爾岐曰：「疑當作『捆』。孟子注：『捆，猶叩椓也。』若梱，則門橛耳。」監本正誤亦云：「『梱』與『梱復』二字，皆誤。」盛世佐云：「二字通用。」盛氏爲長。楊氏脱此一節，不知何故。

兼挾乘矢，皆内還，南面揖。注：内還者，上射左，下射右。不皆右還，亦以君在阼，嫌下射，故左還而背之也。上以陽爲内，下以陰爲内，因其宜可也。適楅南，皆左還，北面揖，搢三挾一个，注：楅南，鄉當楅之位也。揖，以耦左還，上射於左。注：以，猶與也。言以者，耦之事成於此，意相人耦也。上射轉居左，便其反位也。上射少北，乃東面。退者與進者相左，相揖。退，釋弓矢於次，説決、拾，襲，反位。二耦拾取矢，亦如之。後者遂取誘射之矢，兼乘矢而取之，以授有司於次中，皆襲，反位。注：有司納射器，因留，主授受之。

蕙田案：以上三耦取矢於楅。

又案：自「司馬正袒、決、遂」以下至此，楊氏皆以爲第二次射之第一節。

司射作射如初。一耦揖，升如初。司馬命去侯，負侯許諾如初。司馬降，釋弓，反位。司射猶挾一个，去扑，與司馬交於階前，適阼階下，北面，請釋獲於公。公許。反，搢扑，遂命釋獲者設中，以弓爲畢，北面。注：北面立於所設中之南，當視之也。鄉射禮曰：「設中，南當楅，西當西序。」大史釋獲。小臣師執中，先首，坐設之，東面，退。大史實八算於中，橫委其餘於中西，興，共而俟。注：先，猶前也。命大史而小臣師設之，國君官多也。小臣師退，反東堂下位。鄉射禮曰：「橫委其餘於中西，南末。」司射西面命曰：「中離維綱，揚觸，梱復，公則釋獲，衆則不與。注：離，猶過也，獵也。侯有上下綱，其邪制躬舌之角者爲維。或曰「維」當爲「絹」，絹，綱耳。揚觸者，謂矢中他物，揚而觸侯也。梱復，謂矢至侯，不著而還。復，復反也。公則釋獲，優君也，衆當中鵠而著。唯公所中，中三侯皆獲。」注：值中一侯則釋獲。釋獲者命小史，小史命獲者。注：傳告服不，使知此司射所命。司射遂進，由堂下北面視上射，命曰：「不貫不釋。」上射揖，司射退，反位。注：貫，猶中也，射不中鵠，不釋算。釋獲者坐取中之八算，改實八算，興，執而俟。注：執所取算。乃射。若中，則釋獲者每一个釋一算，上射於右，下射於左。若有餘算，則反委之。注：委餘算，禮貴異。又取中之八算，改實八算於中，興，執而俟。三耦卒射。

蕙田案：以上三耦再射、釋獲。

賓降，取弓矢於堂西。注：不敢與君並俟告。取之以升，俟君事畢。疏：君待告乃取弓矢。諸公、卿則適次，繼三耦以南。注：言繼三耦，明在大夫北。公將射，則司馬師命負侯，皆執其旌以負其侯而俟。注：君尊，若始焉。司馬師反位。隸僕人埽侯道。注：新之。司射去扑，適阼階下，告射於公，公許。適西階東，告於賓，注：告當射也。遂搢扑，反位。小射正一人取公之決、拾於東坫上。一小射正授弓、拂弓，皆以俟於東堂。注：授弓，當授大射正。拂弓，去塵。公將射，則賓降，適堂西，袒、決、遂，執弓，搢三挾一个，升自西階，先待於物北一笴〔一〕，東面立。注：不敢與君併。笴，矢幹。東面立，鄉君也。司馬升，命去侯如初，還右，乃降，釋弓，反位。注：還右，還君之右也，猶出下射之南，還其後也。公就物。小射正奉決、拾以笥，大射正執弓，皆以從於物。注：笥，萑葦器。大射正舍司正，親其職。小射

〔一〕「北」，諸本重，據儀禮注疏卷一八删。

正坐奠笴於物南，遂拂以巾，取決，興，贊設決，朱極三。注：極，猶放也，所以韜指，利放弦也，以朱韋爲之。三者，食指、將指、無名指。無極，放弦契於此指，多則痛。小指短，不用。小臣正贊袒，公袒朱襦。卒袒，小臣正退俟於東堂。小射正又坐取拾，興，贊設拾，以笴退，奠於坫上，復位。注：既袒乃設拾。拾，當以韝襦上。大射正執弓，以袂順左右隈，上再下壹，左執弣，右執簫，以授公。公親揉之。注：順，放之也。隈，弓淵也。揉，宛之，觀其安危也。小臣師以巾内拂矢，而授矢於公，稍屬。注：内拂，恐塵及君也。稍屬，不搢矢。大射正立於公後，以矢行告於公。注：若不中，使君當知而改其度。下曰留，上曰揚，左右曰方。注：留，不至也。揚，過去也。方，出旁也。公既發，大射正受弓而俟拾發，以將乘矢。注：公下射也而先發，不留尊也。公卒射，小臣師以巾退，反位。大射正受弓。注：受弓，以授有司於東堂。小射正以笴受決、拾，退，奠於坫上，復位。大射正退，反司正之位。小臣正贊襲。公還，而後賓降，釋弓於堂西，反位於階西，東面。注：階西東面，賓降位。公即席。司正以命升賓。賓升，復筵，而後卿、大夫繼射。

蕙田案：以上君與賓耦射。

諸公、卿取弓矢於次中，袒、決、遂，執弓，搢三挾一个，出，西面揖，揖如三耦，升射。卒射，降如三耦。適次，釋弓，説決、拾，襲，反位。衆皆繼射。釋獲皆如初。注：諸公、卿言取弓矢，衆言釋獲，互言也。卒射，釋獲者遂以所執餘獲適阼階下，北面告於公曰：「左右卒射。」注：司射不言告者，釋獲者於是有事，宜終之也。餘獲，餘算也。無餘算則無所執。反位，坐委餘獲於中西，興，共而俟。

蕙田案：以上公、卿、大夫、衆耦再射。

司馬袒，執弓，升，命取矢如初。負侯許諾，以旌負侯如初。司馬降，釋弓如初。小臣委矢於楅，如初。注：司馬，司馬正。於是司馬師亦坐乘矢。賓、諸公、卿、大夫之矢，皆異束之以茅。卒，正坐，左右撫之，進束，反位。注：異束大夫矢，尊殊之也。正，司馬正也。進，前也。又言束，整結之，示親也。疏：公、卿皆異束，但大夫或與士耦，則士矢不束，大夫束之，故注：「異束大夫矢，尊殊之也。」

郝氏敬曰：左右撫之，數衆矢也。進束，謂既數衆矢，而後進所束之矢於楅。反位，反中西南、東面之位。

賓之矢，則以授矢人於西堂下。注：是言矢人，則納射器之有司，各以其器名官職。不言君矢，小臣以授矢人於東堂下可知。司馬釋弓，反位，而後卿、大夫升，就席。注：此言其升，前小臣委矢於楅。疏：據上文，則升席當在司馬釋弓之後，小臣委矢之前，故注言其次第也。司射適階西，釋弓，去扑，襲，進由中東，立於中南，北面視算。釋獲者東面於中西坐，先數右獲。二算爲純，一純以取，實於左手，十純則縮而委之，每委異之，有餘純則横諸下。一算爲奇，奇則又縮諸純下。興，自前適左，東面坐，坐兼斂算，實於左手，一純以委，十則異之，其餘如右獲。司射復位，釋獲者遂進取賢獲，執之由阼階下北面告於公。若右勝，則曰「右賢於左」；若左勝，則曰「左賢於右」。以純數告，若有奇者，亦曰奇。若左右鈞，則左右各執一算以告，曰「左右鈞」。還，復位，坐，兼斂算，實八算於中，委其餘於中西，興，共而俟。

蕙田案：以上再射，數左右獲算多少。

司射命設豐。注：當飲不勝者射爵。司宫士奉豐，由西階升，北面，坐設於西楹西，降，復位。勝者之弟子洗觶，升，酌散，南面，坐奠於豐上，降，反位。注：弟子，其少者也。不授者，射爵猶罰爵，略之。司射遂袒，執弓，挾一个，搢扑，東面於三耦之西，命三耦及衆射者，勝者皆袒、決、遂，執張弓。注：執張弓，言能用之也。右手挾弦。不勝者皆襲，説決、拾，卻左手，右加弛弓於其上，遂以執弣。注：固襲，説決、拾矣，復言之者，起勝者也。不勝者執弛弓，言不能用之也。兩言執弣，無所挾也。司射先反位。注：居前，俟所命入次而來飲。三耦及衆射者皆升，飲射爵於西階上。注：不勝之黨無不飲。疏：大射者，所以擇士以助祭。今若在於不勝之黨，雖數中亦受罰，及其助祭，雖飲射爵，亦得助祭；但在勝黨，雖不飲罰爵，若不數中，亦不得助祭。飲罰，據一黨而言；助祭，取一身之藝。義固不同也。小射正作升飲射爵者，如作射。

郝氏敬曰：司射但命其儀，不親作，與鄉射異。

一耦出，揖如升射。及階，勝者先升，升堂，少右。不勝者進，北面坐取豐上之觶，興，少退，立卒觶，進，坐奠於豐下，興，揖。注：右手執觶，左手執弓。不勝者先降，注：後升先降，略之，不由次也。降而少右，復並行。與升飲者相左，交於階前，相揖。適次，釋弓，襲，反位。僕人師繼酌射爵，取觶實之，反奠於豐上，退，俟於序端。注：僕人師酌者，君使之代弟子也，自此以下，辯爲之酌。升飲者如初。三耦卒飲。若賓、諸公、卿、大夫不勝，則不降，不執弓，耦不升。注：此耦謂士也。僕人師洗，升，實觶以授，賓、諸公、卿、大夫受觶於席以降，適西階上，北面，立飲，卒觶，授執爵者，反就席。注：雖尊，亦西階上立飲，不可以己尊枉正罰也。授爵而不奠豐，尊大夫也。若飲公，則侍射者降，洗角觶，升，酌散，降拜。注：侍射，賓也。飲君則不敢以爲罰，從致爵之禮也。公降一等，小臣正辭，賓升，再拜稽首，公答再拜。賓坐祭，卒爵，再拜稽首，公答再拜。賓降，洗象觶，升，酌膳以致，下拜，小臣正辭，升，再拜稽首，公答再拜。公卒觶，賓進受觶，降洗散觶，升，實散，下拜。小臣正辭，升，再拜稽首，公答再拜。注：賓復酌自飲者，夾爵也。但如致爵，則無以異於燕也。夾爵，亦所以恥公也。所謂若飲君，燕則夾爵。賓坐，不祭，卒觶，降奠於篚，階西東面立。注：不祭，象射爵。擯者以命升賓，賓升就席。注：擯者，司正也。若諸公、卿、大夫之耦不勝，則亦執弛弓，特升飲。注：此耦亦謂士也。特，猶獨也。以尊與卑爲耦〔一〕，而又不勝，使之獨飲，若無倫匹，孤賤也。衆皆繼飲射爵，如三耦。射爵辯，乃徹豐與觶。

蕙田案：以上飲不勝者。

司宮尊侯於服不之東北，兩獻酒，東面，南上，皆加勺。設洗於尊西北，篚在南，東肆。實一散於篚。注：爲大侯獲者設尊也。言尊侯者，獲者之功由侯也。不於初設之者，不敢必君射也。君不射，則不獻大侯之獲者。散，爵名，容五升。

敖氏繼公曰：爲三侯之獲者及隸僕人、巾車設尊，而言尊侯者，以其功皆由侯也。兩，兩壺也，或

〔一〕「以尊」，諸本脱，據儀禮注疏卷一八補。

脱一「壺」字耳。兩壺皆酒，而云「南上」，是先酌所上者與？加勺東枋，此在大侯之乏東北。乃云服不者，見此時服不在乏也。不於初設之者，因事而獻，故其尊亦俟時而設，所以別於正獻者也。此所設尊、洗之類，即篇首所言者也。上言「獲者之尊」，此云「尊侯」，上言「大侯之乏」，此云「服不」，文互見耳。又文亦有詳略，則以設與未設而異也。

盛氏世佐曰：敖說是，注以此尊專爲大侯獲者設，非。三侯之獲者，其功同，其人相去亦不遠，何必異尊？上經云「大侯之乏東北」，此經云「服不之東北」，其地一也。一地而兩尊，或先或後，亦理之所無者。注又云「君不射，則不獻大侯之獲者」，尤屬飾說。因燕而射，君或可以不與，未聞大射君不與者也。君若不射，射義何以言「君臣盡志於射」乎？云「南上」，是亦有玄酒矣。獻獲者而有玄酒，以祭侯，故重之也。

蕙田案：此所設尊、洗在侯、乏之間，則必俟時而設，恐早設之而妨獲者執旌之往來也，與君之射不射無涉。鄭云「君不射」，固非，盛說亦未盡。

司馬正洗散，遂實爵，獻服不。注：言服不者，著其官，尊大侯也。服不，司馬之屬，掌養猛獸而教擾之者。洗、酌皆西面。服不侯西北三步，北面，拜受爵。注：近其所爲獻。司馬正西面拜送爵，反位。注：不俟卒爵，略賤也。此終言之，獻服不之徒乃反位。疏：服不祭侯，而後卒爵。今司馬反位在未祭侯之前，是略賤也。雖不俟卒爵，然亦必兼獻其徒，而後始反位。宰夫有司薦，庶

子設折俎。注：宰夫有司，宰夫之吏也。鄉射記曰：「獲者之俎，折脊、脅、肺。」**卒錯，獲者適右个，薦俎從之。**注：不言服不，言獲者，國君大侯，服不負侯，其徒居乏待獲，變其文，容二人也。司馬正皆獻之。薦俎已錯，乃適右个，明此獻已，已歸功於侯也。適右个由侯內。鄉射記曰：「東方謂之右个。」

張氏爾岐曰：信如注言，司馬正並獻二人，當用二爵，經文明言「實一散於篚」，安得有二爵乎？司馬正所獻，決是服不氏一人，其徒則司馬師獻隸僕、巾車後乃獻之。服不本下士，其徒庶人在官者，故可後也。

獲者左執爵，右祭薦俎，二手祭酒。注：祭俎不奠爵，不備禮也。二手祭酒者，獲者南面於俎北，當爲侯祭於豆間，爵反注，爲一手不能正也。此薦俎之設，如於北面人焉。天子祝侯曰：「維若寧侯，無或若女不寧侯，不屬於王所，故抗而射女。彊飲盡食〔一〕，貽女曾孫諸侯百福。」諸侯以下，祝辭未聞。**適左个，祭如右个，中亦如之。卒祭，左个之西北三步，東面。**注：東面，受獻之位也。不北面者，嫌爲侯卒爵。**設薦俎，立卒爵。**注：不言不拜既爵，司馬正已反位，不拜可知也。鄉射禮曰：「獲者薦右東面立飲。」**司馬師受虛爵，洗，獻隸僕人與巾車、獲者，皆如大侯之禮。**注：隸僕人埽侯道，巾車張大侯，及參侯、干侯之獲者，其受獻之禮如服不也。隸僕人、巾車，於服不之位受

〔一〕「盡」，原作「彊」，據味經窩本、乾隆本、光緒本、儀禮注疏卷一八改。

之，功成於大侯也。不言量人者，此自後以及先可知。卒，司馬師受虛爵，奠於篚。注：獲者之篚。獲者皆執其薦，庶子執俎從之，設於乏少南。注：少南，爲復射妨旌也。隸僕人、巾車、量人，自服不而南。服不復負侯而俟。司射適階西，去扑，適堂西，釋弓，説決、拾，襲，適洗，洗觚，升，實之，降，獻釋獲者於其位，少南。注：獻釋獲者與獲者異，文武不同也。去扑者，扑不升堂也。少南，辟中。薦脯醢、折俎，皆有祭。注：俎與服不同，惟祭一爲異。釋獲者薦右東面拜受爵。司射北面拜送爵。釋獲者就其薦坐，左執爵，右祭脯醢；興，取肺，坐祭，遂祭酒；注：祭俎不奠爵，亦賤不備禮。興，司射之西北面立卒爵，不拜既爵。司射受虛爵，奠於篚。釋獲者少西辟薦，反位。司射適堂西，袒、決、遂，取弓，挾一个，適階西，搢扑以反位。注：爲將復射。

蕙田案：以上獻服不及釋獲者，第二番射事竟。

司射倚扑於階西，適阼階下，北面請射於公，如初。注：不升堂，賓、諸公、卿、大夫既射矣，聞之可知。反，搢扑，適次，命三耦。皆袒、決、遂，執弓，序出取矢。注：鄉言拾，是言序，互言耳。司射先反位。注：言先，先三耦也。司射既命三耦以入次之事，即反位。三耦入次，袒、決、遂，執弓，挾矢，乃出，反次外西面位。三耦拾取矢如初，小射正作取矢如初。注：小射正，司射之佐，作取矢，禮殺，代之。三耦既拾取矢，諸公、卿、大夫皆降，如初位，與耦入於次，皆袒、決、遂，執弓，皆進，當楅，進坐，説矢束。上射東面，下射西面，拾取矢，如三耦。注：凡繼射，命耦而已，不作射，不作取矢，從初。疏：言凡繼射、命耦者，前三耦卒射後，大夫降至三耦之南，西面，北上。司射東面於大夫西比耦。大夫與大夫。命上射曰：「某御於子。」命下射曰：「子與某子射。」卒，遂比衆耦云云。至公即席後，賓升階，復位，還筵，而後卿、大夫繼射，後「衆皆繼射，釋獲，皆如初」。注云：「諸公、卿言取弓矢，衆言釋獲，互言也。」既司射「所作唯上耦」，是此文小射正但作三耦拾取矢，公以下亦無作拾文，故曰「不作取矢，從初」，從三耦法也。若士與大夫爲耦，士東面，大夫西面。大夫進坐，説矢束，退，反位。注：説矢束，自同於三耦，謙也。耦揖，進，坐兼取乘矢，興，順羽，且左還，毋周，反面揖。注：兼取乘矢，不敢與大夫拾。大夫進坐，亦兼取乘矢，如其耦。北面，搢三挾一个，揖，進。大夫與其耦皆適次，釋弓，説決、拾，襲，反位。諸公、卿升，就席。注：大夫反位，諸公、卿乃升就席，大夫與已上下位。疏：公、卿乃上大夫，雖取矢在前，猶待下大夫反位，乃後升就席〔一〕。衆射者繼拾取矢，皆如三耦，遂入於次，釋弓矢，説決、拾，

〔一〕「後」，諸本脱，據儀禮注疏卷一八補。

襲，反位。

蕙田案：以上將以樂射，射者拾取矢。

司射猶挾一个以作射，如初。一耦揖、升如初。司馬升，命去侯。負侯許諾。司馬降，釋弓，反位。司射與司馬交於階前，倚扑於階西，適阼階下，北面，請以樂於公。公許。注：請奏樂以爲節也。始射，獲而未釋獲，復釋獲，復用樂行之。君子之於事也，始取苟能，中課有功，終用成法，教化之漸也。射用應樂爲難。孔子曰：「射者何以聽？循聲而發，發而不失正鵠者，其惟賢者乎？」司射反，搢扑，東面命樂正曰：「命用樂。」注：言君有命用樂射也。樂正在工南，北面。樂正曰：「諾。」司射遂適堂下，北面視上射，命曰：「不鼓不釋。」注：不與鼓節相應，不釋算也。鼓亦樂之節，學記曰：「鼓無當於五聲，五聲不得不和。」凡射之鼓節，投壺其存者也。周禮射節：天子九，諸侯七，卿、大夫以下五。上射揖，司射退，反位。樂正命大師曰：「奏貍首，間若一。」注：樂正西面受命〔一〕，左還，東面，命太師以大射之樂章使奏之也。貍首，逸詩曾孫也。貍之言不來也。其詩有「射諸侯首不朝者」之言，因以名篇，後世失之，謂之曾孫。「曾孫」者，其章頭也。射義

〔一〕「西面」，原作「西向」，據光緒本、儀禮注疏卷一八改。

所載詩曰「曾孫侯氏」是也。以爲諸侯射節者，采其既有弧矢之威，又言「小大莫處，御於君所，以燕以射，則燕則譽」，有樂以時會君事之志也。間若一者，調其聲之疏數重節。

蕙田案：貍首，鄭以爲即射義「曾孫」節。劉敞以爲即召南之鵲巢，篆文貍似鵲，首似巢。鄭因下文有「詒女曾孫」之云，而「貍之言不來也」，詩有「射諸侯首不朝」之言，與考工記祭侯之辭義相近，故傅會其說，未免牽强。然劉敞鵲巢之說，尤爲穿鑿。當以爲逸詩，不必求詩以實之。

大師不興，許諾。樂正反位，奏貍首以射。三耦卒射。賓待於物如初。公樂作而后就物，稍屬，不以樂志。其他如初儀。注：不以樂志，君之射儀，遲速從心，其發不必應樂，辟不敏也。志，意所擬度也。春秋傳曰：「吾志其目。」卒射，如初。賓就席，諸公、卿、大夫、衆射者皆繼射，釋獲如初。卒射，降，反位。釋獲者執餘獲進告。左右卒射，如初。

蕙田案：以上三射，以樂節射。

司馬升，命取矢，負侯許諾。司馬降，釋弓，反位。小臣委矢，司馬師乘之，皆如初。司射釋弓，視算，如初。釋獲者以賢獲與鈞告，如初，復位。

蕙田案：以上取矢、數獲如初。

司射命設豐，實觶，如初。遂命勝者執張弓，不勝者執弛弓，升，飲，如初。卒，退豐與觶，如初。

蕙田案：以上樂射後飲不勝者如初。

司射猶袒、決、遂，左執弓，右執一个，兼諸弦，面鏃，適次，命拾取矢，如初。注：側持弦矢曰執。面，猶尚也。兼矢於弦，尚鏃，將止，變於射也。司射反位。三耦及諸公、卿、大夫、衆射者皆袒、決、遂，以拾取矢，如初。矢不挾，兼諸弦，面鏃，退，適次，皆授有司弓矢，襲，反位。注：不挾，亦謂執之如司射。卿、大夫升，就席。

蕙田案：以上樂射後拾取矢如初。

司射適次，釋弓，説決、拾，去扑，襲，反位。司馬正命退楅，解綱。小臣師退楅，巾車、量人解左下綱。司馬師命獲者以旌與薦俎退。注：解，猶釋也。司射命釋獲者退中與算而俟。注：諸所退射器皆俟，備若復射〔一〕，釋獲者亦退其薦俎。

蕙田案：以上三射射事終。

〔一〕「若」，諸本作「君」，據儀禮注疏卷一八改。

公又舉奠觶，唯公所賜，若賓若長，以旅於西階上，如初。大夫卒受者以虛觶降，奠於篚，反位。

敖氏繼公曰：此一舉觶，當在未立司正之前乃降於此者，爲射故也。

蕙田案：以上爲大夫舉旅酬。

司馬正升自西階，東楹之東，北面告於公：「請徹俎。」公許。注：射事既畢，禮殺人倦，宜徹俎燕坐。遂適西階上，北面告於賓。賓北面取俎以出。諸公、卿取俎如賓禮，遂出，授從者於門外。大夫降，復位。注：門東北面位。疏：大夫雖無俎，以賓及公、卿皆送俎，不可獨立於堂，故降復位。云「門東北面位」者，謂初小臣納卿大夫門東北面揖位。庶子正徹公俎，降自阼階以東。注：降自阼階，若親徹也。以東，去藏。賓、諸公、卿皆入門，東面，北上。注：諸公、卿不入門而右，以將燕，亦因從賓。司正升賓。賓、諸公、卿、大夫皆説屨，升，就席。公以賓及卿、大夫皆坐，乃安。注：歸命「以我安」，臣於君尚猶踧踖，至此乃敢安。羞庶羞。大夫祭薦。司正升受命，皆命。公曰：「衆無不醉。」賓及諸公、卿、大夫皆興，對曰：「諾，敢不醉！」皆反位，坐。

蕙田案：以上徹俎、脱屨、安坐。

又案：以下儀節皆與燕禮相同。

主人洗，酌，獻士於西階上。士長升，拜受觶。主人拜送。注：獻士用觶，士賤也。士坐祭，立飲，不拜既爵。其他不拜，坐祭，立飲。注：其他，謂衆士也。升，不拜受爵。乃薦司正與射人於觶南，北面，東上，司正爲上。注：司正、射人，士也。以齒受獻，既乃薦之也。司正，大射正也。射人，小射正，略其佐。疏：案燕禮薦「司正與射人一人，司士一人，執冪二人」，此不言其數，又不言司士與執冪，文不具。辯獻士。士既獻者立於東方，西面，北上。乃薦士。注：士既獻易位者，以卿、大夫在堂，臣位尊東也。畢獻，薦之，略賤。祝史、小臣師亦就其位而薦之。注：亦者，亦士也。辯獻乃薦也。祝史，門東，北面，東上。

敖氏繼公曰：此獻史，蓋小史也。大史釋獲，鄉已受獻。

主人就士旅食之尊而獻之。旅食不拜受爵，坐祭，立飲。主人執虚爵，奠於篚，復位。

蕙田案：以上主人獻士及旅食。

賓降洗，升，媵觶於公，酌散，下拜。公降一等。小臣正辭。賓升，再拜稽首，公答再拜。賓坐祭，卒爵，再拜稽首。公答再拜。賓降，洗象觚，升，酌膳，坐奠於薦南，降拜。小臣正辭。賓升，成拜。公答拜。賓反位。注：此「觚」當作「觶」。公坐，取賓所媵觶[一]，興，唯公所賜。受者如初受酬之禮。降，更爵，洗，升，酌膳，下，再拜稽首。小臣正辭。升，成拜。公答拜。乃就席，坐行之。有執爵者，唯受於公者拜。司正命執爵者：「爵辯，卒受者興以酬士。」大夫卒受者以爵興，西階上酬士。士升。大夫奠爵拜，士答拜。大夫立卒爵，不拜，實之。士拜受。大夫拜送。士旅於西階上，辯。士旅酌。

蕙田案：此篇「偏」字皆作「辯」，古字同。尚書「偏於群神」，史記作「辯」，左傳「子言辯舍爵於季氏之廟而出」是也。

又案：以上賓舉爵，爲士旅酬。

若命曰：「復射。」則不獻庶子。注：獻庶子則正禮畢，後無事。司射命：「射唯欲。」注：司射命賓及諸公、卿、大夫射，欲者則射，不欲者則止，可否之事，從人心也。卿、大夫皆降，再拜稽首。公答拜。注：拜君樂與臣下執事無已。不言賓，賓從群臣，禮在上。

[一]「觶」，諸本作「觚」，據儀禮注疏卷一八改。

敖氏繼公曰：拜，拜君命也。公不辭之而即答拜者，以賓不在其中也。賓不與此拜者，以與君爲耦，射否宜由君，不敢從唯欲之命也。

壹發中三侯，皆獲。敖氏繼公曰：以其非正射，故上下射惟拾發一矢。以其壹發，故雖中非其侯而亦獲，是禮亦因而然也。唯公，則中離維綱，揚觸，梱復而皆獲。上云「退中與算而俟」，至是，則亦設中執算而釋獲矣。釋獲則有飲射爵之事也。

蕙田案：以上坐燕時復射。

主人洗，升自西階，獻庶子於阼階上〔一〕，如獻士之禮。辯獻，降，洗，遂獻左右正與内小臣，皆於阼階上，如獻庶子之禮。

蕙田案：以上主人獻庶子以下，獻禮終。

無算爵。注：算，數也。爵行無次數，唯意所歡，醉而止。士也，有執膳爵者，有執散爵者。執膳爵者酌以進公，公不拜，受；執散爵者酌以之公，命所賜。所賜者興受爵，降席下，奠爵，再拜稽首。公答再拜。注：席下，席西。受賜爵者以爵就席，坐。公卒爵，然

〔一〕「上」，諸本作「下」，據儀禮注疏卷一八改，下同。

後飲。注：酬之禮，爵代舉。今爵並行，嫌不代也。並行猶代者，明勸惠從尊者來。執膳爵者受公爵，酌，反奠之。注：燕之歡在飲酒，成其意也。受賜者興，授執散爵者。執散爵者乃酌行之。注：與其所歡者。唯受於公者拜。卒爵者興，以酬士於西階上。士升。大夫不拜乃飲，實爵。注：乃，猶而也。士不拜受爵。大夫就席。士旅酌亦如之。公有命徹冪，則賓及諸公、卿、大夫皆降西階下，北面，東上，再拜稽首。公命小臣正辭。公答拜。大夫皆辟，升，反位。士終旅於上，如初。無算樂。宵則庶子執燭於阼階上，司宮執燭於西階上，甸人執大燭於庭，閽人爲燭於門外。

蕙田案：以上無算爵。燕禮畢。

賓醉，北面坐，取其薦脯以降。注：取脯，重得君之賜。奏陔。注：陔夏，樂章也，其歌頌類也。以鐘鼓奏之，其篇今亡。賓所執脯以賜鐘人於門内霤，遂出。注：必賜鐘人，鐘人以鐘鼓奏陔夏，賜之脯，明雖醉，志禮不忘樂。卿、大夫皆出。注：從賓出。公不送。注：臣也與之安燕交歡，嫌亢禮也。公入，鷔。注：鷔夏，亦樂章也。以鐘鼓奏之，其詩今亡。此公出而言入者，射宫在郊，以將還爲入。燕不鷔者，於路寢，無出入也。

蕙田案：敖繼公云：「入，謂降而入於内也。燕禮不言公入，此言公入者，爲奏驁而見之也。」案：公出入，奏驁夏，但此奏驁尚在射所，非路寢，蓋射所之入，既已奏驁，至入路寢，又當奏之，經文省耳。

又案：以上賓出、公入。

又案：此篇於未射之前先行燕禮，則與燕禮篇相爲表裏也；射之時分爲三次，其儀節則與鄉射禮篇相爲表裏也。

右儀禮大射儀

五禮通考卷一百六十二

嘉禮三十五

射禮

儀禮鄉射

儀禮鄉射禮：鄭目録云：州長春、秋以禮會民，而射于州序之禮。謂之鄉者，州，鄉之屬，鄉大夫或在焉，不改其禮。於五禮屬嘉禮。

張氏爾岐曰：據注，此州長射禮，而云鄉射者，周禮五州爲鄉，一鄉管五州，鄉大夫或宅居一州之内，來臨此射禮。又，鄉大夫大比興賢能訖，而以鄉射之禮五物詢衆庶〔一〕，亦行此禮，故名鄉射禮也。

〔一〕「鄉」，原脱，據光緒本、儀禮鄭注句讀卷四補。

鄉射之禮。主人戒賓。賓出迎，再拜。主人答再拜，乃請。注：主人，州長也。鄉大夫若在焉，則稱鄉大夫也。戒，猶警也，語也。出迎，出門也。請，告也，告賓以射事。不言拜辱，此爲習民以禮樂，不主爲賓己也。不謀賓者，時不獻賢能，事輕也。今郡國行此禮以季春。周禮鄉老及鄉大夫，三年正月獻賢能之書於王，退而以鄉射之禮五物詢衆庶。諸侯之鄉大夫既貢士於其君，亦用此禮射而詢衆庶乎？　疏：案鄉大夫是諸侯鄉大夫，則此州長亦諸侯之州長，以士爲之。是以經云「釋獲者執鹿中」，而記云「士鹿中」也。若天子州長，中大夫爲之矣。**賓禮辭，許。主人再拜，賓答再拜。主人退，賓送，再拜。**注：退，還射宫，省録射事。**無介。**注：雖先飲酒，主於射也，其序賓之禮略。

蕙田案：以上戒賓。

乃席賓，南面，東上；注：不言於户牖之間者，此射於序。　疏：此射於序，鄉飲酒在庠，以其序無室，庠有室，無室則無户牖，設席亦當户牖之處耳。言「東上」，亦主人在東，故席端在東，不得以曲禮「席南向北向，以西方爲上」解之〔一〕。**衆賓之席繼而西；**注：言繼者，甫欲習衆庶，未有所殊別。　疏：鄉飲酒，三賓之席不屬。彼興賢能，故有殊別。**席主人於阼階上，西面。**注：阼階，東階。**尊於賓席之東，兩壺，斯禁，左玄酒，皆加勺。篚在其南，東肆。**注：斯禁，禁切地無足者也。

〔一〕「西方」，原作「東方」，據光緒本、儀禮注疏卷一一改。

設尊者北面，西曰左，尚之也。肆，陳也。疏：「左玄酒」，據人設尊，北面，故以西爲左。設洗于阼階東南，南北以堂深，東西當東榮。水在洗東，篚在洗西，南肆。注：榮，屋翼。縣于洗東北，西面。注：此縣謂磬也。縣於東方，辟射位也。但縣磬者，半天子之士，無鐘。乃張侯，下綱不及地武，注：侯，謂所射布也。綱，持舌繩也。武，迹也，中人之迹尺二寸。侯象人，綱即其足也，是以取數焉。不繫左下綱，中掩束之。注：事未至也。乏參侯道，居侯黨之一，西五步。注：容謂之乏，所以爲獲者御矢也。侯道五十步，此乏去侯北十丈，西三丈。

蕙田案：以上設席、陳器、具饌、張侯。

羹定，注：肉謂之羹。定，猶熟也，謂狗熟可食。主人朝服，乃速賓。賓朝服出迎，再拜。主人答再拜，退。賓送，再拜。注：速，召也。射賓輕也。戒時玄端。今郡國行此鄉射禮，皮弁服，與禮爲異。賓及衆賓遂從之。及門，主人一相出迎于門外，再拜。賓答再拜。注：相，主人家臣，擯贊傳命者。揖衆賓。注：差卑，禮宜異。主人以賓揖，先入。注：以，猶與也。先入，入門右，西面。賓厭衆賓。衆賓皆入門左，東面，北上。賓少進。注：引手曰厭。少進，差在前也。主人以賓三揖，皆行。及階，三讓，主人升一等，賓升。注：三讓而主人先升者，是主人先讓於賓。不俱升者，賓客之道，進宜難也。主人阼階上當楣，北面再拜。賓西階上當楣，北面答再拜。注：主人拜賓至此堂。

蕙田案：以上迎賓、拜至。

主人坐取爵于上篚以降。注：將獻賓也。賓降。注：從主人也。主人阼階前西面坐奠爵，興，辭降。注：重以主人事煩賓也。賓對。主人坐取爵，興，適洗，南面坐奠爵于篚下，盥，洗。注：盥手又洗爵，致潔敬也。賓進，東北面辭洗。注：必進者，方辭洗，宜違位也。言「東北面」，則位南於洗矣。主人坐奠爵于篚，興，對。賓反位。注：反從降之位也。鄉飲酒曰：「當西序，東面。」主人卒洗，壹揖、壹讓，以賓升。賓西階上北面拜洗。主人阼階上北面奠爵，遂答拜，乃降。注：乃降，將更盥也。賓降。主人辭降，賓對。主人卒盥，壹揖、壹讓，升。賓升，西階上疑立。注：疑，止也，有矜莊之色。主人坐取爵，實之，賓席之前西北面獻賓。注：進於賓也。凡進物曰獻。賓西階上北面拜，主人少退。注：少退，猶少辟也。賓進，受爵于席前，復位。注：復位，西階上位。主人阼階上拜送爵，賓少退。薦脯醢。注：薦，進。賓升席自西方。注：賓升降由下也。疏：以主人在東，又於席西拜，便，故「升降由下」。乃設折俎。注：牲體枝解節折以實俎也。主人阼階東疑立。賓坐，左執爵，右祭脯醢，奠爵于薦西，興，取肺，坐，絶祭，注：卻左手執本，右手絶末以祭也。肺離，上爲本，下爲末。尚左手，嚌之，注：嚌，嘗也。右手在下，絶以授口嘗之。興，加于俎；坐，挩手，執爵，遂祭酒，興，席末坐，啐酒；注：挩，拭也。啐，嘗也。降席，坐奠爵，拜告旨，注：降席，席西也。旨，美也。執爵興。主人阼階上答拜。賓西階上北面坐，卒爵，興，坐奠爵，遂拜，執爵興。注：卒，盡。主人阼階上答拜。

蕙田案：以上主人獻賓。

賓以虚爵降。注：將洗以酢主人。主人降。注：從賓也，降立阼階東，西面，當東序。賓西階前東面坐奠爵，興，辭降。主人對。賓坐取爵，適洗，北面坐奠爵于篚下，興，盥，洗。注：賓北面盥、洗，自外來。疏：對主人自内出，南面也。主人阼階之東，南面辭洗。賓坐奠爵于篚，興，對。主人反位。注：反位，反從降之位也。主人辭洗，進也。賓卒洗，揖、讓如初，升。主人拜洗。賓答拜，興，降，盥，如主人之禮。賓升，實爵，主人之席前東南面酢主人。注：酢，報。疏：言「如初」，則一揖一讓也。主人阼階上拜，賓少退。主人進，受爵，復位。賓西階上拜送爵。薦脯醢。主人升席自北方。乃設折俎。祭如賓禮，注：祭薦、俎及酒，亦嚌、啐。不告旨，注：酒，己物。自席前適阼階上，北面坐卒爵，興，坐奠爵，遂拜，執爵興。賓西階上北面答拜。注：自，由也。啐酒於席末，由前降，便也。主人坐奠爵於序端，阼階上再拜崇酒。賓西階上答再拜。注：序端，東序頭也。崇，充也。謝酒惡相充滿也。疏：奠爵于序端，此擬下獻衆賓也。

惠田案：以上賓酢主人。

主人坐取觶于篚以降。注：將酬賓。賓降。主人奠觶，辭降。賓對，東面立。主人坐取觶，洗。賓不辭洗。注：不辭洗，以其將自飲。卒洗，揖讓，升。賓西階上疑立。主人實觶，酬之，阼階上北面坐奠觶，遂拜，執觶興。注：酬，勸酒。賓西階上北面答拜。主人坐祭，遂飲，卒觶，興，坐奠觶，遂拜，執觶興。賓西階上北面答拜。

張氏爾岐曰：主人先自飲，所以爲勸也。

主人降，洗。賓降辭如獻禮。注：以將酌己。升，不拜洗。注：酬禮殺也。賓西階上立。主人實觶，賓之席前北面。注：酬賓。賓西階上拜。主人坐奠觶于薦西。賓辭，坐取觶以興，反位。注：賓辭，辭主人復親酌己。主人阼階上拜送。賓北面坐奠觶于薦東，反位。注：酬酒不舉。

蕙田案：以上主人酬賓。

主人揖，降。賓降，東面立于西階西，當西序。注：主人將與衆賓爲禮，賓謙，不敢獨居堂。主人西南面三拜衆賓。衆賓皆答壹拜。注：三拜，示徧也。壹拜，不備禮也。獻賓畢，乃與衆賓拜，敬不能並。疏：衆賓無問多少，止爲三拜而已，是示徧也。衆賓人皆一拜，是不備禮也。此亦答大夫拜法。若答士拜，則亦再拜，見于特牲也。云「獻賓畢，乃與衆賓拜」者，自爾來唯與賓拜，未與衆賓拜，今始拜之，故云「敬不能並」。主人揖，升，坐取爵于序端，降，洗，升，實爵，西階上獻衆賓。衆賓之長升，拜受者三人。注：長，其老者。言三人，則衆賓多矣。國以多德行、道藝爲榮，何常數之有乎？疏：此雖非賓賢能，其衆亦三人在堂上，與鄉飲酒數同。其堂下衆賓無定數，故鄭云「衆賓多矣」。主人拜送。注：拜送爵於衆賓右。坐祭，立飲，不拜既爵，授主人爵，降，復位。注：既，盡。疏：此還據堂上三人者。降復賓南東面位。衆賓皆不拜受爵，坐祭，立飲。注：自第四以下，又不拜受爵，禮彌略。疏：此謂堂下衆賓無數者也。每一人獻，則薦諸其席。疏：此還據堂上三人有席者，故云「薦諸其席」，謂席前也。衆賓辯有脯醢。注：薦於其位。疏：還據堂下無席者，故鄭云「薦於其位」，不云席也。主人以虛爵降，奠于篚。注：不復用。

蕙田案：以上主人獻衆賓。

揖，讓，升。賓厭衆賓，升。衆賓皆升，就席。一人洗，舉觶於賓。注：一人，主人之吏。疏：主人之吏，亦謂府史以下，非屬官也。升，實觶，西階上坐奠觶，拜，執觶興。賓席末答拜。舉觶者坐祭，遂飲，卒觶，興，坐奠觶，拜，執觶興。賓答拜。降，洗，升，實之，西階上北面。注：將進，奠觶。賓拜。注：拜受觶。舉觶者進，坐，奠觶于薦西。注：不授，賤不敢也。賓辭，坐，取以興。注：若親受然。舉觶者西階上拜送。賓反奠于其所。舉觶者降。疏：云「反奠于其所」者，還於薦西，以其射後賓北面舉之爲旅酬，故不奠於薦東也。

蕙田案：以上一人舉觶。

大夫若有遵者，則入門左。注：爲此鄉之人爲大夫者也。謂之遵者，方以禮樂化民，欲其遵法之也。其士也，於旅乃入。鄉大夫、士非鄉人，禮亦然。主人降。注：迎大夫於門内也。不出門，别於賓。賓及衆賓皆降，復初位。注：不敢居堂，俟大夫入也。初位，門内、東面。主人揖、讓，以大夫升。拜至，大夫答拜。主人以爵降，大夫降。主人辭降，大夫辭洗，如賓禮。席于尊東。注：尊東，明與賓夾尊也。不言東上，統於尊也。升，不拜洗。主人實爵，席前獻於大夫。大夫西階上拜，進受爵，反位。主人大夫之右拜送。大夫辭加席。主人對，不去加席。注：辭之者，謙，不以己尊加賢者也。不去者，大夫再重席，正也。賓一重席。乃薦脯醢。大夫升席。設折俎。祭如賓禮，不嚌肺，不啐酒，不告旨，西階上卒爵，拜。主人答拜。注：凡所不者，殺於賓也。大夫升席由東方。大夫降，洗。注：將酢主人也。大夫若衆，則辯獻長乃酢〔一〕。主人復阼階，降，辭如初。卒洗，主人盥。注：盥者，雖將酌自飲，尊大夫，不敢褻。揖，讓，升。大夫授主人爵于兩楹間，復位。主人實爵，以酢於西階上，坐奠爵，拜。大夫答拜。坐祭，卒爵，拜。大夫答拜。主人坐奠爵于西楹南，再拜崇酒。大夫答拜。主人復阼階，揖，降。疏：爲士於旅乃入，擬獻士，故奠爵於西楹南。大夫降，立于賓南。注：雖尊，不奪人之正禮。主人揖、讓，以賓升。大夫及衆賓皆升，就席。

蕙田案：以上遵入獻、酢之禮。

席工于西階上，少東。樂正先升，北面立于其西。注：言少東者，明樂正西側階。不欲大東，辟射位。工四人，二瑟，瑟先。相者皆左何瑟，面鼓，執越，内弦，右手相。入，升自西階，北面，東上。工坐。相者坐授瑟，乃降。注：相，扶工也。面，前也。鼓在前，變于君也。執越、内弦、右手相，由便也。越，瑟下孔，所以發越其聲也。前越言執者，内有弦結，手入之淺也。相者降，立西方。笙入，立於縣中，西面。注：堂下樂相從也。縣中，磬東立，西面。乃合樂周南關

〔一〕「酢」，諸本作「酬」，據儀禮注疏卷一一改。

雎、葛覃、卷耳，召南鵲巢、采蘩、采蘋。注：不歌不笙不間，志在射，略於樂也。不略合樂者，周南、召南之風，鄉樂也，不可略其正也。疏：鄉飲酒禮、燕禮作樂四節，今不歌不笙不間，唯有合樂，故云「志在射，略於樂也」。二南是大夫、士之鄉樂，已之正樂，故云不可略其正也。工不興，注：瞽矇禮略也。告于樂正曰：「正歌備。」樂正告于賓，乃降。注：樂正降者，堂上正樂畢也。降立西階東，北面。主人取爵于上篚，獻工。大師則爲之洗。賓降，主人辭降。注：大夫不降，尊也。工不辭洗。卒洗，升，實爵。工不興，左瑟。一人拜受爵，主人阼階上拜送爵。薦脯醢。使人相祭。工飲，不拜既爵，授主人爵。衆工不拜受爵，祭，飲。辯有脯醢，不祭，不洗，遂獻笙于西階上。笙一人拜于下，盡階，不升堂，受爵。主人拜送爵。階前坐祭，立飲，不拜既爵，升，授主人爵。衆笙不拜受爵，坐祭，立飲。辯有脯醢，不祭。主人以爵降，奠于篚。反升，就席。主人降席自南方，注：禮殺，由便。側降，注：賓不從降。作相爲司正。司正禮辭，許諾。主人再拜，司正答拜。注：主人爵備樂畢，將留賓以事，爲有懈倦失禮，立司正以監之，察儀法也。詩云：「既立之監，或佐之史。」主人升，就席。司正洗觶，升自西階，由楹内適阼階上，北面受命于主人，西階上北面請安于賓。賓禮辭，許。司正告于主人，遂立于楹間以相拜。主人阼階上再拜，賓西階上答再拜〔一〕，皆揖就席。司正實觶，降自西階，中庭北面坐奠觶，興，退，少立；進，坐取觶，興，反坐，不祭，遂卒觶，興，坐奠觶，拜；執觶興，洗，北面坐，奠于其所；興，少退，北面立于觶南。未旅。注：旅，序也。未以次序相酬，以將射也〔二〕。

蕙田案：以上合樂樂賓，獻工與笙，立司正。

三耦俟于堂西，南面，東上。注：司正既立，司射選弟子之中德行道藝之高者，以爲三耦，使俟事於此。

郝氏敬曰：凡射，二人爲耦。天子六耦，諸侯四耦，大夫、士三耦，謂之正耦。鄉射正耦三，用六人。

張氏爾岐曰：自此下始言射事。射凡三番：第一番，三耦之射，獲而不釋獲；第二番，賓、主、大夫、衆賓耦射，釋獲，升飲；第三番，以樂節射。此下至「乃復求矢加于楅」，言三耦之射。司射請射于賓，命弟子納射器，比三耦。司馬命張侯，又命倚旌。樂正請樂器，三耦取弓矢，司射誘射，乃作三耦射。司馬命設楅，取矢，凡九節，射之第一番也。

〔一〕「再」，諸本脱，據儀禮注疏卷一一補。
〔二〕「以」，諸本脱，據儀禮注疏卷一一補。

司射適堂西，袒、決、遂，取弓于階西，兼挾乘矢，升自西階，階上北面告于賓曰：「弓矢既具，有司請射。」注：司射，主人之吏也。於堂西袒、決、遂者，主人無次，隱蔽而已。袒，左免衣也。決，猶闓也，以象骨爲之，著右大擘指，以鉤弦闓體也。遂，射韝也，以韋爲之，所以遂弦者也。其非射時則謂之拾，拾，斂也，所以蔽膚斂衣也。方持弦矢曰挾。乘矢，四矢也。大射曰：「挾乘矢於弓外，見鏃於弣，右巨指鉤弦。」疏：大射，諸侯禮，有大射正爲長，射人次之，司射又次之，小射正次之，皆是士爲之。則此大夫、士禮，不得用士，故知是主人之吏。賓對曰：「某不能，爲二三子許諾。」注：言「某不能」，謙也。二三子，謂衆賓已下。司射適阼階上，東北面告于主人曰：「請射于賓。」賓許。司射降自西階，階前西面命弟子納射器。注：弟子，賓黨之年少者也。納，内也。射器，弓、矢、決、拾、旌、中、籌、楅、豐也。賓黨東面，主人之吏西面。乃納射器，皆在堂西。賓與大夫之弓倚于西序，矢在弓下，北括。衆弓倚於堂西，矢在其上。注：上，堂西廉。矢亦北括。疏：序在堂上，故矢在弓下；堂西在堂下，故矢隨其弓，而直堂西廉稜之上也。主人之弓矢在東序東。注：亦倚于東序也，矢在其下，北括。司射不釋弓矢，遂以比三耦於堂西。三耦之南，北面，命上射曰：「某御於子。」命下射曰：「子與某子射。」注：比，選次其才相近者也。司正爲司馬。注：兼官，由便也。立司正爲莅酒爾，今射，司正無事。司馬命張侯。弟子説束，遂繫左下綱。注：事至也。司馬又命獲者倚旌于侯中。注：爲當負侯也。獲者，亦弟子也。謂之獲者，以事名之。獲者由西方坐取旌，倚于侯中，乃退。樂正適西方，命弟子贊工，遷樂于下。注：當辟射也。贊，佐也。遷，徙也。弟子相工，如初入，降自西階，阼階下之東南，堂前三笴，西面，北上，坐。注：笴，矢幹也。疏：矢人注：「矢幹長三尺。」是去堂九尺也。樂正北面，立于其南。注：北面，鄉堂，不與工序。

盛氏世佐曰：以上三節，皆一時事。當司射比三耦之時，司馬即命張侯倚旌，而樂正命遷樂矣。經文序事，不得不爾，非真有先後也。

蕙田案：以上請射、納射器、比耦、張侯、遷樂。

司射猶挾乘矢以命三耦：「各與其耦讓，取弓矢，拾。」注：猶，有故之辭。拾，更也。疏：更遞取弓矢，見威儀也。非「決、拾」之「拾」。三耦皆袒、決、遂。有司左執弣，注：有司，弟子納射器者也。右執弦而授弓，遂授矢。三耦皆執弓，搢三而挾一个。注：搢，插也，插於帶右。司射先立于所設中之西南，東面。三耦皆進，由司射之西，立于其西南，東面，北上而俟。司射東面立于三耦之北，搢三而挾一个；揖進，當階北面揖，及階揖，升堂揖，豫則鉤楹內，堂則由楹外。注：鉤楹，繞楹而東也。序無室，可以深也。豫讀如「成周宣榭災」

之「榭」，周禮作「序」。凡屋無室曰榭。

蕙田案：敖氏繼公曰：「今文『豫』作『序』，『序』之文意明白于『豫』，且記亦以序與堂對言，宜從今文。序，州黨之學也；堂即庠，鄉學也。州屬于鄉，黨屬于州，則三者之學，其大小淺深有差矣。」鄭謂序乃夏后氏之學，故不從今文作「序」，而從古文作「豫」，又破爲「榭」。州長職「春秋以禮會民而射于州序」，此即鄉射之事。鄭注禮記亦以序爲州黨之學，何於此獨爲異説乎？當從敖氏。

當左物，北面揖，及物揖。左足履物，不方足，還，視侯中，俯正足。注：方，猶併也。志在於射，左足至，右足還，併足則是立也。南面視侯之中，乃俯視併正其足。不去旌，注：以其不獲。誘射，注：誘，猶教也。將乘矢。注：將，行也，行四矢。執弓，不挾，注：不挾，矢盡。右執弦，南面揖。揖如升射，降，出于其位南，適堂西，改取一个挾之，遂適階西，取扑，搢之以反位。注：扑，所以撻犯教者。書云：「扑作教刑。」

蕙田案：以上三耦就位，司射誘射。

司馬命獲者執旌以負侯。注：欲令射者見侯與旌，深有志於中。獲者適侯，執旌負侯而俟。注：俟，待也。

敖氏繼公曰：使之執旌于侯中，以示射者。若謂中侯，則舉此而言獲然。

司射還，當上耦，西面，作上耦射。注：還，左還也。作，使也。司射反位。上耦揖進，上射在左，並行；當階北面揖，及階揖。上射先升三等，下射從之，中等。注：中，猶間也。上射升堂，少左；下射升，上射揖，並行；注：並，併也，并東行。皆當其物，北面揖，及物揖；皆左足履物，還，視侯中，合足而俟。

欽定義疏：此儀一如誘射，但于其行也，言「左」言「並」，于其升也，言「先」言「從」，則以誘射一人、射偶二人故也。

司馬適堂西，不決、遂，袒，執弓，注：不決、遂，因不射，不備。出于司射之南，升自西階，鉤楹，由上射之後，西南面立於物間。右執簫，南揚弓，命去侯。注：鉤楹，以當由上射者之後也。簫，弓末也。大射曰「左執弣」。揚，猶舉也。獲者執旌許諾，聲不絕，以至于乏，坐，東面，偃旌，興而俟。注：聲不絕，不以宮商，不絕而已。鄉射威儀省。偃，猶仆也。司馬出于下射之南，還其後，降自西階，反，由司射之南適堂西，釋弓，襲，反位，立于司射之南。注：圍下射者，明爲二人命去侯。司射進，與司馬交于階前相左，由堂下西階之東、北面視上射，命曰：「無射獲，無獵獲。」上射揖，司射退，反位。注：射獲，謂矢中人也。獵，矢從旁。

疏：相左之時在西階之西，司馬由北而西行，司射由南而東行，各以左相迎〔一〕，故云「相左」也。乃射。上射既發，挾弓矢，而后下射射。拾發以將乘矢。注：后，後也。獲者坐而獲，注：射者中，則大言獲。獲，得也。射，講武，田之類，是以中爲獲也。舉旌以宮，偃旌以商。注：宮爲君，商爲臣。聲和律呂相生。獲而未釋獲。注：但大言獲，未釋其算。

敖氏繼公曰：第一番射，獲者但大言其獲，未釋算；及第二番射，始設中而釋算。

張氏爾岐曰：釋算，取以識中之多寡。注上下文皆言「大言獲」，疏乃以宮爲大言獲，商爲小言獲，是一矢而再言獲，恐未然。

卒射，皆執弓，不挾，南面揖，揖如升射。注：不挾，亦右執弦，如司射。上射降三等，下射少右，從之，中等。並行，上射於左。注：降，下。疏：此上射、下射升與降，皆上射爲先。又上射升降皆在左。與升射者相左，交於階前，相揖。由司馬之南適堂西，釋弓，説決、拾，襲而俟於堂西，南面，東上。三耦卒射，亦如之。司射去扑，倚于西階之西，升堂，北面告于賓曰：「三耦卒射。」注：去扑乃升，不敢佩刑器即尊者之側。賓揖。注：以揖然之。

〔一〕「迎」，諸本作「近」，據儀禮注疏卷一二改。

蕙田案：以上三耦初射。

司射降，搢扑，反位。司馬適堂西，袒，執弓，由其位南進，與司射交于階前相左。升自西階，鉤楹，自右物之後，立于物間，西南面揖弓，命取矢。注：揖，推之也。獲者執旌許諾，聲不絶，以旌負侯而俟。注：俟弟子取矢，以旌指教之。司馬出于左物之南，還其後，降自西階，遂適堂前，北面，立于所設楅之南，命弟子設楅。注：楅，猶幅也，所以承笴齊矢者。乃設楅于中庭，南當洗，東肆。注：東肆，統于賓。司馬由司射之南退，釋弓於堂西，襲，反位。弟子取矢，北面坐，委于楅，北括，乃退。司馬襲，進當楅南，北面坐，左右撫矢而乘之。注：撫，拊之也，就委矢，左右手撫而四四數分之也。上既言襲矣，復言之者，嫌有事即袒也。凡事升堂乃袒。疏：北括者，順射時矢南行也。若矢不備，則司馬又袒，執弓如初，升，命曰：「取矢，不索。」注：索，猶盡也。弟子自西方應曰：「諾。」乃復求矢，加于楅。

蕙田案：以上設楅、取矢。第一番射事竟。

司射倚扑于階西，升，請射于賓，如初。賓許諾。賓、主人、大夫若皆與射，則遂告于賓，適阼階上告于主人。主人與賓爲耦。注：言若者，或射或否，在時欲耳。疏：射禮三而止。第一番，直司射與三耦誘射，不釋算；第二番，三耦與衆耦俱射，釋算；第三番，兼有作樂爲射節，賓、主、大夫則或射或否。

張氏爾岐曰：自此至「釋獲者少西辟薦，反位」，言賓、主、大夫、衆賓耦射釋獲升飲之儀，射之第二番也。司射請射比耦，三耦取矢于楅，衆耦受弓矢序立，乃設中爲釋獲之射，三耦射，賓、主人射，大夫射，衆賓射，司馬取矢乘矢，司射視釋獲者數獲，設豐，飲不勝者，獻獲者，獻設獲者，凡十三節。

遂告于大夫。大夫雖衆，皆與士爲耦。以耦告于大夫曰：「某御于子。」注：大夫皆與士爲耦，謙也。來觀禮，同爵自相與耦，則嫌自尊別也。大夫爲下射而云「御于子」，尊大夫也。士，謂衆賓之在下者，及群士來觀禮者也。禮，一命已下，齒于鄉里。西階上北面作衆賓射。注：作，使。司射降，搢扑，由司馬之南適堂西，立，比衆耦。注：衆耦，大夫耦及衆賓也。命大夫之耦曰：「子與某子射。」其命衆耦如三耦。衆賓將與射者皆降，由司馬之南適堂西，繼三耦而立，東上。大夫之耦爲上。若有東面者，則北上。注：言「若有」者，大夫、士來觀禮及衆賓多，無數也。賓、主人與大夫皆未降。注：言未降者，見其志在射。司射乃比衆耦辯。注：衆賓射者降，比之，耦乃徧。

蕙田案：以上比衆耦，繼三耦而立。

遂命三耦拾取矢，司射反位。注：反位者，俟其袒、決、遂來。三耦拾取矢，皆袒、決、遂，執弓，進立于司馬之西南。司射作上耦取矢，司射反位。上耦揖進，當楅北面揖，及楅揖，上射東面，下射西面。上射揖，進坐，横弓，卻手自弓下取一个，兼諸弣，順羽，且興，執弦而左還，退反位，東面揖。注：横弓者，南踣弓也。卻手由弓下取矢者，以左手在弓表，右手從裏取之，便也。兼并矢於弣，當順羽，既又當執弦也。順羽者，手放而下備不整理也。疏：表，弓背也。「且興」者，謂以右手順羽之時則興，故云「且」也。「左還」者，以左手向外而西回也。東面揖，揖下射取矢也。下射進坐，横弓，覆手自弓上取一个，興，其他如上射。注：覆手由弓上取矢者，以左手在弓裏，右手從表取之，亦便。

朱子曰：上文東向覆手，南踣弓，則弦向身；此云西向却手，南踣弓，則弦向外。

既拾取乘矢，揖，皆左還，南面揖，皆少進，當楅南，皆左還，北面，搢三挾一个。注：楅南，鄉當楅之位。揖，皆左還，上射於右。注：上射轉居右，便其反位也。下射左還，少南行，乃西面。與進者相左，相揖，退，反位。注：相左，皆由進者之北。三耦拾取矢，亦如之。後者遂取誘射之矢，兼乘矢而取之，以授有司于西方，而後反位。注：取誘射之矢，挾五个，弟子逆受於東面位之後。

蕙田案：以上三耦拾取矢，進退相左。

衆賓未拾取矢，皆袒、決、遂，執弓，搢三挾一个，由堂西進，繼三耦之南而立，東面，北上。大夫之耦爲上。注：未，猶不也。衆賓不拾者，未射，無楅上矢也。言此者，嫌衆賓、三耦同倫。初時有射者，後乃射，有拾取矢，禮也。

蕙田案：以上衆賓受弓矢序立。

司射作射如初。一耦揖、升如初。司馬命去侯，獲者許諾。司馬降，釋弓，反位。司射猶挾一个，去扑，與司馬交于階前，升，請釋獲于賓。注：猶，有故之辭。司射既誘射，恒執弓挾矢以掌射事，備尚未知，當教之也。今三耦卒射，衆足以知之矣，猶挾之者，君子不必也。賓許。降，搢扑，西面立于所設中之東，北面命釋獲者設中，遂視之。注：視之，當教之。釋獲者執鹿中，一人執算以從之。注：鹿中，謂射於榭也，於庠當兕中。釋獲者坐設中，南當楅，西當西序，東面。興，受算，坐實八算于中，横委其餘于中西，南末，興，共而俟。注：興還北面受算，反東面實之〔一〕。司射遂進，由堂下北面命曰：「不貫不釋。」注：貫，猶中也。不中正，不釋算也。上射揖，司射退，反位。釋獲者坐，取中之八算，改實八算于中，興，執而俟。注：執所取算。乃射。若中，則釋獲者坐而釋獲：每一个釋一算，上射於右，下射於

〔一〕「反」，原作「及」，據光緒本、儀禮注疏卷一二改。

左。若有餘算，則反委之。注：委餘算，禮尚異也。委之，合於中西。又取中之八算，改實八算于中，興，執而俟。三耦卒射。

敖氏繼公曰：此節在於次耦升而將射之時，後皆如之。言「三耦卒射」者，著繼射之節也。

蕙田案：以上三耦再射、釋獲。

賓、主人、大夫揖，皆由其階降，揖。主人堂東袒、決、遂，執弓，搢三挾一个。賓于堂西亦如之。皆由其階，階下揖，升堂揖。主人爲下射。皆當其物，北面揖，及物揖。乃射。卒，南面揖，皆由其階，階上揖。降階揖，賓序西，主人序東，皆釋弓，説決、拾，襲，反位。升，及階揖，升堂揖，皆就席。

朱子曰：後記有：「君袒朱襦，大夫袒纁襦；君在，大夫射則肉袒。」然則士射皆肉袒歟？

蕙田案：以上賓、主人射。

大夫袒、決、遂，執弓，搢三挾一个，由堂西出于司射之西，就其耦。大夫爲下射。揖進，耦少退，揖如三耦。及階，耦先升。卒射，揖如升射。耦先降，降階，耦少退。皆釋弓於堂西，襲。耦遂止于堂西，大夫升就席。注：耦於庭，不並行，尊大夫也。

蕙田案：以上大夫與耦射。

衆賓繼射。釋獲皆如初。司射所作唯上耦。注：於是言「唯上耦」者，嫌賓、主人射亦作之。大射三耦卒射，司射請于公與賓。疏：記云「賓、主人射，則司射擯升降」，是雖不作，猶爲擯相之，但不請也。卒射，釋獲者遂以所執餘獲升自西階，盡階，不升堂，告于賓曰：「左右卒射。」降，反位，坐，委餘獲于中西，興，共而俟。注：司射不告卒射者，釋獲者於是有事，宜終之也。餘獲，餘算也。無餘算則空手耳。俟，俟數也。

敖氏繼公曰：後射者既由司馬之南而適堂西，釋獲者乃告卒射也。執獲，以告己所有事也。不升堂，降于司射也。左右，猶言上下射也。下文放此。

蕙田案：以上衆賓繼射、釋獲，告卒射。

司馬袒、決，執弓升，命取矢，如初。獲者許諾，以旌負侯，如初。司馬降，釋弓，反位。弟子委矢，如初。大夫之矢則兼束之以茅，上握焉。注：兼束大夫矢，優之，是以不拾也。束於握上，則兼取之，順羽便也。握，謂中央也。不束主人矢，不可以殊于賓也。言大夫之矢，則矢有題識也。肅慎氏貢楛矢，銘其括。司馬乘矢如初。

朱子曰：注「上握」之説未明。疑束之之處，當在中央手握處之下，使握在上，則去鏃近而去羽遠，取之便易也。

敖氏繼公曰：上握，謂上于手握之處也。矢以鏃爲上，括爲下，下經云「面鏃」是也。

蕙田案：以上司馬命取矢、乘矢。

司射遂適西階西，釋弓，去扑，襲，進由中東，立于中南，北面視算。注：釋弓、去扑，射事已。釋獲者東面于中西坐，先數右獲。注：固東面矣，復言之者，爲其少南就右獲。二算爲純，注：純，猶全也。耦陰陽。一純以取，實于左手，十純則縮而委之，注：縮，從也，於數者東西爲從。每委異之，注：易校數。有餘純則横於下。注：又異之也。自近爲下。一算爲奇，奇則又縮諸純下。注：奇，猶虧也，又從之。興，自前適左，東面，注：起由中東就左獲，少北於故，東面鄉之。疏：云「少北於故」，故則右算也，又移至左算之後，東面向之，是以云「少北於故」。坐，兼斂算，實于左手，一純以委，十則異之，注：變於右。疏：右則一一取之於地〔一〕，實于左手；此則總斂於左手，一一取之於左手，委於地。禮以變爲敬也。其餘如右獲。注：謂所縮所横。司射復位，釋獲者遂進取賢獲，執以升自西階，盡階不升堂，告于賓。注：賢獲，勝黨之算也，齊之而取其餘。若右勝則曰「右賢於左」，若左勝則曰「左賢於右」。以純數告，若有奇者亦曰奇。注：賢，猶勝也。言賢者，射之以中爲雋也。假如右勝，告曰「右賢於左若干純、若干奇」。若左

〔一〕「一一」，諸本作「一純」，據儀禮注疏卷一二改。

右鈞，則左右皆執一算以告，曰「左右鈞」。降，復位，坐，兼斂算，實八算于中，委其餘于中西，興，共而俟。

盛氏世佐曰：此算獲之法。合三耦及衆射者而統計之，分左右，不分各耦，下文飲不勝者亦然。其間誠有不中而隱茈、多中而蒙罰者，此正聖人深意所在，不可不知。蓋古者射以觀德，賢、不肖分焉，爭心所易起也。若每耦自分勝負，則相形之下，難乎其爲不勝者矣。惟如是，則其不勝非一人之咎，而其勝也亦非一人之長，使不能者知恥，而勝者亦無所用其矜焉，所以潛消其爭鬬之萌，而養其寬厚和平之德也。鄉射但以習禮樂，非以別賢否故爾。若夫天子試士于射宫，中多者得與于祭，中少者不得與于祭，其法必與此異，而今不可考矣。

蕙田案：以上數獲。

司射適堂西，命弟子設豐。注：將飲不勝者，設豐所以承其爵也。豐形蓋似豆而卑。弟子奉豐升，設于西楹之西，乃降。勝者之弟子洗觶，升酌，南面坐奠于豐上，降，袒，執弓，反位。注：勝者之弟子，其少者也。耦不酌，下無能也。酌者不授爵，略之也。執弓反射位，不俟其黨，已酌有事。司射遂袒，執弓，挾一个，搢扑，北面于三耦之南，命三耦及衆賓勝者皆袒、決、遂，執張弓，注：執張弓，言能用之也。右手執弦，如卒射。不勝者皆襲，説決、拾，卻左手，右加弛弓于其上，遂以執弣。注：固襲，説決、拾矣，復言之者，起勝者也。執弛弓，言不能用之也。兩手執弣，又不得執弦。司射先反位。注：居前俟所命來。三耦及衆射者皆與其耦進立于射位，北上。司射作升飲者，如作射。一耦進揖，如升射，及階，勝者先升堂，少右。注：先升，尊賢也。少右，辟飲者也，亦相飲之位。疏：相飲者皆北面於西階，授者在東，飲者在西。

朱子曰：右，自北面而言則東也。相飲之位，謂飲之者立于飲者之後。

不勝者進，北面坐，取豐上之觶，興，少退，立卒觶，進，坐奠于豐下，興，揖。注：立卒觶，不祭、不拜，受罰爵，不備禮也。不勝者先降，與升飲者相左，交于階前，相揖，出于司馬之南，遂適堂西釋弓，襲而俟。有執爵者，注：主人使贊者代弟子酌也。執爵者坐取觶，實之，反奠于豐上。升飲者如初。三耦卒飲。賓、主人、大夫不勝，則不執弓。執爵者取觶降洗，升，實之，以授于席前。受觶以適西階上，北面，立飲，卒觶，授執爵者，反就席。大夫飲則耦不升。若大夫之耦不勝，則亦執弛弓，特升飲。衆賓繼飲射爵者辯，乃徹豐與觶。

蕙田案：以上飲不勝者。

司馬洗爵，升，實之以降，獻獲者于侯。注：鄉人獲者賤，明其主以侯爲功得獻也。薦脯醢，設折俎，俎與薦皆三祭。注：皆三祭，爲其將祭侯也。祭侯三處也。獲者負侯，北面拜受爵。司馬西面拜送爵。注：負侯，負侯中也。拜送爵不同面者，辟正主也。其設薦俎，西面錯，以南爲上，爲受爵于侯，薦之于位。獲者執爵，使人執其薦與俎從之，適右个，設薦俎。注：獲者以侯爲功，是以獻焉。人，謂主人贊者，上設薦俎者也。爲設籩在東，豆在西，俎當其北也。言使設，新之。獲者南面坐，左執爵，祭脯醢；執爵興，取肺，坐祭；遂祭酒，注：爲侯祭也，亦二手祭酒反注，如大射。興，適左个。中皆如之[一]。注：先祭左个，後中者，以外即之，至中，若神在中也。左个之西北三步，東面設薦俎，獲者薦右，東面立飲，不拜既爵。注：不就乏者，明其享侯之餘也。立飲薦右，近司馬，於是司馬北面。司馬受爵，奠于篚，復位。獲者執其薦，使人執俎從之，辟設于乏南。注：遷設薦俎就乏，明己所得禮也。言辟之者，不使當位，辟舉旌、偃旌也。設于南，右之也。凡他薦俎，皆當其位之前。獲者負侯而俟。疏：俟第三番射也。司射適階西，釋弓矢，去扑，說決、拾，襲，適洗洗爵，升，實之以降，獻釋獲者于其位，少南。薦脯醢、折俎，有祭。注：不當其位，辟中。釋獲者薦右、東面拜受爵，司射北面拜送爵。釋獲

〔一〕「皆」，諸本作「亦」，據儀禮注疏卷一二改。

者就其薦坐，左執爵，祭脯醢；興，取肺，坐祭；遂祭酒，興，司射之西、北面立飲，不拜既爵。司射受爵，奠于篚。釋獲者少西辟薦，反位。注：辟薦少西之者，爲復射妨司射視算也。亦辟俎。

蕙田案：以上司馬獻獲者、司射獻釋獲者，第二番射事竟。

司射適堂西，袒、決、遂，取弓于階西，挾一个，搢扑以反位。注：爲將復射。司射去扑，倚于階西，升，請射于賓，如初。賓許。司射降，搢扑，由司馬之南適堂西，命三耦及衆賓皆袒、決、遂，執弓，就位。司射先反位。三耦及衆賓皆袒、決、遂，執弓，各以其耦進，反于射位。司射作拾取矢。三耦拾取矢如初，反位。賓、主人、大夫降揖如初。主人堂東，賓堂西，皆袒、決、遂，執弓；皆進階前揖，及楅揖；拾取矢如三耦。卒，北面，搢三挾一个，揖退。賓堂西，主人堂東，皆釋弓矢，襲；及階揖，升堂揖，就席。

蕙田案：以上三耦、賓、主人拾取矢。

大夫袒、決、遂，執弓，就其耦，注：降，袒、決、遂於堂西，就其耦於射位，與之拾取矢。揖，皆進，如三耦，耦東面，大夫西面。大夫進坐，說矢束，注：說矢束者，下耦以將拾取。疏：

云「大夫西面」者，爲下射故也。**興，反位；而后耦揖進，坐，兼取乘矢，順羽而興，反位，揖。**注：兼取乘矢者，尊大夫，不敢與之拾也。相下相尊，君子之所以相接也。**大夫進坐，亦兼取乘矢，如其耦，北面，搢三挾一个，**注：亦於三耦爲之位。**揖退。耦反位，大夫遂適序西，釋弓矢，襲，升即席。**注：大夫不序於下，尊也。**衆賓繼拾取矢，皆如三耦，以反位。**

蕙田案：以上大夫、衆賓拾取矢。

司射猶挾一个以進，作上射如初。一耦揖、升如初。注：進，前也。曏言「還，當上耦西面」，是言「進」，終始互相明也。**司馬升，命去侯，獲者許諾。司馬降，釋弓，反位。司射與司馬交于階前，去扑，襲，升，請以樂樂于賓。賓許諾。司射降，搢扑，東面命樂正曰：「請以樂樂于賓。」賓許。**注：東面，于西階之前也。不就樂正命之者，傳尊者之命於賤者，遥號令之可也。樂正亦許諾，猶北面，不還，以賓在堂。**司射遂適階間堂下，北面命曰：「不鼓不釋。」**注：不與鼓節相應，不釋算也。鄉射之鼓五節，歌五終，所以將八矢，一節之間當拾發，四節四拾，其一節先以聽也。疏：射人云：「王以騶虞，九節；諸侯以貍首，七節；卿大夫以采蘋，五節；士以采蘩，五節。」卿、大夫、士同五節，尊卑樂節雖多少不同，四節以盡乘矢則同，其餘外皆以聽。王九節者，五節先以聽；諸侯七節者，三節先以聽；卿、大夫、士五節者，一節先以聽。皆以四節拾發乘矢。但尊者先以聽則多，卑者先以聽則少，優尊者，先知審故也。

敖氏繼公曰：鄉射之歌五終而鼓五節，其三節先以聽，而二節之間拾發乘矢焉。射人職所謂「五節二正」是也。王之大射九節五正，諸侯七節三正，卿、大夫與士同。

盛氏世佐曰：此當以疏説爲是，敖氏好立異，而引周禮射人職爲證，以愚考之則不然。蓋自敖説推之，則王之九節五正，五節之間拾發乘矢，而其先以聽者亦四節也。夫天子以下，降殺以兩，禮之大凡也。今其先以聽者，天子、諸侯同爲四節，而大夫、士僅減其一焉，固已不倫矣。且其拾發乘矢一也，而乃有五正、三正、二正之不同，是節之多者似促數，而節之少者反舒長，此亦理之不可通者。蓋射人所云九節、七節、五節者，以樂節言也，所云五正、三正、二正者，以其侯采言也。鄭注蓋不可易矣。何必改先儒已定之説以證己之臆見也？又射人所言當屬賓射之禮，敖氏乃以大射目之，亦非。

上射揖，司射退，反位。樂正東面命太師曰：「奏騶虞，間若一。」注：東面者，進還鄉大師也。騶虞，國風召南之詩篇也。射義曰：「騶虞者，樂官備也。」其詩有「一發五豝、五豵，于嗟騶虞」之言，樂得賢者衆多，嘆思至仁之人以充其官，此天子之射節也。而用之者，方有樂賢之志，取其宜也。其他賓客、卿大夫則歌采蘋。「間若一」者，重節。　疏：云「間若一者，重節」者，謂五節之間，長短希數皆如一，則是重樂節也。

朱子曰：據詩但取「一發五豝」之義耳，騶虞則爲仁獸之名，以庶類蕃殖，美國君之仁如之也。

「樂官備」者，諸儒有以騶爲文王之囿、虞爲主囿之官，故立此義。而鄭注因之，與其詩箋自相違異，今姑從之。

盛氏世佐曰：樂正及大師之位，見上「遷樂」章。反位，反工南、北面位也。又案：禮射有三，大射、賓射、燕射是也。士無大射，大夫以下無燕射而有鄉射。射義及射人職所言以樂節射之，差皆賓射也，故與此異。鄉射得歌騶虞者，二南爲鄉學，騶虞篇次在召南内，故得用之。且大夫、士與天子遠，無嫌于僭也，若諸侯之大射與賓射同，大射儀云「奏貍首」是也。以是推之，則天子及大夫之大射亦與其賓射同樂可知矣。又投壺云：「命弦者曰：請奏貍首。」投壺，大夫、士燕射之禮也，乃奏貍首者，燕禮殺，故變而與諸侯之賓射同，所謂禮窮則同也。然但以瑟奏之，而不用金石之樂，亦其異也。鄉射與投壺雖奏騶虞、貍首，而其節則止于五，下記云「歌騶虞若采蘋，皆五終」是也。

太師不興，許諾。樂正退，反位。

蕙田案：以上司射請以樂節射。

乃奏騶虞以射。三耦卒射。賓、主人、大夫、衆賓繼射。釋獲如初。卒射降〔一〕。注：皆應鼓與歌之節，乃釋算。降者，衆賓。**釋獲者執餘獲升，告左右卒射，如初。**注：卒，

〔一〕「射降」，原誤倒，據味經窩本、乾隆本、光緒本、儀禮注疏卷一二乙正。

已也。

蕙田案：以上三耦、賓、主人、大夫、衆賓以樂射。

司馬升，命取矢。獲者許諾。司馬降，釋弓，反位。弟子委矢，司馬乘之，皆如初。

蕙田案：以上樂射取矢、數矢。

司射釋弓，視算如初。注：算，獲算也。釋獲者以賢獲與鈞告，如初，降，復位。

蕙田案：以上樂射視算、告獲。

司射命設豐。設豐，實觶，如初。遂命勝者執張弓，不勝者執弛弓，升飲如初。

蕙田案：以上樂射飲不勝者。

司射遂袒[一]、決、遂，左執弓，右執一个，兼諸弦，面鏃；注：面，猶尚也。并矢於弦，尚其鏃，將止，變於射也。適堂西，以命拾取矢，如初；司射反位。三耦及賓、主人、大夫、衆賓皆袒、決、遂，拾取矢，如初。矢不挾，兼諸弦、弣以退，不反位，遂授有司于堂西。辯拾取矢，揖，皆升就席。注：謂賓、大夫及衆賓也。相俟堂西，進立于西階之前。主人以賓揖升，

〔一〕「遂袒」，諸本作「猶袒」，據儀禮注疏卷一二改。

大夫及衆賓從升，立時少退于大夫。三耦及弟子自若留下。

蕙田案：以上拾取矢，授有司。

司射乃適堂西，釋弓，去扑，説決、拾，襲，反位。司馬命弟子説侯之左下綱而釋之，命獲者以旌退，命弟子退福。司射命釋獲者退中與算而俟。注：諸所退，皆俟堂西，備復射也。旌言「以」者，旌恒執也。獲者、釋獲者亦退其薦俎。司馬反爲司正，退復觶南而立。

樂正命弟子贊工即位。弟子相工，如其降也，升自西階，反坐。注：贊工遷樂也。降時如初入。樂正反自西階東〔一〕，北面。注：當監旅酬。

蕙田案：以上射事畢。

賓北面坐，取俎西之觶，興，阼階上北面酬主人。主人降席，立于賓東。賓坐，奠觶，拜，執觶興。主人答拜。賓不祭，卒觶，不拜，不洗，實之，進東南面。注：所不者，酬而禮殺也。賓立飲。疏：取俎西之觶者，上一人舉觶于賓，賓奠于薦西者也。主人阼階上北面拜，賓少退。注：少退，少逡遁也。主人進受觶。賓主人之西、北面拜送，注：旅酬而同階，禮

〔一〕「自」，諸本作「于」，據儀禮注疏卷一二改。

殺也。賓揖，就席。主人以觶適西階上酬大夫。大夫降席，立于主人之西，如賓酬主人之禮。注：其既實觶，進西南面，立鄉所酬。主人揖，就席。若無大夫，則長受酬，亦如之。注：長，謂以長幼之次酬衆賓。司正升自西階，相旅，作受酬者曰：「某酬某子。」注：某者，字也。某子者，氏也。稱酬者之字，受酬者曰某子。旅酬下爲上，尊之也。春秋傳曰「字不若子」，此言「某酬某子」者，射禮略于飲酒，飲酒言「某子受酬」，以飲酒爲主。受酬者降席。司正退立于西序端，東面。注：退立，俟後酬者也。始升相，立階西，北面。衆受酬者拜、興、飲，皆如賓酬主人之禮。辯，遂酬在下者。皆升，受酬于西階上。注：在下，謂賓黨也。鄉飲酒記曰：「主人之贊者，西面，北上，不與，無算爵，然後與。」此異於賓。疏：引鄉飲酒記者，欲見主黨不與酬之義。卒受者以觶降，奠于篚。司正降，復位。

蕙田案：以上旅酬。

使二人舉觶于賓與大夫。注：二人，主人之贊者。舉觶者皆洗觶，升，實之，西階上北面，皆坐奠觶，拜，執觶興。賓與大夫皆席末答拜。舉觶者皆坐祭，遂飲，卒觶，興，坐奠觶，拜，執觶興。賓與大夫皆答拜。舉觶者逆降，洗，升，實觶，皆立于西階上，北面，東上。賓與大夫拜。舉觶者皆進，坐奠于薦右。賓與大夫辭，坐受觶以興。舉觶者退反位，皆拜送，乃降。賓與大夫坐，反奠于其所，興。若無大夫，則唯賓。注：長一人舉觶，如燕禮媵爵之爲。

蕙田案：以上二人舉觶。

司正升自西階，阼階上受命于主人，適西階上，北面請坐于賓。賓辭以俎。反命于主人。主人曰：「請徹俎。」賓許。司正降自西階，階前命弟子俟徹俎。司正升，立于序端。賓降席，北面。主人降席自南方，阼階上北面。大夫降席，席東，南面。注：俟弟子升受俎。賓取俎，還授司正，司正以降自西階。賓從之降，遂立于階西，東面。司正以俎出，授從者。主人取俎，還授弟子。弟子受俎，降自西階以東。主人降自阼階，西南立。注：以東，授主人侍者。大夫取俎，還授弟子。弟子以降自西階，遂出授從者。大夫從之降，立于賓南。衆賓皆降，立于大夫之南，少退，北上。

蕙田案：以上徹俎。

主人以賓揖、讓，説屨，乃升。大夫及衆賓皆説屨，升坐。

蕙田案：以上説屨升坐。

乃羞，注：燕設啗具，所以案酒。無算爵。使二人舉觶。賓與大夫不興，取奠觶飲，卒

觶，不拜。注：二人，謂媵者二人也，使之升立于西階上。賓與大夫將旅，當執觶也。卒觶者固不拜矣，著之者，嫌坐卒爵者拜既爵。此坐于席，禮既殺，不復崇。**執觶者受觶，遂實之。賓觶以之主人，大夫之觶長受，**注：長，衆賓長。**而錯，皆不拜。**注：錯者，實主人之觶以之次賓也，實賓長之觶以之次大夫，其或多者，迭飲於坐而已，皆不拜受，禮又殺也。**辯，卒受者興，以旅在下者于西階上。**注：衆賓之末，飲而酬主人之贊者，大夫之末，飲而酬賓黨，亦錯焉。不使執觶者酌，以其將旅酬，不以己尊於人也。其末若皆衆賓，則先酬主人之贊者；若皆大夫，則先酬賓黨而已。執觶者酌在上辯，降，復位。**長受酬，酬者不拜，乃飲，卒觶，以實之。**注：言「酬者不拜」者，嫌酬堂下異位當拜也。**受酬者不拜受。**注：禮殺，雖受尊者之酬，猶不拜。**辯旅皆不拜。**注：主人之贊者於此始旅，嫌有拜。**執觶者皆與旅。**注：嫌已飲不復飲也。上使之勸人耳，非逮下之惠也。亦自以齒與於旅也。**卒受者以虛觶降，奠于篚。**

盛氏世佐曰：上文及此，兩言「卒受者」，依注「二觶並行」，則卒受者二人也。敖氏以經云「大夫之觶長受而錯」，則賓觶但至主人而止，其說不同。竊謂堂上旅酬，皆執觶者酌以送之，受者各於其席坐飲，故二觶可以並行。至于旅在下者之時，同在西階上，酬者又須親酌，若復二觶並行，頗覺其雜揉而無次；況一階之上而行禮者常四人，焉能曲盡其進退雍容之度乎？然則旅在下者，蓋用一觶也。所用之觶，無論賓與大夫，但取行至三賓之末者，三賓之末飲而酬堂下衆賓之長，堂下賓長飲而酬主人之贊者，亦以次交錯而辯也。其一觶則執觶者以降，奠于篚，注云「執觶者酌在上者辯，降，復位」，其在斯時，與敖謂「堂上惟行一觶」、注謂「堂下亦行二觶」皆未合。讀者試以上下經文反覆玩味，必有能辨之者。

執觶者洗，升，實觶，反奠于賓與大夫。注：復奠之者，燕以飲酒爲歡，醉乃止，主人之意也。無算樂。注：合鄉樂，無次數。

蕙田案：以上坐燕射後飲酒禮竟。

賓興，樂正命奏陔。注：陔，陔夏，其詩亡。周禮：「賓醉而出，奏陔夏。」陔夏者，天子、諸侯以鐘鼓，大夫、士鼓而已。賓降及階，陔作。賓出。衆賓皆出。主人送于門外，再拜。注：拜送賓于門東，西面。賓不答拜，禮有終。

蕙田案：以上賓出。

明日，賓朝服以拜賜于門外。注：拜賜，謝恩惠也。主人不見，如賓服，遂從之，拜辱于門外，乃退。注：不見，不褻禮也。拜辱，謝其自屈辱。

蕙田案：以上拜賜。

主人釋服，乃息司正。注：釋服，説朝服，服玄端也。息，猶勞也。勞司正，謂賓之，與之飲酒，以其昨日猶勞倦也。月令曰「勞農以休息之」。**無介，**注：勞禮略，貶於飲酒也。此以下皆記禮之異者。**不殺。**注：無俎故也。**使人速，**注：速，召賓。**迎于門外，不拜。入，升，不拜至，不拜洗，薦脯醢，無俎。賓酢主人，主人不崇酒，不拜。衆賓既獻，衆賓一人舉觶，遂無算爵。**注：言遂者，明其間闕也。賓坐，奠觶于其所，擯者遂受命于主人，請坐于賓，賓降，説屨，升坐矣。不言遂請坐者，請坐主于無算爵。**無司正，**注：使擯者而已，不立之。**賓不與。**注：昨日至尊，不可褻也。**徵唯所欲，**注：徵，召也。謂所欲請呼。**以告于鄉先生、君子可也。**注：告，請也。鄉先生，鄉大夫致仕者也。君子，有大德行不仕者。**羞唯所有。**注：用時見物。**鄉樂唯欲。**注：不歌雅、頌，取周、召之詩，在所好。

蕙田案：以上息司正。

記：大夫與，則公士爲賓。注：不敢使鄉人加尊于大夫也。公士，在官之士。鄉，賓、主用處士。

盛氏世佐曰：公士，鄉人之爲命士者，明非主人之屬也。大夫雖入于一人舉觶之後，而其有無來否，主人必預知之。其用公士、處士，蓋自戒賓之時而已定矣，非自大夫至而後易之也。此與鄉飲酒禮異者，彼所以賓賢，不可以大夫故易也。

使能，不宿戒。注：能者敏于事，不待宿戒而習之。

盛氏世佐曰：亦云「使能」者，此賓雖輕，然必有才德者爲之，不可使不賢而居尊位也。不宿戒者，亦以國之公禮詢衆庶習射，皆有定期故也。

蕙田案：以上記賓。

其牲，狗也，亨于堂東北。

敖氏繼公曰：用狗者，因大射之牲也，其義與鄉飲同。

尊綌幕，賓至徹之。注：以綌爲幕，取其堅潔。**蒲筵緇布純。**

蕙田案：以上記牲與尊幕、筵。

西序之席北上。注：衆賓統于賓。

敖氏繼公曰：經言衆賓升就席者三人耳，又曰「衆賓之席繼而西」，是未必有「西序之席北上」者，此記未詳。

張氏爾岐曰：堂上自正賓外，衆賓三人而已。今乃有西序東面之席，豈三人非定法與？疏以爲大夫多，尊東不受，則于尊西，賓近于西，則三賓東面，未知然否。要之，爲地狹不容者擬設耳。

蕙田案：以上記西序之席。

獻用爵，其他用觶。以爵拜者，不徒作。
蕙田案：以上記爵、觶之用。
薦，脯用籩，五膱。祭半膱，横于上。醢以豆，出自東房。膱長尺二寸。注：脯用籩，籩宜乾物也；醢以豆，豆宜濡物也。膱，猶脡也。祭横于上，殊之也，於人爲縮。
蕙田案：以上記脯、醢。
俎由東壁，自西階升。賓俎脊、脅、肩、肺，主人俎脊、脇、臂、肺。肺皆離。皆右體也。進腠。注：以骨名肉，貴骨也。賓俎用肩，主人用臂，尊賓也。右體周，所貴也。
蕙田案：以上記俎。
凡舉爵，三作而不徒爵。凡奠者於左，將舉者於右。衆賓之長一人辭洗，如賓禮。注：尊之於其黨。
蕙田案：以上記行禮諸節。
若有諸公，則如賓禮；大夫如介禮。無諸公，則大夫如賓禮。注：尊卑之差。
張氏爾岐曰：鄉射無介，此以飲酒禮中之賓、介，明其差等也。
蕙田案：敖繼公謂此記「無諸公，則大夫如賓禮」，與經違，乃記者之誤。蓋謂此經所言遵者，大夫之儀，指無諸公者而言，而其儀亦無異于介，不得爲如賓禮也。然經不見「如賓禮」之儀，而記互見之，正不得以不合經疑之也。

又案：以上記遵者、諸公、大夫之差。

樂作，大夫不入。樂正與立者齒。

敖氏繼公曰：但云「與立者齒」，獻薦與旅皆在其中矣，惟位則異。

蕙田案：以上記大夫入節、樂正立位。

三笙一和而成聲。注：三人吹笙，一人吹和，凡四人也。爾雅曰：「笙小者謂之和。」

蕙田案：鄭注以和爲笙小者，敖繼公、郝敬謂三人吹笙，一人歌以和之，二説不同。案：爾雅釋樂：「大笙謂巢，小笙謂和。」既有明文。陳暘樂書、陳祥道禮書並云：「大者十九簧，而以巢名之，以其管在匏，有鳳巢之象也；小者十三簧，而以和名之，以其大者唱則小者和也。」是小笙爲和，確有明徵。又國語云「匏竹利制」，又曰「匏竹尚議」，韋昭云：「利制，以聲音調利爲制。議，從其調利也。」凡匏竹之器，皆取其大小相調，竽、簫、籥、管、篪皆然。則笙與和之相調，信矣。若敖氏所謂歌詩以和，不知升歌之時無笙，笙入之時無歌。間歌，亦一歌一笙，無歌笙並作之事。若合樂，則歌者二人，又不止于一和。且記云：「歌者在上，匏竹在下，貴人聲也。」則堂下安得有歌？敖説非也。

又案：以上記笙。

獻工與笙，取爵于上篚，既獻，奠于下篚，其笙則獻諸西階上。注：奠于下篚，不復用也。

蕙田案：以上記工與笙之獻。

立者東面，北上。注：賓黨。

蕙田案：以上記立者之位。

司正既舉觶而薦諸其位。注：薦于觶南。

蕙田案：以上記司正薦節。

三耦者，使弟子，司射前戒之。注：弟子，賓黨之少者也。前戒，謂先射，請戒之。

敖氏繼公曰：三耦射則在先，立則居前。以弟子爲之者，爲司射當誘射也。誘有教之之意，故以少者爲之。耦而誘之，不使長者嫌其待之淺也。惟前戒，故不待命而先俟于堂西。

蕙田案：以上記三耦。

司射之弓矢與扑，倚于西階之西。注：便其事也。

蕙田案：以上記司射弓矢倚扑處。

司射既袒、決、遂而升，司馬階前命張侯，遂命倚旌。注：著並行也。

蕙田案：以上記司射、司馬並行。

凡侯：天子熊侯，白質；諸侯麋侯，赤質；大夫布侯，畫以虎豹；士布侯，畫以鹿豕。注：此所謂獸侯也，燕射則張之。鄉射及賓射，當張采侯二正。而記此者，天子、諸侯之燕射，各以其鄉射之禮而張此侯，則經獸侯是也，由是云焉白質、赤質，皆謂采其地。其地不采者，白布也。熊、麋、虎、豹、鹿、豕，皆正面畫其頭象于正鵠之處耳。君畫一，臣畫二，陽奇陰耦之數也。

凡畫者丹質。注：賓射之侯、燕射之侯，皆畫雲氣于側以爲飾，必先以丹采其地。丹，淺於赤。

蕙田案：以上記侯。

射自楹間。物長如笴，其間容弓。距隨長武。注：楹間，中央東西之節也。物，謂射時所立處也。物，猶事也，君子所有事也。長如笴者，謂從畫之長短也。笴，矢幹也，長三尺，與跬相應，射者進退之節也。間容弓者，上下射相去六尺也。距隨者，物橫畫也。始前足至東頭爲距，後足來合而南面爲隨。武，迹也，尺二寸。

郝氏敬曰：物長如笴，與人步一跬相應。三尺爲跬，六尺爲步。從長半弓，不言橫，同也。其間，謂兩物相去，中間可容弓。六尺曰弓，即一步也。兩人麗立，中空一步以便射也。左足先履物，拒其外曰距，右足來合曰隨。足迹曰武。武，尺有奇。兩足收斂迫狹，方可容一武也。

張氏爾岐曰：榭鈎楹内，堂由楹外，雖不同，皆以楹中央爲東西之節。注云「謂射于庠」，恐未是。

序則物當棟，堂則物當楣。注：是制五架之屋也，正中曰棟，次曰楣，前曰庪。

蕙田案：以上記物。

命負侯者由其位。注：於賤者禮略。疏：司馬自在己位，遥命之。

蕙田案：以上記司馬命負侯之位。

凡適堂西，皆出入于司馬之南。唯賓與大夫降階，遂西取弓矢。注：尊者宜逸，由便也。

盛氏世佐曰：凡適堂西，皆出入于司馬之南，蓋威儀之法，有不得由便者。惟賓與大夫則否，優尊也。

蕙田案：以上記適堂西所由。

旌各以其物。無物，則以白羽與朱羽糅，杠長三仞，以鴻脰韜上二尋。注：雜帛爲物，大夫、士之所建也。言「各」者，鄉射或于庠，或于榭。無物者，謂小國之州長也。其鄉大夫一命，其州長，士，不命，不命者無物。此翿旌也，翿亦所以進退衆者。糅者，雜也。杠，橦也。七尺曰仞，八尺曰尋。　疏：諸侯鄉大夫是大夫，詢衆庶，射于庠；諸侯州長是士，春秋習射于榭。

蕙田案：以上記旌。

凡挾矢，于二指之間横之。注：二指，謂左右手之第二指，此以食指、將指挾之。　疏：第二指爲食指，左傳云「子公之食指動」是也；第三指爲將指，左傳「吴王闔廬傷將指」是也。

蕙田案：以上記挾矢之法。

司射在司馬之北。司馬無事不執弓。注：以不主射故也。

蕙田案：以上記司射之法，司馬之執弓。

始射，獲而未釋獲；復，釋獲；復，用樂行之。注：君子取人以漸。

蕙田案：以上記三射之序。

上射于右。注：于右物射。

蕙田案：以上記射位。

楅長如笴，博三寸，厚寸有半，龍首，其中蛇交，韋當，注：兩端爲龍首，中央爲蛇身相交也。直心背之衣曰當，以丹韋爲之。　楅，髤，横而奉之，南面坐而奠之，南北當洗。注：髤，赤黑漆也。

蕙田案：以上記楅。

射者有過，則撻之。疏：司射搢扑，是教射法，撻犯禮之過者。尚書云「侯以明之，撻以記之」是也。

蕙田案：以上記撻。

衆賓不與射者不降。注：不以無事亂有事。

蕙田案：以上記堂上衆賓。

取誘射之矢者，既拾取矢，而后兼誘射之乘矢而取之。注：謂反位已禮成，乃更取之，不相因也。疏：云「不相因」者，既自拾取己之乘矢，反位，東西望，訖，上射乃更向前，兼取誘射之矢〔一〕。禮以變爲敬，故不相因。

朱子曰：經云後者「遂取誘射之矢」，此注乃云「反位禮成，乃更進取之」，似相矛盾。疏「上射」字，與「後者」二字不相應，當作下耦之下射。

〔一〕「取」，原作「所」，據光緒本、儀禮注疏卷一三改。

蕙田案：以上記兼取誘射之矢。

賓、主人射，則司射擯升降。卒射，即席而反位，卒事。注：擯賓、主人升降者，皆尊之也。不使司馬擯其升降，主于射。疏：司馬本是司正，不主射事。

蕙田案：以上記司射擯升降。

鹿中，髤，前足跪，鑿背，容八算。釋獲者奉之，先首。注：前足跪者，象教擾之獸受負也。

蕙田案：以上記鹿中。

大夫降，立于堂西以俟射。注：尊大夫，不使久列于射位。

大夫與士射，袒纁襦。耦少退于物。注：不肉袒，殊于耦。耦少退，下大夫也，既發則然。

蕙田案：以上記大夫立處、袒法。

司射釋弓矢，視算。與獻釋獲者釋弓矢。注：惟此二事釋弓矢，則擯升降不釋。

蕙田案：以上記司射釋弓矢。

禮射不主皮。主皮之射者，勝者又射，不勝者降。注：禮射，謂以禮樂射也，大射、賓射、燕射是矣。不主皮者，貴其容體比于禮，其節比于樂，不待中爲雋也。言「不勝者降」，則不復升射也。主皮者無侯，張獸皮而射之，主于獲也。尚書傳曰：「戰鬬不可不習，故於蒐狩以閑之也。」閑之者，貫之也；貫之者，習之也。凡祭，取餘獲陳于澤，然後卿、大夫相與射也。中者，雖不中也取；不中者，雖中也不取。何以然？所以貴揖讓之取也，而賤勇力之取。嚮之取也於囿中，勇力之取；今之取也於澤宮，揖讓之取也。澤，習禮之處，非所以行禮，其射又主中，此主皮之射與？天子大射張皮侯，賓射張五采之侯，燕射張獸侯。

朱子曰：案書傳之文不具，蓋曰「取蒐狩之餘獲陳于澤。今之中者，鄉雖不中，亦取也；今之不中者，鄉雖中，亦不取也」。

敖氏繼公曰：禮射，謂此篇所載與大射、燕射之類是也。禮射則張皮侯，若采侯與獸侯，而加正鵠；主皮之射則不用正鵠，但欲射中其皮耳。此皮與所爲皮侯者之皮不同，蓋以中甲之革爲之。周官云「射甲革」，樂記云「貫革之射」，皆指此而言也。中革之甲，犀兕若牛之皮也，其爲物堅厚，惟强有力者乃能貫之。故禮射則不主皮，爲力不同科故也。勝者言「又射」，不勝者言「降」，文互見也。主皮之射，又以射與不射示榮辱，亦異于禮射者也。其相飲之禮有無，則未聞。

張氏爾岐曰：不主皮，當依論語作主于中而不主于貫革爲確。貫甲之射，習戰之射也，其射當亦三番，故勝者又射，不勝者則不復射也。

蕙田案：以上記主皮。

主人亦飲于西階上。疏：此謂主人在不勝之黨，受罰爵之時也。

蕙田案：以上記主人飲處。

獲者之俎，折脊、脇、肺、臑。注：臑，若膞、骼、觳之折，以大夫之餘體。疏：上賓、主人已用肩、臂，惟有臑及膞、骼、觳。若脊、脇骨多，尊卑皆有，自臑以下，各得其一。今鄭具言之，欲見科取其一不定：以其若無大夫，獲者得臑，即經所云者，故臑在肺下，欲見無大夫已合得；若大夫一人，大夫得臑，獲者得膞；若大夫二人，獲者即得胳；若大夫三人，獲者即得觳；若大夫、公卿更多，則折之不得正體，或更取餘體也。故鄭又言「折以大夫之餘體」也。

蕙田案：敖繼公據大射注刪「臑」字。案：折謂自臑以下，脊、脅骨多，不須折。言「臑」于「肺」下者，舉所折之例也，此特爲無大夫言之也。若有大夫，則以大夫之餘體。記若云「獲者俎，脊、脅、臑折、肺」，文意更順。今其文如此，欲見此俎之折，於禮爲宜，不因大夫多而然。郝氏敬、盛氏世佐並不從敖氏，今從之。

東方謂之右个。注：侯，以鄉堂爲面也。

釋獲者之俎，折脊、脅、肺。皆有祭。注：皆，皆獲者也。祭，祭肺也。以言肺，嫌無祭肺。疏：明記之者意，見上已有肺，嫌不別有祭肺，故言皆有祭。

蕙田案：以上記獲者、釋獲者俎實。

大夫説矢束，坐説之。注：明不自尊別也。

蕙田案：以上記大夫説矢束。

歌騶虞若采蘋，皆五終。注：每一耦射，歌五終也。

蕙田案：以上記歌之終數。

射無算。注：謂衆賓繼射者，衆賓無數也。

蕙田案：以上記射耦無定數。

古者於旅也語。凡旅，不洗。不洗者不祭。既旅，士不入。注：禮成樂備，乃可以言語，先王禮樂之道也。疾今人慢于禮樂之盛，言語無節，故追道古也。

蕙田案：以上記旅及士入節。

大夫後出，注：下鄉人，不干其賓主之禮。主人送于門外，再拜。注：拜送大夫，尊之也。主人送賓還，入門揖，大夫乃出，拜送之。

蕙田案：以上記大夫出節。

鄉侯，上个五尋，中十尺。注：上个，最上幅也，上幅用布四丈。中，方者也，用布五丈。今官布幅廣二尺二寸，旁削一寸。考工記曰：「梓人爲侯，廣與崇方。」謂中也。侯道五十弓，弓二寸以爲侯中。注：言侯中所取數也。量侯道以貍步，而云弓者，侯之所取數宜用射器也。正二寸者，骹中之博也。疏：周禮弓人云「骹解中有變焉」，謂弓弣把中側骨之處博二寸，故于此處取數焉。倍中以爲躬。注：躬，身也，謂中之上、下幅也，用布各二丈。倍躬以爲左、右舌。注：謂上个也。居兩旁謂之个，左、右出，謂之舌。下舌半上舌。注：半者，半其出于躬者也。用布三丈。

蕙田案：以上記鄉侯之度。

箭籌八十，長尺有握，握素。注：箭，篠也。籌，算也。八十者，略以十耦爲正，貴全數。握，本所持處也。素，謂刊之也，刊本一膚。

蕙田案：以上記箭籌。

楚扑長如笴，刊本尺。注：刊其可持處。

蕙田案：以上記扑。

君射，則爲下射。上射退于物一笴，既發，則答君而俟。注：退于物一笴，不敢與君併也。答，對也。君樂作而後就物。君袒朱襦以射，小臣以巾執矢以授。注：君尊也，不搢矢，不挾矢，授之稍屬。若飲君，如燕則夾爵。注：謂君在不勝之黨也，賓飲君，如燕賓媵觶于公之禮。

夾爵者，君既卒爵，復自酌。

欽定義疏：自此以下數節，通燕射、大射言之。

蕙田案：以上記君射儀。

君國中射，則皮樹中，以翿旌獲，白羽與朱羽糅。注：國中，城中也，謂燕射也。皮樹，獸名。以翿旌獲，尚文德也。

欽定義疏：朱子通解以此條入燕禮。

於郊，則閭中，以旌獲。注：於郊，謂大射也，大射于太學。王制曰：「小學在公宮之左，大學在郊。」閭，獸名，如驢，一角。周書曰：「北唐以閭。」

於竟，則虎中，龍旜。注：於竟，謂與鄰國君射也。畫龍於旜，尚文章也。通帛爲旜。

敖氏繼公曰：此記言君之中與所獲者，有國中、郊、竟之異。而不言「爲某射」，則是其所以異者，惟繫于地之遠近，不繫于射之大小也。若然，則固有大射而用皮樹中、翿旌，燕射而用虎中、龍旜者矣。

大夫兕中，各以其物獲。士鹿中，翿旌以獲。注：兕，獸名，似牛，一角。用翿爲旌以獲，無物也。疏：公、侯、伯，大夫再命；子、男，大夫一命。不同，故云「各」。公侯之州長一命，有旌，亦入物中。

敖氏繼公曰：其指大夫而言，大夫有上、中、下之異，故物亦有差。司常職曰「大夫、士建物」。翿旍，即白羽與朱羽糅者也。上記言士禮云「旍各以其物，無物，則以白羽與朱羽糅」，此直見翿旍而已，蓋記者雜也。

蕙田案：以上記中與獲之等。

惟君有射于國中，其餘否。注：臣不習武事于君側也。疏：天子、諸侯燕射皆在國，天子賓射亦在國，大夫、士燕射、賓射不在國，大夫又得行大射，亦不得在國。

蕙田案：以上記人臣無國中射。

君在，大夫射則肉袒。注：不袒纁襦，下于君也。

蕙田案：以上記大夫侍君射袒法。

右儀禮鄉射

五禮通考卷一百六十三

嘉禮三十六

射禮

射禮通論

周禮春官大宗伯：以賓射之禮，親故舊朋友。注：射禮，雖王亦立賓、主也。王之故舊朋友，爲世子時共在學者。天子亦有友諸侯之義。武王誓曰「我友邦冢君」是也。

禮記射義：故射者，進退周旋必中禮。内志正，外體直，然後持弓矢審固。持弓矢審固，然後可以言「中」。此可以觀德行矣。注：内正外直，習於禮樂，有德行者也。正鵠之名，出自此也。

是故古者天子以射選諸侯、卿、大夫、士。射者，男子之事也，因而飾之以禮樂也。故事之盡禮樂，而可數爲以立德行者，莫若射。故聖王務焉。注：選士者，先考德行，乃後決之於射〔一〕。男子生而有射事，長學禮樂以飾之。

射者，仁之道也。射求正諸己，己正而后發，發而不中，則不怨勝己者，反求諸己而已矣。注：諸，猶於也。

吕氏大臨曰：仁者之道，不怨天，不尤人，行有不至，反求諸己而已，蓋以仁爲己任，無待於外也。射者求中，有似於此，故曰「射者，仁之道也」。射也者，正己而後發，發而不中，知反求諸己，而不怨勝己者。知所以中，莫不在己，非人之罪也。至愛人不親，治人不治，禮人不答，反尤諸人，蓋不以仁爲己任，不知其類者也。君子無所不用其學，故於射也，得反己之道焉。

孔子曰：「射者何以射？何以聽？循聲而發，發而不失正鵠者，其唯賢者乎！若夫不肖之人，則彼將安能以中？」注：何以，言其難也。聲，謂樂節也。畫布曰正。棲皮曰鵠。正之言正也。鵠之言梏也。梏，直也，言人正直乃能中也。

〔一〕「後」，諸本作「從」，據禮記正義卷六二改。

呂氏大臨曰：射之爲藝，非專心志，則不得也。射以樂爲節，射者欲其容體比於禮而中多，故曰「何以射」。欲其節比於樂，循聲而發，發而不失正鵠，故曰「何以聽」。何以射者，體之所動，不在乎他處也。何以聽者，耳之所司，不在乎它。是爲用志不分，不過乎物。推是道也，將無入而不自得，況於射乎？居是位也，得行是事也，其心也，或之乎彼也，或之乎此也，一出焉，一入焉，將無所往而可也。故射雖一藝也，而可以分賢不肖者以此。

中庸：子曰：「射有似乎君子，失諸正鵠，反求諸其身。」

孟子：仁者如射，射者正己而後發，發而不中，不怨勝己者，反求諸己而已矣。

白虎通義：天子所以親射何？助陽氣，達萬物也。春氣微弱，恐物有窒塞，不能自達者。夫射，自內發外，貫堅入剛，象物之生，故以射達之也。含文嘉曰：「天子射熊，諸侯射麋，大夫射虎、豹，士射鹿、豕。」天子所以射熊何？示服猛巧佞也。熊爲猛獸巧者，非但當服猛也，示當服天下巧佞之臣也。諸侯射麋者，示達迷惑人也。麋之言迷也。大夫射虎豹者，示服猛也。士射鹿豕，示除害也。各取德所能服也。大夫、士兩射者，人臣示爲君親視事，身勞苦也。或曰：「臣陰，故數偶也。」侯者以布爲之何？用人事之始也，本正則末正矣。所以名爲侯何？明諸侯有不朝者則射之，故禮射祝曰：「嗟爾不寧侯，爾不朝于王所，以故天下失業，亢而射爾。」所以不射正身何？君子重同類，不忍射之，故畫獸而射之。射正何爲乎？曰：「射義非一也。」夫射者，執弓堅固，心平體正，然後中也。二人爭勝，樂以德養也。勝負俱降，以崇禮讓，可以選士。故射選士、大夫勝者。發近而制遠也，其兵短而害長也，故可以戒難也。所以必因射助陽選士者，所以扶助微弱而抑其强，和調陰陽，戒不虞也。何以知爲戒難也？詩云「四矢反兮，以禦亂兮」。因射習禮樂，射於堂上何？示從上制下也。禮曰賓、主執弓，請升，射於兩楹之間，天子射百二十步，諸侯九十步，大夫七十步，士五十步，明尊者所服遠也，卑者所服近也。

說苑：射者必心平體正，持弓矢審固，然後射者能以中。詩：「大侯既抗，弓矢斯張，射夫既同，獻爾發功。」此之謂也。弧之爲言豫也。豫者，豫吾意也。

杜佑通典：自黃帝有天下，建萬國，爰至夏、商，及于周氏，雖更相吞滅，而不改舊規。周初諸侯，尚千八百國，所以崇三射之制，立五善之目，於兹選士。由此，封侯本在戡敵，實寓大政。周衰，禮多亡失，重以秦滅典墳，天子之禮無聞，諸侯二篇而已，誠與今異，略存古制焉。

聶氏崇義曰：射之所起，在于黃帝。故繫辭黃帝九事云：「古者弦木爲弧，剡木爲矢，弧矢之利，以威天下。」又世本以黄帝臣揮作弓，夷牟作矢，是弓矢起于此矣。

虞書曰：「侯以明之。」傳云：「當行射侯之禮，以明善惡之教。」則射侯見于堯、舜、夏、殷無文，至周大備，故禮有天子、諸侯、卿大夫大射、賓射、燕射之文，各張其侯。鄉射記曰：「君國中射。」注云：「國中，城中，謂燕射也。于郊，謂大射也。于竟，謂于鄰國君射，即賓射也。」

陳氏祥道曰：古者祈子帶弓韣，生子縣桑弧。其成童也教以射，其貢之也試以射，則射豈君子之所可忽耶？然則弧矢之作，始于黄帝，「侯以明之」，見於虞書。至周，弓之别有六，矢之别有八，侯之别有三，則大射、賓射、燕射之侯也。士無大射而有賓射、燕射，庶人無賓射、燕射，特有主皮之射而已。

王安石上仁宗皇帝書：古者教士，以射、御爲急。其他技能，則視其人才之所宜而後教之，其才之所不能，則不强也。至於射，則爲男子之事，人之生有疾則已，茍無疾，未有去射而不學者也。在庠、序之間，固當從事於射也。有賓客之事，則以射；有祭祀之事，則以射；别士之行同能偶，則以射。於禮樂之事，未嘗不以射，而射亦未嘗不在於禮樂、祭祀之間也。易曰：「弧矢之利，以威天下。」先王豈以射爲可以習揖讓之儀而已乎？固以爲射者，武事之尤大，而威天下、守國家之具也。居則以是習禮樂，出則以是從戰伐。士既朝夕從事於此，而能者衆，則邊疆宿衛之任，皆可以擇而取也。夫士，嘗學先王之道，其行義嘗見推於鄉黨矣，然後因其才而託之以邊疆宿衛之事。此古之人君所以推干戈以屬之人，而無内外之虞也。

蕙田案：以上射之大義。

周禮地官司徒：六藝：禮、樂、射、御、書、數。疏〔一〕：五射：一曰白矢，矢貫侯過，見其鏃白也；二曰參連，前放一矢，後三矢連續而去也〔二〕；三曰剡注，謂羽頭高鏃低而去剡剡然也；四曰襄尺，謂臣與君射，不與君並立，讓君一尺而退也；五曰井儀，謂四矢貫侯，如井之容儀也。

保氏：掌諫王惡而養國子以道，乃教之六藝，三曰五射。注：鄭司農云：「五射，白矢、參連、剡注、襄尺、井儀也。」

李氏呈芬曰：周官保氏教國子五射。曰白矢，白鏃至指也，此彎弓之法，所謂彀率也。曰參連，謂先發一矢，三矢夾于三指間，相繼拾發，不至斷絶，此注矢之法也。曰剡注，剡，鋭也，弓弰也，注，指也，箭發則靡其弰，直指于前以送矢，所謂甹控是也。或謂矢頭剡處直前注于侯，不從高而下，即諺所謂水平箭。此發矢之法也。曰襄尺，襄，平也，尺，曲尺也，謂平其肘，使肘上可置杯水。蓋架弦畢便引之，比及滿，使臂直如矢也。或曰襄，包也。肘至手爲尺，射者常以肱蔽其胄脅，無使他人之矢從虚而入，此自防之法也。曰井儀，言開弓圓滿，似井形也。或謂四矢集侯如井字，即詩「四矢如樹」。此射法之妙也。嗚呼！射之道備矣。

書太甲：若虞機張，往省括于度，則釋。

〔一〕「疏」，原作「注」，據光緒本改。
〔二〕「三矢」，諸本作「二矢」，據周禮注疏卷一四改。

蔡氏沈曰：言若虞人之射，弩機既張，必往察其矢括之合於法度，然後發之，則發無不中矣。

盤庚：予告汝于難，若射之有志。

蔡氏沈曰：射之有志，若射之必于中。

鄧氏鐘曰：射法雖多，大要不過審、固、滿、分四字耳。持弓欲固，開弓欲滿，視的欲審，發矢欲分。知鏃者，滿之象也，而審益精；臂力者，固之徵也，而分始齊。射有臂力，知鏃工夫，靡不命中矣。而先之以入扼壁立爲入門，正心養氣爲根本。至于射敵，又與射的不仝：射的貴從容，射敵貴神速。從容則引弓稍輕而調，可以及遠中微；神速者，非强弓重矢，安能殺敵于百步之外哉？

戚繼光紀效新書射法篇：怒氣開弓，息氣放箭，量力調弓，量弓制矢。凡射，前手如推泰山，後手如握虎尾；一拳主定，前後直正；慢開弓，緊放箭；射大存于小，射小加于大。存壓其前手，加舉其後手。務取水平，前手撇，後手絶。二句射之玄機。一撇一絶，正相應之妙。一齊著力，使兩臂伸合，則箭絶而加于尋常數等矣。此手法也。凡射，頤惡旁引，頭惡却垂，胸惡前凸，背惡後傴。此身法也。

蕙田案：以上總論射法。

論語：子曰：「君子無所爭，必也射乎？揖讓而升下，而飲，其爭也君子。」注：必也射乎，言君子至於射則有爭也。下，降也。飲射爵者，亦揖讓而升降。勝者袒、決、遂，執張弓；不勝者襲，説決、拾，卻左手，右加弛弓於其上而升飲。君子恥之，是以射則爭中。

朱子曰：此言君子恭遜，不與人爭，惟於射而後有爭。然其爭也，雍容揖遜乃如此，則其爭也君子，而非若小人之爭矣。

詩齊風猗嗟：終日射侯，不出正兮。傳：二尺曰正。箋：正，所以射于侯中者，天子五正，諸侯三正，大夫二正，士一正。外皆居其侯中參分之一焉。疏：正者，侯中所射之處。經典多言正鵠，其正之廣狹則無文。鄭以爲大射則張皮侯而設鵠，賓射則張布侯而畫正。正大如鵠，三分侯廣，而正居一焉。侯身長一丈八尺者，正方六尺；侯身一丈四尺者，正方四尺六寸大半寸；侯身一丈者，正方三尺三寸長半寸。正以綵畫爲之。其外之廣雖不同，其內皆方二尺。又射人注云：「鵠乃用皮，其大如正。」鵠居侯中三分之一，則知正亦在侯三分之一，各準其侯之廣狹而畫之耳。謂之正者，射人注云：「正之言正也，射者内志正則能中。」大射注云：「正者，正也，亦鳥名，齊、魯之間名題肩爲正。正，鳥之捷黠者，射之難中，以中爲儁，故射取名焉。」大射射鵠，賓射射正，此言「不出正兮」，據賓射爲文也。

射則貫兮，四矢反兮，以禦亂兮。傳：四矢，乘矢。箋：反，復也。禮射三而止，每射四矢，皆得其故處，此之謂復射。必四矢者，象其能禦四方之亂也。疏：乘車必駕四馬，因謂四馬爲乘。大射、鄉射皆以四矢爲乘矢，故傳依之。大射皆三番，射訖，止而不復射，是「禮射三而止」也。必三而止者，案儀禮大射，初使三耦射之而未釋獲，射訖，取矢以復；君與卿大夫等射，釋獲，飲不中者；訖，君與卿大夫等又射，取中于樂節。注云：「君子之於事也，始取苟能，中課有功，終用成法，教化之漸也。」然則初射惟三耦，其後兩番，君始與卿大夫等射。此言「禮射三而止」，通三耦等爲言。射法三而止，而云「終日射侯」者，美其久射常中，非禮射終一日也。

蕙田案：此詩前節，疏以爲賓射，後節，疏以爲大射、鄉射，是未嘗確指何禮，凡諸儀皆可通用也。

又案：以上通論諸射儀。

周禮春官樂師：凡射，王以騶虞爲節，諸侯以貍首爲節，大夫以采蘋爲節，士以采蘩爲節。注：騶虞、采蘋、采蘩，皆樂章名，在國風召南，惟貍首在樂記。鄭司農説以大射禮曰：「樂正命大師曰：『奏貍首，間若一。』大師不興，許諾。樂正反位。奏貍首以射。」貍首，曾孫。疏：凡此爲節之等者，無問尊卑，人皆四矢，射節則不同，故射人云「天子九節，諸侯七節，大夫、士皆五節」。尊卑皆以四節爲乘矢拾發，其餘天子五節、諸侯三節、大夫士一節，皆以爲先以聽。先聽，未射之時作之，使射者預聽，知射之樂節，以其射法須其體比於禮，其節比於樂。而中多者，乃得預於祭，故須預聽。但優尊者，故射前節多也。鄭知騶虞、采蘋、采蘩皆樂名者，以其詩爲樂章故也。云「惟貍首在樂記」者，案樂記云「左射貍首，右射騶虞」是也。案射義亦云貍首曰：「曾孫侯氏，四正具舉。小大莫處，御於君所。」不引之者，鄭略引其一以證耳。先鄭引大射者，證大師用樂節之事；云「間若一」者，謂七節、五節之間，緩急稀稠如一。彼諸侯禮，故有樂正命大師；此天子禮，故樂師命大師也。云「貍首，曾孫」者，貍首是篇名，曾孫，章頭。即射義所云是也。

鍾師：凡射，王奏騶虞，諸侯奏貍首，卿大夫奏采蘋，士奏采蘩。注：鄭司農云：「騶虞，聖獸。」疏：言「凡射」，則大射、賓射等，同用此爲射節。

禮記射義：其節，天子以騶虞爲節，諸侯以貍首爲節，卿、大夫以采蘋爲節，士以采蘩爲節。騶虞者，樂官備也。貍首者，樂會時也。采蘋者，樂循法也。采蘩者，樂不失職也。是故天子以備官爲節，諸侯以時會天子爲節，卿大夫以循法爲節，士以不失職爲節。故明乎其節之志，以不失其事，則功成而德行立矣。德行立，則無暴亂之禍矣，功成則國安。故曰：「射者，所以觀盛德也。」注：騶虞、采蘋、采蘩，今詩篇名。貍首逸，下云「曾孫侯氏」是也。「樂官備」者，謂騶虞曰「壹發五豝」，喻得賢者多也。「吁嗟乎騶虞」，嘆仁人也。「樂會時」者，謂貍首曰「小大莫處，御于君所」。「樂循法」者，謂采蘋曰「于以采蘋，南澗之濱」。循澗以采蘋，喻循法度以成君事也。「樂不失職」者，謂采蘩曰「被之僮僮，夙夜在公」。

蕙田案：以上射樂。

右射禮通論

周禮春官司几筵：大饗射，王位設黼依，依前南鄉，設莞筵紛純，加繅席畫純，加次席黼純，左右玉几。

鄭氏鍔曰：大享射，行大享之禮，又與諸侯大射。

蕙田案：此大射之几筵。

司服：王饗、射則鷩冕。注：饗食賓客與諸侯射也。疏：王饗食在廟，故服鷩冕；大射在西郊虞庠，亦服鷩冕。燕射在寢，則朝服；賓射在朝，則皮弁服。

蕙田案：此大射之服。

大司樂：大射，王出入，令奏王夏；及射，令奏騶虞。注：騶虞，樂章名，在召南卒章。王射以騶虞爲節。疏：大射，謂將祭祀，擇士而射於西郊虞庠學中。王有出入之時，奏王夏；及射，奏騶虞之詩爲射節。召南云：「一發五豝，吁嗟乎騶虞。」以言君一發其矢，虞人驅五豝獸而來，喻得賢者多，故射義云「樂官備也」。詔諸侯以弓矢舞。注：舞，謂執弓挾矢、揖讓進退之儀。疏：此諸侯來朝，將助祭，預天子大射之時，則司樂詔告諸侯射之舞節。案大射云：「命三耦取弓矢於次；三耦皆次第各與其耦執弓，搢三挾一矢，向西階前，當階揖，升揖，當物揖；射訖，降揖，如升射之儀。」是其舞節也。

大師：大射，帥瞽而歌射節。注：射節，王歌騶虞。疏：言射節者，謂若射人所云「樂以騶虞九節、貍首七節、采蘋采蘩五節」之類，則大師爲之歌也。

笙師：凡饗、射，共其鐘笙之樂。注：鐘笙，與鐘聲相應之笙。

車僕：大射，共三乏。注：鄭司農云：「乏，讀爲『匱乏』之『乏』。」疏：乏，一名容，射人云「三獲三容」是也。

夏官大司馬：若大射，則合諸侯之六耦。注：王射三侯，以諸侯爲六耦。疏：王大射之時，有諸侯來朝，在京師者，大司馬令之爲六耦。

小司馬：凡饗、射，掌其事，如大司馬之法。

射人：若王大射，則以貍步張三侯。注：貍步，謂一舉足爲一步，於今爲半步。

鄭氏鍔曰：射之侯，梓人爲之，司裘共之，射人張之。其張也，必用貍步爲法。射人主賓射，嫌於張大射之侯，不貍步也，故併言及之。大射如此，則賓、燕之侯可以類推。

李氏嘉會曰：貍步一舉，則爲六尺，一弓六尺。九十弓、七十弓、五十弓者，象貍步之弓，以定遠近也。

王射，則令去侯，立於後，以矢行告，卒，令取矢。注：射人主令人去侯所而立於後也。

以矢行告，射人主以矢行高下左右告于王也。卒令取矢〔一〕，謂射卒，射人令當取矢者使取矢也。疏：負侯之人，則服不氏也。

鄭氏鍔曰：射已侯張，獲者執旌以負之，不使去侯，以避矢則有誤殺傷人之過。射以中爲主，王弓已發，不告以矢之高下左右，則王不知其中否。

王氏昭禹曰：射畢，令射鳥氏取矢也。故射鳥氏曰：「射則取矢，矢在侯高，則以并夾取之。」

祭侯，則爲位。注：祭侯，獻服不，服不以祭侯。爲位，爲服不受獻之位也。

鄭氏鍔曰：射既設侯，則祭其神。司馬實爵以獻服不氏，既受獻，則于侯所北面而祭之。射人主爲之位者，以其知儀位故也。

李氏嘉會曰：賓射、大射，祭侯之禮一同。

與太史數射中，注：數射中，數射者中侯之算也。大射曰：「司射適階西，釋弓，去扑，襲，進，由中東立于中南，北面視算。」**佐司馬治射正。**注：射正，射之法儀也。

服不氏：射則贊張侯，以旌居乏而待獲。注：鄭司農云：「贊，佐也。」大射禮：「命量人、巾車張三侯。」玄謂待獲，待射者中，舉旌以獲。

〔一〕「卒令」，原誤倒，據光緒本、周禮注疏卷三〇乙正。

王氏昭禹曰：凡射侯，共於司裘，張於射人，服不氏贊之。待獲，待射中則舉旌以唱獲。

鄭氏鍔曰：使服不氏贊之者，以其力足以服不服，故雖熊虎豹之物，皆能張之也。

太僕：王射，則贊弓矢。注：贊，謂授之、受之。疏：此謂大射也。案大射禮云：「大射正執弓，小臣受矢於公；既射，大射正受弓。」天子之禮，則大僕授受，其瀍與彼同。必知此禮大射禮者，見小臣職云「賓射，掌事如太僕之法」，則知大射此大僕所掌者是也。其小臣所掌賓射，亦當授受可知。

繕人：掌詔王射。注：告王當射之節。疏：王射，先行燕禮，以大夫爲賓，賓與王爲耦。所告之事，亦如大射禮大射正告公之儀〔一〕。**贊王弓矢之事。**注：授之，受之。疏：案大射禮，大射正授弓，小臣授矢。天子禮，繕人授之，受之。案太僕職已授之受之，此又爲者〔二〕，太僕尊，太僕贊時，此官助贊也。

司弓矢：大射，共弓矢如數并夾。注：如數，如當射者之數也。每人一弓乘矢。

射鳥氏：射則取矢，矢在侯高，則以并夾取之。注：鄭司農云：「王射，則射鳥氏主取其矢。矢在侯高者，矢著侯高，人手不能及，則以并夾取之。并夾，鍼箭具。司弓矢職曰『大射、燕射，供弓

〔一〕「如」，原作「知」，據光緒本、周禮注疏卷三二改。
〔二〕「爲」，諸本作「焉」，據周禮注疏卷三一改。

矢并夾』。」

蕙田案：以上大射行禮之節次。

禮記射義：天子將祭，必先習射於澤。澤者，所以擇士也。已射於澤，而后射於射宫，射中者得與於祭，不中者不得與於祭。不得與於祭者有讓，削以地。得與於祭者有慶，益以地。進爵、絀地是也。注：澤，宫名也。士，謂諸侯朝者，諸臣及所貢士也。皆先令習射於澤，已，乃射於射宫，課中否也。諸侯有慶者先進爵，有讓者先削地也。

射之爲言者繹也，或曰舍也。繹者，各繹己之志也。故心平體正，持弓矢審固；持弓矢審固，則射中矣。故曰：「爲人父者，以爲父鵠；爲人子者，以爲子鵠；爲人君者，以爲君鵠；爲人臣者，以爲臣鵠。」故射者，各射己之鵠。故天子之大射，謂之射侯。射侯者，射爲諸侯也，射中則得爲諸侯，射不中則不得爲諸侯。注：大射，將祭擇士之射也。以爲某鵠者，將射，還視侯中之時，意曰此鵠乃爲某之鵠，吾中之則成人，不中之則不成人也。得爲諸侯，謂有慶也；不得爲諸侯，謂有讓也。

鄭氏康成曰：大射者，爲祭祀射。王將有郊廟之事，以射擇諸侯及群臣與邦國所貢之士可以與祭者。三公及王子弟封於畿内者，將祀其先祖，亦與群臣射以擇之。凡大射，各於其射宫。

杜氏佑曰：大射，以其事大體重，故謂之大射。天子將有郊廟之事，與其來朝諸侯及畿内諸侯、王之子弟、卿大夫、士及諸侯所貢之士行之。三公將有宗廟之事，與其卿大夫、士及公之子弟、鄉大夫所選鄉中之俊者行之。孤卿大夫將有宗廟之事，亦帥其家臣而爲之。

朱子曰：射中得爲諸侯，否則不得爲諸侯，此等語皆難信。書所謂「庶頑讒説，侯以明之」，中間若有羿之能，又如何以此分别？恐大意略以射審定，非專以此去取也。

王氏應電曰：侯之云者，矢之所至，以此爲侯，故古文作「医」，象矢集於布之形。其「諸侯」與「侯」字則皆從人，而諧医聲。前人不識古文，遂謂射中者得爲諸侯。然則天子而射，又何説焉？夫射，兵之以近及遠，男子所有事，取其禦外侮、安善良而已。虎、熊、豹，獸之猛者，春秋、書多麋，害稼之獸。取其皮爲侯，以示驅獸除害之意。不於此求其義，乃妄求之於侯，不失之遠哉？

蕙田案：鄭康成以大射之禮，大夫皆得行，惟士臣少，無所擇，不行大射。孔穎達、賈公彦、聶崇義三禮圖、陳祥道禮書並同此説。或又謂士亦有大射。今考

大夫之大射，周官司裘固有明文，若士之大射，雖據射人有「士射豻侯」之文，而鄭注以爲賓射，非大射也。大射之禮，終當以止於大夫爲正。

詩小雅：賓之初筵，左右秩秩。籩豆有楚，殽核維旅。酒既和旨，飲酒孔偕。鐘鼓既設，舉醻逸逸。傳：秩秩然，肅敬也。楚，列貌。殽，豆實也。核，加籩也。旅，陳也。逸逸，往來次序也。箋：筵，席也。左右，謂折旋揖讓也。先王將祭，必射以擇士。大射之禮，賓初入門，登堂即席，其趨翔威儀甚審知，言不失禮也。射禮有三：有大射，有賓射，有燕射。和旨，猶調美也〔一〕。孔，甚也。王之酒已調美，衆賓之飲酒又威儀齊一，言主人敬其事，而衆賓肅慎。鐘鼓于是既設者，將射，故縣也〔二〕。疏：左右，謂折旋揖讓者，以賓與主人爲禮，隨其左右之宜〔三〕，其行或方折，或回旋，相揖而辭讓也。今大射禮諸侯與其臣行禮，使宰夫爲主人。案其經：「擯者納賓，及庭，公降一等，揖之。公升席，賓升自西階〔四〕，主人從之。賓右北面再拜，賓答拜。主人降洗。賓降，主人辭降。主人取觚洗，賓辭洗。主人卒洗，賓揖，升。筵前獻賓，賓拜受爵於筵前。然後賓升筵。」是賓初入門，至即筵以來，每折旋揖讓

〔一〕「猶」，諸本作「酒」，據毛詩正義卷一四阮元校勘記改。
〔二〕「故」，諸本作「改」，據毛詩正義卷一四改。
〔三〕「宜」，諸本作「官」，據毛詩正義卷一四改。
〔四〕「升」，諸本作「列」，據毛詩正義卷一四阮元校勘記改。

之事。折旋揖讓，則或左或右，故知左右謂折旋揖讓也。射義曰：「古者諸侯之射也，必先行燕禮。」故此言升筵薦酒，行燕禮也。射義又曰：「天子將祭，必先習射於澤宮。澤者，所以擇士也。已射於澤宮，然後於射宮。射中者得與於祭，不中者不得與於祭。」是先王將祭，必射以擇士也。先於澤宮，後於射宮，是將祭，再爲射禮。澤宮言習射，則未是正射。射於射宮乃行。大射云：「公入，驁。」注云：「此公出而言入者，大射於郊。」鄉射記曰：「於郊，則閭中。」注云：「於郊，謂大射於學。」則射宮者，西郊之學也。澤宮之所在，則無明文。言「賓之初筵，左右秩秩」，則從爲賓以至於即筵，皆秩秩也。以其言廣，故云：「大射之禮，賓初入門，登堂即席，其趨翔威儀甚審智，言其不失禮也。」毛以此篇爲燕射，鄭則爲大射，因辨禮射之數，言己不同之意也，故云：「射禮有三：有大射，有賓射，有燕射。」大射者，將祭擇士於射宮；賓射者，謂諸侯來朝，與之射於朝；燕射者，因燕賓客，即與射於寢。此三者，其處不同，其侯亦別。冬官梓人云：「張皮侯而棲鵠，則春以功。張五采之侯，則遠國屬。張獸侯，則王以息燕。」三者別文，皮侯即大射也；五采之侯，賓射也；獸侯，燕射也。不言鄉射者，鄉射是州長與其民射於州序之禮，天子諸侯無之，故不言也。燕禮旅酬之後乃云「若射」，此將射而言「舉酬」，行旅也。旅者，以長幼次序之言，故知「逸逸，往來有次序也」。燕禮初則云「樂人宿懸」，注云：「懸，鐘磬也。國君無故不徹懸，言懸者，爲燕，新之。」然則於此言「鐘鼓既設」者，亦爲將射改懸也。以天子宮懸階間，妨射位，故改懸以避射也。鄉射禮將射，乃云：「樂正命弟子贊工，遷樂于下。」注云：「當避射位。」彼琴瑟之樂尚遷之，明鐘鼓之懸改之矣。大射，諸侯之禮。云：「樂人宿懸，厥明乃射。」明天子亦然。今至于舉酬，始言「鐘鼓既設」，故知將射改懸也。大射不言改懸者，國君與臣行禮，略，三面而已，不具軒懸。東西懸在兩階之外，兩階之間有二建鼓耳。東近東階，西近西階，又無鐘鼓，不足以妨射，不須改也。大射注云：「國君於其群臣，備三面耳，無鐘磬，有鼓而已。其爲諸侯則軒懸。」是由階間無懸，故不改也。鄭言諸侯，爲諸侯則軒懸，明天子於其臣備宮懸，將射而改之，故於此言「既設」也。

大侯既抗，弓矢斯張。射夫既同，獻爾發功。發彼有的，以祈爾爵。傳：大侯，君侯也。抗，舉也。有燕射之禮。的，質也。祈，求也。箋：舉者，舉鵠而棲之於侯也。周禮梓人「張皮侯而棲鵠」。天子諸侯之射，皆張三侯，故君侯謂之大侯。大侯張，而弓矢亦張節也。將祭而射，謂之大射。下章言「烝衎烈祖」，其非祭與？射夫，衆射者也。獻，猶奏也。既比衆耦，乃誘射，射者乃登射，各奏其發矢中的之功。發，發矢也。射者與其耦拾發。發矢之時，各心競云：「我以此求爵女。」爵，射爵也。射之禮，勝者飲不勝，所以養病也，故論語曰：「下而飲，其爭也君子。」疏：傳唯言「大侯，君侯」，不言侯之所用。梓人云：「張獸侯，則王以息燕。」是燕射射獸侯，則毛意亦當然矣。燕射之禮，自天子至士皆一侯，上下共射之，無二侯，故鄉射記云：「天子熊侯，白質；諸侯麋侯，赤質；大夫布侯，畫以虎豹；士布侯，畫以鹿豕。」注云：「此所謂獸侯也，燕射則張之。鄉射及賓射，當張采侯二正。而記此者，天子諸侯之燕射，各以其鄉射之禮而張此侯，是以云焉。白質、赤質者，皆采其地。不采者，白布也。熊麋虎豹鹿豕，皆正面畫其頭象于正鵠之處。君畫一，臣畫二，陽奇陰耦之數也。燕射射熊虎豹，不忘上下相犯。射麋鹿豕，志在君臣相養也。其畫之者，皆毛物也。」又曰：「凡畫者，丹質。」注云：「賓射之侯，皆畫雲氣於側以爲飾。必先以丹采其地，丹淺于赤。」又曰：「鄉侯，中十尺，侯道五十弓，弓二寸以爲侯中。」如此則天子燕射，惟射一侯耳。侯身一丈，其中三分居一，以白地畫熊，於外則丹地畫以雲氣。唯此一侯，君臣共射。而云「大侯，君侯」者，以君所射，故謂之大。傳解言大之意，故以「君侯」釋之，非謂與君臣别侯也。大射禮云：「大侯九十弓。」彼張三侯，其九十弓者最高大，故云名大侯，亦以君之所射故也。言「有燕射之禮」者，以上文爲燕，此下説射，言禮有燕射之禮，故此詩得言之。若然，燕禮言「若射」，如鄉射之禮。案鄉射，初則張侯，此「舉醻」之下始言「大侯既抗」者，鄉射之初，雖言張侯，而以事未至，經云：「不繫左下綱，中掩束之。」至於將射，以司正爲司馬，乃云：「司馬命張侯，弟子脱束，遂繫左下綱。」是將射始張之，故於此言「既抗」也。案：大射「前射三日，司馬命量人、巾車張三侯」。夏官射人云：「若王大射，則以貍步張三侯。」則天子亦前射三日，其侯，射人張之矣。此將射而言「大侯既抗」，明非始張侯體，言舉鵠而棲之於侯中也。知者，鄭既云「周禮梓人『張皮侯而棲鵠』」，是鵠在侯，復别棲之，棲，即舉也。彼注云：「皮侯，以皮所飾之侯也。」其上文云「梓人爲侯，廣與崇方，三分其廣而鵠居一焉」，注云：「高廣等，謂侯中。天子射禮，以九爲節。侯道九十弓，弓二寸以爲侯中，高廣等，則天子侯中一丈八尺，諸侯於其國亦然。鵠，所射也，以皮爲之，各如其侯也。居侯中三分之一，則此鵠方六尺。唯大射以皮飾侯。」故言「張皮侯而棲鵠」也。天官司裘注云：「以虎熊豹麋之皮飾其側，又方制之爲質，謂之鵠，著于侯中，所謂皮侯也。」又解名曰大侯之意，天子諸侯之射，皆張三侯，故云君侯謂之大侯。鄭以此爲大射，故云「張三侯」。若燕射，則張一侯而已，無三侯也。射人云：「王大射，張三侯。」司裘：「王大射，供虎侯、熊侯、豹侯，設鵠。」天子之射，張三侯也。大射：「巾車張三侯。」是諸侯之射張三侯也。司裘又曰：「諸侯供熊侯、豹侯。」不三侯者，注云：「諸侯，謂三公及王子弟封于畿内者。」是畿内諸侯屈于天子，故二侯也。既言大射之禮，而毛以此爲燕射，故破之云：「將祭而射，謂之大射。下章言『烝衎烈祖』，其非祭乎？」既「烝衎烈祖」是爲祭事，則此時祭爲大射明矣，故難之也。王肅述毛云：「幽王飲酒無度，故言燕禮之義。其奏云：言燕樂之義得，則能進樂其先祖，猶孝經説大夫士之行曰：『然後能守其宗廟，而保其祭祀。』非唯祭之日然後能保而行之，以此故，言『烝衎』，非實祭也。」孫毓以謂，燕禮輕，祭事重。幽王無度，無不慢也。舉重可以明輕，輕不足以明重。又「錫爾純嘏，子孫其湛」，非飲燕之文所得及也。一篇之旨，箋義爲長。大射所以擇士當助祭者，莫不在焉。「既同」，非一之辭，故知「射夫，衆射者也」。獻、奏，皆奉上之言，以發矢能中是呈奏己功，故以獻爲奏也。大射禮選群臣爲三耦，若大夫不足，以士充之。三耦之外，其餘衆士與射者，各自取匹，謂之衆耦。射人説賓射之禮云：「王以六耦。」則天子大射，亦六耦也，故周禮夏官大司馬職云：「若大射，則合諸侯之六耦。」此其義也。射人云「諸侯四耦」，大射唯三耦者，賓射對鄰國之君，尊，故四耦；大射，與己之臣子，卑，故降之。天子尊無與敵，其與射者皆是諸侯來朝及在朝公卿，無所差降明矣。大射、賓射，但六耦之外，亦當有衆耦矣。言「既比衆耦，乃誘射」者，衆耦，正謂王之六耦外之衆耦也。何者？大射于司射誓射之下云「遂比三耦」，司射命三耦取弓於次，司射升堂，誘射。既誘射，然後三耦登堂而射。三耦既射，乃云「遂比衆耦」，是比衆耦在誘射之後。今此箋云：「既比衆耦，乃誘射，射者乃登堂而射，各奏其發矢中的之功。」言「比衆耦」文，在「誘射」之上，始云「登堂而射」，故知衆耦，非如大射之衆耦也。必知然者，射以正耦爲主，故禮定其尊卑之數。其餘衆耦，纔厠末而已，鄭何當舍其正耦而言及衆乎？正以六耦非一，故稱衆也。毛氏於射侯之事，正、鵠不明，唯猗嗟傳云：「二尺曰正。」亦不言正之所施。周禮鄭衆、馬融注皆云「十尺曰侯，四尺曰鵠，二尺曰正，四寸曰質」，則以爲侯皆一丈，鵠及正、質於一侯之中爲此等級，則亦以此質爲四寸也。王肅亦云「二尺曰正，四寸曰質」，又引爾雅云：『射，張皮謂之侯。侯中者謂之鵠。鵠中者謂之正。正方二尺也。正中謂之槷，方六寸也。』槷則質也。舊云方四寸，今云方六寸，爾雅説之明，宜從之。」此肅意，唯改質爲六寸，其餘同鄭、馬也。賈逵周禮注云：「四尺曰正。正五重，鵠居其内，而方二尺。」以爲正，正大於鵠，鵠在正内，雖内外不同，亦共在一侯。鄭於周禮上下檢之，以爲大射之侯，其中制皮爲鵠；賓射之侯，其中采畫爲正。正大如鵠，皆居侯中三分之一。其燕射則射獸侯，侯中畫爲獸形，即鄉射記所謂「熊侯白質」之類矣。三射之侯，皆不同也。射人注説畫正之法云：「其外之廣，居侯中三分之一，中言二尺。」與毛傳「二尺曰正」同也。司裘注説皮侯之狀云：「以虎熊豹麋之皮飾其側，又方制之以爲質，謂之鵠。」是鄭意以侯中所射之處爲質也。此傳唯言「的，質也」，不言質之大小，不必同於諸儒四寸、六寸也。且的者，明白之言，若廣纔四寸，不足以爲明矣。蓋亦爲所射處，與鄭同也。毛以此爲燕射，則的者謂「熊侯白質」者也。言射事，故知發爲發矢。大射禮曰：「上射既發，挾矢，而後下射射，拾發以將乘矢。」是射者與其耦拾發也。彼注云：「拾，更。將，行也。」然則四矢謂之乘，言射者更代發以行此四矢，使四矢徧射也。上言「獻爾發功」，謂其行射時，此又本其發時之心，故云：「發矢之時，各心競云：『我以此求汝爵。』」謂求不飲也。射義引此詩，即云：「祈，求也。求中以辭爵也。酒者，所以養老，所以養病，求中以辭養也。」注云「欲求中之者，以求不飲汝爵」是矣。故此云：「射之禮，勝者飲不勝者，所以養病。」是辭養也。大射禮曰：「司射命設豐，司宮士奉豐，由西階升，坐，設於西楹西。勝者之弟子洗觶，升，酌散，南面坐奠于豐上。司射命三耦及衆射者：『勝者皆袒、決、遂，執張弓；不勝者皆襲，説決、拾，却左手，右加弛弓於其上，遂執弣。』勝者先升堂。不勝者進，北面坐，取豐上之觶，興，少退，立卒觶，坐奠於豐下。三耦卒飲。衆皆繼飲射爵，如三耦。」是飲射之禮。故論語曰：「下而飲，其爭也君子。」引此者，明祈爾爵，爲心中之爭也。此飲于西階上，言「下而飲」者，謂飲射爵時，揖讓而升下，意取而飲與爭，故引彼文不盡耳。

朱子曰：初筵，即初席也。左右，筵之左右也。秩秩，有序也。設，宿設而又還於下也。大射「樂人宿縣，厥明將射，乃還樂於下，以避射位」是也。舉醻，舉所奠之醻爵也。凡射，張侯而不繫左下綱，中掩束之。至將射，司馬命張侯，弟子説束，遂繫下綱也。大侯張而弓矢亦張節也。射夫既同，比其耦也。射禮選群臣爲三耦，三耦之外，其餘各自取匹，謂之衆耦。爵，射不中者飲豐上之觶也。衛武公飲酒悔過而作此詩。此章言因射而飲者，初筵禮儀之盛，酒既調美，而飲者齊一。至於設鐘鼓、舉酬爵、抗大侯、張弓矢，而衆耦拾發，各心競云：「我以此求爵汝也。」

蕙田案：此詩，毛傳以爲燕禮，鄭以爲大射禮。鄭所據者，以第三章有祭祀之事，與射義所謂「將祭，擇士」合耳。將祭擇士，先儒多疑之。毛所據者，以有燕之事耳，然大射及賓射、燕射皆有之。則毛、鄭之説，兩通可也。朱子集傳於「鐘鼓既設」句，引大射「樂人宿懸」之文，則亦以爲大射矣。今從之。

禮記射義：詩云：「發彼有的，以祈爾爵。」祈，求也。求中以辭爵也。酒者，所以養老也，所以養病也。「求中以辭爵」者，辭養也。注：發，猶射也。的，謂所射之識也。言射的必欲中之者，以求不飲女爵也。辭養，讓見養也。

呂氏大臨曰：射禮，勝飲不勝。所以爭勝者，辭乎飲也。君子責己重而責人輕，我之不中，則反求諸己曰：「非病也，不能也。」心平體正，持弓矢審固，循聲而發，發而不失正鵠者，惟賢者能之；若不肖之人，彼將安能以中？此責己重也。彼之不中，則曰：「非不能也，病也。」酒者，所以養老與病也，故揖讓而升，以禮相下，以飲其不勝者。此責人輕也。詩云：「發彼有的，以祈爾爵。」「求中以辭爵」，則所以爭者，乃所以辭也。養則利之也，爭辭養，乃所以爭辭利也。

右大射

周禮夏官射人：以射法治射儀。王以六耦射三侯，三獲三容，樂以騶虞，九節五正；諸侯以四耦射二侯，二獲二容，樂以貍首，七節三正；孤卿大夫以三耦射一侯，一獲一容，樂以采蘋，五節二正；士以三耦射豻侯，一獲一容，樂以采蘩，五節二正。注：射法，王射之禮。治射儀，謂肄之也。鄭司農云：「三侯，虎、熊、豹也。容者，乏也，待獲者所蔽也。九節，析羽九重，設于長杠也。正，所射也。詩云：『終日射侯，不出正兮。』二侯，熊、豹也。豻侯，豻者，獸名也。獸有貙豻熊虎。」玄謂三侯者，五正、三正、二正之侯也。二侯者，三正、二正之侯也。一侯者，二正而已。此皆與賓射於朝之禮也。考工記梓人職曰：「張五采之侯則遠國屬。」遠國，謂諸侯來朝者也。五采之侯，即五正之侯也。正之言正也，射者内志正，則能中焉。畫五正之侯，中朱，次白，次蒼，次黃，玄居外。三正，損玄、黃。二正，去白、蒼而畫以朱、緑。其外之廣，皆居侯中參分之一，中二尺。今儒家云：「四尺曰正，二尺曰鵠，鵠乃用皮，其大如正。」此説失之矣。大射禮「豻」作「干」，讀如「宜豻宜獄」之「豻」。豻，胡犬也。士與士射，則以豻皮飾侯，下大夫也。大夫以上與賓射，飾侯以雲氣，用采各如其正。九節、七節、五節者，奏樂以爲射節之差。言節者，容侯道之數也。樂記：「明乎其節之志，不失其事，則功成而德行立。」疏：此則賓射在朝之儀。言「王射之禮」者，此經兼有諸侯臣各在家與賓客射法，各自有官掌之，射人但作法與之耳。此射人所掌，王射之禮，以别諸侯已下之射也。肄則習也。此經言容，儀禮大射、鄉射等云乏。言容者，據唱獲者容身于其中，據人而言；云乏者，矢至此，乏極不過，據矢而説也。案鄉射記云：「於境，則虎中，龍旜。」謂諸侯賓射之禮。彼又云：「唯君有射國中，其餘臣則否。」注云：「臣不習武事於君側。」則臣皆不得在國射。若然，在朝賓射，唯有天子，而此云「皆與賓射於朝之禮」者，謂諸侯已下，賓射在己朝，不謂於天子之朝行此賓射之禮也。九節者，五節先以聽；七節者，三節先以聽；五節者，一節先以聽。尊者先聽多，卑者少爲差，皆留四節以乘矢拾發。云「言節者，容侯道之數」者，謂若九節者，侯道九十弓；七節者，侯道七十弓；五節者，侯道五十弓也。引樂記證侯道遠近亦爲節也。此射義文，云樂記者，誤。

黄氏曰：自此以下則射事也。射法，自王而下各有其法，故以射法治射儀。射法必自射人出，故射人雖不掌士，而士之法儀具焉。

王氏昭禹曰：射之法，不可以不正；射之儀，不可以不文。先王因其度數而制之以爲法，因其動容而制之以爲儀。自王而下，其耦或六、或四、或三，其侯或二、或一，其樂歌則異節，以至其容、其獲、其正，皆有多寡之差焉。此射之法也，又烏有不正哉？以是法而治之，其效見于内志正、外體直。持弓必審，持矢必固。揖遜有度，卑者不得以抗尊；升降有序，先者不得以居後。其爲儀也，又烏有不文哉？

易氏祓曰：大射，則大司馬合諸侯之六耦。若賓射，則諸侯與王射，而合卿大夫以爲六耦，以至諸侯之四耦，卿大夫、士之三耦，亦各以等殺而辨。

王氏詳説：荆公以司裘之虎侯、熊侯、豹侯，即射人之三侯；司裘之熊侯、豹侯，即射人之二侯；

司裘之麋侯，即射人之一侯。陸農師謂：「王射三侯，於侯内以五采畫正；諸侯二侯，以三采畫正；卿大夫一侯，以二采畫正。」其説皆失之。司裘所言者，大射也；射人所言者，賓射也。梓人曰「張皮侯而棲鵠」，則大射之侯也。又曰「張五采之侯」，則賓射之侯也。司裘言侯而及鵠，射人言侯而及正。射人所謂三侯，當如康成謂五正、三正、二正之侯也；諸侯二侯，即三正、二正之侯也；卿大夫一侯，則二正而已。若以司裘之熊侯、豹侯而降殺之，則梓人所謂皮侯與五采之侯何别乎？若謂天子之侯皆五正，則是天子與諸侯、卿大夫射而同其侯矣。臣下與天子角勝負，可乎？當從康成之説，謂異其侯。蓋上得以兼下，下不得以僭上也。

鄭氏鍔曰：大射之侯，用皮飾其側，則以皮爲鵠。賓射之侯，用皮飾其側，則以五采爲正。此所以不同。又曰：諸侯在國賓射，則四耦而射二侯，熊、豹也。樂用貍首之詩，以會天子爲義也。三節以聽，四節以射，其正則去玄、黄而用三色。孤卿大夫自與其賓射，則三耦而射一侯，麋侯也。樂用采蘋，以能循法度爲貴也。一節以聽，四節以射，其正則去白、蒼而畫以朱、緑也。天子元士在家賓射，用三耦而射一侯，豻侯也。豻，犬也，犬能守，士以守節事君爲義，故射豻侯。或謂司裘言天子、諸侯、卿大夫之侯，而不及士，射人乃有射豻侯之法何也？蓋司裘所言者，大射也；射人所言者，賓射也。士無大射而有賓射，故於正特言豻侯，以有賓射而言也。其侯則用二采以爲正，與孤卿大夫同。樂用采蘩，以能守職爲貴也。侯不同而正與節皆同，蓋士之位去卿大夫爲不遠，其禮可以與之同。

孫氏曰：自諸侯、卿大夫等而下之，莫不有别。而所歌之詩，亦使之各諭其志而安其守，然後雍容禮遜之交修，乖爭陵犯之不作，信可以觀德矣。

蕙田案：射人所陳，鄭、孔及易祓、鄭鍔、王氏詳說皆以爲賓射，惟王志長以爲大射、燕射均同此儀。但此經亦無明文，姑存舊說。

又案：夏官大司馬疏：「大射用諸侯爲六耦。若賓射，射人亦用六耦，但不用諸侯，當用卿大夫爲之。」

夏官小臣：賓射，掌事如太僕之法。注：賓射，與諸侯來朝者射。疏：賓射，對大射亦爲小也。

春官眡瞭：賓射，奏其鐘鼓。注：鼜鞕以奏之。其登歌，太師自奏之。

王氏曰：賓射，王與諸侯射，奏鐘鼓以爲之節。

鎛師：凡祭祀，鼓其金奏之樂，饗食、賓射亦如之。

典庸器：祭祀，帥其屬而設筍虡，陳庸器。賓射亦如之。

杜氏佑曰：賓射，謂列國諸侯來朝於王，或諸侯自相朝聘，或孤卿以下禮賓而射。謂之賓禮，皆行之於朝，或行於廟。

聶氏崇義曰：士無大射，而有賓射、燕射之禮。

右賓射

周禮春官樂師：燕射，帥射夫以弓矢舞。注：射夫，衆耦也。

蕙田案：大司馬疏：「燕射，三耦用卿大夫以下爲之。」

夏官司弓矢：燕射，共弓矢如數并夾。

禮記射義：古者諸侯之射也，必先行燕禮。故燕禮者，所以明君臣之義也。注：言別尊卑，然後射，以觀德行也。疏：「古者諸侯之射，必先行燕禮」者，燕初似饗，即是先行饗禮。而云「先行燕禮」者，燕初似饗，正謂其行禮似饗，其餘則燕，故禮具牲狗，及設折俎，行一獻，此等皆燕之法也，故云「先行燕禮」也。「燕禮，所以明君臣之義」者，謂臣于堂下再拜稽首，升，成拜，君答拜，似若臣盡竭其力〔一〕，致敬于君，君施惠以報之也。

蕙田案：此經文只舉諸侯，而疏内却兼言天子，蓋天子本有燕射之禮，經特舉一以見其餘耳。

詩曰：「曾孫侯氏，四正具舉。大夫君子，凡以庶士，小大莫處，御于君所。以燕

〔一〕「似」，諸本作「以」，據禮記正義卷六二改。

以射，則燕則譽。」言君臣相與，盡志於射，以習禮樂，則安則譽也。是以天子制之，而諸侯務焉。此天子之所以養諸侯而兵不用，諸侯自爲正之具也。注：此曾孫之詩，諸侯之射節也。四正，正爵四行也。四行者，獻賓、獻公、獻卿、獻大夫，乃後樂作而射也。莫處，無安居其官次者也。御，猶侍也。「以燕以射」，先行燕禮乃射也。「則燕則譽」，言國安則有名譽。「譽」，或爲「與」。

蕙田案：鄭以此曾孫之詩爲貍首。貍首，大射所歌。但詩中並無「貍首」字，則亦臆揣耳。疏又云：「云『正爵四行，獻賓、獻公、獻卿、獻大夫』者，大射禮文。云『乃後樂作而射也』者，案大射禮，獻大夫之後，乃後工入，樂作而後射，此謂大射也。若燕射，則脱屨升堂，坐之後乃射矣，故燕禮説屨升堂，獻士畢，『若射，則大射正爲司射，如鄉射之禮』是也。」然則燕射之儀，已見燕禮。王昭禹謂此詩乃燕射所歌，以詩中明有「以燕以射」也，今故採入。

杜氏佑曰：燕射，天子諸侯無事之日，燕息縱適，或燕勞來朝聘使之賓，或復自與己臣共相勞息。若天子、諸侯之射，則先行燕禮，以明君臣之義。卿大夫則先行鄉飲之禮，以明長幼之序。

右燕射

鄉射

周禮地官鄉大夫：三年則大比，考其德行、道藝，而興賢者、能者。獻賢能之書于王。退而以鄉射之禮五物詢衆庶，一曰和，二曰容，三曰主皮，四曰和容，五曰興舞。

注：和，謂有德。容，謂有儀。主皮，謂射而中。蓋庶人惟張皮射之也。玄謂和載六德，容包六行也。主皮、和容、興舞，則六藝之射與禮樂與？當射之時，民必觀焉，因詢之也。孔子射於矍相之圃，觀者如堵牆。射至于司馬，使子路出誓射者，又使公罔之裘、序點揚觶而語。詢衆庶之儀若是乎？

章氏俊卿曰：射義曰：「騶虞，樂官備也；貍首，樂會時也；采蘋，樂循法也；采蘩，樂不失職也。」然則王射以騶虞，大夫之鄉射亦以騶虞者，鄉射之詢衆庶，亦欲官備于天子也。

何氏曰：物，猶事也。鄉大夫既獻賢能之書，歸而合其民于鄉射，詢問于衆而求其人，以儲養而待舉也。

黄氏曰：和，内志正也。容，外體直也。主皮，中也。復曰和容。中不驕，不中不慊也。

易氏祓曰：射以觀德。古者諸侯貢士於天子，天子試之于射宫。大射猶然，則鄉射爲可知。今以其禮推之，凡射之儀，天子與諸侯、鄉大夫尊卑雖異，而皆發乘矢。乘矢，四矢也。皆有樂以爲之節。射義所謂「何以射？何以聽」是已。蓋天子騶虞九節，則四節以射，五節以聽；諸侯貍首七節，則四節以射，三節以聽；卿大夫、士采蘋、采蘩五節，則四節以射，一節以聽。方其未射，其聽審矣。内志正，而其節比於樂，是之謂和；外體直，而其容比於禮，是之謂容。及其射也，持弓矢審固，而以中鵠爲主。鵠以皮爲之，是之謂主皮。乘矢皆循聲而發，發而不失正鵠。禮樂交作而前之〔一〕，和容備焉，是之謂和容。及其已射，皆有舞以爲發揚蹈厲之舉，是之謂興舞。且射之物有五，而其節有三：曰和，曰容，見于未射之時；曰主皮，曰和容，見於射侯之際；曰興舞，見于既射之後。此射之序，以此推鄉射，其禮可考矣。

陳氏祥道曰：周禮鄉大夫「以鄉射之禮五物詢衆庶」，有主皮之射。鄉射記曰：「禮射不主皮。主皮之射者，勝者又射，不勝者降。」鄭氏釋周禮曰：「庶民無射禮，因田獵分禽，則有主皮。」釋鄉射曰：「禮射，大射、賓射、燕射也。不主皮者，貴其容體比于禮，其節比于樂，不待中爲備也。言不勝者降，則不復升射也。主皮者無侯，張獸皮而射之，主于獲也。」尚書大傳曰：「戰鬭不可不習，故於蒐狩以閑之也。」閑之者，貫之也。貫之者，習之也。凡祭，取餘獲陳於澤，然後卿大夫相與射也。中者，雖不中也取；不中者，雖中也不取。所以貴揖讓之取也，而賤勇力之取。嚮之取也於囿中，勇力之取也；今之取也於澤宮，揖讓之取也。澤，習禮之處，非所以行禮，其射又主中，此主皮之射與？蓋主皮之射，庶人之禮也，鄉大夫或用之於澤宮，卿大夫或用之以詢衆庶。用之以詢衆庶，在和以容之後。則主皮之射，雖君子之所不廢，亦非其所尚也。晚周之時，射尚主皮，故孔子譏之曰：「射不主皮，爲力不

〔一〕「而」，諸本作「向」，據周禮訂義卷八改。

同科，古之道也。」

蕙田案：主皮爲庶人之射，陳氏疏解已明，故不另列。

王氏應電曰：賢能者既獻于王，以爲公朝之臣，其比閭之吏與府史、胥徒，大比黜陟之後，將何所取哉？于是鄉老復以射詢衆庶。和者，愷悌温良，此立人之本。容者，容止可觀，如漢選舞者，以形容魁梧也。主皮者，不失正鵠。和容者，容體比于禮。興舞者，節奏比于樂。

王氏志長曰：賈氏以爲：「和居六德之終，故曰載；孝居六行之始，故曰包。容即孝也。三物中，其事一十有八。今六德惟問和，六行惟問容，六藝惟問射、禮、樂。蓋貢賢于王，未能盡備，故略舉五者問之。六德，其大者，故問其卒；六行，其小者，故問其先。禮以安上治民，樂以移風易俗，射以男子所有事，故特言之。」其説附會，後鄭辨矣，然嫌于太鑿。其容何以爲孝？謂善爲孝者，必合于禮之容儀。其説支離無根，不若後儒謂五物皆指射言。古之用人，欲加之任使，必以射觀其器能，虞書所謂「侯以明之」。下文五者，非射不能知，猶後世觀身言之法也。其人氣質暴戾，容止傾邪，必不能盡五射之美，故先觀其和，次觀其容。主皮，中而貫革，巧力全也。和容者，容體比于禮。興舞者，節奏比于樂。以此五者觀其人，于是鄉、遂之官與夫百官府之群吏，靡不有守有爲，可以輔成君子之治，而非庸戾壞政之人矣。

蕙田案：五物之解，先鄭爲得，明齋、平仲諸説皆本之。

又案：儀禮鄉射記云：惟君有射于國中，其餘則否。鄉射在城外，衆庶皆觀焉，故得詢五物。又鄉射合樂，大射不合樂者，鄉射屬民，欲同其意，故合樂；大射擇士與祭，欲嚴其事，故不合樂。漢甘露石渠議曰：「鄉射合樂，大射否，何也？」韋玄成曰：「鄉人無樂，故合之。朝廷君臣，固有樂矣。」時以爲然。

鄉師：黨共射器。注：射器者，弓、矢、楅、中之屬。黨正主集爲之，爲州長或時射于此黨也。

州長：春秋以禮會民而射于州序。注：序，州黨之學也。會民而射，所以正其志也。射義曰：「射之爲言繹也。繹者，各繹己之志。」疏：知「序，州黨之學」者，案：下黨正亦云「飲酒于序」，故知州黨學皆名爲序。若鄉則立庠〔一〕，故禮記鄉飲酒義云：「主人迎賓于庠門之外。」彼鄉大夫行賓賢能，非州長、黨正所行，故知庠則鄉學也。「以禮會民」，亦謂先行鄉飲酒之禮乃射，故云「以禮」也。

鄭氏鍔曰：先王教民之法，未有不因時以諭其意。射之爲藝，用于朝覲、賓燕之時，其事爲文；用於田獵、攻守之時，其事爲武。故以春秋教之。春，陽用事，所以明其事之爲文；秋，陰用事，又以明其事之爲武。因時而教，其藝易進，因以明義。

王氏昭禹曰：古者男子生，以桑弧、蓬矢六射天地四方，示其有四方之志。先王之爲射禮，因以習武事焉，因以繹志而觀德行焉。故必内志正、外體直、持弓矢審固而後發，則無不中矣。春秋以禮會

〔一〕「立」，原作「上」，據光緒本、周禮注疏卷一二改。

民而射于州學，凡以觀德行而已。序者，州之學也。孟子曰：「序者，射也。」蓋射以序進，且以別其賢否也。

王氏應電曰：案正月之吉、春秋祭社讀法、考行凡三，春秋禮射凡二，此州長教民之事也。

蕙田案：鄉射禮注云：「不謀賓者，時不獻賢能，事輕也。」疏云：「射于序，鄉飲酒在庠，以其序無室，庠有室。」

又案：鄉大夫之鄉射，主于興賢，三年而一行；州長之鄉射，主于習儀，每歲而一行。其儀節之詳，雖不可得知，然儀禮具存，亦可以例推也。觀鄭注周禮而引大夫之事爲證，則其儀固通于上下矣。

禮記射義：古者卿大夫、士之射也，必先行鄉飲酒之禮。鄉飲酒之禮者，所以明長幼之序也。注：言別老穉，然後射，以觀德行。疏：此「鄉飲酒」，謂黨正飲酒，以鄉統名，則鄉飲酒義所云「六十者坐，五十者立侍」是也。

孔子射於矍相之圃，蓋觀者如堵墻。注：矍相，地名也。種菜蔬曰圃。射至於司馬，使子路執弓矢出延射，曰：「賁軍之將，亡國之大夫，與爲人後者，不入，其餘皆入。」蓋去者半，入者半。注：先行飲酒禮，將射，乃以司正爲司馬。「子路執弓矢出延射」，則爲司射也。延，進也，出進觀者欲射者也。賁讀爲僨，僨，猶覆敗也。亡國，亡君之國者也。與，猶奇也。後人者，一人而已。既有爲者，而往奇之，是貪財也。子路陳此三者，而觀者畏其義，則或去也。又使公罔之裘、序點揚觶而語。公罔之裘揚觶而語曰：「幼壯孝弟，耆耋好禮，不從流俗，修身以俟死，者不？在此位也！」蓋去者半，處者半。序點又揚觶而語曰：「好學不倦，好禮不變，旄期稱道不亂，者不？在此位也！」蓋勵有存者。注：之，發聲也。射畢，又使此二人舉觶者，古者於旅也語。語，謂說義理也。三十曰壯。耆、耋，皆老也。流俗，失俗也。處，猶留也。八十、九十曰旄，百年期頤。稱，猶言也。道〔一〕，行也。者不，言有此行不，可以在此賓位也。疏：「射至於司馬」者，欲射之前，先行鄉飲酒之禮〔二〕，獻賓及介。獻衆賓之後，未旅之前，作相爲司正。至于將射，轉司正爲司馬也。「使子路執弓矢延射」者，立司馬之時，孔子使子路爲司射之官，延觀者及欲射之人。又「子路出延射」者，是將射之前。案鄉射，司射比衆耦于堂西。此「出延」者，但觀者既多，庭中不容，故出延之，入乃比耦。以初門外未入，觀者既多，未有賓主之禮，故誓，惡者令其不入。以鄉飲酒禮差之，射禮畢，旅酬之時，乃使二人舉觶〔三〕，故鄉射禮畢，司馬反爲司正，樂正升堂復位，賓取俎西之觶酬主人，主人酬大夫。

〔一〕「道」，諸本脱，據禮記正義卷六二補。
〔二〕「鄉」，原脱，據光緒本、禮記正義卷六二補。
〔三〕「觶」，諸本作「觴」，據禮記正義卷六二改。

自相旅畢，君使二人舉觶酬賓與大夫，則當此公罔之裘、序點二人舉觶之節也。但衆賓射事既了〔一〕，衆賓皆在賓位，主人以禮接之，不復斥言其惡，於此但簡其善〔二〕。公罔簡而尚疏，序點簡而轉詳。

陸氏德明曰：「者不」，此二字一句，下及注皆同。者不，問此衆人之中有此上諸行不，若有，則可在此賓位矣。

呂氏大臨曰：夫子温、良、恭、讓，其在鄉黨，似不能言，未聞拒人如是之甚，故矍相之事，疑不出于聖人，特門人弟子逆料聖人之意，而爲此説，將以推尊聖人，而不知非聖人之所當言。如記稱孔子「我戰則克，祭則受福」。孔子固優爲之，而謂孔子言之，則非也。賁軍之將，亡國之大夫，與爲人後者，皆有負於世，非賢能者也。爲人後者爲之子，則爲所後斬衰，爲其父母期。舍其親而爲人後，非人子之所欲，特以大宗無後，族人以支子後之，迫于大宗族人之命，不得已也。有所利之而與求焉，是與爲人後者見利忘親，此君子之所不取也。「幼壯孝弟，耆耋好禮，不從流俗，修身以俟死」者，德有立矣；「好學不倦，好禮不變，旄期稱道不亂」者，德有成矣。蓋士之立於世，無惡者寡矣；無惡者有之，有立者寡矣；有立者有之，成德者寡矣。「不在此位也」者，疑詞也，蓋言在此位也，衆之所會聚，簡別賢不肖，人所難言也，故以疑詞示之，猶言「文不在兹乎」，蓋言在兹也。不曰「乎」而曰「也」者，蓋深示

〔一〕「賓」，諸本作「耦」，據禮記正義卷六二改。
〔二〕「於」，諸本作「故」，據禮記正義卷六二改。

其不斥言也。

朱子曰：鄭注、陸音「者不」二字，文義不通。家語兩處並無「不」字，亦非是。當從呂説爲長云。

蕙田案：矍相之射，先行鄉飲酒，則爲大夫之鄉射無疑。正義釋經文，既云「此記所陳，惟約鄉射禮」，其中鄭義，又云「此射謂賓射」，故鄭注鄉侯二正，是用賓射之正。蓋射雖有賓與鄉之分，而坐燕之儀則同故耳。鄭注周禮鄉大夫、鄉射引此文，則知此爲鄉射矣。

論語：子曰：「射不主皮，爲力不同科，古之道也。」

朱子曰：「射不主皮」，鄉射禮文。「爲力不同科」，孔子解禮之意如此也。古者射以觀德，但主于中，而不主于貫革，蓋以人之力有强弱不同等也。

右鄉射

五禮通考卷一百六十四

嘉禮三十七

射禮

射雜儀

詩大雅行葦：敦弓既堅，四鍭既鈞。舍矢既均，序賓以賢。傳：敦弓，畫弓也。天子敦弓。鍭矢參亭，已均中蓺。箋：舍之言釋也。蓺，質也。周之先王將養老，先與群臣行射禮，以擇其可與者以爲賓。序賓以賢，謂以射中多少爲次第。疏：敦與雕，古今之異，彫是畫飾之義。此述天子擇士，宜是天子之弓，故言天子敦弓。定四年公羊傳何休注云：「天子敦弓，諸侯彤弓，大夫嬰弓，士盧弓。」「鍭參停」者[一]，謂三分矢，一在前，二在後，輕重鈞停，四矢皆然，故言「四鍭既鈞」。冬官矢人：「爲鍭矢參分，一在前，二在後。」注云：「三訂之而平者，前有鐵，重也。」又解「舍矢既均」之義，言「已均中藝」，爲所射之質，四矢皆均中也。傳言「中藝」，故又解之云：「藝是質，即所射之物，正鵠之總名。」但此說大射，當爲鵠也。以下章言養老之事，而此論射，則知射爲養老[二]。禮稱將祭而射，謂之大射。養老與祭相類，而亦射以擇賓，則亦爲大射。何則？禮射有三，賓射在朝，而射以娱賓，燕射因燕，而射以爲樂，皆無擇士之義。樂記云：「祀於明堂，以教諸侯之孝。食三老五更于太學，以教諸侯之悌。」是祭與養老爲相類之事，故知此射必大射也。王肅以此爲養老燕射。案燕射於燕旅酬之後乃爲之，不當設文於「曾孫維主」之上，豈先爲燕射，而後酌酒也？以此知毛意亦爲大射也。言「序賓以賢」者，投壺數算云「某黨賢于某若干純」，爲中多者爲賢。此射擇之爲賓而云賢，明以射中多少爲次也。

朱子曰：敦，雕通，畫也。天子雕弓。堅，猶勁也。鍭，金鏃翦羽矢也。鈞，參亭也，謂參分之一在前，二在後。三訂之而平者，前有鐵，重也。舍，釋也，謂發矢也。均，皆中也。賢，射多中也，投壺曰「『某賢於某若干純』，奇則曰奇，均則曰左右均」是也。

敦弓既句，既挾四鍭。四鍭如樹，序賓以不侮。傳：天子之弓，合九而成規。四鍭如樹，

[一]「鍭」，諸本作「鏃」，據毛詩正義卷一七改，下「爲鍭」同。
[二]「射」，諸本作「當」，據毛詩正義卷一七改。

言皆中也。序賓以不侮，言其皆有賢才也。箋：射禮，搢三挾一个，言已挾四鍭，則已徧釋之。不侮者，敬也。其人敬于禮，則射多中。疏：「天子」至「成規」，皆冬官弓人文也。又云「往體寡，來體多，謂之王弧」，注云：「王弓合九而成規，弧弓亦然。」則此敦弓，即彼王弧也。傳言此者，明「既句」是引滿之時也。以合九成規，此弓體直。今言「既句」，明是挽之。説文云：「彀，張弓也。」二京賦曰「彫弓既彀」，彀與句，字雖異，音義同。射禮，搢三挾一个，大射禮然也。搢者，插也。挾，謂手挾之。射用四矢，故插三於帶間，挾一以扣弦而射也。射禮每挾一个，今言挾四鍭，故知已徧釋之也。案大射禮「搢三挾一个」，謂卿大夫。若其君，則使人屬矢，不親挾也。

蕙田案：周禮司弓矢：「鍭矢、殺矢用諸近射、田獵，庳矢、恒矢用諸散射。」鄭注云：「散射，謂禮樂之射。」如養老而射，亦禮樂之散射也。養老之射，亦是大射，但儀節大抵相同，而爲禮則别，今另列于此。

又案：以上養老之前，射以擇賓。

詩小雅車攻：決拾既佽，弓矢既調。射夫既同，助我舉柴。傳：決，鉤弦也。拾，遂也。佽，利也。柴，積也。箋：佽，謂手指相次比也。調，謂弓强弱與矢輕重相得。既同，已射，同復將射之位也。雖不中，必助中者舉積禽也。疏：此章言諸侯從王田罷，賜射餘獲之事也。言時諸侯所有決之與拾，既與手指相比而和利矣，弓與矢既强弱相得而調適矣。既田畢，王以餘獲之禽賜之，則以此射夫而取之。此射夫皆已射一番，若中得禽者，既同復將射之位，欲更射以求禽也。若以射之而不中者，則又助我中者舉積禽。此文承諸侯之下，射夫，即諸侯也。其大夫亦在獲射之中，則此可以兼焉。諸侯而謂之射夫者，夫，男子之總名。傳以佽爲利，其義不明，故申而成之。決著於右手大指，所以鉤弦開體；遂著於左臂，所以遂弦。手指相比次，而後射得和利，故毛云「佽，利」，謂相次然後射利，非訓佽爲利也。言「調，謂弓强弱與矢輕重相得」者，弓體有强弱，各其力之所便。又弓矢之名有安危，調之使相得。田無射禮，唯既田，乃有班餘獲射，在於澤宮。言「同復將射之位」，在澤宮之位也。以言助我舉積，是不得射者助他人也，故射雖不中，必助中者舉積禽矣。鄉射禮云：「禮射不主皮，不勝者降。」即此是也。此謂士大夫以上有禮射者，庶人則以主皮當禮射，故鄉大夫以五物詢衆，三曰主皮是也。

李氏樗曰：決，以骨爲之，著於右巨指以鉤弦者也。拾，以皮爲之，著於左臂以逆弦者也。拾，亦謂之逆。

不失其馳，舍矢如破。

鄭氏曰：射者之工，矢發則中，如破碎物也。

蕙田案：以上巡狩，諸侯從，王賜射餘獲。

周禮夏官射人：祭祀，則贊射牲，相孤卿大夫之法儀。

易氏祓曰：祭祀之禮，以牲爲重。視牲、分牲、養牲、巡牲，見於未祭之先；將祭之時，則夕牲、展牲、牽牲、射牲、割牲，無非禮者。射人所掌，則射牲之禮而已。國語曰：「禘、郊之事，天子必自射其牲。」此雖天子自爲之，方其迎牲於門，則君執紼，卿大夫從，士執芻；至於君親射牲，而孤卿大夫咸與焉。此射人「相孤卿大夫之儀法」，以其掌射法治射儀故也。

司弓矢：凡祭祀，供射牲之弓矢。注：射牲，示親殺也。殺牲，非尊者所親，惟射爲可。

大戴禮：禘、郊之事，天子必自射其牲。

蕙田案：以上祭祀射牲之禮。

周禮夏官諸子：凡國之政事，國子存遊倅，使之修德學道，春合諸學，秋合諸射，以考其藝而進退之。注：游倅，倅之未仕者。學，太學。射，射宮也。王制曰：「春秋教以禮、樂，冬夏教以詩、書，王太子、王子、群后之太子、卿大夫元士之適子、國之俊選，皆造焉。」疏：大學在國中，即夏后氏東序，在王宮之左也。射宮，即國之小學，在西郊，則虞庠是也。

王氏曰：國子之於政事，若宿衛固守之屬也。存者，使之在學而養之也。

王氏安石曰：春合諸學，則修德學道也；秋合諸射，則以待兵甲之事也。

蕙田案：以上遊倅合射。

禮記王制：司徒命鄉簡不帥教者以告。耆老皆朝于庠，元日習射上功，習鄉上齒。注：將習禮以化之，使之觀焉。耆老，致仕及鄉中老賢者。朝，猶會也。此庠，謂鄉學也。鄉，謂飲酒也。疏：命鄉簡不帥教者，乃命鄉内耆老皆會于鄉學之庠，乃擇善日，於此鄉學内爲不帥教之人習射禮，中者在上，故云上功。又於鄉學習鄉飲酒之禮，老者居上，故曰上齒。欲使不率教之人觀上功則自勵爲功，觀上齒則尊敬長老。

蕙田案：以上元日習射于庠。

射義：古者天子之制：諸侯歲獻，貢士於天子，天子試之於射宫。其容體比於禮，其節比於樂，而中多者，得與於祭。其容體不比於禮，其節不比於樂，而中少者，不得與於祭。數與於祭而君有慶，數不與於祭而君有讓。數有慶而益地，數有讓而削地。故曰：「射者，射爲諸侯也。」注：歲獻，獻國事之書及計偕物也〔一〕。三歲而貢士，舊説云：「大國三人，次國二人，小國一人。」是以諸侯君臣盡志於射，以習禮樂。夫君臣習禮樂而以流亡者，未之有也。注：流，猶放也。書曰：「流共工于幽州。」

蕙田案：以上試貢士于射宫。

内則：子生，男子設弧于門左，女子設帨于門右。三日始負子，男射女否。注：弧

〔一〕「偕」，原作「備」，據味經窩本、乾隆本、光緒本、禮記正義卷六二改。

者，示有事於武也。帨，事人之佩巾也。表男女也。負之，謂抱之而使鄉前也。射始有事也。疏：此明大夫以下生子設弧矢之法。

國君世子生，三日，卜士負之，射人以桑弧、蓬矢六射天地四方。注：桑弧、蓬矢，本太古也。天地四方，男子所有事也。疏：射禮惟四矢者，天地，非射事所及，惟禦四方，故止四矢。蓬，是禦亂之草。桑，衆木之本。

射義：男子生，桑弧、蓬矢六以射天地四方。天地四方者，男子之所有事也。故必先有志於其所有事，然後敢用穀也，飯食之謂也。疏：用六者，天地四方也。禮射惟四矢者，示事有不用也。「然後敢用穀」者，三日射罷之後，然後敢用穀以食其子也。「飯食之謂」者，射畢用穀，猶事畢設飯食故也。

蕙田案：以上始生之射。

內則：成童，舞象，學射、御。注：成童，十五以上。疏：舞象，謂武舞也。熊氏云：「謂用干戈之小舞也。以其年尚幼，故習文武之小舞。」

蕙田案：以上成童學射。

少儀：侍射則約矢，侍投則擁矢。勝則洗而以請。客亦如之。不角，不擢馬。注：約矢，不敢與之拾取也。擁矢，不敢釋于地也。投，投壺也，投壺坐。洗，洗爵請行觴，不敢直飲之。

客亦如之，客射若投壺，不勝，主人亦洗而請之。角，謂觵，罰爵也。於尊長與客，如獻酬之爵。擢，去也，謂徹也。已徹馬，嫌勝，故薄之。疏：「侍射則約矢」者，矢，箭也。凡射必計耦，先設楅在中庭。楅前取兩頭爲龍頭，中央共一身，而倚箭於楅身上。上耦前取一矢，下耦又進取一，如是更進，各得四箭而升堂，插三於要，而手執一隻。若卑者侍射，則不敢更拾進取，但一時并取四矢，故云「則約矢」也。「侍投則擁矢」者，投，投壺也；擁，抱也；矢，謂投壺箭也，若柘若棘爲之。投壺禮，亦賓、主各四矢，從委於身前坐，一一取之。若卑者侍投，則不敢釋置於地，但手并抱投之也，故鄭云「不敢釋於地」。庾云：「擁抱己所當投矢也。」隱義云：「尊者委四矢於地，一一取以投。卑者不敢委於地，悉執之也。」「勝則洗而以請」者，若敵射及投壺竟〔一〕，司射命酌，而勝者當應曰「諾」。而勝者弟子酌酒，南面以置豐上，豐在西階上兩楹之西。而不勝者下堂，揖讓升堂，就西階上立，北面，就豐上取爵，將飲之，而跪之曰「賜灌」。灌，猶飲也。而勝者立於不勝者東〔二〕，亦北面，跪而曰「敬養」。若卑者得勝，則不敢直酌，當前洗爵而請行觴，然後乃行也。「客亦如之」者，客若不勝，則主人亦洗而請，如卑侍之法，所以優賓也。「不角」者，角，謂行罰爵，用角酌之也。詩云「酌彼兕觵」是也。今飲尊者及客，則不敢用角，但如常獻酬之爵也。「不擢馬」者，擢，去也，徹也。投壺立籌爲馬，馬有威武，射者所尚也。凡投壺，每一勝輒立一馬，至三馬而成勝。但頻

〔一〕「竟」，原作「意」，據光緒本、禮記正義卷三五改。
〔二〕「而」，原作「面」，據光緒本、禮記正義卷三五改。

勝三馬難得〔一〕，若一朋得二馬，一朋得一馬，於是二馬之朋徹取一馬者，足以爲三馬，以成定勝也。今若卑者朋，雖得二馬，亦不敢徹尊者馬足成己勝也。

陳氏澔曰：凡射，必二人爲耦，楅在中庭，箭倚於楅，上耦前取一矢，次下耦又進取一矢，如是更進，各得四矢。若卑者侍射，則不敢更迭取之，但一時并取四矢，故謂之「約矢」也。射與投壺之禮，勝者之弟子酌酒，置於豐上，其不勝者跪而飲之。若卑者得勝，則不敢徑酌，當前洗爵而請行觴也。客若不勝，則主人亦洗而請，所以優賓也。角，兕觥也。今飲尊者及客，不敢用角，但如常獻酬之爵也。馬者，投壺之勝算。

蕙田案：以上卑幼侍尊長射。

曲禮：君使士射，不能，則辭以疾，言曰：「某有負薪之憂。」

應氏鏞曰：射者，男子所有事。可以疾辭，不可以不能辭也。

大戴禮：士使之射，不能則辭以疾，縣弧之義也。

蕙田案：此條與郊特牲文同。

又案：以上不能射辭疾。

〔一〕「三馬」，諸本誤倒，據禮記正義卷三五乙正。

禮記樂記：武王克殷，散軍而郊射，左射貍首，右射騶虞，而貫革之射息也。注：貫革，穿革甲也。

蕙田案：以上散軍之射。

右射雜儀

射器

書益稷：侯以明之。

蔡氏沈曰：侯，射侯也。明者，欲明其果頑愚讒説與否也。

周禮天官司裘：王大射，則共虎侯、熊侯、豹侯，設其鵠。諸侯則共熊侯、豹侯，卿大夫則共麋侯，皆設其鵠。注：侯者，其所射也。以虎、熊、豹、麋之皮飾其側，又方制之以爲臺，謂之鵠，著於侯中，所謂皮侯。王之大射：虎侯，王所自射也；熊侯，諸侯所射；豹侯，卿大夫以下所射。諸侯之大射：熊侯，諸侯所自射；豹侯，群臣所射。卿大夫之大射：麋侯，君臣共射焉。凡此侯道，虎九十弓，熊七十弓，豹、麋五十弓。列國之諸侯大射，大侯亦九十，參七十，干五十，遠尊得伸可同耳。所射正謂之侯者，天子中之則能服諸侯，諸侯以下中之則得爲諸侯。鄭司農云：「鵠，鵠毛也。方十尺曰侯，四尺曰鵠，二尺曰正，四寸曰質。」玄謂侯中之大小取數於侯道。鄉射記曰：「弓二寸以爲侯中。」則九十弓者，侯中廣丈八尺；七十弓者，侯中廣丈四尺；五十弓者，侯中廣一丈。尊卑異等，此數明矣。考工記曰：「梓人爲侯，廣與崇方，參分其廣而鵠居一焉。」然則侯中丈八尺者，鵠方六尺；侯中丈四尺者，鵠方四尺六寸大半寸；侯中一丈者，鵠方三尺三寸少半寸。謂之鵠者，取名於鳱鵠。鳱鵠小鳥而難中，是以中之爲儁。亦取鵠之言較，較者直也，射所以直己志。用虎、熊、豹、麋之皮，示服猛討迷惑者。射者大禮，故取義衆也。疏：以其雖有正、鵠之别，侯是總名，故云「侯者，所射也」。云「以虎、熊、豹、麋之皮飾其側」者，侯中上下俱有布一幅夾之，所飾者唯有兩旁之側也。梓人爲侯，廣與崇方，故云「方制之」。質者，正也，所射之處，故名爲質。三分其侯，鵠著於侯中。云「所謂皮侯」者，所謂梓人「張皮侯而棲鵠」。云「王之大射：虎侯，王所自射」者，遠近三等，人有尊卑，分爲三節，尊者射遠，卑者射近，故知王射虎侯。諸侯卑於天子，其自射射熊侯，明助王祭亦射熊侯。卿大夫卑於諸侯，以其自家射射麋侯五十步，明助王亦射豹侯五十步，故知射豹侯。卿大夫更言已下者，兼有士，亦射豹侯。「諸侯之大射：熊侯，諸侯所自射；豹侯，群臣所射」，以其唯有二侯，故分爲二等。云「卿大夫之大射：麋侯，君臣共射」者，以其唯有一侯故也。云「凡此侯道，虎九十弓」至「五十弓」，並約鄉射記。按鄉射記云「鄉侯侯道五十弓」。案：大射大侯、糝侯、豻侯直言九十、七十、五十，不云弓，故注鄉射記云：「大侯九十弓，糝侯七十弓，豻侯五十弓。」並約鄉侯有弓字，則大射所云九十者九十弓，七十者七十弓，五十者五十弓可知也。天子三侯，與彼畿外諸侯同，但用皮别耳，故此注虎侯九十弓，熊侯七十弓，豹、麋五十弓。云「列國之諸侯大射，大侯亦九十，糝七十，豻五十」者，大射所云者是也。鄭注大射云：「大侯者，熊侯也。糝侯者，糝，雜也，豹鵠而麇飾，下天子大夫也。豻侯者，豻鵠豻飾也。」云「遠尊得伸可同耳」者，對此經畿内諸侯之近尊，不得同於天子三侯。「侯中之大小取數於侯道」者，其侯道則去侯遠近之道，故引鄉射記。「鄉射記曰：弓二寸以爲侯中」者，二寸據把中側骨中身也。弓別取二寸以爲侯身也。「則九十弓者，侯中廣丈八尺」者，據虎侯也。「七十弓者，侯中廣丈四尺」者，據熊侯也。「五十弓者，侯中廣一丈」也者，據豹侯、麋侯也。云「考工記曰梓人爲侯，廣與崇方」者，崇，高也，上下爲崇，横度爲廣，如鄉射侯中丈八、丈四、一丈皆方，故云廣與崇方也。云「參分其廣，鵠居一焉」者，謂三分丈八、丈四、一丈之侯，各取一分而爲鵠。又云「然則侯中丈八尺者，鵠方六尺」。自此以下，皆重釋「鵠居一焉」之義。以其侯中丈八，三六十八，故鵠居六尺。「侯中丈四尺者，鵠方四尺六寸大半寸」者，以其侯中丈四尺，取丈二尺，三四十二，得四尺；有二尺在，又取尺八寸，三六十八，又得六寸；有二寸在，寸各爲三分，二寸併爲六分，取二分名爲三分寸之二，即是大半寸也。「侯中一丈者，鵠方三尺三寸少半寸」者，一丈取九尺，三三而九，得三尺；一尺在，又取九寸，得三寸；仍有一寸，分爲三分，得一分，名爲少半寸。正、鵠相對之物，若鵠爲鳥，正亦爲鳥，若鵠爲直，正則爲正直之正，故射義云：「射者内志正，外體直。」是正、鵠之名，各有二義。虎、熊、豹是猛獸，將以爲侯，侯則諸侯也，是示能伏得猛厲諸侯。麋者，迷也，將以爲侯，示能討擊迷惑諸侯。以其祭者是大事，射者觀德，故爲大禮，故於三侯之上取義衆多。

王氏與之曰：馭民之道，以正物爲事。正物，則服猛毅爲先。能致猛毅，莫大於虎，豹熊次之；能服猛毅，莫大於王，諸侯次之。由是而得萬國之歡心以事先王者，天子之德也，故共虎侯、熊侯、豹侯。得百姓之歡心以事先公者，諸侯之德也，故共熊侯、豹侯。卿大夫之德，則以養人爲事，養人以除害爲先，春秋多麋害稼，則卿大夫射麋侯，以除害也。

冬官考工記：梓人爲侯，廣與崇方，參分其廣而鵠居一焉。注：崇，高也。方，猶等也。高廣等者，謂侯中也。天子射禮，以九爲節，侯道九十弓，弓二寸以爲侯中，高廣等，則天子侯中丈八尺。諸侯于其國亦然。鵠，所射也，以皮爲之，各如其侯也。居侯中參分之一，則此鵠方六尺。惟大射以皮飾侯。大射者，將祭之射也。其餘有賓射、燕射。疏：禮射有三，有賓射、燕射、大射。大射射鵠，賓射、燕射射侯。注亦與此同。

王氏曰：侯以布爲之，以皮飾之。梓人，攻木之工而爲侯者，以侯待木而張故也。

鄭氏鍔曰：射必用侯。正名曰侯者，蓋天子射之，所以服諸侯；臣下射之，得以爲諸侯也。天子、諸侯、卿大夫各有所射之侯，而侯之制則有小大之不同。天子之熊、虎、豹侯，九十弓，侯中丈八尺；諸侯熊侯，七十弓，侯中丈四尺；卿大夫麋侯，五十弓，侯中一丈。然其侯中之「廣與崇方」，則一而已，其廣與崇適相等焉，謂侯之中高廣相似也。蓋偏於左右則不得其正，倚於上下則不得其正，惟正然後可以期於中，所以欲其相等也。匠人之爲防亦云「廣與崇方」，蓋非相等，則其力不足以捍患故也。「弓二寸以爲侯中」，虎侯之弓以九爲節，則侯中一丈八尺也，中一丈八尺，則鵠六尺也。由是推之，熊侯七十弓，侯中丈四尺，則鵠方四尺六寸有奇；豹侯、麋侯五十弓，則侯中一丈，而鵠方三尺三寸有奇。

鄭衆、馬融皆曰「十尺曰侯，四尺曰鵠，二尺曰正」者，蓋不考諸此耳。

王氏昭禹曰：鵠棲侯以爲的者，鵠之爲物，遠舉而難中，射以及遠，中難爲善，中則告勝焉，故的謂之鵠也。鵠以皮爲之，各如其侯。鵠居侯中三分之一。唯大射以皮侯，其餘有賓射、燕射。

上兩个，與其身三，下兩个半之。注：鄭司農云：「兩个，謂布可以維持侯者也。上方兩枚，與身三，設身廣一丈，兩个各一丈，凡爲三丈。下兩个半之，傅地，故短也。」玄謂个，讀若幹〔一〕。上个、下个，皆謂舌也。身，躬也。鄉射禮記曰：「倍中以爲躬，倍躬以爲左右舌，下舌半上舌。」然則九節之侯，身三丈六尺，上个七丈二尺，下个五丈四尺。其制，身夾中，个夾身，在上下各一幅。此侯凡用布三十六丈。言上个「與其身三」者，明身居一分，上个倍之耳，亦爲下个半上个出也。个，或謂之舌者，取其出而左右也。侯制，上廣下狹，蓋取象于人也。張臂八尺，張足六尺，是取象率焉。疏：先鄭意，身即與中爲一，謂方丈者，其上又加布一幅，長三丈，爲兩个。後鄭不從者，侯有中、有躬、有个三者，今先鄭惟有身，不見中，故不從之也。古者布幅廣二尺二寸〔二〕，二寸爲縫，皆以二尺計之。此侯是九十弓侯，侯中丈八尺，則九幅布，布長丈八尺。九幅九丈，幅有八尺，爲七丈二尺，添前爲十六丈二尺。上下躬各三丈六尺，即上下共爲七丈二尺。其上个七丈二尺，下个有五丈四尺，添前總用布三十六丈也。其七十弓侯，侯中一丈

〔一〕「若」，諸本作「爲」，據周禮注疏卷四一改。
〔二〕「二寸」，原脱，據光緒本、周禮注疏卷四一補。

四尺。其五十弓侯，侯中一丈。皆倍中以爲躬，倍躬以爲左右个計之，皆可知也。

鄭氏鍔曰：弓之左右出者，其名曰个，亦名曰舌。个，或音幹，取其張而用力也；又名曰舌者，取其出而左右也。侯有中，又有躬，有舌，舌，即个也。「與其身三」者，言身居一分，上兩个倍之而居其三也。「下兩个半之」者，言下兩个居上兩个之半也。

上綱與下綱出舌尋，緝寸焉。注：綱，所以繫侯于植者也。上下皆出舌一尋者，亦人張手之節也。鄭司農云：「綱，連侯繩也。緝，籠綱者。」疏：綱以繫侯於植者也。直則在兩旁邪豎之也。

趙氏溥曰：緝是圈子，穿在个邊。綱却穿過圈子，以縛在植上。

易氏祓曰：綱，所以持侯而繫于植。緝，所以持綱而繫于侯。上綱與下綱出舌皆八尺者，以象人張臂之義。緝寸者，以象人伸指之義。蓋臂爲尋而指爲寸，皆近取諸身者也。此又三射之侯，與夫三侯、二侯、一侯之所同也。

張皮侯而棲鵠，則春以功。注：皮侯，以皮所飾之侯。司裘職曰：「王大射，則共虎侯、熊侯、豹侯，設其鵠。」謂此侯也。春，讀爲蠢。蠢，作也，出也。天子將祭，必與諸侯群臣射，以作其容體，出其合于禮樂者，與之事鬼神焉。疏：「張皮侯」者，天子三侯，用虎、熊、豹皮飾侯之側，號曰皮侯。「而棲鵠」者，各以其皮爲鵠，綴于中央，似鳥之棲，故云「而棲鵠」也。

王氏與之曰：此大射之侯。

鄭氏鍔曰：春以功，蓋氣至于春，則發生之時，人至於春，則立功之時。大射之禮，所以發動，使之求爲有功之事也。

張五采之侯，則遠國屬。注：五采之侯，謂以五采畫正之侯也。射人職曰：「以射法治射儀，王以六耦，射三侯，三獲三容，樂以騶虞，九節五正。」下曰：「若王大射，則以貍步張三侯。」明此五正之侯，非大射之侯明矣。其職又曰：「諸侯在朝，則皆北面。」「遠國屬」者，若諸侯朝會，王張此侯與之射，所謂賓射也。五采者，内朱，白次之，蒼次之，黄次之，黑次之。其侯之飾，又以五采畫雲氣焉。疏：此據賓射之侯言。「五采」是九十弓之侯。若七十弓者則三正，五十弓者則二正也。鄭氏鍔曰：五采之鵠者，即射人所謂五正之侯也。虎侯五正，熊侯三正，豹侯二正，用五采以畫焉，中朱，次白，次蒼，次黄，而玄居外，以五行相克爲次也。以南爲首，故先朱；以正爲的，故曰正；畫用五采，故曰采侯。張五采之侯，則王與來朝之諸侯行賓射之禮也。惟朝會而張此侯以射，此遠國所以繫心於王而不敢攜貳也。

張獸侯，則王以息燕。注：獸侯，畫獸之侯也。息者，休農息老物也。燕，謂勞使臣，若與群臣閑暇飲酒而射。疏：此燕射之侯也。息老物，勞使臣，無事飲酒，三者燕，皆有射法。鄭氏鍔曰：六獸，皆正面畫其正首於鵠之處。張獸侯，以明獸之害人者，吾已射之矣，此可以息燕焉。

祭侯之禮，以酒脯醢。注：謂司馬實爵而獻獲者於侯，薦脯醢折俎，獲者執以祭侯。　疏：「謂司馬實爵」已下，皆依大射而言。彼雖諸侯禮，天子射亦然。又不辨大射、賓射、燕射，則三等射皆同。

王氏昭禹曰：侯而祭之者，神無乎不在，而君子無往不用其至也。

其辭曰：「唯若寧侯，毋或若女不寧侯，不屬於王所，故抗而射女。强飲强食，詒女曾孫諸侯百福。」注：若，猶汝也。寧，安也。謂先有功德，其鬼有神。或，有也。若，如也。屬猶朝會也〔一〕。抗，舉也，張也。詒，遺也。曾孫諸侯，謂女後世爲諸侯者。

易氏祓曰：侯之爲侯，非止射侯而已。內能受矢，外能威人者，爲射之侯；屏蔽王室，敵王所愾者，亦爲天子之諸侯。使諸侯而安其爲侯，則善矣；其或不安其爲侯，不能奉承乎王命，則司馬九伐之法在所必及。故托其辭於祭侯曰「抗而射女」，爾諸侯可不知所戒乎？誠能安其爲，後謹守臣節，則富貴可以長守，故曰：「强飲强食，詒女曾孫諸侯百福。」雖曰詒之自上，而所謂「惟若寧侯」者，實諸侯之自求多福也。

吴氏澄曰：寧侯，謂諸侯先有功德者能安寧其國。故今射者，願如安寧之侯，而毋得如不寧之侯，言當效有道之君，而勿效無道之君也。不屬于王所，即所謂不寧侯也，以其無道而遂疾之，故抗射

〔一〕「猶」，原作「從」，據光緒本、周禮注疏卷四一改。

焉。抗，舉也。强飲强食，祝頌辭也。

聶崇義三禮圖虎侯圖説曰：司裘「王大射，則供虎侯」，言王大射者，謂王將祀五帝于四郊、昊天于圜丘，及享先王選助祭者。故于四郊小學之中，王與諸侯及群臣等行大射之法也。虎侯者，謂以虎皮飾其布侯之側，其鵠亦以虎皮方制之，著于侯中。其侯道九十弓，弓二寸以爲侯中。中亦身也。侯身廣丈八尺，三分其侯而鵠居其一焉，則鵠方六尺矣。此王之所射之侯也。與梓人「張皮侯而棲鵠」，其爲一事。侯制上廣下狹，蓋取象于人。張臂八尺，張足六尺，是取象率焉。樂以騶虞九節。

熊侯圖説曰：王大射，司裘亦供熊侯，此助祭諸侯所射之侯也。亦以熊皮飾侯側，兼方制其鵠。侯道七十弓，弓二寸以爲侯中。廣丈四尺，亦三分其侯而鵠居其一，則鵠方四尺六寸大半寸者。賈釋云：「以侯廣丈四，取丈二，三分之，得四尺；又于四尺之内取尺八寸，得六寸；有二寸在，寸爲三分，二寸總六分，取二分，二分于三分，爲三分寸之二也，三分寸之二，即是大半寸也。故云『鵠方四尺六寸大半寸』。」又梓人「爲侯廣與崇方」，崇，高也，上下爲崇，横度爲廣。則虎侯中丈八尺，熊侯中丈四尺，豹麋侯中一丈，皆方。故云「廣與崇方」也。又射之諸侯，樂以貍首七節。　豹侯圖説曰：王大射，司裘亦供豹侯，此助祭卿大夫并士所射之侯也。亦以豹皮飾侯側，兼以豹皮方制其鵠。侯道五十弓，弓二寸以爲侯中。廣一丈，亦三分其侯而鵠居其一，則鵠方三尺三寸少半寸者。賈釋云：「以侯廣一丈，内取九尺，得三尺；一尺取九寸，得三寸〔一〕；一寸分爲三分，取一分，則一分于三分爲三分寸之一，三分寸之一，則是少半寸。故云『鵠方三尺三寸少半寸』也。」謂鵠者，取名于鳱鵠。鳱鵠，小鳥，捷黠難中，是以中之爲儁。而「取鵠之言較」者，直也，射所以直己志。虎熊豹，示伏猛，言能伏得猛厲諸侯也。麋者，迷也，以麋皮爲侯，示能討擊迷惑之諸侯也。射者大禮，故于三侯之上取義衆多。又侯道九十、七十、五十弓，遠近三等者，以人有尊卑，分爲三節，尊者射遠，卑者射近故也。射人云：「孤卿大夫，樂以采蘋五節。樂以采蘩五節。」　熊侯圖説曰：司裘云：「諸侯則供熊侯、豹侯。」此謂畿内諸侯大射，將祀先祖，亦與群臣射，以擇士。熊侯，則諸侯自射者也。豹侯，所選助祭臣下所射者也。亦以熊、豹皮各飾其侯側，方謂之鵠。其侯

〔一〕「得三寸」，諸本脱，據三禮圖集注卷六補。

道、鵠居皆與王之熊侯、豹侯同。　麋侯圖説曰：司裘云：「卿大夫則供麋侯。」此謂王朝卿大夫畿内有采地者，將祭先祖，亦行大射之禮。張麋侯，君臣共射焉。亦以麋皮飾侯側，又以皮方制其鵠，著于侯中。其侯道亦五十弓，侯廣鵠方丈尺之數，亦與王之豹侯同。　大侯圖説曰：畿外諸侯將祭先祖，亦行大射禮而射三侯，與天子同。畿内諸侯近尊，不得同於天子三侯，但射二侯而已。畿外諸侯遠尊，故得申也。三侯雖仝，而用皮别耳，即大射「大侯九十，參侯七十，干侯五十」是也。大射直言九十、七十、五十，不云弓者，案：鄉射記注云：「大侯九十弓，糝侯七十弓，豻侯五十弓。」是有弓可知也。又大射注云：「參讀曰糝，糝，雜也。干讀曰豻，豻，胡犬也。」畿外諸侯自射大侯，即熊侯也。云大侯者，與天子大侯同九十弓也。其糝侯，助祭者所射也。大侯與天子雖同，其糝、豻二侯，用皮爲别。　糝侯圖説曰：此謂畿外諸侯、卿大夫助祭于君所射之糝侯也。糝，雜也。雜侯者，以豹尊于麋，明以豹爲鵠，以麋爲飾耳。不純用豹、麋者，下天子、卿大夫故也。其侯道七十弓，侯廣鵠方丈尺之數，並與天子熊侯同。　豻侯圖説曰：豻侯者，外諸侯之士助君祭所射之侯也。豻，外國野犬。以豻皮飾侯，亦方制爲鵠。其侯道五十弓，侯鵠方廣，並與天子豹侯同。五正侯圖説曰：天子賓射，射五正、三正、二正之侯。若諸侯朝正于王，張此三侯，與之共射，謂之賓射。五正之侯九十弓，亦三分其侯，正居一焉。凡畫正，五正五采，三正三采，二正二采。五采者，先從中畫朱，方二尺，次白，次蒼，次黄，次黑，皆充尺寸，使大如鵠。蒼即青也。以射者相刻相伐之事，故還以南方爲本，其外白、青等皆相刻爲次也。又畫此五色雲氣以飾其側。樂以騶虞九節。三正侯圖説曰：此三正，七十弓之侯，亦三分其侯，正居一焉。三正之侯去玄、黄，餘同五正，還以朱、白、青三色畫雲氣以飾其側。此是諸侯朝王爲賓所射之侯也。凡畫雲氣，用丹爲地，以丹淺于赤也，故于丹上得見赤色之雲。諸侯于己國射三正、二正之侯。樂以貍首七節。二正侯圖説曰：此二正，五十弓之侯，亦三分其侯，正居一。二正之侯，又去白、青，直用朱、緑而已。還用朱、緑二色畫雲氣以飾其側。此卿大夫聘會于王共射之侯也。熊首獸侯圖説曰：梓人云：「張獸侯，則王以息燕。」注云：「獸侯，畫獸爲侯。」鄉射記曰：「凡侯，天子熊侯白質，諸侯麋侯赤質。」白質者，謂以蜃灰塗之，使白爲地，正面畫其熊之頭狀，亦象正鵠，三分其侯而處其一，亦各畫雲氣飾其側。燕，謂王勞使臣，與飲酒而射也。息，謂王休農息老物之後，亦行此燕射之禮，王自射。此五十弓，熊首之侯也。麋首獸侯圖説曰：諸侯麋侯赤質，謂以赤塗之，使赤爲地，正面畫其麋之頭狀。必知然者，案貍首者，射不來者之首也。明熊、麋以下，皆正面畫其頭也。王燕勞之時，諸侯射此五十弓麋首之侯也。亦畫雲氣飾其側。虎豹首獸侯圖説曰：卿大夫布侯，畫以虎豹。言布侯者，謂不采其地，直于布上正面畫虎、豹頭狀，亦畫雲氣飾其側。王燕射，則卿大夫射，此五十弓虎、豹首之侯也。燕射必射此熊、虎、豹之首者，不忘上下相犯也。言此三獸皆猛，不苟相下。若君臣之道，獻可者、替否者，不苟相從，輒當犯顔而諫，似此獸也，故用之。鹿豕首獸侯圖説曰：王燕射，士射五十弓鹿、豕之布侯者，亦謂不采其地，直于布上面畫鹿、豕頭，及畫氣以飾其側。諸侯必射麋，士必射鹿、豕者，志在君臣相養也。案内則云：「麋、鹿、豕，皆有軒。」並是可食之物，故知相養也。天子、諸侯特射熊、麋之首，卿大夫、士兼射虎豹、鹿豕之首，所謂君畫一、臣畫二，陽奇陰耦之數也。此燕射，天子已下尊卑皆用一侯，其侯道又皆五十弓，弓二寸以侯中。同方一丈者，降尊就卑之義，以燕禮主于歡心故也。

陳氏禮書：周官司裘於「王共虎侯、熊侯、豹侯，設其鵠，諸侯熊侯、豹侯，卿大夫共麋侯，皆設其鵠」，此大射之侯也，梓人所謂「張皮侯而棲鵠，則春以功」是也。射人「以射法治射儀，王射三侯五正，諸侯射三侯三正，孤卿大夫射一侯二正，士射豻侯二正」，此賓射之侯也，梓人所謂「張五采之侯，則遠國屬」是也。鄉射記曰：「凡侯，天子熊侯，白質；諸侯麋侯，赤質；大夫布侯，畫以虎、豹；士布侯，畫以麋、豕。」此燕射之侯也，梓人所謂「張獸侯以息燕」是也。大射之侯，用虎、熊、豹、麋之皮飾其側，而中又制皮以爲鵠；賓射之侯亦虎、熊、豹、麋之皮飾其側，而中畫五色朱、白、蒼、黄、玄。以爲正；燕射之侯則畫熊、麋、虎、豹、鹿、豕之形以象鵠。此三射之别也。然司裘「諸侯熊侯、豹侯」，則畿内諸侯大射之禮也；畿外諸侯大侯、參侯、干侯，故大射禮「量人、巾車張三侯，大侯之崇，見鵠於參，參見鵠於干，干不及地武」是也。司裘不言豻侯，以士無大射故也；不言參侯，以畿外非司裘所共故也。射人言「士豻侯二正」，則王三侯之爲虎、熊、豹，諸侯二侯之爲熊、豹，大夫之侯亦爲麋可知也。蓋大射以鵠，則猶賓射之有正也；賓射有皮，則猶大射之飾其側也。大射側中皆皮，故曰皮侯；賓射側皮而中五采，故曰五采之侯。則司裘、射人之三侯、二侯、一侯，其側則同，而所異者中而已。鄭司農釋射人曰「三侯，熊、虎、豹；二侯，熊、豹」是也。鄭康成曰：「三侯，五正、三正、二正之侯；二侯，三正、二正之侯；一侯，二正而已。」其説非也。蓋王三侯皆五正，諸侯二侯皆三正。經言王五正，康成謂有三正、二正；經言諸侯三正，康成謂有二正。可乎？夫天子、諸侯所尚者威，孤卿大夫所尚者才，士所尚者志。威以服猛爲事，而虎、熊、豹皆猛獸也，故天子大射之侯以虎、熊、豹。才以除害爲職，而麋害穀者也，故大夫大射之侯以麋。士以有事四方爲能，以勝夷狄之守爲善，而豻，胡犬也，故士賓射之侯以豻。然燕射，天子降以熊，諸侯降以麋，大夫止用虎豹，士用鹿豕者，息燕勞功，則禮殺於祭祀、賓客，故天子諸侯殺其威，然後能下下，孤卿大夫隆其才，然後能衛上。大夫隆其才以至於威，士隆其志以至於才，則燕之爲禮，所以異乎大射、賓射之嚴分守也。麋，鹿類也，豕，亦害物者也，春秋以冬多麋爲災，詩以「町畽鹿場」爲患，禮記以「食田豕」爲虎之功，此麋鹿、豕之不可不除也。然則畿外諸侯大射，以大侯、參侯、干侯，何也？大侯，熊侯也；參侯，麋侯也；干侯，豻侯也。諸侯三侯，熊爲上，故曰大侯；大夫麋侯，參於天子、諸侯之侯爲三，故曰參侯。天子得以兼諸侯之侯，故有熊侯；諸侯得以兼大夫、士之侯，故有麋侯、豻侯。康成以參爲糝，謂糝侯，豹鵠而麋飾，以大夫用虎豹，不忘上下相犯，士用鹿豕，不忘君臣相養，非射禮之意也。鵠取名於鳱鵠，正取名於題肩，皆鳥之捷黠難中者，故以中爲雋焉。其義則鵠者直也，正者正也，直己正志，然後能中。故記曰：「不失正鵠者，其惟賢者乎？」鄭衆、馬融、王肅則以正在鵠内，賈逵則以鵠在正内。二者之説，皆無所據。要之，大射之侯棲鵠，賓射之侯設正，燕射之侯畫獸，以象正鵠而已。考工記：「梓人爲侯，廣與崇方，三分其廣，鵠居一焉。」由是言之，則賓射之侯亦三分其廣，正居一也。蓋弓二寸以爲中，虎侯九十弓，則侯中丈八尺，鵠方六尺；熊侯七十弓，則侯中丈四尺，鵠方四尺六寸有奇；豹侯、麋侯五十弓，則侯中一丈，鵠方三尺三寸有奇。鄭衆、馬融之徒，以四尺曰鵠，誤也。

又曰：大射：「量人量侯道以貍步，大侯九十，參七十，干五十。」鄉射記：「侯道五十弓，弓二寸以爲侯中，倍中以爲躬，倍躬以爲左、右舌，下舌半上舌。」夫王之虎侯，謂之大侯，諸侯熊侯，亦謂之大侯。諸侯大侯九十，參七十，干五十，則天子虎九十弓，熊七十弓，豹五十弓可知。豹五十弓，則麋亦五十弓可知。先儒謂弓之下制六尺，則九十弓者五十四丈，七十弓者四十二丈，五十弓者三十丈。「弓二寸以爲侯中」，則九十弓者中丈八尺，七十弓者中丈四尺，五十弓者中十尺。侯中廣崇方，則五十弓之侯用布五幅，長丈，則中之布方丈矣。「倍中以爲躬」，則上躬、下躬各二丈矣。「倍躬以爲左、右舌，下舌半上舌」，則上左、右舌布四丈，而出躬各一丈，下左、右舌布三丈，而出躬各五尺矣。鄭氏謂「半者，半其出於躬」是也。鄉射記曰：「侯道五十弓。」射人：「若王大射，則以貍步張三侯。」大射：「量人以貍步量侯道。」蓋貍，善搏者也，行則止而擬度焉，其發必獲。大射擇士，欲其能擬度而獲也，故以貍步，非大射則弓而已。弓之下制六尺，貍再舉足亦六尺，其爲步同，其所爲異也。古者制度取於身，而器用生於類，故侯道生於弓，而侯中亦生於弓。弓二寸以爲侯中，倍中以爲躬，倍躬以爲左、右舌，下舌半上舌。而侯道之遠、侯中之廣者，雖不止此，然十弓者，侯道之所始也。故五十弓之侯，其上則象人八尺之臂，五八四十，而用布四丈。其下則象人六尺之足，五六三十，而用布三丈。中，其身也；上下，其躬也。躬之左、右出者，舌也。持舌者，綱也。籠綱者，縜也。其不及地者，武而已，則下綱其足也。武，其足迹也，中人之迹，長尺二寸。則侯之制度取於身，可謂備矣。

又曰：司裘天子大射，三侯：虎侯，侯道九十弓，侯中丈八尺，鵠方六尺；熊侯，侯道七十弓，侯中丈四尺，鵠方四尺六寸有奇；豹侯，侯道五十弓，侯中十尺，鵠方三尺三寸有奇。鄭氏謂王之大射，王射虎侯，諸侯助祭者射熊侯，卿大夫、士助祭者射豹侯。其說蓋以大射禮「公射大侯，大夫射參，士射干」而知之也。天子、諸侯與其臣大射、賓射皆異侯，而燕射與其臣則同侯，蓋異侯所以辨其等，同侯所以一其驩也。凡侯面北，西方謂之左。其張而未射也，不繫左下綱，中掩束之，及射則說束，遂繫左下綱。司裘「諸侯大射，共熊侯、豹侯」，鄭康成曰「諸侯，謂三公及王子弟封於畿内者。熊侯，諸侯所自射。豹侯，群臣所射」是也。侯步之制，蓋與天子熊侯、豹侯同，與畿外之熊侯、參侯異，遠近屈伸之勢然也。射人「諸侯二侯四耦」，亦畿内諸侯耳。司裘：「卿大夫射共麋侯，侯道五十弓，侯中十尺，鵠三尺三寸有奇。」天子、諸侯之射與臣異侯，尊君也；大夫之射與臣同侯，避君也。士，事人，非事於人者也，故有僚友而無臣，故無大射擇士之禮。

又曰：詩曰「大侯既抗」，天子之侯也。大射禮「大侯九十」，諸侯之侯也。天子大侯九十步，而諸侯大侯亦如之。參侯以眂天子熊侯，干侯以眂天子豹侯，則步、中、躬、舌之制可知。大侯之崇，見鵠於參，參見鵠於干，干不及地武。鄭氏曰「中人之足，長尺二寸。以豻侯計之，參侯去地一丈五寸少半寸，大侯去地二丈二尺少半寸」是也。何則？干侯中十尺，上下躬舌各二尺，爲八尺，則丈八尺矣，又下不及地尺二寸，則豻侯上綱去地丈九尺二寸矣。參侯中丈四尺，上下躬舌八尺，則二丈二尺矣。鵠居侯中三分之一，則參鵠之下與豻侯上綱埒，此所謂見鵠於豻也。大侯中丈八尺，上下躬舌八尺，則二丈六尺矣。鵠居侯中三分之一，則大鵠之下與參侯上綱埒，此所謂見侯於參也。諸侯如此，則天子虎侯見鵠於熊，熊侯見鵠於豹，豹不及地武又可知也。

又曰：司裘諸侯大射二侯，射人諸侯賓射亦二侯，畿内諸侯也。若畿外，則三侯矣，二侯四耦則三侯六耦矣。儀禮大射，畿外諸侯之制也。三耦射畢，然後公射，又三耦射畢，然後公再射，乃獲，飲觶，則三侯亦六耦也。昔晉范獻子聘於魯，魯侯享之，射者三耦，公臣不足，取於家臣。蓋方是時，公室卑矣，不能如禮。士有賓射，而不預王之賓射，故射人無士之摯位。士無大射，而與王之大射，故司裘豹侯，士射焉。鄉射記言鄉侯之遠近廣狹，而不言其侯，鄭康成謂鄉射當張麋侯，二正。

又曰：鄉射記：「凡侯：天子熊侯，白質；諸侯麋侯，赤質；大夫布侯，畫以虎豹；士布侯，畫以鹿豕。」蓋白，德之成；赤，事之著。故天子之侯白質，諸侯之侯赤質。天子、諸侯言質而不言布，大夫、士言布畫而不言質，則大夫、士其地不采可知也。君陽而奇，故畫一；臣陰而耦，故畫二。畫非特其首而已。鄭氏之徒，謂六獸皆正面，畫其首於正鵠之處，猶貍首射不來者之首也。然天子歌騶虞，大夫歌采蘋，士歌采蘩，三詩皆爲射節，而無射事，孰謂貍首必射不來者之首耶？

劉氏績曰：周禮，王大射則共虎侯、熊侯、豹侯，設其鵠；諸侯則共熊侯、豹侯，卿大夫則共麋侯，皆設其鵠。考工記：「張皮侯而棲鵠，則春以功；張五采之侯，則遠國屬；張獸侯，則王以息燕。」凡侯有三，皮、布、獸雖不同，而鵠則皆以皮爲之，加于上。以有毛、生皮爲之，則曰皮侯。蓋武射專主力，所謂主皮是也。「春以功」，謂凡田獵以習武也，詩「二之日其同，載纘武功」是也。舉春，則四時可知。以布爲侯，各畫其獸，曰「五采之侯」。天子畫若虎、若熊、若豹，諸侯則畫若熊、若豹，卿大夫則畫麋。蓋文射專主禮樂，試之於射宫，選諸侯、卿大夫、士與祭者也，以去毛之皮爲侯，如畫獸，曰獸侯。既燕則射，詩所謂「序賓以賢」是也。鄉射記：「凡侯：天子熊侯，白質；諸侯麋侯，赤質；大夫布侯，畫以虎豹；士布侯，畫以鹿豕。凡畫者丹質。」則畫地亦赤矣。大夫、士息燕又以布矣。

蕙田案：以上侯。

周禮夏官繕人：掌王之用弓、弩、矢、箙、矰、弋、抉、拾。掌詔王射，贊王弓矢之事，凡乘車，載其弓弩。注：鄭司農云：「抉者，所以縱弦也。拾者，所以引弦也。詩曰：『抉拾既次。』詩家說，或謂抉謂引弦彄也，拾謂韝扞也。」玄謂：抉，挾矢時所以持弦飾也，著右手巨指。士喪禮曰：「抉，用正王棘若檡棘。」則天子用象骨與？韝扞著左臂裏，以韋爲之。詔王，告王當射之節及授之、受之。

王氏曰：乘車，王所乘之車。載，載之于車也。

司弓矢：掌六弓、四弩、八矢之法。仲春獻弓弩，仲秋獻矢箙。注：弓弩成於和，矢箙成於堅。箙，盛矢器，以獸皮爲之。及其頒之，王弓、弧弓以授射甲革、椹質者，夾弓、庾弓以授射豻侯、鳥獸者，唐弓、大弓以授學射者、使者、勞者。注：王、弧、夾、庾、唐、大六者，弓異體之名。往體寡，來體多，曰王、弧。往體多，來體寡，曰夾、庾。往體來體若一，曰唐、大。甲革，革甲也。春秋傳曰：「蹲甲而射之。」質，正也。樹椹以爲射正也。射甲與椹，試弓習武也。豻侯五十步，及射鳥獸，皆近射也。近射用弱弓，則射大侯者用王、弧，射參侯者用唐、大矣。學射者，弓用中，後習强弱則易也。使者、勞者弓亦用中，遠近可也。勞者，勤勞王事，若晉文侯、文公受王弓矢之賜者。其矢箙皆從其弓。注：從弓數也。每弓者，一箙百矢。凡弩，夾、庾利攻守，唐、大利車戰、野戰。注：攻城壘者與其自守者相迫近，弱弩發疾。車戰、野戰，進退非强則不及。弩無王、弧，王、弧恒服弦，往體少者，使矢不疾。凡矢，枉矢、絜矢利火射，用諸守城、車戰，殺矢、鍭矢用諸近射、田獵，矰矢、茀矢用諸弋射，恒矢、痺矢用諸散射。注：此八矢者，弓、弩各有四焉。枉矢、殺矢、矰矢、恒矢，弓所用也；絜矢、鍭矢、茀矢、痺矢，弩所用也。枉矢者，取名變星，飛行有光，今之飛矛是也，或謂之兵矢。絜矢象焉。二者皆可結火以射敵、守城、車戰。前重於後，微輕，行疾也。殺矢，言中則死。鍭矢象焉，鍭之言侯也。二者皆可以司候射敵之近者及禽獸。前尤重，中深，而不可遠也。結繳於矢謂之矰，矰，高也。茀矢象焉，茀之言刜也。二者皆可以弋飛鳥，刜羅之也。前於重，又微輕，行不低也。詩云：「弋鳧與雁。」恒矢，安居之矢也。痺矢象焉。二者皆可以散射也，謂禮射及習射也。前後訂，其行平也。凡矢之制：枉矢之屬五分，二在前，三在後；殺矢之屬三分，一在前，二在後；矰矢之屬七分，三在前，四在後；恒矢之屬軒輖中。天子之弓合九而成規，諸侯合七而成規，大夫合五而成規，士合三而成規。勾者謂之弊弓。注：體往來之衰也。往體寡，來體多，則合多而圜；往體多，來體寡，則合小而圜。弊，猶惡也。勾者惡則直者善矣。

冬官考工記：矢人爲矢，鍭矢參分，茀矢參分，一在前，二在後。注：參訂之而平者，前有鐵，重也。司弓矢職「茀」當爲「殺」。鄭司農云：「一在前，謂箭稾中鐵莖居參分殺一以前。」兵矢、田矢五分，二在前，三在後。注：鐵差短小也。兵矢，謂枉矢、絜矢也。此二矢亦可以田。田矢，謂矰矢。𦏸矢七分，三在前，四在後。注：鐵又差短小也。司弓矢職「𦏸」當爲「茀」。參分其長而殺其一，注：矢稾長三尺，殺其前一尺，令趣鏃也。五分其長而羽其一，注：羽者六寸。以其笴厚爲之羽深。注：笴，讀爲稾，謂矢幹。水之以辨其陰陽，注：辨，猶正也。陰沉而陽浮。夾其陰陽以設其比，夾其比以設其羽。注：夾其陰陽者，弓矢比在稾兩旁，弩矢比在上下。設羽於四角。鄭司農云：「比，謂括也。」參分其羽以設其刃，注：刃二寸。則雖有疾風，亦弗之能憚矣。注：謂風不能驚憚箭也。刃長寸，圍寸，鋌十之，重三垸。前弱則俛，後弱則翔，中弱則紆，中彊則揚，羽豐則遲，羽殺則趮。注：言幹羽之病，使矢行不正。俛，低也。翔，回顧也。紆，曲也。揚，飛也。豐，大也。趮，旁掉也。是故夾而摇之，以眡其豐殺之節也，注：今人以指夾矢㨝衛是也。橈之，以眡其鴻殺之稱也。注：橈，搦其幹。凡相笴，欲生而摶，同摶欲重，同重節欲疏，同疏欲桌。注：相，猶擇也。生，謂無瑕蠹也。摶，讀如「摶黍」之摶，謂圜也。鄭司農云：「欲桌，欲其色如桌也。」弓人爲弓，取六材必以其時。注：取幹以冬，取角以秋，絲漆以夏，筋膠未聞。六材既聚，巧者和之。注：聚，猶具也。幹也者，以爲遠也。角也者，以爲疾也。筋也者，以爲深也。膠也者，以爲和也。絲也者，以爲固也。漆也者，以爲受霜露也。

注：六材之力，相得而足。凡取幹之道七：柘爲上，檍次之，檿桑次之，橘次之，木瓜次之，荆次之，竹爲下。注：此説弓幹善惡也。凡相幹，欲赤黑而陽聲。赤黑則鄉心，陽聲則遠根。注：陽，猶清也。木之類，近根者奴。凡析幹，射遠者用埶，射深者用直。注：鄭司農云：「埶，謂形埶。假令木性自曲，則當反其曲以爲弓，故曰審曲面埶。」玄謂曲埶則宜薄，薄則力少；直則可厚，厚則力多。居幹之道，菑栗不迆，則弓不發。注：鄭司農云：「菑栗，謂以鋸副析幹。迆，謂邪行絶理者，弓發之所從起。」凡相角，秋閷者厚，春閷者薄。穉牛之角直而澤，老牛之角紾而昔。注：鄭司農云：「昔，讀爲錯，謂牛角觕理錯也。」疢疾險中，注：牛有久病則角裏傷。瘠牛之角無澤。注：少潤氣。角欲青白而豐末。注：豐，大也。夫角之本，蹙於𠛮而休于氣，是故柔。柔故欲其埶也。白也者，埶之徵也。注：色白則埶。夫角之中，恒當弓之畏。畏也者必橈，橈故欲其堅也。青也者，堅之徵也。注：畏讀如「秦師入隈」之隈。疏：曲隈之義。夫角之末，遠于𠛮而不休于氣，是故脃。脃故欲其柔也。豐末也者，柔之徵也。注：末之大者，𠛮氣及煦之。角長二尺有五寸，三色不失理，謂之牛戴牛。注：三色：本白，中青，末豐。鄭司農云：「牛戴牛，角直一牛。」凡相膠，欲朱色而昔。昔也者，深瑕而澤，紾而摶廉。注：摶，圜也。廉，瑕嚴利也。鹿膠青白，馬膠赤白，牛膠火赤，鼠膠黑，魚膠餌，犀膠黃。

注：餌，色如餌。凡昵之類不能方。注：謂膠善戾。凡相筋，欲小簡而長，大結而澤。小簡而長，大結而澤，則其爲獸必剽，以爲弓，則豈異於其獸？注：簡，謂筋條也。筋欲敝之敝，注：鄭司農云：「嚼之當孰。」漆欲測，注：測，猶清也。絲欲沈。注：如在水中時色。得此六材之全，然後可以爲良。注：良，善也。凡爲弓，冬析幹而春液角，夏治筋，秋合三材，注：三材，膠、絲、漆。寒奠體，注：奠，讀爲定。至冬膠堅，内之檠中，定往來體。冰析灂。注：大寒中，下于檠中，復内之。冬析幹則易，注：理滑致。春液角則合，注：合，讀爲洽。夏治筋則不煩，注：煩，亂。秋合三材則合，注：合，堅密也。寒奠體則張不流，注：流，猶移也。冰析灂則審環，注：審，猶定也。春被弦則一年之事。注：朞歲乃可用。析幹必倫，析角無邪，斵目必荼。注：鄭司農云：「荼，讀爲舒，舒，徐也。目，幹節目。」斵目不荼，則及其大修也，筋代之受病。注：修，猶久也。夫目也者必强，强者在内而摩其筋。夫筋之所由幨，恒由此作，注：摩，猶隱也。幨，絕起也。故角三液而幹再液。厚其帤則木堅，薄其帤則需，注：需，謂不充滿。鄭司農云：「帤，謂弓中裨。」是故厚其液而節其帤。注：厚，猶多也。節，猶適也。約之不皆約，疏數必侔。注：不皆約，纏之繳不相次也。皆約則弓帤。侔，猶均也。斵摯必中，膠之必均。注：摯之言致也。中，猶均也。斵摯不中，膠之不均，則及其大修也，角代之受病。夫懷膠

于內而摩其角，夫角之所由挫，恒由此作。注：幹不均則角蹴折也。凡居角，長者以次需。注：當弓之隈也，長短各稱其幹，短者居簫。恒角而短，是謂逆橈，引之則縱，釋之則不校。注：恒，讀爲揯。揯，竟也。竟其角，而短於淵幹，引之，角縱不用力，若欲反橈然。校，疾也。既不用力，放之又不疾。恒角而達，譬如終紲，非弓之利也。注：達，謂長于淵幹，若達于簫頭。紲，弓⿰韋必〔一〕。角過淵接，則送矢太疾，若見紲于⿰韋必矣。今夫茭解中有變焉，故校；注：茭解，謂接中也。變，謂簫臂用力異。校，疾也。於挺臂中有柎焉，故剽。注：挺，直也。柎，側骨。剽亦疾也。恒角而達，引如終紲，非弓之利。注：重明達角之不利。變「譬」言「引」，字之誤。撟幹欲孰于火而無贏，撟角欲孰于火而無燂，引筋欲盡而無傷其力，鬻膠欲孰而水火相得，然則居旱亦不動，居濕亦不動。注：贏，過孰也。燂，炙爛也。不動者，謂弓也。苟有賤工，必因角、幹之溼以爲之柔。善者在外，動者在內，雖善于外，必動于內，雖善亦弗可以爲良矣。注：濕，猶生也。凡爲弓，方其峻而高其柎，長其畏而薄其敝，宛之無已，應。注：宛，謂引之也。引之不休止，常應弦，言不罷需也。峻，謂簫也。鄭司農云：「敝，讀爲蔽，謂弓人所握持者。」下柎

〔一〕「⿰韋必」，諸本作「䩛」，據周禮注疏卷四二改，下同。

之弓，末應將興。注：末，謂簫也。弓柎卑，簫應弦則柎將動。爲柎而發，必動于𦀚。注：𦀚接中。弓而羽𦀚，末應將發。注：羽讀爲扈。扈，緩也。接中動則緩，緩簫應弦〔一〕，則角幹將發〔二〕。弓有六材焉，維幹强之，張如流水；注：無難易也。維體防之，引之中參；注：體，謂内之於檠中，定其體。防，深淺所止。謂體定張之，弦居一尺，引之又二尺。維角𣥚之，欲宛而無負弦。引之如環，釋之無失體，如環。注：負弦，辟戾也。負弦，則不如環。如環，亦謂無難易。材美，工巧，爲之時，謂之參均。角不勝幹，幹不勝筋，謂之參均。量其力有三均。均者三，謂之九和。注：「有三」讀爲「又參」。量其力又參均者，謂若幹勝一石，加角而勝二石，被筋而勝三石，引之中三尺。假令弓力勝三石，引之中三尺，弛其弦，以繩緩擐之，每加物一石，則張一尺。不勝，無負也。九和之弓，角與幹權。筋三侔，膠三鋝，絲三邸，漆三斞。上工以有餘，下工以不足。注：權，平也。侔，猶等也。角幹既平，筋三而又與角幹等也。鋝，鍰也。邸斞輕重未聞。爲天子之弓，合九而成規。爲諸侯之弓，合七而成規。大夫之弓，合五而成規。士之弓，合

〔一〕「緩」，原作「𦀚」，據味經窩本、周禮注疏卷四二改。
〔二〕「發」，諸本作「落」，據周禮注疏卷四二改。

三而成規。注：材良則句少也。弓長六尺有六寸，謂之上制，上士服之；弓長六尺有三寸，謂之中制，中士服之；弓長六尺，謂之下制，下士服之。注：人各以其形貌大小服此弓。凡爲弓，各因其君之躬志慮血氣。注：又隨其人之性情。豐肉而短，寬緩以荼，若是者爲之危弓，危弓爲之安矢。骨直以立，忿埶以奔，若是者爲之安弓，安弓爲之危矢。注：骨直謂强毅。奔，猶疾也。言損羸濟不足者。其人安，其弓安，其矢安，則莫能以速中，且不深。注：三舒不能疾而中，言矢行短也，中又不能深。其人危，其弓危，其矢危，則莫能以愿中。注：愿，慤也。三疾不能慤而中，言矢行長也。長，謂過去。往體多，來體寡，謂之夾、臾之屬，利射侯與弋。注：射遠者用埶。夾、臾之弓，合五而成規。侯非必遠，顧埶弓者材必薄，薄則弱，弱則矢不深，中侯不落。大夫、士射侯，矢落不獲。弋，繳射也。往體寡，來體多，謂之王弓之屬，利射革與質。注：射深者用直，此又直焉，於射堅宜也。王弓合九而成規，弧弓亦然。革，謂干盾。質，木椹。天子射侯亦用此弓。往體、來體若一，謂之唐弓之屬，利射深。注：射深用直。唐弓合七而成規，大弓亦然。大和無灂，其次筋、角皆有灂而深，其次有灂而疏，其次角無灂。注：大和，猶良者也。深，謂灂在中央，兩邊無也。角無灂，謂隈裏。合灂若背手文。注：弓表裏灂合處，若人合手背，文相應。鄭司農云：「如人手背文理。」角環灂，牛筋蕡灂，麋筋斥蠖灂。疏：此説弓表及弓裏瀏文也。和弓轂摩。注：和，猶調也。轂，拂也。將用弓，必先調之、拂之、摩之。覆之而角至，謂之句弓；注：句于三體，材微惡，不用之弓也。覆，猶察也，謂用射而察之。至，猶善也。但角善，則矢雖疾而不能遠。覆之而幹至，謂之侯弓；注：射侯之弓也。幹又善，則矢疾而遠。覆之而筋至，謂之深弓。注：射深之弓也。筋又善，則矢既疾而遠，又深。

蕙田案：以上弓矢。

爾雅：容謂之防。注：如小曲屏，唱射者所以自防隱。疏：容，一名防，一名乏。

聶崇義三禮圖曰：舊圖云：「乏，一名容，似今之屏風，其制從廣七尺，以牛革鞔漆之。」今案：大射禮謂之乏，射人職謂之容。鄭之兩注謂「唱獲者所蔽以禦矢也」。賈釋云：「以容蔽其身，故得禦矢。言乏者，矢至于此，乏匱不去也。」又下文云：「凡用大射、賓射等乏，皆用革也。」

陳氏禮書：正面北，乏面南，故文反「正」爲乏。侯各有獲，各有容。故王三侯、三獲、三容，諸侯二侯、二獲、二容，卿大夫、士一侯、一獲、一容。容，革爲之。鄉射乏三侯道，居侯黨之一，西五步；大射西十、北十謂之乏，以矢力乏於此也。謂之容，以獲者所庇也。爾雅曰：「容，謂之防。」容與防，皆乏之異名也。

蕙田案：以上乏。

聶崇義三禮圖曰：司弓矢云：「大射、燕射共弓矢并夾。」注云：「并夾，矢箙。」音聶。賈釋云：「矢箙之言，出于漢時。」若王射，則射鳥氏主取矢，其矢著侯高，人手不能及，則以并夾取之。

蕙田案：以上并夾。

周禮春官太史：凡射事，飾中，舍算，執其禮事。注：飾，謂於射而飾中以待射。中，所以盛算者。禮事，升降進退之事，太史守其禮節也。

聶崇義三禮圖鹿中圖説曰：鄭注鄉射禮：「射于榭，用鹿中。」有堂無室曰榭。榭，即州序也。舊圖云：「士之中，長尺二寸，首高七寸，背上四寸穿之，容算長尺二寸。」鄉射記曰：「鹿中，髹，前足跪，鑿其背，容八算。」注云：「前足跪者，象教擾之獸受負也。」賈釋云：「服不氏教擾猛獸，有堪受負，有不合受負者。若今駞受負，則四足俱屈。」又投壺禮孔義云：「其中之形，刻木爲之，狀如鹿、兕而伏，鑿背盛算。」兕中圖説曰：大夫射于庠，用兕中。鄉射禮注云：「庠之制，有堂有室也。」舊圖云：「兕似牛，一角。大小之制如鹿中。」皮樹中圖説曰：鄉射記云：「君，國中射，則皮樹中。」注云：「國中，城中也。謂燕射也。皮樹，獸名。」賈釋云：「知城中是燕射者，以下有賓射、大射，不在國，故知城中是燕射也。」張鎰圖云：「皮樹，人面獸形。」閭中圖説曰：諸侯立大學于郊，若行大射于此大學，則閭中。鄉射記注云：「閭，獸名，如驢，一角。或曰如驢，歧蹄。」虎中圖説曰：諸侯與鄰國君射于境，則虎中。賈釋云：「與鄰國君射，則賓射也。以其主君有送賓之事，因送則射。」

陳氏禮書：君國中射，則皮樹中；於郊，則閭中；於境，則虎中。大夫射則兕中，士則鹿中。鹿中，髹，前足跪，鑿背，容八算，則皮樹、虎兕之制，蓋亦然也。惟君有射于國中，而燕射、大射、賓射異中。大夫、士射必於郊，而燕射、賓射同中。君射，則始納於西堂下，繼又總之以適次。大夫、士射，則納於西堂而已。此尊卑之辨也。其奉之也先首，其設之也必坐，其位則南當楅，西當西序，其嚮則東面，籌雖八十，所容者八算而已。上射之算釋於右，下射之算釋於左，則賓、主之黨辨矣。二算爲純，一算爲奇，則勝負之黨辨矣。鄉射用鹿中，而投壺亦鹿中者，投壺輕於射禮，故用中之下者而已。

蕙田案：以上中。

聶崇義三禮圖説曰：鄉射禮：「司馬命弟子説楅。」賈釋注云：「楅，猶幅也，所以揚笴齊矢也。以楅爲幅者，義取若布帛有邊幅整齊之意，故云承笴齊矢也。」下記云：「楅，長如笴，博三寸，厚寸有半，龍首，其中蛇交。幅，髤。」注云：「兩端爲龍首，中央爲蛇身相交。龍、蛇，君子之類。交者，象君子取矢于楅上。髤，赤黑漆。」賈疏引鄭注易「龍戰于野」云：「聖人喻龍，君子喻蛇。」是龍蛇總爲君子之類也。舊圖云：「楅，長三尺，有足，置韋當于背。」

陳氏禮書：鄉射記曰：「楅，長如笴，博三寸，厚半寸，龍首，其中蛇交，韋當，髤之。」蓋兩端龍首，所以限矢也。其中虵交，所以安矢也。韋當，所以分矢也。大射，三耦既拾取矢，捆之，所以齊矢也。夫楅之楅矢，蓋猶楅衡之楅牛。考之於禮，奉楅者坐奠，委矢者坐委，乘矢者坐撫，取束矢者坐脱，則楅卑而無足可知。舊圖楅有足，誤矣。

蕙田案：以上楅。

聶崇義三禮圖説曰：舊圖云：「韋當長二尺，廣一尺，置楅之背上，藉以箭。」鄉射記注云：「直心背之衣曰當，以丹韋爲之。司馬左右撫矢而乘之，分委于當。」賈釋云：「直者，通身之言。其楅，兩頭爲龍首，于背通身著當。言直者，當心中央也。知丹韋爲之者，周尚赤故也。」

蕙田案：以上韋當。

周禮春官司常：凡射，共獲旌。注：獲旌，獲者所持旌。疏：言凡射，則大射、賓射及燕射皆共之。

夏官服不氏：射則贊張侯〔一〕，以旌居乏而待獲。注：謂待射者中，而服不氏舉旌以獲也。

蕙田案：以上旌。

聶崇義三禮圖説曰：舊圖云：「算，長尺二寸，以實于中。人四算，一偶八算。其數無常，隨偶多少。」若鄉射記云「籌八十」，謂十偶而言，是數無常也。又此云「算長尺二寸」，與投壺禮同。其鄉射記「算長尺有握」，握，四指也，一指一寸，是尺四寸也。

〔一〕「贊張」，原誤倒，據光緒本、周禮注疏卷三〇乙正。

陳氏禮書：鄉射記：「箭籌八十〔一〕，長尺有握，握素。」握，布四指，指一寸，則籌尺有四寸矣。公羊傳曰「膚寸而合」，投壺曰「室中布五扶」。先儒謂「側手爲膚，鋪四指爲扶」，則握與膚、扶一矣。握素，刊其本也。鄉籌八十，而中實止於八者，籌八十，以十耦計之也。一人四矢皆中，則用八籌焉。射未必皆中，而必備八算者，不敢期人之不中也。每一耦射中者，一箇釋一算，上射於右，下射於左，有餘算則反之。蓋釋獲者，取八籌於中，執之，改實八算，以待後中。既釋獲，委於其中西，又取執而改實焉，故中之所容，常八算。

蕙田案：以上算。

聶崇義三禮圖説曰：鄉射記曰：「楚扑長如笴。刊本尺。」又曰：「射者有過，則撻之。」注云：「刊其可持處。扑，刑器，司射常佩之。過，謂矢揚中人也。凡射時矢中人，當刑之。今鄉會衆賢，以禮樂歡民，而射者中人，本意在侯，去傷害之心遠，是以輕之，扑撻于中庭而已。書曰：『扑作教刑。』」

〔一〕「箭」，原作「前」，據光緒本、儀禮注疏卷一三改。

陳氏禮書：衆之所在，非威不足以制之，故古者閭胥于鄉、小胥于學有觵撻，司市于市有扑罰，司徒于誓田亦有扑。書稱「扑作教刑」、「撻以記之」，禮稱「夏楚二物，收其威也」，則射之有扑宜矣。鄉射：「司射升堂告賓，則去扑，降而反位則搢扑。」升而去扑，所以敬尊也；降而搢扑，所以威重也。

蕙田案：以上扑。

聶崇義三禮圖說曰：案鄉射、大射之義，其射物在庠之楹間，若丹若黑，而午畫之。從者長三尺，横者曰「距隨」，長尺二寸。言距隨者，謂先以左足履射物東頭爲距，後以右足來合，而南面並立曰隨。

陳氏禮書：物者，則之所自出也。射之所履，不過乎物，故位謂之物。左爲下物，右爲上物。其畫也，若丹若黑。其設也，兩楹之間，於序則當棟，於堂則當楣。弓長六尺，而兩楹之間容弓。笴長三尺，而物如笴，武長尺有二寸，而距隨長武。一縱一横，縱長而横短，此所謂「度尺而午」也。前足至物之左端，右足合而隨之，此所謂「距隨」也。凡射，及物則揖，履物則先左足，先左足以正其位，還視侯中，以審其的，然後俯正而俟，此所謂以志正體，直可以祈中矣。

蕙田案：以上物。

聶崇義三禮圖説曰：舊圖云：「決，亦以朱韋爲之。」案大射禮云：「設決，朱極三。」注云：「猶闓音開。以象骨爲之。著右三指，所以鈎弦而闓之。極，猶放也，所以韜指，利放弦也，以朱韋爲之。三者，食指、將指、無名指。若無決、極，放弦契于此指，多則痛。小指短，不用極。」

蕙田案：以上朱極三。

聶崇義三禮圖説曰：舊圖云：「遂，臂捍。以朱韋爲之。」案鄉射禮注云：「遂，射韝也。以韋爲之，所以遂弦也。其非射時，則謂之拾。拾，斂也，所以蔽膚、斂衣也。」又大射注云：「遂著左臂裏，以遂弦也。」

蕙田案：以上遂。

聶崇義三禮圖説曰：大射禮注云：「次，若今更衣處。」即所設之帷幄也。故幕人「掌帷、幕、幄、帟以供」。掌次若王朝日、祀五帝，則掌次張大次、小次；凡祭祀，張旅幕，張尸次；射則張耦次。後鄭以「耦次在洗東。大次，大幄也，初往所止居也。小次，小幄也，既接祭退俟之處。今又射，有三位。若王射，設耦次，亦宜有大帷幕之次、小次也」。又幕人職旁注云：「在傍曰帷，在上曰幕。或在地，展陳于上。帷幕皆以布爲之，四合象宫室曰幄，即王所居之帳也。帟，王在幕若幄中坐，上承塵也。幄、帟，皆以繒爲之。」賈釋云：「帷在下，幕在上，共爲室。幄、帟，又在帷幕室内設之也。」

蕙田案：以上次。

右射器

五禮通考卷一百六十五

嘉禮三十八

射禮

投壺

蕙田案：劉向別録以投壺屬吉禮。陸德明云：「或云宜屬賓禮。」皇侃則云：「與射爲類，宜屬嘉禮。」康成目録云：「投壺者，主人與客燕飲、講論才藝之禮。」燕、射皆嘉禮，則皇氏之説是也。徐氏師曾云：「此篇雖在大、小戴，實儀禮之正文。蓋壺者，實酒之器。而投壺者，射禮之細也。原其始，必燕飲之間，或因庭之修廣不足以張侯置鵠，或因賓客之衆不足以備官比耦，欲行射禮而不可得，故姑舉席間之器以寄射節，亦庶幾可以樂賓而習容講藝也。此投壺之所由興，先王以其亦可以觀德，故不廢焉。」

禮記投壺：投壺之禮：主人奉矢，司射奉中，使人執壺。注：矢，所以投者也。中，士則鹿中也。射人奉之者，投壺，射之類也。其奉之西階上，北面。疏：「士則鹿中」，案鄉射記云：「大夫兕中，士鹿中。」此篇投壺是大夫、士之禮，故云「士則鹿中」。不云兕中者，略之也。知此投壺是大夫、士禮者，以經云主人請賓，是平敵之辭，與鄉飲酒、鄉射同，故知是大夫、士也。若諸侯，則燕禮、大射每事云「請於公」，不得云主人請賓也。此既非諸侯之禮，而經云奏貍首者，別取燕飲之義，非謂尊卑之詩。其諸侯相燕，亦有投壺，故左傳云：「晉侯與齊侯燕，投壺。」然則天子亦有之，但古禮亡，無以知也。其中之形，刻木爲之，狀如兕、鹿而伏，背上立圓圈以盛算。云「奉之西階上，北面」者，案鄉射禮，將射之時，「司射升自西階，階上北面告於賓」，故知此司射奉中在西階上北面。其執壺之人賤於司射，故在司射之西。以凡行禮統於主人，雖俱在西階，而當尊東，故燕禮、大射宰夫代公爲主人，與賓俱升西階，而主人在東也。

方氏慤曰：矢將以授賓，故主人奉之；中將以待獲，故司射奉之；壺將以待投，故使人執之而已。曰「使人」，則不必有攸司也，夫人而爲之可也。射以中爲善，故盛算之器名之。投壺，亦用射之中者，以其爲射之類，亦以中爲善故也。

主人請曰：「某有枉矢、哨壺，請以樂賓。」賓曰：「子有旨酒嘉肴，某既賜矣，又重以樂，敢辭。」注：燕飲酒，既脱屨升坐，主人乃請投壺也。否則或射，所謂燕射也。枉、哨，不正貌，爲謙辭。疏：知「既脱屨升坐，主人乃請投壺也」者，案燕禮，「取俎以出」，「卿大夫皆降」，「賓反入，及卿大夫皆脱屨，升，就席」，羞庶羞之後，乃云「若射，則大射正爲司射」，則知此亦在脱屨升坐之後。若鄉射之禮，則在飲酒未旅之前爲射，以其詢衆庶，禮重，故早射，異於燕射也。

方氏慤曰：矢以直爲善，壺以正爲善。

蕙田案：王肅云：「枉，不直。哨，不正。」與鄭小異。今本大戴禮乃作「峭」，謬甚。

主人曰：「枉矢、哨壺，不足辭也，敢固以請。」賓曰：「某既賜矣，又重以樂，敢固辭。」注：固之言如故也。言如故辭者，重辭也。主人曰：「枉矢、哨壺，不足辭也，敢固以請。」賓曰：「某固辭不得命，敢不敬從！」注：不得命，不以命見許。賓再拜受，主人般還，曰：「辟。」主人阼階上拜送，賓般還，曰：「辟。」注：賓再拜受，拜受矢也。主人既辟，進授矢兩楹之間也。拜送，送矢也。辟亦于其階上。疏：此一經論賓與主人受矢、送矢之節。「賓再拜受」者，賓既許主人投壺，賓乃於西階上北面再拜，遥受矢也。「主人般還曰辟」者，主人見賓之拜，乃般曲折還，謂賓曰：「今辟而不敢受。」言此者，欲止賓之拜也。於是賓及主人各來兩楹之間相就，俱南面，主人在東，授矢於賓。「主人阼階上拜送」者，主人既授矢之後，歸還阼階上，北面拜送矢也。「賓般還曰辟」者，賓受矢之後，歸于西階上，見主人之拜，賓乃般還而告主人曰：「今辟而不敢受之。」言此者，亦止主人拜。知皆北面者，案鄉飲酒、鄉射拜受爵皆北面，故知亦當北面。熊氏云：「以拜時還辟，或可東西面相拜。又以曰『辟』者，是贊者來辭，告主人及賓，言曰『辟』。」義亦通也。

呂氏大臨曰：投壺之禮，主人奉矢三請，賓三辭而後許。拜受、拜送，皆般還以辟，有加于射禮者，不敢以禮殺而紓吾敬也。燕樂而不淫，禮殺而敬不衰，此德所以修，交所以久也。

已拜，受矢，進即兩楹間，退反位，揖賓就筵。注：主人既拜送矢，又自受矢，「進即兩楹間」者，言將有事於此也。退乃揖賓即席，欲與偕進，明爲偶也。賓席、主席，席皆南鄉，間相去如射物。疏：此一經明賓、主受矢之後，就投壺之筵。「已拜，受矢」者，謂主人拜送矢之後，主人贊者持矢授主人，主人於阼階上受矢也。「進即兩楹間，退反位」者，主人受矢之後，乃獨來就兩楹間者，言將有事於此也。看投壺處所，乃却退反阼階之位。「揖賓就筵」者，主人於阼階之上西面揖賓，令就投壺之筵，於是賓、主各來就筵。注云「退乃揖賓」者，解經「退反位，揖賓」也。所以揖之者，欲與賓俱即席、相對爲耦而共投壺。云「賓席、主人席皆南鄉，間相去如射物」者，以壺在於南，故知投壺南鄉也。投壺是射之類，故知席「相去如射物」也。物爲射者所立之處。物，長三尺，闊一尺二寸，兩物東西相去容一弓，故鄉射記云：「物長如笴，其間容弓，距隨長武。」注云：「笴長三尺，距隨者，物橫畫也。」

陳氏禮書：古者諸侯之射，必先行燕禮，卿大夫之射，必先行鄉飲酒之禮。投壺，射之類，必先行燕飲焉，此賓所以辭曰「子有旨酒嘉肴，某既賜矣，又重以樂」也。主人位於阼階之上，然後奉矢三請於兩楹之間，既受，則退而拜送，既拜送，自受矢，既受矢，則進而示有事，又退而揖賓就筵，則主人再即楹間而再復位矣。賓位於西階之上，再辭，乃從，然後受矢於兩楹之間，退而拜於其位，則賓一即楹間而一復位矣。鄉射司射升自西階，西面，北上，北面告于賓。鄉射、鄉飲，拜受爵、送爵皆北面。然則司射奉中、賓主拜送矢、受矢皆北面可知也。司射執矢奉中北面，則使人執壺亦北面可知也。鄉射，射在脱屨升坐之前；燕禮，射在脱屨升坐之後。投壺，所以樂賓也，類於燕禮，故鄭氏謂「燕飲酒，既脱屨升坐，主人乃請投壺也」。

司射進度壺，間以二矢半。反位，設中，東面，執八算，興。注：度壺，度其所設之處也。壺去坐二矢半，則堂上去賓席、主人席邪行各七尺也。反位，西階上位也。設中，東面，既設中，亦實八算于中，橫委其餘于中西，執算而立，以請賓侯投。疏：前經賓主既就筵，此經明進度壺并算之節。「司射進度壺」者，司射於西階之上，於執壺之人處受壺，乃東嚮來賓主筵前，進所量度其壺，置於賓主筵南。「間以二矢半」者，投壺有三處，室中、堂上及庭中也。日中則於室，日晚則於堂，太晚則於庭，是各隨光明處也。矢有長短，亦隨地廣狹。室中狹，矢長五扶；堂上稍廣，矢長七扶；庭中大廣，矢長九扶。四指曰扶，扶廣四寸。五扶者，則二尺也。七扶者，則二尺八寸也。九扶者，則三尺六寸也。雖矢有長短，而度壺皆使去賓主之席各二矢半也。室中去席五尺，堂上則去席七尺，庭中則去席九尺。「反位」者，司射度壺既畢，反還西階上位〔一〕。「設中」者，司射西階上取中，稍進，東面而設中也。「東面，執八算，興」者，既設中之後，于中西東面手執八算而興起。其中裏亦實八算。注「亦實八算于中，橫委其餘於中西」，此約鄉射文，實八算於中。今此投壺，射之類，故云「亦實八算於中」。「亦」者，亦鄉射也。**請賓，曰：「順投爲入，比投不釋。勝飲不勝者。正爵既行，請爲勝者立馬，一馬從二馬。三馬既立，請慶多馬。」請主人亦如之。**注：請，猶告也。順投，矢本先入也。比投，不拾也。勝飲不勝，言以能養不能也。正爵，所以正禮之爵也，或以罰，或以慶。馬，勝算也。謂之馬者，若云技藝如此，任爲將帥乘馬也。射、投壺，皆所以習武，因爲樂。疏：此一經明司射告賓主以投壺之法。「順投爲入」者，司射執八算起而告賓黨爲投壺之法也。順，本也。言矢有本末，投矢於壺，以矢本入者，乃名爲入，則爲之釋算也；若矢以末入，則不名爲入，亦不爲之釋算也。「比投不釋」者，比，頻也。又賓主投壺

〔一〕「反」，諸本作「更」，據禮記正義卷五八改。

法，要更遞而投，不得以前既入，喜悦，不待後人投之而已頻投；頻投雖入，亦不爲之釋算也。「勝飲不勝」者，又告云，若投勝者，則酌酒飲於不勝者也。「正爵既行」者，又説飲法也。正爵，謂「勝飲不勝」之爵也，以其正禮，故謂爲「正爵」。既行，謂行爵竟也。「請爲勝者立馬」者，此謂行正爵畢，而爲勝者立馬者，則又取算以爲馬，表於勝數也。必謂「算」爲「馬」者，馬是威武之用，爲將帥所乘，今投壺及射，亦是習武，而勝者自表，堪爲將帥，故云「馬」也。「一馬從二馬」者，每一勝，輒立一馬，禮以三馬爲成。若專三馬，則爲一成。但勝偶未必專頻得三，若勝偶得二，劣偶得一，一既劣於二，故徹取劣偶之一，以足勝偶之二爲三，故云「一馬從二馬」。「三馬既立，請慶多馬」者，若頻得三成，或取彼足爲三馬，是其勝已成，又酌酒慶賀於多馬之偶也。「請主人亦如之」者，司射請賓之黨爲每事，並應曰「諾」，竟而司射又請主人事，事亦如賓，而主人皆亦曰「諾」，如賓也。案鄉射，司射請賓于西階上，請主人於阼階上，則此請賓、請主人皆亦就賓、主之前也。又此經正爵爲罰爵，故下别云「三馬既備，請慶多馬」。今鄭注「或以罰，或以慶」，則慶馬勝算，亦爲正爵者〔一〕，鄭通而解之，罰、慶俱是正爵，故下文云「正爵既行，請徹馬」。彼謂慶爵，亦稱正爵也。案鄉射禮，三耦先射，賓主乃射，以射禮重也；此投壺不立三耦，以投壺禮輕故也。

蕙田案：「請賓曰」以下，大戴禮多「奏投壺之令」一句，文義較備。「比投不

〔一〕「爲」，原作「出」，據味經窩本、乾隆本、光緒本、禮記正義卷五八改。

釋」下，大戴禮多一「算」字，亦較明。「一馬從二馬」，疏云「定本無此一句」，大戴禮亦無此一句，但玩上下文義，有之爲備。今本大戴禮，豈後人又因疏言而去之耶？

陳氏禮書：司射奉中於西階上，乃進度壺於簭前。蓋於是時，受壺於使人而進焉，然則使人執壺，在司射之西矣。射之中，南當楅，西當西序，東面，司射反西階之位而設中，則投壺之中亦東面矣。投矢之禮，以本入爲順，末中爲逆，故曰「順投爲入」。拾投取勝，然後可數；比投自樂，不足爲工，故比投不釋算。漢人格五之法，有功馬，有散馬，皆刻馬象而植焉。鄭氏釋周禮「火弊獻禽」，謂「旌弊爭禽而不審者，罰以假馬」。投壺之馬，蓋亦如此。

方氏慤曰：凡射，人各四矢，詩言「四矢反兮」是也。四矢，則四算，投壺亦如之。賓與主，則八算矣。上言「入」，下言「釋」，互相明也。

呂氏大臨曰：矢本入，則本末之序正矣；左右拾投，則賓主之儀答矣。不如是，則雖投不爲入，雖入不釋算，所以責審固、詳節文也。故射與投壺，所以觀人之德，必容體比于禮，容節比于樂，不尚于苟中也。

命弦者曰：「請奏貍首，間若一。」大師曰：「諾。」注：弦，鼓瑟者也。貍首，詩篇名也，今逸。射義所云「詩曰曾孫侯氏」是也。「間若一」者，投壺當以爲志，取節焉。　疏：此一經明司射命工作樂節投壺之儀。「命弦者請奏貍首」者，謂司射命遣鼓瑟之弦者請奏貍首之篇。「間若一」者，謂前後樂節中間疏數如似一也。知「弦，鼓瑟者」，鄭約鄉射禮用瑟也。案下有魯鼓、薛鼓，節亦有鼓，以弦爲重，故特云「命弦者」。云「貍首，詩篇名也」者，以與射義「騶虞、采蘋」相類，故知詩篇名也。既非諸侯投壺而奏貍首者，義取燕飲之儀，猶如鄉射奏騶虞，不計人之尊卑。云「投壺當以爲志，取節焉」者，解所以「間若一」，投壺者當聽之以爲志，取投合於樂節，故須中間若一也〔一〕。案鄉射三番，初一番耦射不釋算，第二番釋算未作樂，第三番乃用樂。此投壺發初即用樂者，以投壺禮輕，主於歡樂故也。

方氏慤曰：以弦歌貍首，故命弦者奏之。間者，樂之節，欲其終始相協，故曰「若一」。

左、右告矢具，請拾投。有入者，則司射坐而釋一算焉。賓黨於右，主黨於左。

注：拾，更也。告矢具、請更投者，司射也。司射東面立，釋算則坐，以南爲右，北爲左也。已投者退，各反其位。　疏：此一經論投壺之事，中者釋算之儀。「左、右告矢具」者，左謂主人，右謂賓客，司射告主與賓以矢具也。「請拾投」者，拾，更也，司射又請賓主更遞而投，於是乃投壺也。「有入者，則司射坐而釋

〔一〕「須」，原作「頌」，據光緒本、禮記正義卷五八改。

一算焉」者，若矢入壺者，則司射乃坐釋一算於地也。「賓黨於右」者，右謂司射之前稍南也；「主黨於左」者，左謂司射之前稍北也。「已投者退，各反其位」，約鄉射禮射畢，則各反其位，則知投壺者畢，亦各反其位，辟後來也。反位，謂主黨於東，賓黨於西。**卒投，司射執算曰：「左、右卒投，請數。」二算爲純，一純以取，一算爲奇。遂以奇算告，曰：「某賢於某若干純。」奇則曰「奇」，鈞則曰「左右鈞」。**注：卒，已也。賓主之黨畢已投，司射又請數其所釋左右算，如數射算。一純以取，實於左手，十純則縮而委之，每委異之，有餘則橫諸純下。一算爲奇，奇則縮諸純下。兼斂左算，實于左手，一純以委，十則異之，其他如右獲。畢，則司射執奇算以告於賓與主人也。若告云「某賢于某」者，未斥主黨勝與，賓黨勝與，以勝爲賢，尚技藝也。鈞，猶等也。等，則左右手各執一算以告。疏：此一經明投壺算數之儀。「卒投」者，謂投壺卒也。「司射執算曰：左、右卒投，請數」者，司射於壺西東面，執算請曰：「賓主之黨卒竟投，請數算。」「二算爲純，一純以取」者，純，全也，二算合爲一全。地上取算之時，一純則別而取之。「一算爲奇」者，一算謂不滿純者。奇，隻也，故云「一算爲奇」。「遂以奇算告」者，奇，餘也，謂左右數鈞等之餘算，手執而告。「曰：某賢於某若干純」者，或左或右不定，故稱「某賢」。賢，爲勝者也。勝者若有雙數，則云若干純，假令十算，則云五純也。「奇則曰奇」者，若有奇數則曰奇。假令九算，則曰九奇也。「鈞則曰左右鈞」者，鈞，猶等也，等，則左右各執一算以告。云「如數射算」者，以投壺，射之類，故知此數投壺之算如數射算。云「一純以取」至「其他如右獲」，此皆鄉射之禮文也。「一純以取，實於左手」，謂就地上之算，以右手每一純別而取，實於左手。云「十純則縮而委之，每委異之」者，滿十純，則從而委之於地。司射東面，則東西爲縮，每十雙，則東西縮爲一委。每有十雙，更別委之，故云「每委異之」。云「有餘則横諸純下」者，有餘，謂不滿十雙，或八雙、九雙以下「則横於純下」，謂横在十純之西，南北置之。云「一算爲奇，奇則縮諸純下」者，若惟有一算，則縮之零純之下，在零純之西，東西置之。此謂數右算之法。若數左算，則異於右算，謂總歛地之算，實於左手之中。每一純取以委地，滿十則異之，謂滿十純總爲一委。云「其他如右獲」者，謂所縱所横如右獲也。

蕙田案：「遂以奇算告，曰『某賢於某若干純』」，大戴禮作「有勝，則司射以其算告曰『某黨賢於某黨，賢若干』」。案：時已卒投，「有勝」所不必言，「司射」見上，不必複出，「其算」，「其」字，當爲「奇」字之訛，並當從小戴爲確。

陳氏禮書：射禮，主人爲下射，賓爲上射。釋算，上射於右，下射於左。投壺之釋算，亦如之。然則賓黨爲上投，主黨爲下投矣。射禮之數右獲，一純以取，實於左手，十純則縮而變之，每委異之，有餘則畫諸純下，一算爲奇，奇則縮諸純下，然後兼兩左算，實于右手，一純以委，十則異之，其他如右獲。投壺之數算，亦如之。然則賓黨之算，自地數之，以實于手；主黨之算，自手數之，以委于地矣。

命酌曰：「請行觴。」酌者曰：「諾。」當飲者皆跪，奉觴曰：「賜灌。」勝者跪曰：「敬養。」注：司射又請於賓與主人，以行正爵。酌者，勝黨之弟子。酌者亦酌奠于豐上，不勝者坐取，乃退而跪飲之。灌，猶飲也。言「賜灌」者，服而爲尊敬辭也。周禮曰：「以灌賓客。」賜灌、敬養，各與其偶于西階上，如飲射爵。疏：此一節明飲不勝之儀。「命酌曰：請行觴」者，謂司射命此酌酒者曰：敬以請賓與主人行觴。謂罰爵之事，賓主已許，汝當酌之。「酌者曰：諾」者，謂勝黨之弟子曰諾，受領許酌，乃于西階上南面設豐，洗觶，升，酌，坐奠於豐上也。「當飲者皆跪，奉觴曰：賜灌」者，謂勝者與不勝者俱升西階，勝者在東，不勝者跪取豐上之爵，手奉其觴曰：蒙賜灌。灌，猶飲也。「勝者跪曰：敬養」者，勝者跪執之曰：敬以此觴而養不能。注「酌者，勝黨之弟子」，此鄉射禮文也。案彼文云「弟子奉豐，升，設于西楹之西。勝者之弟子洗觶，升，酌，南面坐奠于豐上」是也。云「賜灌、敬養，各與其偶于西階上，如飲射爵」者，以投壺、射類，故約鄉射而知也。

蕙田案：「命酌曰：『請行觴。』酌者曰：『諾。』」大戴禮作：「舉手曰：『諸勝者之弟子爲不勝者酌。』酌者曰：『諾。』以酌，皆請舉酒。」蓋謂司射舉手以詔勝黨之弟子。如此，所記有詳略，其義則同也。

陳氏禮書：射禮，既數獲，司射適堂西，命弟子設豐。弟子奉豐，升，設于西楹之西，乃降。勝者之弟子洗觶，升，酌，南面坐奠于豐上。勝者皆袒、決、遂，執張弓；不勝者皆襲，説決、拾，卻左手，右加弛弓于上，遂以執弣。司射作升飲者。勝者先升堂，少右；不勝者進，北面坐取豐之上觶，興，少退，立卒觶，進，坐奠于豐下，興，揖。……先降。投壺禮：「命酌曰：『請行觴。』酌者曰：『諾。』」此與弟子洗觶、升酌者類也。當飲者皆跪奉觴，此與「不勝者取觶，少退，立卒觶」者類也。獻之屬，莫重於祼，不勝者曰「賜灌」，所以重勝者之禮己也。酒，所以養老與病，勝者跪曰「敬養」，所以矜不勝者之養於己也。然則使酌者行觴，特賓、主黨之禮而已。少儀曰：「侍投則擁矢，勝則洗而以請。客亦如之。」則卑者之於尊長，主人之於客，必親洗而酌焉。此使酌者異矣。侍投之禮，罰不以角，則凡投，以角不以觶矣。以角不以觶，則無用豐爲。鄭氏曰「酌奠於豐」，於經無見。

正爵既行，請立馬。馬各直其算，一馬從二馬，以慶。慶禮曰：「三馬既備，請慶多馬。」賓主皆曰：「諾。」注：飲不勝者畢，司射又請爲勝者立馬，當其所釋算之前〔一〕。三立馬者，投壺如射，亦三而止也。三者，一黨不必三勝〔二〕，其一勝者并其馬于再勝者以慶之，明一勝不得慶也。飲慶爵者，耦親酌，不使弟子，無豐。　疏：此一經論飲不勝者畢，司射請爲勝者立馬，以表顯賢能之事。

〔一〕「之前」，原作「時也」，據光緒本、禮記正義卷五八改。
〔二〕「必」，原作「得」，據光緒本、禮記正義卷五八改。下疏文中并改。

「馬各直其算」者，直，當也，謂所立之馬，各當其初釋算之前，所釋之算東，中之西也。「一馬從二馬」者，投壺與射禮同，亦三番而止，每番勝者則立一馬。假令賓黨三番俱勝，則立三馬。或賓黨兩勝而立二馬，主黨一勝但立一馬，即以主黨從就賓黨二馬，以少足益於多，以助勝者爲榮。「以慶」者，一馬從二馬之後，乃以慶賀多馬，故云「以慶」。但此經上云「請立馬」者，是司射請辭；「馬各直其算，一馬從二馬，以慶」，是禮家陳事之言也。「慶禮曰：三馬既備，請慶多馬」者，此還是司射請辭，言爲慶之禮，勝者三馬既已備具，請酌酒慶賀於多馬者。「賓主皆曰：諾」者，無問勝與不勝，皆稱曰諾。注云「投壺如射，亦三而止也」者，以投壺，射之類，故知亦三番而止〔一〕。案鄉射禮，初番三耦射，但唱獲而已，未釋算，亦未飲不勝者；第二番耦射畢，賓主之黨皆射，畢，乃數算，飲不勝者〔二〕；第三番三耦及賓主等皆射，中鼓節乃釋算，飲罰爵〔三〕。今投壺，初則不立三耦，唯賓主三番而止。云「三者，一黨不必三勝」者，解「一馬從二馬」之意。言或賓或主之黨，黨中不能三番得勝，故以一勝之馬，并其馬於再勝者以慶之，明一勝者不得慶也。云「飲慶爵者，耦親酌，不使弟子，無豐」者，以飲不勝之時，賤其無能，故耦不親酌，使弟子酌，奠於豐上，則鄉射禮所云者是也；今既尊賢，當須親酌，手自授之，故知「不使其弟子，無豐」也。皇氏以爲，「三

〔一〕「之類故」，原作「禮觀之」，據光緒本、禮記正義卷五八改。
〔二〕「數」，原作「釋」，據光緒本、禮記正義卷五八改。
〔三〕「罰爵」，諸本作「卒觶」，據禮記正義卷五八改。

番而止」者，謂三耦投壺而止。案鄉射禮每番皆三耦而止，今云「三耦投壺而止」，非其義也。

陳氏禮書：射禮，三耦而已；投壺之禮，賓主亦三而已。每一勝則立一馬，故三勝者立三馬。然一黨不皆三勝，或主黨一勝、賓黨再勝，則以一勝之馬從二馬，以明一勝不足以爲功，三勝足以兼人也。「馬各直其算」，則立於中之西、算之東矣。多馬有慶，則耦必親酌矣。

蕙田案：此節之首，大戴禮云：「司正曰：『正爵既行，請爲勝者立馬。』」案：此據注亦司射之事，此經無司正，當是今本大戴禮誤也。

正爵既行，請徹馬。注：投壺禮畢，可以去其勝算也。既徹馬，無算爵乃行。

蕙田案：大戴禮于此節之下有「終則復始」一句。投壺禮畢，無算爵已行，似不應有復始之事，誤也。

算多少視其坐。籌，室中五扶，堂上七扶，庭中九扶。算，長尺二寸。壺，頸修七寸，腹修五寸，口徑二寸半，容斗五升。壺中實小豆焉，爲其矢之躍而出也。壺去席二矢半〔一〕。

〔一〕「矢」，原作「尺」，據光緒本、禮記正義卷五八改。

矢，以柘若棘，毋去其皮。注：算多少視其坐，算用當視坐投壺者之衆寡爲數也。投壺者人四矢，亦人四算。籌，矢也。鋪四指曰扶，一指按寸。春秋傳曰：「膚寸而合。」投壺者，或於室，或於堂，或於庭，其禮褻，隨宴早之宜，無常處。算長尺二寸，其節三扶可也。或曰：算，長尺有握。握，素也〔一〕。修，長也。腹容斗五升，三分益一則爲二斗，得圜困之象，積三百二十四寸也。以腹修五寸約之所得求其圜周，圜周二尺七寸有奇，是爲腹徑九寸有餘也。實以小豆，取其滑且堅。矢用柘棘，取其堅且重。或言去其皮節〔二〕。疏：此一節明算及矢長短多少，并言壺之大小及矢之所用。以儀禮準之，此亦正篇之後記者之言也〔三〕。今録記者，既陳正禮於上，又以此諸事繼之於下〔四〕。「算之多少視其坐」者，言算之多少視其所坐之人。每人四矢，亦人四算也。「籌，室中五扶，堂上七扶，庭中九扶」者，籌，矢也。室中最狹，故五扶。堂上差寬，故七扶。庭中彌寬，故九扶。「投壺者人四矢」，案鄉射及大射，人皆「乘矢」，故知四矢也。云「春秋傳曰：膚寸而合」者，此僖三十一年公羊傳文，引之者，證彼「膚」與此「扶」同也。「腹容斗五升，三分益一則爲二斗」者，以斗五升，其數難計，故加三分益一爲二斗，從整數計之。云「得圜困之象，積三

〔一〕「素」，諸本作「數」，據禮記正義卷五八改。
〔二〕「或言去其皮節」，諸本作「或以棘取無節」，據禮記正義卷五八改。
〔三〕「此亦正篇之後記者之言也」，原作「此亦正篇之意彼以正言也」，據光緒本、禮記正義卷五八改。
〔四〕「於下」，諸本脱，據禮記正義卷五八補。

百二十四寸也」者，以算法方一寸、高十六寸二分爲一升，則一斗之積，方一寸，高一百六十二寸也；二斗之積，爲三百二十四寸也。於此壺之圜困之中，凡有三百二十四寸也。云「以腹修五寸約之，所得」者，腹之上下高五寸，共有三百二十四寸。今且以壺底一寸約之，即於三百二十四寸之中五分之一，得六十四寸八分也。是腹修五寸，約之所得之數也。云「求其圜周，圜周二尺七寸有奇」者，壺底一重，既有六十四寸八分，以圜求方，須三分加一，六十四寸八分分爲三分，則一分有二十一寸六分，并前六十四寸八分，得八十六寸四分也，即是壺底一重方積之數也。今將八十六寸開方積之，九九八十一，則爲方九寸强也。一面有九寸强，四面凡有三十六寸强。今以方求圜，四分去一，有二十七寸强，是壺圜周二尺七寸有强〔一〕，故云「圜周二尺七寸有奇」也。鄭之此計，據二斗之數。必知然者，壺徑九寸，以圜求方，以方九寸計之，凡九九八十一，壺底一重有八十一寸，五重則有五箇八十一寸，總爲四百五寸。今以方求圜，四分去一，去其一百一寸四分寸之一，餘三百三寸四分寸之三。於二斗之積三百二十四寸之內，但容三百三寸四分寸之三，餘有二十寸四分寸之一不盡，故云「圜周二十七寸有奇」，乃得盡也。若以斗五升計之，計一斗五升之積，有二百四十三寸〔二〕，則壺之所徑唯八寸餘也，得容此數。必知然者，凡方八寸，開方計之，八八六十四，得六十四寸。壺高五重，則五箇六十四寸，總爲三百二十寸。以方求圜，四分去一，去八

〔一〕「二尺七寸」，諸本作「二十七寸」，據禮記正義卷五八改。
〔二〕「四十三」，原作「四十二」，據味經窩本、乾隆本、光緒本、禮記正義卷五八改。

十寸，餘有二百四十寸。於一斗五升之積，餘有三寸不盡，是壺徑八寸有餘，乃得盡也。今檢鄭之文注之意，以二斗整數計之，不取經文斗五升之義，故云「圜周二尺七寸有奇」。今算者以其二尺七寸之圍〔一〕，必受斗五升之物，數不相會也。或云壺體腹之上下各漸減殺，苟欲望合，恐非鄭意。

陳氏禮書：先王制禮，未嘗無所因焉。故室必用几，而因几以度室；堂上必用筵，而因筵以度堂；野外必用步，而因步以度野；投壺，用指而已，故因指以度籌。春秋傳曰：「膚寸而合。」其說，先儒則謂之側手爲膚，鋪四指爲扶。一指案寸，則膚、扶一也。投或于室，或于堂，或于庭，籌之扶，或以五，或以七，或以九者，所以隨日之早晏，視地之廣狹也。投壺算長二尺，射箭籌長尺有握。握，布四指。則射籌長投算矣。然射矢不曰籌，故箭算曰籌；投矢曰籌，故箭籌曰算。大戴謂算大八分。壺徑修七寸，腹修五寸，先儒釋大戴禮，謂壺高尺二寸，併頸腹言之，然則壺固無足矣。觀司尊彝壺尊與著尊同列，則壺之無足可知。

朱子曰：今詳經文，不言壺之圍徑，而但言其高之度、容之量，以爲相求互見之巧。且經言其所容，止於斗有五升，而注乃以二斗釋之，則經之所言者，圜壺之實數；而注之所言，乃借以方體言之，而算法所謂虚加之數也。蓋壺爲圜形，斗五升

〔一〕「圍」，諸本作「圜」，據禮記正義卷五八改。

爲奇數，皆繁曲而難計，故算家之術，必先借方形，虚加整數，以定其法，然後四分去一，以得圜形之實，此鄭氏所以舍「斗五升」之經文，而直以二斗爲説也。然其言知借而不知還，知加而不知減，乃於下文遂并方體之所虚加以爲實數。又皆必取全寸，不計分釐，定爲圜壺腹徑九寸而圍二尺七寸〔二〕，則爲失之。疏家雖知其失，而不知其所以失，顧乃依違其間，訖無定説，是以讀者不能無疑。今以算法求之，凡此言二斗之量者，計其積實，當爲三百二十四寸，而以其高五寸者分之，則每高一寸，爲廣六十四寸八分。此六十四寸者，此爲正方，又取其八分者，割裂而加於正方之外，則四面各得二釐五毫之數，乃復合此六十四寸八分者五爲一方壺，則其高五寸，其廣八寸五釐，而外方三尺二寸二分，中受二斗，如注之初説矣。然此方形者，算術所借，以爲虚加之數爾。若欲得圜壺之實數，則當就此方形規而圜之，去其四角虚加之數四分之一，使六十四寸八分者但爲四十八寸六分，三百二十四寸者但爲二百四十三寸，則壺腹之高，雖不減於五寸，其廣雖不減於八寸五釐，而

〔二〕「圍」，諸本作「圜」，據晦庵先生朱文公文集卷六八改。

其外圍則僅爲二尺四寸一分五釐，其中所受僅爲斗有五升。如經之云，無不諧會矣〔一〕。

魯令弟子辭曰：「毋幠，毋敖，毋偝立，毋踰言。偝立、踰言有常爵。」薛令弟子辭曰：「毋幠，毋敖，毋偝立，毋踰言，若是者浮。」注：弟子，賓黨、主黨年穉者也。謂其立堂下相褻慢，司射戒令之。記魯、薛者〔二〕，禮衰乖異，不知孰是也。幠、敖，慢也。偝立，不正鄉前也。踰言，遠談語也。常爵，常所以罰人之爵也。浮，亦謂是也。晏子春秋曰：「酌者奉觴而進曰：『君令浮！』」晏子時以罰梁丘據。疏：此一篇是周公正經而有魯、薛之事者，録記之人，以周衰之後，魯之與薛有當時投壺號令弟子之異，未知孰是，故因以記之也。「毋幠，毋敖」者，幠亦敖也。「偝立」，謂不正面前。「踰言」，謂遠相談話。偝立、踰言，有常刑之罰爵也。「若是者浮」，浮亦罰也。注引晏子春秋者，證「浮」是罰爵之義，故小爾雅云：「浮，罰也。」

蕙田案：「司射、庭長」一節，陳氏澔移在此節之下。

鼓：○□○□□□○□○○□，半：○□○□○○○□□○□○，魯鼓。○□

〔一〕「諧」，諸本作「偕」，據晦庵先生朱文公文集卷六八改。
〔二〕「記」，諸本作「謂」，據禮記正義卷五八改。

○○○□□○□○○□□○□○○□□○，半：○□○○○□□○，薛鼓。取「半」以下爲投壺禮，盡用之爲射禮。注：此魯鼓、薛鼓之節也。圜者擊鼙，方者擊鼓。古者舉事，鼓各有節。聞其節，則知其事矣。投壺之鼓，半射節者，投壺，射之細也。射，謂燕射。疏：以鼓節有圓點，有方點，故以爲「圓者擊鼙，方者擊鼓」。若頻有圓點，則頻擊鼙聲，每一圓點則一擊鼙聲；若頻有方點，則頻擊鼓聲，每一方點則一擊鼓聲也。又投壺在室在堂，是燕樂之事〔一〕，故知此射，亦謂燕射，非大射及鄉射也。

司射、庭長及冠士立者，皆屬賓黨；樂人及使者、童子，皆屬主黨。注：庭長，司正也。使者，主人所使薦羞者。樂人，國子能爲樂者。此皆與於投壺。疏：經云「司射、庭長」，案鄉飲酒，將旅，使相爲司正，在庭中，立於觶南，北面，察飲酒不如儀者，故知「庭正，司正」也。「冠士」者，謂外人來觀投壺、成人加冠之士，尊之，故令屬賓黨。若童子，賤，則屬主黨也。云「樂人，國子能爲樂者」，以國子習樂，故云「國子能爲樂者」。欲明此樂人非瞽矇、視瞭之徒，以其能與主人之黨而觀禮，故知非作樂瞽人也。案國子是王子、公卿大夫元士之子，今來觀樂、士大夫投壺者，以國之俊選，皆在學習樂，共士子來觀投壺，非謂一皆是王子及公卿大夫之子也。云「此皆與於投壺」者，鄭恐但來觀其禮，不觀投壺。經既云屬賓黨、主黨，則是入賓、主之朋，故云「與於投壺」也。

〔一〕「燕」，原作「禮」，據光緒本、禮記正義卷五八改。

蕙田案：大戴禮作「堂下司正、司射、庭長及冠士立者」。今案：鄭注庭長即司正，則複出司正，非也。又此二句之下，有云「降，揖，其阼階及樂事，皆與射同節」十三字。

陳氏禮書：主人以仁接賓，則樂人，樂賓者也；使者及童子，事人者也，故屬主黨。司射，作人者也。鄉射禮司射作三耦射。庭長，正人者也。鄉飲酒將旅，使相爲司正，在庭中，立於觶南，故知長，司正也。冠士，行禮者也。立者，觀禮者也，故屬賓黨。壺以授矢、致樂者也，故主黨執之。中以盛算，取勝者也，故賓黨奉之。然黨雖有賓、主之辨，而主黨之樂人必位於西階之上，使人執壺亦立於司射之側，凡皆所以就賓也。

魯鼓：○□○○□□○○；半：○□○○□○○○○□○□○。薛鼓：○□○○○○□○□○□○○○□○□○○□○；半：○□○□○○○○□○。注：此二者，記兩家之異，故兼列之〔一〕。

蕙田案：大戴禮于篇末有曰：「今日泰射，四正具舉。大夫君子，凡以庶士。

〔一〕「列」，原作「别」，據光緒本、禮記正義卷五八改。

小大莫處，御於君所。以燕以射，則燕則譽。質參既設，執旌既載。於侯既亢，中獲既置。弓既平張，四侯且良。決拾有常，既順乃讓。乃揖乃讓，乃隮其堂。乃節其行，既志乃張。射夫命射，射者之聲。御車之旌，既獲卒莫。」此一段皆爲協韻之文，其前數句皆見射義，貍首之逸文也，餘亦泛陳射事。案投壺「命弦者曰：請奏貍首」，故此備述其詞耳。末又曰：「嗟爾不寧侯，爲爾不朝于王所，故亢而射女。」此則宜爲大射誓戒之詞，不知何以綴于此篇之末也。

劉敞投壺義：古者投壺之禮，主人以賓燕而後投壺也。燕，禮之輕者也，輕則易，易則褻，褻則慢，酒之禍，恒由此作。君子惡其慢以褻也，爲壺、矢以節其禮，全其歡也。君子之於人，有以歡之，必有以禮之；有以禮之，必有以樂之；有以樂之，必有以言之。賓者，所法也，非法人也；所養也，非養人也。主人奉矢以親之，卑其身以事賢也。主人之請不怠，賓三辭不煩，尊禮重樂之義也。尊禮則敬，重樂則和，敬以和，故上下能相親也。君子所以異乎人者，其唯易事而難悅乎？不褻其接，所以致難悅也。主人拜送，賓辟，賓拜受，主人辟，授受之禮也。授受者，人道之大也，不可以不敬也，拜以敬之也。勝飲不勝者，罰也。辭不曰「罰」，而曰「養」

者，不尚人以勝，不恥人以不能也。飲曰「賜灌」，不恥過也，不忌人以勝己也。故尚人以勝則矜，恥人以不能則怨；自恥其過則忿，忌人以勝己則懟。矜以怨，忿以懟，此辨訟之所由作也。勝者有爵，貴也；有馬，富也。内不失其樂，外不失其功，然後富貴可保也。投順爲入，不順雖入不釋，明順而後有功也；樂以貍首，以順爲節也；侍於先生長者，不角，不擢馬，以順爲禮也。順爲功，故弗非也。順爲節，故節可守也。順爲禮，故不悖也。故曰：「古之君子不必相與言也，以禮與行示之而已矣。」詩云：「示我顯德行。」此謂也。

陳氏禮書：投壺之籌曰矢，勝算則以馬，贊其禮則以司射，實其算則以射中，弦其詩則以射節之貍首，鼓其節則以射鼓之半，而釋算、數算、勝飲不勝，皆與射禮相類，則投壺亦兵象也。蓋兵、凶、戰、危，人情之所惡；飲酒相樂，人情之所欲。先王因其所欲，而寓其所惡者於其中，使樂爲之不憚，則平日之所習，乃異日之所用也。昔晉侯與齊侯宴，投壺，祭遵臨戎，雅歌投壺，然則投壺之樂，豈間於貴賤軍國之間乎？其用鹿中者，投壺輕於射禮，故用中之下禮而已。鄭氏謂鹿中者，大夫、士之禮，是以射禮言投壺也，恐不必然。

應氏鏞曰：壺之爲器，取以實酒而置之席間者也。春秋曰：「尊以魯壺。」周官曰：「其朝獻，用兩壺。」禮器曰：「五獻之尊，門内缶，門外壺。」其始必于燕飲之間，謀以樂賓，或病於不能射也，舉席間之器以寄射節焉。投壺以爲樂，猶擊缶以爲樂也。以所飲之壺，寓所投之矢，制禮者因爲之節文，且用樂以宣達其情，此投壺所由興也。

少儀：侍投則擁矢。注：不敢釋于地也。投，投壺也。投壺坐。勝則洗而以請，客亦如之。不角，不擢馬。

蕙田案：此條，卑幼侍長者投壺之法。注疏詳見射禮。

春秋昭公十二年左氏傳：晉侯以齊侯宴，中行穆子相。投壺，晉侯先。穆子曰：「有酒如淮，有肉如坻。寡君中此，爲諸侯師。」中之。齊侯舉矢曰：「有酒如澠，有肉如陵。寡人中此，與君代興。」亦中之。伯瑕謂穆子曰：「子失辭。吾固師諸侯矣，壺何爲焉，其以中儁也？」注：言投壺中，不足爲儁異。疏：禮記有投壺之禮，其文無相者祝辭。此中行穆子與齊侯皆有言辭者，投之中否，似若有神，故設爲此語。或作投時，皆有言語，禮自不載之耳。伯瑕責穆子，唯言「壺何爲焉，其以中爲儁」，責其「失辭」，不云法不言，是投壺皆有言也。

蕙田案：此兩君宴饗投壺之法。

右投壺

五禮通考卷一百六十六

嘉禮三十九

射禮

歷代射禮

通典：漢石渠議曰：「『鄉射請告主人，樂不告者，何也？』戴聖曰：『請射告主人者，賓、主俱當射也。夫樂，主所以樂賓也，故不告於主人也。』宣帝甘露三年三月，黄門侍郎臨失其姓。奏：『經曰鄉射合樂，大射不樂，何也？』戴聖曰：『鄉射合樂者，質也；大射，人君之禮，儀多，故不可樂也。』聞人通漢曰：『鄉射合樂者，人禮也，所以合和百姓也；大射不合樂者，諸侯之禮也。』韋玄成曰：『鄉射禮所以合樂者，鄉人本無樂，故合樂歲時，所以合和百姓以同其意也。至諸侯，當有樂。傳曰：「諸侯不釋懸。」明用無時也。君臣朝廷，固當有之矣，不必須合樂而後射，故不云合樂也。』時公卿以韋議是。」

蕙田案：漢書儒林傳，梁丘賀子臨爲黄門郎，論石渠。此云黄門侍郎臨者，即其人也。

後漢書明帝本紀：永平二年三月，臨辟雍，初行大射禮。

通典：晉咸康五年春，征西庾亮行鄉射之禮，依古周制，親執其事。

宋武帝爲宋公，在彭城。九月九日，出項羽戲馬臺射，其後相承，以爲舊準。

隋書禮儀志：後齊三月三日，皇帝常服乘輿，詣射所，升堂即坐，皇太子及群官坐定，登歌，進酒行爵。皇帝入便殿，更衣以出，驊騮令進御馬，有司進弓矢。帝射，訖，還御坐，射懸侯，畢，群官乃射五埒。一品三十二發〔一〕，二品三十發，三品二十五發，

〔一〕「三十二發」，諸本脱，據隋書禮儀志八校勘記補。

四品二十發，五品十五發，侍官御仗以上十發。季秋大射，皇帝備大駕，常服，御七寶輦，射七埒。正三品已上，第一埒，一品五十發，二品四十六發。從三品、四品第二埒，三品四十二發，四品三十七發。五品第三埒，三十二發。六品第四埒，二十七發。七品第五埒，二十一發。八品第六埒，十六發。九品第七埒，十發。大射置大將〔一〕、射司馬各一人，録事二人。七埒各置埒將、射正參軍各一人，埒士四人，威儀一人，乘白馬以導，的別參軍一人，縣侯下府參軍一人，又各置令史、埒士等員，以司其事。

通典：唐制，皇帝射于射宮，則張熊侯，觀射于射宮，則張麋侯，皆去殿九十步。大樂令設宮懸之樂，鼓吹令設十二案於殿之庭。若遊宴，則射不陳宮懸。三月三日、九月九日，賜百寮射。開元八年九月，賜百官九日射〔二〕。給事中許景先駁奏曰：「三九之辰，頻賜宴射，已著格式，今猶降綸音。但古制雖在，禮章多闕，官員累倍，帑藏未充，水旱相承，繼之師旅，既不以觀德，又未足威邊，耗國損人，且爲不急。夫古天

〔一〕「將」，原作「埒」，據光緒本、隋書禮儀志八改。
〔二〕「九日」，諸本在「九月」下，據通典卷七七改。

子以射選諸侯，以射飾禮樂，以射觀容志，故有騶虞、貍首之奏，采蘋、采蘩之樂。天子則以備官爲節，諸侯以時會爲節，卿大夫以循法爲節，士以不失職爲節，皆審志固行，德美事成，陰陽克和，暴亂不作。故諸侯貢士，亦試於射宮，容體有虧，則黜其地。是以諸侯、君臣皆盡志於射。射之禮也，其大矣哉！今則不然，衆官既多，鳴鏑亂下，以苟獲爲利，以偶中爲能，素無五善之容，頗失三侯之禮。凡今一箭偶中，是費一丁庸調，用之既無惻隱，獲之固無慙色。」疏奏，罷之。至二十一年八月，敕曰：「大射展禮，先王翑儀，雖沿革或殊，而遵習無曠。往有陳奏，遂從廢寢，永鑒大典，無忘舊章。將射侯以觀德，豈愛羊而去禮？緬惟古訓，罔不率由，自我而闕，何以示後？其三九射禮，即宜依舊遵行，以今年九月九日賜於安福樓下。」自此以後，其禮又息。

唐開元禮皇帝射于射宮：前一日，太樂令設宮懸之樂，鼓吹令設十二案於射殿之庭。東懸在東階東，西面；西懸在西階西，東面。南北二懸及登歌，廣開中夾、廟門中央〔一〕。避箭位也。張熊侯，去殿九十步。設乏於侯西十步、北十步。設五楅，庭前少

〔一〕「廣開中夾廟門中央」，通典卷一三三據開元禮卷八六改作「廣開中央」。

西。布侍射者位於西階前，東面北上。布司馬位於侍射南，東面。布獲者位於乏東，東面。布侍射者位於殿階下，當御前，少西〔一〕。陳賞物於東階下，少東。置罰豐於西階下，少西。豐，所以承罰爵，形似豆，大如斗。設罰罇於西階西，設篚於尊西南〔二〕，實爵，加幕。其日質明，皇帝服武弁，出，樂作，警蹕及文武侍衛皆如常儀。文武官俱公服，典謁引入見，樂作，如元會儀。酒三徧，侍中奏稱：「有司既具，請射。」侍中前承制，退稱「制曰可」。王公以下皆降。文官立東階下，西面北上；武官立西階下，東面北上。持鈒隊群立於兩邊，千牛備身二人奉御弓、矢立於東階上，西面，執弓者在北。又設坫於執弓者之前，置御決、拾、笥於其上。決，今之射沓。拾，今之射捍〔三〕。獲者持旌，自乏南行，當侯東行至侯，負侯北面立。侍射者出西門外，取弓矢，兩手奉弓，搢乘矢於帶，搢，插。乘矢，四矢。入立於殿下射位西，東面。司馬奉弓自西階升，當西楹前，南面揮

〔一〕「少西」下，光緒本有「横布南面侍射者弓矢侯於西門外」十四字。
〔二〕「南」下，通典卷一三三有「肆」字。
〔三〕「捍」，諸本作「提」，據通典卷一三三改。

弓〔一〕，命獲者以旌去侯，西行十步，北行至乏止。司馬降自西階，復位。千牛郎將一人奉決、拾以笥，千牛將軍奉弓。千牛郎將奉矢，進立於御榻東，少南，西面。郎將跪奠笥於御榻前，少東，拂以巾；取決，興，贊設決；訖，千牛郎將又跪取拾，興，贊設拾；以笥退奠於坫上，復位。千牛將軍北面張弓，以袂順左右隈，上再下一；西面，左執弣，右執箭以進御；訖，退立於御榻東，少後。千牛郎將以巾拂矢，進一矢供御。御欲射，協律郎舉麾，先奏鼓吹，及樂騶虞五節，御乃射。第一矢與第六節相應，第二矢與第七節相應，以至九節。協律郎偃麾，樂止。千牛將軍以矢行奏，中曰獲，下曰留，上曰揚，左曰左方，右曰右方。留，矢短不及侯。揚，謂矢過侯。左、右，謂矢偏不正也。御射訖，千牛將軍於御座東，西面受弓、決、拾，退奠於坫上，復位。侍射者進，升射席，北面立，左旋，東面張弓，南面挾矢。協律郎舉麾，樂作。不作鼓吹，奏樂貍首三節，然後發矢。若侍射者多，則齊發。第一發與第四節相應，第二發與第五節相應，以至七節。協律郎偃麾，樂止。射者右旋，東面弛弓，北面立，乃退，復西階下位。其射人多少，

〔一〕「揮」，諸本作「插」，據通典卷一三三改。

臨時聽進止。若九品以上俱蒙賜射，則六品以下後日引射，所司監之。司馬升自西階，自西楹前，南面揮弓，命取矢，降，復位。取矢者以御矢付千牛郎於東階下，侍射者矢加于楅。所司釋弓於庭前，北面東上。所司奏，請賞侍射中者，罰不中者，侍中稱「制曰可」。所司立楅之東，西面，監唱「射矢」。取矢者各唱中者姓名。中者立於東階下，西面北上，不中者立於西階下，東面北上，俱再拜。所司於東階下以付賞物，訖，退復西面位〔一〕。酌者於罰罇西，東面酌，進，北面跪奠於豐上；退立於豐南，少西。不中者進豐南，北面跪取豐上爵，立飲，卒爵，跪奠豐下，退復東面位。酌者北向跪取虛爵，酌，奠如初。不中者以次繼飲，皆如初。訖，典謁引王公以下及侍射者，庭前北面，相對爲首，再拜；訖，引出。持鈒隊復位。御入，奏樂，警蹕，如常儀。所司以弓出中門外，付侍射者，引出。若御射無侍射之人，則不設楅，不陳賞物，不設罰罇。若御燕遊小射，則常服，不陳樂懸，不行會禮。

皇帝觀射于射宮：前一日，設宮懸，張麋侯，設第一楅於庭前少西，第二楅於第一

〔一〕「復」原作「後」，據光緒本、通典卷一三三改。

楅南二步，以次五楅，陳賞物、罰豐，如親射。布王公以下釋弓矢席位於中門外左右，俱北上。布三品以上會席位於殿上，如常儀。布第四品、五品會席位於東、西階南，在樂懸南〔一〕，東廂者西面，西廂者東面，俱北上。若殿上人少，四品、五品亦升之。布六品以下會席位於樂懸之南，北上。若四品、五品升殿，則在懸内。布王公以下將射位於東、西階前，北上。布左右司射位於王公將射位前，左者西面，右者東面，俱北上。布司馬位於右司射南，東面。布三品以下及左供奉官射席位於御座東楹間，少前。布三品以上及右供奉射席於御座西楹間，少前。席横布，各容二人〔二〕。布四品以下射席於殿階下，如殿上儀。布獲者位於乏東，東面。取矢者在獲者南，俱東面。獲者，謂著矢疏密者。置左右司射各三人，司馬二人。其日質明，王公以下俱常服〔三〕，持弓矢，分爲左右引入，至中門外位。皇帝服武弁服，出，樂作，警蹕，如常儀。王公以下皆跪釋弓矢於位，典謁引入見會，如常儀。凡射，先行會禮。酒三徧，所司奏請賜王公以下射。侍中前承詔，

〔一〕「南」，開元禮卷八六作「内」。
〔二〕「二人」，光緒本、通典卷一三三作「六人」。
〔三〕「常服」，開元禮卷八六作「公服」。

退稱「制曰可」。王公以下將射者皆降庭前，北面，相對爲首，再拜。訖，典謁引出，復中門外位，跪取弓矢，興，兩手奉弓，搢乘矢。典謁引入，就將射位。左右司射及司馬及獲者皆就位。執罰罇者立於罇南，執箙者立於箙南，皆北面。酌者立於罇西，東面。獲者持旌，南行十步，當侯東行，至侯，負侯北面立。左右司射各一人，先導射，皆搢乘矢於帶，兩手奉弓，左者從東階，右者從西階；至階，左者西面，右者東面，相顧立定，俱升進，各當席前，北面，俱進，升射席，立定。左厢者右旋，西面張弓，右厢者左旋，東面張弓，俱南面，挾一箇。挾，謂置矢於弓。司馬執弓自西階升，當右射者前，左旋，南面揮弓，命獲者去侯。獲者持旌去侯，西行十步，當乏北行，至乏止。乃射，左司射一發，右司射一發，更迭射。訖，左司射左旋，西面弛弓，右司射右旋，東面弛弓，俱北面，立定，俱少退，各從東西階降於階下，相向立定，乃退復位。左右司射各於王公位前，北面，次比王公從首六人〔一〕，引從東、西階升，如司射之儀。至射席，相對爲首，北面立，左者右旋，西面張弓，右者左旋，東面張弓，俱南面，挾一箇。所司奏：「請

〔一〕「比」，諸本作「北」，據通典卷一三三、開元禮卷八六改。

以射樂樂王公以下。」若兩番，則每番唯射取中侯，未須奏請作樂相應。侍中前承制曰可。通事舍人承傳，西面告太常卿，於西懸内東面命樂正曰：「奏樂，間若一。」言奏七節，節間疏數如一也。司射自西階升，當御前少西，東向誓曰：「無射獲，無獵獲。」不得射侯邊〔一〕，不得獵過獲者之傍。射者俱逡巡。司射退，降，復位。司射又升西階，誓曰：「不鼓不釋。」不與鼓節相應，雖中不釋算也。射者又逡巡。司射退〔二〕，降，復位。協律郎舉麾，作貍首之樂三節。訖，左右俱一發，使與第四節相應，左右又一發，使與第五節相應，以至七節。射訖，協律郎偃麾，樂止。左厢射者左旋，西面弛弓，右厢射者右旋，東面弛弓，俱北面立，少退，從東西階降，立於階下，相向北上立定，乃退。左右司射各以次取六人，俱升射如初。四品以下射於殿下，即射席升降及射與樂相應，如殿上儀。射訖者，三品以上及近侍之官釋弓於下，復會位，四品以下皆復會位，坐。其未射者立，繼射如初。射總訖，司馬升殿，揮弓命取矢。取矢者，上中下矢各一人持，其不中者矢

〔一〕「邊」下，通典卷一三三有「獲者」二字。
〔二〕「司」下，原衍「馬」字，據光緒本、通典卷一三三删。

一人持，至庭前，其第一矢跪加第一楅〔一〕，北闕，其以下次加楅，訖，取矢者各立楅南，北面。王公以下各降，執弓庭前，北面立。所司奏請賞射中者，罰不中者。侍中承制，退稱「制曰可」。所司立楅之西，東面，監唱「射矢」。取矢者各唱中者姓名〔二〕。中者立東階下，西面，北上，依射中疏密爲第；其不中者，謂四矢俱不中侯也。立於西階下，東面，北上，依品爲序。東西俱再拜。所司東階下以次付賞物，受訖者退，復西面位。若賜多，且置於位，御入〔三〕，持出中門付之。酌者於罰罇西，東面酌，進，北面，跪奠爵豐上，立於豐南少西。不中者豐南北面橫奠弓，跪取爵，立飲卒爵，跪奠爵豐下，取弓，退復東面位。酌者繼酌，奠於豐。不中者以次飲，皆如初。若更射，則取矢者以矢就東西面位付射者。訖，左右司射各從首取公王以下六人〔四〕，升射如初。始作樂，與樂相應，如上儀。其賞罰皆如初。訖，典謁者引中者及不中者及不射者，皆庭前北面，各依品

〔一〕「加」，諸本作「如」，據通典卷一三三、開元禮卷八六改。
〔二〕「矢」，諸本作「六人」，據通典卷一三三、開元禮卷八六改。
〔三〕「入」，諸本作「矢」，據通典卷一三三改。
〔四〕「公王」，光緒本、通典卷一三三、開元禮卷八六作「王公」，下同。

相對，再拜。訖，出，復中門外。持鈒者復位。御入，樂作，警蹕如常。所司持矢出中門外，付射者。訖，引出者。御不親觀射，則不設樂懸。公王以下各執弓矢入庭前，北面拜。訖，通事舍人宣敕賜公王以下食。公王等皆再拜。典謁引公王以下就東西廊下食，訖，舍人又宣敕賜王公以下射，王公以下在位者皆再拜〔一〕。左右司射引公王以下，皆如御前之儀。射訖，公王以下皆北面相對立。通事舍人宣敕云：「射中者依算賜物，不中者罰酒。」公王等皆再拜，其受賞及罰皆如御前之儀。北面再拜，取矢，訖，引出。

宋史禮志：大射之禮，廢於五季，太宗始命有司草定儀注。其群臣朝謁如元會。酒三行，有司言「請賜王公以下射」，侍中稱「制可」。皇帝改服武弁，布七埒於殿下，王公以次射，開樂縣東西廂，設熊虎等侯。陳賞物於東階，以賚能者；設豐爵於西階，以罰否者。并圖其冠冕、儀式、表著、埻埒之位以進。帝覽而嘉之，謂宰臣曰：「侯弭兵，當與卿等行之。」凡游幸池苑，或命宗室、武臣射，每帝射中的，從官再拜奉觴，貢馬爲賀。預射官中者，帝爲之解，賜襲衣、金帶、散馬，不解則不賜。苑中皆有射棚、

〔一〕「訖舍人又宣敕賜王公以下射王公」十四字，諸本脱，據通典卷一三三、開元禮卷八六補。

畫暈的。射則用招箭班三十人，服緋紫繡衣、帕首，分立左右，以唱中否。節序賜宴，則宗室、禁軍大校、牧伯、諸司使副皆令習射，遂爲定制。外國使入朝，亦令帥臣伴，賜射於園苑。

政和宴射儀：皇帝御射殿，侍宴官公服、繫鞵，射官窄衣，奏聖躬萬福，再拜升殿。酒三行，引射官降，皆執弓矢，謝恩再拜，三公以下在右，射官在左，不射者依坐次分立。皇帝初射中，舍人贊拜，凡左右祗應臣僚，除內侍外，並贊再拜〔一〕。招箭班殿上躬奏訖，跪進椀。射官先傳弓箭與殿侍，側立。內侍接椀訖，就拜，起，降階再拜。有司進御茶牀，天武引進奉馬列射垛前，員僚奏聖躬萬福，東上閤門官詣御前，躬奏班首姓名以下進酒。班首以下橫行立，贊再拜，班首奉酒進，樂作，飲畢，殿上臣僚再拜。舍人贊各賜酒，群官俱再拜，贊各就坐，群官皆立席後，引進司官臨階，宣進奉出，天武奉馬出，樂合，復贊就坐，飲訖，揖，興，諸司收坐物。射官左側臨階，取弓箭侍立。皇帝再射中的或雙中，如上儀。進酒臨時取旨，得旨進酒，更不進奉中扁椀。

〔一〕「並贊再拜」，宋史禮志十七作「並階上下再拜。行門、禁衛、諸班、親從、諸司祗應人並自贊再拜」。

及解中，更不賀、不進酒。臣僚射中，引降階再拜訖〔一〕，殿下側立。御箭解中，招箭班進椀，如上儀。舍人再引射，中官當殿揖，躬宣「有敕，賜窄衣、金帶」。跪受，箱過再拜，過殿側服所賜訖，再引當殿再拜，更不射。如宣再射，或更賜箭令射，如未退，即就位再拜。如再射中，御箭再解中，賜鞍轡馬如上儀。臣僚射中，御箭不解，引降階再拜，立。招箭班殿上躬奏訖，下殿，舍人宣「有敕，賜銀椀」。跪受，執椀并箭，就拜，起，再拜。如合賜散馬，即同宣賜，宣「有敕，賜銀椀，兼賜散馬若干匹」。射訖，進御茶牀，諸司復陳坐物等，群官各立席後，贊就坐，群臣俱坐。酒五行，宣示醆、宣勸如儀，皆作樂。宴畢，内侍舉御茶牀，三公以下降階再拜，退。

乾道二年二月四日，車駕幸玉津園，皇帝射訖，次命皇太子，次慶王，次恭王，次管軍臣僚等射，如是者三。每射四發，帝前後四中的。

淳熙元年九月，車駕幸玉津園，命從駕文武官行宴射之禮，皇太子、宰執以下，酒三行，樂作，皇帝臨軒，有司進弓矢，皇帝中的，皇太子進酒，率宰執以下再拜稱賀。

〔一〕「引」，原作「別」，據光緒本、宋史禮志十七改。

宣皇太子射，射中，賜。宣預射臣僚射，使相鄭藻、起居舍人王卿月、環衛官蕭圖嚕拉射中，各賜襲衣、金帶。

明集禮：元制，自天子公卿至郡國將佐，皆有射垛剪柳之法，大概循用國俗。

明會典：洪武三年五月，詔行大射禮。上以先王射禮久廢，弧矢惟習於武夫，而文士多未解。至是，詔大學及郡縣學諸生，皆令習射。

明集禮：射儀：前期，戒射，定耦，選執事充司正、副司正、司射、司射器、請射、舉爵、收矢、執旗，樹鵠，陳設如圖儀。是日，執事者入就位，請射者引主射正官及各官員子弟、士民俊秀者，各就品位。司射器者以弓矢置於各正官及司射前。請射者詣正官前，圓揖畢，引詣司器前，授弓矢畢，引復本位。司正執算入，立於中後。請射者詣司射前，曰：「請誘射。」引司射，二人耦進，各以三矢搢于腰帶之右，以一矢挾于二指之間，推年齒相讓，年上者爲上射，年幼者爲下射。上射先進，詣射位，向鵠正立，發矢。司正書中，投算置于中。或副司正書中。舉旗者舉旗如式。上射射畢，退，立于旁，讓下射者詣位，發矢，書中、舉旗如前。請射者俱引復位。收矢者收矢，復于射者。司正取所中算，請射者次請士民俊秀射，次請官員子弟射，次請品卑至高品者射。其就射位、發矢、取算、書中、舉旗、收矢、復位皆如式。俱畢，司正、副司正持算白中于主射正官。舉爵者酌酒、授中者如式，飲訖，請射，請屬官以下仍捧弓矢，納于司射器，還詣主射、正官前，圓揖而退。

何景明鄉射直節：古者飲畢而射。射之司馬，燕之司正也。此禮久不行，而其文具儀禮。然儀禮古文難讀，雖昌黎韓子且苦之。今即與諸生言，或弗解，故復刻此，使就此習之，而後求之儀禮，則其文辭緒理可尋也。器一弗備，則無以即事。惟樂放失久矣，其器莫之有能備也。今但以笙比人聲，而以鼓磬節之。事以明賢，故遴而後莅，故賓主必乎。司馬以下，必能其事，雖役必當其才德焉。射之節于樂也，天子以騶虞，諸侯以貍首，大夫以采蘋，士以采蘩。采蘋、采蘩，示敬也，敬則可以修諸其身而施于天下矣。爵、齒、德，三者通乎天下者也。鄉飲，尚齒也；飲畢而射，察其德也。夫然後可以爵之于朝，是故古者以射擇士。三射之節，其于命辭見乎？始射而命曰「毋射獲，毋獵獲」，知始射而獲也；再射而命曰「不貫不釋」，知再射而釋也；三射而命曰「不鼓不釋」，知三射而鼓也。始射獲而不釋，試也，懼弗審也；再射而釋，則審矣；三射而鼓，而禮樂備矣。始射不及賓者，不敢役賓也；不飲者，不釋則不飲也。耦射先賓，不敢次賓于耦也；衆賓不耦賓，在賓位則不敢踰大賓也：故非主則不敢與賓耦。勝者張弓，不勝者弛弓；勝者立，不勝者飲。夫何言哉？賢、不肖喻矣。夫物惟時，事惟宜，先後不踰，詳略有漸，其惟射乎？是故高而無用，美而無當，欲速而求成，聖人勿爲也。弓矢，敵器也，聖人以揖讓用之，天下復有可爭者乎？夫射也者，禁肆制躁，履序蹈和，一衆心、貫萬事者也，以此施于天下也，故治理而生遂。

王琚馬射法曰：勢如追風，目如逐電。滿開弓，急放箭。目勿瞬視，身勿倨坐。不失其馳，舍矢如破。夫馬者，人之命，則調馬先之矣。凡馬，須平日適飼，養時調度，蹤蹲聽令，觸物不驚，馳道不削。前兩脚從耳下齊出，後兩脚向前倍之，則疾且穩，而人可用器。邊馬慣戰，數倍中國，居常調度之功也。馬上射把，有以箭插衣領内，或插腰間，俱不便。必須以箭二枝連弓弝，把定，又以一枝中弦掛爲便。馬始騎時，左手挽弓，右手攬轡；一縱時身即左跨，便搭箭當弦，左手高張，如鳥舒一翼；弓拽圓滿至把子，與馬相對；左手即落，與左膝相對；望把根射，百發百中。凡開弓，必至九分滿乃發，即七八分亦難中也。馬多右開，人身左跨，左重，馬不能右開；間有左開，身一右轉，馬即過矣。馬行直否，盡在兩腿。若久馳純熟，則馬上身法，如分鬃、對鐙、抹鞦云者，惟所用之。鄭若曾曰：「武士之常技三：曰分鬃，向前射也；曰對鐙，向傍射也〔一〕；曰抹鞦，向後射也。」分鬃者，以馬之頸鬃爲界，一邊挽弓，一邊發矢，乃弄花巧之法。邊軍不然，以身俯出馬外，于此挽弓，就于此發矢，臨敵倉遑之際，庶無謬誤。對鐙者，主左一邊而言，今北方響馬，常勒馬由道右而行，讓客于左，以便發箭，亦此義也。然此法但可施于途遇一二人耳，設使衆敵叢射，或敵在右，將旋馬以應酬之也。學騎射者，須習左右手皆便方可。雖然，此以射言也，若披堅執鋭，攻戰于白刃之外，又必兩邊用力。身活直坐，以張弄武藝：身若太伏，恐馬前失；身若後倚，恐馬仰坐。左右少跨，與射不全，蓋射不用力，身猶輕也，手持器械，盡力使用，身太離鞍，馬蹶人仆，是可以不慎乎哉？

蕙田案：此條附論馬射之法。

右歷代射禮

〔一〕「射」，原作「對」，據光緒本改。

五禮通考卷一百六十七

嘉禮四十

鄉飲酒禮

蕙田案：鄉飲酒之禮，見于經傳者有四：鄉大夫三年大比，獻賢能於王，以禮禮賓之，一也；黨正國索鬼神而祭祀，則以禮屬民，飲酒以正齒位，二也；州長春秋習射于序，先行鄉飲酒禮，三也；鄉大夫、士飲其國中賢者，四也。其用之州、黨而亦謂之鄉者，先儒以爲州、黨，鄉之屬也，或鄉大夫入而觀禮，或鄉大夫居此黨内，故亦以名之也。儀禮所載乃鄉大夫禮賓之禮。其正齒位之法，見於周官者：一命齒於鄉里，再命齒於父族，三命而不齒；見于禮記者：六十者坐，五十者立侍，又有三豆、四豆、五豆、六豆之等；而儀禮佚其篇，其詳不可得聞焉。州長習射之儀，先飲酒而後射，儀禮鄉射篇可以互參。惟飲國中賢者之禮，經無正文，大約與鄉大夫賓賢之典略相類耳。漢制，郡國行鄉飲酒禮，蓋用正齒位之說。魏、晉以下，間或行之。唐兼采二說：賓興賢能，則以刺史或上佐爲主，其制皆倣于古而小損之，有主、賓、介，而無僎，樂則笙、歌、間、合各一作而不備，所謂鹿鳴宴也；正齒位則行於冬季，主人以縣令爲之，復降殺其禮。宋淳化中，詔有司講求鄉飲酒禮；政和中，有司奏參酌古制，於州軍貢士之月，以禮飲酒，用知州軍事或本州佐官爲主，上舍生當貢者，與州之群老爲衆賓，略如辟雍宴貢士之儀。紹興十三年，禮部奏修定儀制，頒下郡國。蓋本用賓賢之說，而已仕、未仕者以齒序位於兩廊，則亦兼取黨正正齒位之文，二者合爲一禮矣。明初，定鄉飲禮儀，命有司與學官率士、大夫之老者於儒學行之；又於是日，令一人升讀律令，蓋取正齒位之義；其鄉試舉人中式者，亦有鹿鳴宴，然不名之爲鄉飲酒也。周禮云：「以陽禮教讓則民不爭。」先儒以鄉飲、鄉射當之。禮記亦云：「鄉飲酒之禮廢，則長幼之序失而爭鬭之獄繁。」然則先王制此禮，或主於興賢，或主於尚齒，雖所重不同，而所以勸民行厚民俗之意則一也。今採經傳及歷代史志所述，具列於篇云。

儀禮鄉飲酒禮

儀禮鄉飲酒禮：鄭目録云：諸侯之鄉大夫，三年大比，獻賢者能者於其君，以禮賓之，與之飲酒。於五禮屬嘉禮。疏：凡鄉飲酒之禮，其名有四：此賓賢能，一也；鄉飲酒義云「六十者坐，五十者立侍」，是黨正飲酒，亦謂之鄉飲酒，二也；鄉射，州長春秋習射于州序，先行鄉飲酒，三也；鄉飲酒義又有鄉大夫、士飲國中賢者，四也。王制云：「習射尚功，習鄉尚齒。」是州長、黨正飲酒法。

孔氏穎達曰：鄭云鄉飲酒有四事，一則三年賓賢能，二則鄉大夫飲國中賢者，三則州長習射飲酒，四則黨正蜡祭飲酒。總而言之，皆謂鄉飲酒。鄉則三年一飲，州則一年再飲，黨則一年一飲。所以然者，天子六鄉，諸侯三鄉，各有鄉大夫。而鄉有鄉學，取致仕在鄉之中大夫爲父師，致仕之士爲少師，在于學中，名爲鄉先生，教于鄉中之人，謂鄉學。每年入學，三年業成，必升于君。若天子之鄉，則升學士于天子；若諸侯之鄉，則升學士于諸侯。凡升之，必用正月，將升用之，先爲飲酒之禮。鄉大夫與鄉先生謀事，擇學士最賢使爲賓，次者爲介，又次者爲衆賓。皆鄉大夫爲主人，與之飲酒而後升之。故周禮鄉大夫職云：「三年則大比，考其德行、道藝，而興賢者能者，鄉老及鄉大夫帥其吏與其衆寡，以禮禮賓之。」若州一年再飲者，是春秋習射，因而飲之，以州長爲主人也。若黨一年一飲者，是歲十二月，國于大蜡祭，而黨中于學飲酒，子貢觀蜡是也，亦黨正爲主人。

張氏爾岐曰：鄉飲有四，此篇所載，賓賢之禮，常以正月行之；將射而飲，于春秋行之；黨正正齒位于季冬蜡祭；鄉大夫飲國中賢者則無常時。

鄉飲酒之禮。主人就先生而謀賓、介。注：主人，謂諸侯之鄉大夫也。先生，鄉中致仕者。賓、介，處士賢者。周禮大司徒之職以鄉三物教萬民而賓興之。鄉大夫以正月之吉，受法于司徒，退而頒之于其鄉吏，使各以教其所治，以考其德行，察其道藝。及三年大比，而興賢者能者，鄉老及鄉大夫帥其吏與其衆寡，以禮禮賓之。厥明，獻賢能之書于王。是禮乃三年正月而一行也。諸侯之鄉大夫，貢士于其君，蓋如此云。古者年七十而致仕，老於鄉里，大夫名曰父師，士名曰少師，而教學焉，恒知鄉人之賢者。是以大夫就而謀之，賢者爲賓，其次爲介，又其次爲衆賓，而與之飲酒，是亦將獻之，以禮禮賓之也。今郡國十月行此飲酒禮，以黨正每歲「邦索鬼神而祭祀，則以禮屬民而飲酒于序，以正齒位」之説，然此篇無正齒位之事焉。凡鄉黨飲酒，必於民聚之時，欲其見化，知尚賢尊長也。孟子曰：「天下有達尊三：爵也，德也，齒也。」疏：引周禮，是天子鄉大夫法，諸侯鄉大夫無文，以此約之，若據鄉貢一人，其介與衆賓不貢之矣，但立介與衆賓輔賓行禮，待後年還以貢之耳。

楊氏復曰：此篇主于賓賢，雖無正齒位法，然自賓、介而下，衆賓有長，立于堂下者有東上、北上，樂正與立者皆薦以齒，旅酬少、長以齒，是亦正齒位法，但無黨正三豆、四豆、五豆、六豆之等差耳。

蕙田案：以上謀賓、介。

主人戒賓，賓拜辱。主人答拜，乃請賓。賓禮辭，許。主人再拜，賓答拜。主人退，賓拜辱。注：戒，告也。拜辱，拜其屈辱至己門也。不固辭者，素所有志。退，猶去也。去又拜者，以送謝之。疏：知賓出門者，見冠禮主人宿賓，賓出門左，鄉射戒賓亦出門，故知此亦出門也。冠禮主人戒同寮，同寮尊，又使之加冠於子，尊重之，故主人先拜。此則鄉大夫尊，賓卑，又將貢己，宜尊敬主人，故賓先拜辱。

朱子曰：學成行修，進仕于朝，上以致君，下以澤民，此士之素所有志也。

盛氏世佐曰：禮，先生、異爵者請見，先見之，不敢拜迎。而此云拜辱者，當賓興大典，主人好善忘勢，而賓亦以道自重，故以處士而與大夫抗禮，不爲驕也。士冠禮、鄉射禮于主人戒賓，皆云「禮辭，許」，不聞有固辭者，一辭而許，爲賓之道固然，此亦如其常而已。以爲將貢己而固辭，君子惡其矯也。

介亦如之。注：如戒賓也。疏：衆賓亦當遣人戒速使知，但略而不言。

蕙田案：以上戒賓、介。

乃席賓、主人、介，衆賓之席皆不屬焉。注：席，敷席也。夙興往戒，歸而敷席。賓席，牖前南面〔一〕；主人席，阼階上西面；介席，西階上東面；席衆賓於賓席之西。不屬者，不相續也，皆獨坐，明其德各特也。疏：鄉射云：「席賓，南面，東上。衆賓之席繼而西。」此衆賓之席亦當然。雖不屬，猶統賓爲位，同南面也。

欽定義疏：鄉飲酒義於賓席云「坐於西北」，又曰「南鄉」，謂于室户之西而南鄉也；於介席曰「坐于西南」，又曰「東鄉」，謂于西階之上而東鄉也；於主人席曰「坐于東南」，又曰「東方」，謂于東階之上而西鄉也；於遵者席曰「坐于東北」，謂于賓東而南鄉也；若三賓之席，則自賓席以西至于西序，是其位也。凡位，室户之西爲最尊，次則西階之上爲客位。若賓東之位，則燕禮所以席卿者也，而飲、射之遵者位于是；賓西之位，則燕禮所以席大夫者也，而飲、射之三賓位于是。此堂上之席次也。

蕙田案：衆賓席于賓西、南面者，賓長三人，即鄉飲酒義所謂三賓也。不屬者，謂衆賓之席不與賓相屬，所以尊賓也。鄉射主習民以禮樂，故衆賓之席繼賓

〔一〕「前」，原作「間」，據味經窩本、儀禮注疏卷八改。

而西，不相别異。若鄉飲主於興賢，賓則賢能之中尤異者，故特貢之，衆賓既不與於貢，安得不與賓相别？注謂衆賓皆獨坐，似未得經旨。

尊兩壺于房户間，斯禁，有玄酒，在西。設篚于禁南，東肆。加二勺于兩壺。注：斯禁，禁切地無足者。玄酒在西，上也。肆，陳也。疏：東肆，以頭首爲記，從西向東，大頭在西也〔一〕。

吴氏澄曰：房户間者，東房之西，室户之東，在賓主之間，雖主人之設，而賓亦以之酢主人也。斯禁，一名棜，長四尺，廣二尺四寸，深五寸，無足。大夫用棜，士用禁。北面設尊，玄酒在左，在酒尊之西也。

張氏爾岐曰：兩壺，酒與玄酒各一也。玄酒在酒之西，壺各有勺，以備挹酌。

設洗于阼階東南，南北以堂深，東西當東榮。水在洗東，篚在洗西，南肆。注：榮，屋翼。疏：堂深，謂從堂廉北至房室之壁堂下，洗北去堂遠近深淺，取於堂上深淺。若堂深二丈，洗亦去堂二丈，以此爲度。

楊氏復曰：上篚在禁南，東肆；下篚在洗西，南肆。上篚爵三觶一：獻賓、獻遵、獻工皆異爵，三也；主人取觶降，洗，以酬賓，一也。下篚觶四：一人舉觶爲旅酬始，一也；司正舉觶，二也；二人舉觶

〔一〕「大」，諸本作「上」，據儀禮注疏卷八改。

爲無算爵始，四也。

張氏爾岐曰：此復設篚者，上篚所貯三爵，每行畢即奠于下篚，且貯餘觶也。

蕙田案：以上設席及器。

羹定，主人速賓，賓拜辱。主人答拜，還。賓拜辱。介亦如之。賓及衆賓皆從之。注：肉謂之羹。定，猶熟也。速，召也。還，猶退。從，猶隨也。言及衆賓，介亦在其中矣。

敖氏繼公曰：速賓之儀與戒賓同，賓不遂從之者，爲主人當復速介。衆賓亦速，惟言賓、介者，以主人親爲之。

蕙田案：以上速賓、介。

主人一相，迎于門外，再拜賓，賓答拜。拜介，介答拜。注：相，主人之吏，擯贊傳命者。揖衆賓。注：差益卑也。拜介、揖衆賓皆西南面。疏：賓、介、衆賓立位在門外，以北爲上。主人與賓，正東西相當，則介與衆賓差在南，東面，主人正西面拜賓，則側身向西南拜介、揖衆賓矣。主人揖，先入。注：揖，揖賓也。先入門而西面。疏：庠學惟有一門，主人導賓，先入，至内霤，西面待賓。賓厭介，入門左。介厭衆賓，入。衆賓皆入門左，北上。注：皆入門西，東面。賓之屬相厭，變於主人也。推手曰揖，引手曰厭，今文皆作「揖」。疏：賓既北上，主人西面，相向揖。訖，乃相背，各向堂塗。介與衆賓亦隨賓至西階下也。厭者，以手向身引之。主人與賓三揖，至于階，三讓，主人升，賓升。主人阼階上當楣，北面再拜。賓西階上當楣，北面答拜。注：三揖者，將進揖，當陳揖，當碑揖。楣，前梁也。復拜，拜賓至此堂，尊之。疏：楣，前梁對後梁，爲室戶上。

蕙田案：以上迎賓。

主人坐，取爵于篚，降，洗。注：將獻賓也。賓降。注：從主人也。主人坐，奠爵于階前，辭。注：重以己事煩賓也。事同曰讓，事異曰辭。賓對。注：對，答也。賓主之辭未聞。主人坐取爵，興，適洗，南面，坐奠爵于篚下，盥，洗。注：已盥乃洗爵者，致潔敬也。賓進東，北面辭洗。注：必進東行，示情。

敖氏繼公曰：凡洗者必盥，盥、洗皆立。

張氏爾岐曰：篚下，當篚之下，非於篚也。盥、洗者，盥訖，取爵，擬洗，亦非謂遽已洗也。

主人坐，奠爵于篚，興，對。賓復位，當西序，東面。注：言復位者，明始降時位在此。主人坐取爵。沃洗者西北面。注：沃洗者，主人之群吏。卒洗，主人壹揖、壹讓，升。注：俱升。

敖氏繼公曰：升，亦主人先而賓從之。

賓拜洗。主人坐奠爵，遂拜，降，盥。注：復盥，爲手坋汙。賓降。主人辭。賓對，復位，當西序。卒盥，揖，讓，升。賓西階上疑立。注：疑，正立，自定之貌。疏：言「揖、讓、升」，不言一揖、一讓，從上可知。

欽定義疏：主人階上及降階之位，皆在阼階東，賓降階之位在西階西，下經俱有明文。則賓階上之位，亦宜在西階西，此不言西，可知也。

主人坐取爵，實之，賓之席前西北面獻賓。注：獻，進也，進酒于賓。賓西階上拜，主人少退。注：少退，少辟。賓進，受爵，以復位。主人阼階上拜送爵，賓少退。注：復位，復西階上位。疏：以賓西階上疑立，今見主人西北面獻於己席前，故賓進，將于席前受之也。案鄉射云：「賓進，受爵於席前，復位。」此不言席前，文不具也。薦脯醢。注：薦，進也。進之者，主人有司也。賓升席，自西方。注：升由下也。升必中席。乃設折俎。注：牲體枝解，節折在俎。主人阼階東疑立。賓坐，左執爵，祭脯醢，注：坐，坐于席。祭脯醢者以右手。奠爵于薦西，興，右手取肺，卻左手執本，坐，弗繚，右絶末以祭，尚左手，嚌之，興，加于俎。注：興，起也。肺離之。本，端厚大者。繚，猶紾也，大夫以上威儀多，紾絶之。尚左手者，明垂紾之乃絶其末。嚌，嘗也。疏：弗繚，即弗紾，一也。此鄉飲酒，大夫禮，故云繚祭；鄉射，士禮，云絶祭。但云繚必兼絶，言絶不得兼繚也。周禮太祝「辨九祭」，「七曰絶祭，八曰繚祭」，注云：「繚祭，以手從肺本循之至于末，乃絶以祭。絶祭，不循其本，直絶以祭。本同，禮多者繚之，禮略者絶則祭之。」

張氏爾岐曰：卻左手者，仰其左手也。弗繚者，直絶末以祭，不必繚也。大夫以上乃有繚祭，士則否。經言「弗繚」，以賓固士也，他事皆從士禮。注、疏獨于此解作繚祭，不敢從。

蕙田案：經文云「弗繚」，而注、疏乃以「繚祭」釋之，蓋以弗爲屈曲之義，其説迂曲，張氏駁之最當。

坐，捝手，遂祭酒，注：捝，拭也。疏：内則事佩之中有帨，則賓客自有捝巾以拭手也。興，席末坐，啐酒，降席，坐奠爵，拜，告旨，執爵，興。主人阼階上答拜。注：啐，亦嘗也。降席，席西也。旨，美也。賓西階上北面坐，卒爵，興，坐奠爵，遂拜，執爵，興。主人阼階上答拜。注：卒，盡也。於此盡酒者，明此席非專爲飲食起。

蕙田案：以上主人獻賓。

賓降，洗。注：將酢主人。主人降。注：亦從賓也。降，降立阼階東，西面。賓坐，奠爵，興，辭。注：西階前也。主人對。賓坐，取爵，適洗南，北面。主人阼階東，南面辭洗。賓坐奠爵于篚，興，對。主人復阼階東，西面。賓東北面盥，坐取爵，卒洗，揖、讓如初，升。主人拜洗。賓答拜，興，降，盥，如主人禮。賓實爵，主人之席前東南面酢主人。主人阼階上拜。賓少退。主人進，受爵，復位。賓西階上拜送爵，薦脯醢。主人升席自北方。設折俎。祭如賓禮。注：酢，報也。祭者，祭薦、俎及酒，亦嚌、啐。疏：此賓未盥，主人辭洗；鄉射賓盥訖，主人乃辭洗。先後不同者，彼與鄉人習禮輕，故盥訖乃辭洗；此鄉人將賓舉之，故未盥先辭洗，重之也。鄉射「賓坐取爵洗」之時，未得主人之命，故奠于篚下，得主人之命，乃奠于篚；此則賓取爵適洗，未奠之時，主人即辭，故奠于篚也。

敖氏繼公曰：北方，席下也。主人、介席皆南上。

不告旨。注：酒，己物也。自席前適阼階上，北面，坐卒爵，興，坐奠爵，遂拜，執爵，興。賓西階上答拜。注：自席前者，啐酒席末，因從北方降，由便也。主人坐，奠爵于序端，阼階上北面再拜崇酒。賓西階上答拜。注：東西牆謂之序。崇，充也，言酒惡，相充實。疏：奠于序端者，擬酬賓訖，取此爵以獻介。

敖氏繼公曰：崇，重也，謂賓崇重己酒，不嫌其薄而飲之既也。卒爵乃拜者，若已飲之乃審知其薄然。

姜氏兆錫曰：此謝賓之酢爵也。崇之言隆，謂之崇酒者，謝賓酢之隆施耳。如以崇酒爲謝酒惡，當於獻賓、賓告旨之時，不當於酢主、主不告旨之後。

蕙田案：崇酒之義，姜説爲長，注、疏與敖氏俱費解。

又案：以上賓酢主人。

主人坐，取觶于篚，降，洗。賓降。主人辭降。賓不辭洗，立當西序，東面。注：不辭洗者，以其將自飲。卒洗，揖、讓，升。賓西階上疑立。主人實觶酬賓，阼階上北面坐奠觶，遂拜，執觶，興。賓西階上答拜。坐祭，遂飲，卒觶，興，坐奠觶，遂拜，執觶，興。賓西階上答拜。

欽定義疏：未飲而拜，示行酬也；既飲復拜，示盡觶也。賓皆答拜，以此酒爲己而飲也。

主人降，洗。賓降，辭，如獻禮。升，不拜洗。注：不拜洗，殺于獻。賓西階上立。主人實觶，賓之席前北面。賓西階上拜，主人少退。卒拜，進，坐，奠觶于薦西。注：賓已拜，主人奠其觶。賓辭，坐取觶，復位。主人阼階上拜送。賓北面坐，奠觶于薦東，復位。注：酬酒不舉，君子不盡人之歡，不竭人之忠，以全交也。

張氏爾岐曰：賓辭，疏以爲辭主人復親酌己，愚以主人方酌時不辭，殆非辭酌也，仍是辭其奠，如鄉射二人舉觶時。

蕙田案：以上主人酬賓。

主人揖，降。賓降，立于階西，當序，東面。注：主人將與介爲禮，賓謙，不敢居堂上。主人以介揖、讓升，拜，如賓禮。主人坐，取爵于東序端，降，洗。介降。主人辭降，介辭洗，如賓禮。升，不拜洗。注：介禮殺也。疏：主人與賓三揖至于階之時，介與衆賓亦隨至西階下，此云「揖、讓升」，「如賓禮」，則惟于升堂時相讓，無庭中揖讓之事。介西階上立。注：不言疑者，省文。主人實爵，介之席前西南面獻介。介西階上北面拜，主人少退。介進，北面受爵，復位。主人介右北面拜送爵，介少退。注：主人拜于介右，降尊以就卑也。

敖氏繼公曰：主人獻介，乃拜于其右者，降于賓也。凡堂上之獻、酢，皆分階而拜者，賓、主二人而已，其餘則否。

主人立于西階東。薦脯醢。介升席自北方。設折俎。祭如賓禮，不嚌肺，不啐酒，不告旨。自南方降席，北面，坐卒爵，興，坐奠爵，遂拜，執爵，興。主人介右答拜。注：不嚌、啐，下賓。

蕙田案：介位，西階西北面，而主人立西階東，是爲在介右也。凡北面，以東爲右。

又案：以上主人獻介。

介降，洗。主人復阼階，降，辭，如初。注：如賓酢之時。卒洗，主人盥。注：盥者，當爲介酌。疏：此主人自飲而盥者，尊介也。介揖、讓升，授主人爵于兩楹之間。注：就尊南授之，介不自酌，下賓。酒者，賓主共之。

敖氏繼公曰：凡受獻而親酢者，一人而已，其餘則或所獻者自酢焉。此介視賓爲殺，故其酢禮如此，然其初乃得爲主人洗爵，亦其異者也。

介西階上立。主人實爵，酢於西階上介右，坐奠爵，遂拜，執爵，興。介答拜。主人坐祭，遂飲，卒爵，興，坐奠爵，遂拜，執爵，興〔一〕。介答拜。主人坐，奠爵于西楹南，介右，再拜崇酒。介答拜。注：奠爵西楹南，以當獻衆賓。

欽定義疏：主人所與爲禮，自工外，其拜位與賓同在西階者，以其皆賓之屬也。主人之拜位，自介以下，則拜于其右，不與拜賓同位者，不二尊也。於是主人在介右，故奠于西楹南，由便也。介不告旨，主人亦拜崇酒者，介不敢同于賓，而主人敬

〔一〕「興」，原脱，據光緒本、儀禮注疏卷九補。

之，則不敢甚異于賓也。

主人復阼階，揖，降。介降，立于賓南。注：以將獻衆賓，故介無事，就賓南。

蕙田案：以上介酢主人。

主人西南面三拜衆賓。衆賓皆答壹拜。注：三拜、一拜示徧，不備禮也。不升拜，賤也。

疏：主人在阼階下，衆賓在賓、介之南，故西南面拜之。

朱子曰：此疏云衆賓各得主人一拜，主人亦徧得一拜。鄉射疏又云「衆賓無論多少，止爲三拜，是示徧也」。然則主人之拜衆賓，不能一一拜之，但爲三拜以示徧，而衆賓之長者三人各答一拜也。然經文及注、疏但言衆賓一拜，而無三人之文，未詳其説。

主人揖，升，坐取爵于西楹下，降，洗，升，實爵，于西階上獻衆賓。衆賓之長升，拜受者三人。注：長，其老者。言三人，則衆賓多矣。主人拜送。注：於衆賓右。疏：約上文介右而知。坐祭，立飲，不拜既爵，授主人爵，降，復位。注：既，卒也。卒爵不拜、立飲、立授，賤者禮簡。

張氏爾岐曰：一人飲畢，授爵，降，次一人乃升、拜受也。

蕙田案：降、洗者，惟衆賓之長一人，其餘二人皆不降、洗，禮又殺于介矣。

衆賓獻，則不拜受爵，坐祭，立飲。注：次三人以下也。不拜，禮彌簡。

張氏爾岐曰：亦升受，但不拜耳。

每一人獻，則薦諸其席。注：謂三人也。衆賓辯有脯醢。注：亦每獻薦於其位，位在下。疏：以其言堂下立侍，不合有席，既不言席，故位在下。主人以爵降，奠于篚。注：不復用也。

蕙田案：以上主人獻衆賓。

揖、讓升。賓厭介，升。介厭衆賓，升。衆賓序升，即席。注：序，次也。即，就也。疏：衆賓，謂三賓堂上有席者，以年長爲首。一人洗，升，舉觶于賓。注：一人，主人之吏。發酒端曰舉。實觶，西階上坐奠觶，遂拜，執觶，興。賓席末答拜。坐祭，遂飲，卒觶，興，坐奠觶，遂拜，執觶，興。賓答拜。降，洗，升，實觶，立于西階上。賓拜。注：賓拜，拜將受觶。進坐，奠觶於薦西。賓辭，坐，受以興。注：舉觶不授，下主人也。言坐受者，明行事相接，若親受，謙也。舉觶者西階上拜送。賓坐，奠觶于其所。注：所，薦西也。舉觶者降。注：事已。疏：案鄉射舉觶者降後有大夫，此不言者，大夫觀禮之人，或來或否，故不言也。

蕙田案：以上一人舉觶爲旅酬之始。

又案：楊信齋儀禮圖移「賓若有遵者」一條於此文之下，蓋從鄉射篇之例。但遵者或來或否，既未可定，故經文或在前或在後，亦不一例，不必改此以就彼也。

設席于堂廉，東上。注：爲工布席也。側邊曰廉。燕禮曰：「席工于西階上，少東。樂正先升，北面。」此言樂正先升，立于西階東，則工席在階東。工四人，二瑟，瑟先。相者二人，皆左何瑟，後首，挎越，内弦，右手相。注：四人，大夫制也。二瑟，二人鼓瑟，則二人歌也。瑟先者，將入，序在前也。相，扶工也，衆賓之少者爲之，每工一人。鄉射禮曰：「弟子相工，如初入。」天子相工，使眡瞭者。凡工，瞽矇也，故有扶之者。「師冕見，及階，子曰：『階也。』及席，子曰：『席也。』」固相師之道。後首者，變于君也。挎，持也。相瑟者則爲之持瑟，其相歌者徒相也。越，瑟下孔也。内弦，側擔之者。疏：此鄉大夫飲酒，云四人，大射，諸侯禮，六人。若然，士當二人，天子八人，爲差次也。工四人，二人瑟，則二人歌，相亦二人，以空手無事，故不言也。

敖氏繼公曰：工、笙，蓋公家之樂官，給學中飲、射之事者。

樂正先升，立于西階東。注：正，長也。疏：此樂正，諸侯及大夫、士之官，當天子大司樂。

工入，升自西階，北面坐。相者東面坐。遂授瑟，乃降。注：降立於西方，近其事。工歌鹿鳴、四牡、皇皇者華。注：三者皆小雅篇也。鹿鳴，君與臣下及四方之賓燕，講道、修政之樂歌也。此采其己有旨酒，以召嘉賓，嘉賓既來，示我以善道；又樂嘉賓有孔昭之明德，可則傚也。四牡，君勞使臣之來樂歌也。此采其勤苦王事，念將父母，懷歸傷悲，忠孝之至，以勞賓也。皇皇者華，君遣使臣之樂歌也。此采其更自勞苦，自以爲不及，欲諮謀于賢知，而以自光明也。

朱子曰：鹿鳴，謂今日燕飲之事，所以道達主人之誠意而美嘉賓之德也。四牡，言其去家而仕於朝，辭親而從王事，於此乎始也。皇皇者華，言其將爲君使而賦政於外也。學記曰：「宵雅肄三，官其始也。」正謂此也。蓋此三詩，先王所制以爲燕飲之樂，用之鄉人，用之邦國，各取其象而歌之也。

問：鹿鳴、四牡、皇華，儀禮以爲上下通用之樂，不知「王事靡盬」之類，庶人安得用之？曰：鄉飲酒亦用。大學始教，宵雅肄三，正習學此。蓋入學之始，須教他便知有君臣之義始得。

敖氏繼公曰：不言瑟者，瑟依歌，其同可知。書曰：「搏拊琴瑟以詠。」

卒歌，主人獻工。工左瑟。一人拜，不興受爵。主人阼階上拜送爵。注：一人，工之長也。凡工賤，不爲之洗。疏：此及燕禮，主歡心，尚樂，故有升歌、笙、間、合樂，間、合不獻，以前已得獻，故不復重獻。鄉射主于射，略于樂，無笙、間，唯有合樂，笙、工並爲，至後總獻之。大射亦主于射，略于樂，不間歌，不合樂，故有升歌、獻工、下管，不復得獻。**薦脯醢。使人相祭。**注：使人相者，相其祭酒、祭薦。**工飲，不拜既爵，授主人爵。**注：坐授之。**衆工則不拜受爵，祭，飲。辯有脯醢，不祭。**注：祭、飲，獻酒重，無不祭也。**大師則爲之洗，賓、介降，主人辭降，工不辭洗。**注：大夫若君賜之樂，謂之大師，則爲之洗，尊之也。賓、介降，從主人也。工，大師也。上既言獻工矣，乃言大師者，大師或瑟或歌也。其獻之，瑟則先，歌則後。

盛氏世佐曰：大師乃君所賜者，無論或瑟或歌，必先獻，不當依瑟先、歌後之序。經先言獻工，乃言大師者，以其出于君賜，不必有也。注誤。

笙入堂下，磬南，北面立。樂南陔、白華、華黍。注：笙，吹笙者也。以笙吹此詩以爲樂也。南陔、白華、華黍，小雅篇也，今亡，其義未聞。昔周之興也，周公制禮作樂，采時世之詩以爲樂歌，所以通情相風切也，其有此篇明矣。後世衰微，幽、厲尤甚，禮樂之書，稍稍廢棄。孔子曰：「吾自衛反魯，然後樂正，雅、頌各得其所。」謂當時在者而復重雜亂者也，惡能存其亡者乎？且正考父校商之名頌十二篇于周太師，歸以祀其先王。至孔子二百年之間，五篇而已，此其信也。

劉氏敞曰：此三篇，皆笙詩也。小序云：「有其義而亡其辭。」亡謂本無，非「亡逸」之「亡」也。儀禮曰「笙」曰「樂」曰「奏」，而不言「歌」，則有聲而無辭明矣。下由庚、崇丘、由儀倣此。

盛氏世佐曰：案笙詩之説，從來聚訟。詩、禮二注，出康成一手，尚爾異同，況生其後者乎？謂六篇之詞雖亡，而其義幸以序而存者，箋、疏而外，陸氏德明、蘇氏轍、范氏處義、黄氏櫄、嚴氏粲也；謂其辭既亡，則其義不可得而知，序詩者但考二字便率意作一篇之序者，鄭氏樵、李氏樗也；讀「亡其辭」之「亡」爲「無」，而謂此六篇有聲無詞者，劉氏敞、商氏份、董氏逌、王氏質、黄氏震也。朱子于有聲無辭之解，既用原文，而以小序爲無理，則同漁仲，其説詳見詩集傳及辯説，然猶未足以厭後人之心而鬭其口，何也？書曰：「詩言志，歌永言，聲依永。」又曰：「予欲聞六律、五聲、八音，在治忽，以出納五言，汝聽。」然則有辭而後有聲，聲之不可離辭而成樂也，自古然矣。又況古人名篇之例，或以詩之首二字，或一句，或次取篇中一二字以爲題，亦有舍篇中字而别命之者。要未有無其辭而可命之曰某詩某詩也。夫詩之逸者多矣，如貍首、采齊、肆夏，見于禮記；祈招、河水、新宫，見于春秋左氏傳；三夏之名，見國語；九夏之名，見周禮。考其辭與義，必無夫子所删者，而今詩皆不能具，其亡于夫子之前而不及收與，抑亡于夫子之後而今之所存者或非其舊與？是皆未可知也，何獨于南陔以下六篇而保其非逸耶？若徒以其曰「笙」曰「樂」曰

「奏」，而不「歌」，以爲有聲無辭之證言，則吕氏祖謙、郝氏敬論之詳矣，其説可得而申也。鄉射禮云：「奏騶虞。」國語云：「金奏肆夏、樊遏、渠。」吕叔玉云：「肆夏，時邁也；樊遏，執競也；渠，思文也。」其説采于詩集傳，是皆有辭而亦云「奏」。周禮籥章以籥吹豳詩，即七月也。禮記：「升歌清廟，下管象。」即維清也。燕禮：「升歌鹿鳴，下管新宫。」而左傳昭二十五年宋公賦新宫，謂之賦，則有辭矣。國語又稱伶簫詠歌鹿鳴之三，是籥與簫管所吹之詩皆有辭，而謂笙所吹者獨無辭可乎？張子曰：「既無詩，安得有此篇？必是有其辭，所以亡者，良由施之于笙，非若歌之可習。」此言殆爲平允矣。

觀承案：笙詩有詞無詞，聚訟已久。既已並亡，則二説亦並可通。必欲畫一，則終以朱子之説爲長。夫有詞然後有譜，詩、樂相生之序誠然，然亦原其初耳。既成譜後，或單歌其聲，或兼歌其詞，則不可一概矣。笙詩傳流已久，其用在聲，故相沿只吹其聲，蓋堂上堂下之序如此。周時所以用聲，而不更造其詞，所以六笙只有譜而亡其詞也。如琴譜亦有有聲而無詞者，其聲自和，原不待詞而後顯也。若但以曰「樂」曰「賦」曰「歌」曰「吹」曰「奏」字面爲據，則反不爲確，蓋此等字，對文各别，散文可通，正不必執此一字爲難端也已。

主人獻之於西階上。一人拜，盡階，不升堂，受爵。主人拜送爵。階前坐祭，立飲，不拜既爵，升，授主人爵。注：一人，笙之長者也。笙三人，和一人，凡四人。鄉射禮曰：「笙一人拜於下。」衆笙則不拜受爵，坐祭，立飲。辯有脯醢，不祭。注：亦受爵於西階上。薦之皆於其位，磬南。

陳氏暘曰：工一人祭薦，餘則祭飲而已，笙則皆不祭，此又等降之别也。

乃間歌魚麗，笙由庚；歌南有嘉魚，笙崇丘；歌南山有臺，笙由儀。注：間，代也，謂一歌則一吹。六者皆小雅篇也。魚麗，言太平年豐物多也。此采其物多酒旨，所以優賓也。南有嘉魚，言太平君子有酒，樂與賢者共之也。此采其能以禮下賢者，賢者纍蔓而歸之，與之燕樂也。南山有臺，言太平之治，以賢者爲本。此采其愛友賢者，爲邦家之基，民之父母，既欲其身之壽考，又欲其名德之長也。由庚、崇丘、由儀，今亡，其義未聞。乃合樂。周南：關雎、葛覃、卷耳；召南：鵲巢、采蘩、采蘋。注：合樂，謂歌樂與衆聲俱作。周南、召南，國風篇也，王后、國君夫人房中之樂歌也。關雎言后妃之德，葛覃言后妃之職，卷耳言后妃之志，鵲巢言國君夫人之德，采蘩言國君夫人不失職，采蘋言卿大夫之妻能循其法度。昔太王、王季居于岐山之陽，躬行召南之教以興王業。及文王，而行周南之教以受命。大雅云：「刑于寡妻，至于兄弟，以御于家邦。」謂此也。其始一國耳，文王作邑于豐，以故地爲卿、士之采地，乃分爲二國：周，周公所食；召，召公所食。于時文王三分天下有其二〔一〕，德化被于南土，是以其詩有仁賢之風者，屬之召南焉；有聖人之風者，屬之周南焉。夫婦之道，生民之本，王政之端，此六篇者，其教之原也。故國君與其臣下及四方之賓燕，用之合樂也。鄉樂者，風也；小雅爲諸侯之樂；大雅、頌爲天子之樂。鄉飲酒升歌小雅，禮盛者可以進取也。燕合鄉樂，禮輕者可以逮下也。春秋傳曰，肆夏、繁遏、渠，天子所以享元侯也；文王、大明、緜，兩君相見之樂也。然則諸侯相與燕，升歌大雅，合小雅。天子與次國、小國之君燕，亦如之；與大國之君燕，升歌頌，合大雅。其笙、間之篇未聞。疏：合樂，謂堂上有歌、瑟，堂下有笙、磬，合奏此詩。

程子曰：周公主内治，故以畿内之詩言文王、太姒之化者，屬之周南；召公掌諸侯，故以畿外之詩言列國諸侯、大夫之室家被文王、太姒之化而成德者，屬之召南。

朱子曰：謂之南者，以其化自岐、雍之間，被于江、漢之域，自北而南也。詩曰「以雅以南」，即謂此也。

觀承案：明有周南、召南之詩，而古注不以此注「以雅以南」之「南」，反以南

〔一〕「時」，原作「是」，據味經窩本、乾隆本、光緒本、儀禮注疏卷九改。

爲南夷之樂者，殊未允也。

工告於樂正曰：「正歌備。」樂正告于賓，乃降。注：樂正降者，以正歌備，無事也。降立西階東，北面。疏：以其堂上時在西階之東、北面，知降堂下亦然。在笙、磬之西，亦得監堂下之樂，知位在此也。

李氏如圭曰：告于賓者，作樂主爲樂賓也。

蕙田案：以上樂賓。

主人降席自南方，注：不由北方，由便。側降。注：賓、介不從。疏：側者，特也。賓、介不從，以將燕，禮殺故也。作相爲司正。司正禮辭，許諾。主人拜，司正答拜。注：作，使也。禮樂之正既成，將留賓，爲有解惰，立司正以監之。拜，拜其許。疏：上云「一相迎于門外」，今將燕，使爲司正。

敖氏繼公曰：主人自作之者，辟君禮也。

主人升，復席。司正洗觶，升自西階，阼階上北面受命于主人。主人曰：「請安于賓。」司正告于賓，賓禮辭，許。注：爲賓欲去，留之，告賓于西階。司正告于主人。主人阼階上再拜，賓西階上答拜。司正立于楹間以相拜。皆揖，復席。注：再拜，拜賓許也。司正既以賓許告主人，遂立楹間以相拜。賓、主人既拜，揖，就席。司正實觶，降自西階，階間北面坐奠觶，退，共少立，注：階間北面，東西節也。其南北當中庭。共，拱手也。少立，自正，慎其位也。己帥而正，孰敢不正。燕禮曰：「右還，北面。」疏：鄉射云：「司正實觶，降自西階，中庭，北面，坐奠觶。」此經雖不言中庭，宜與彼同。坐取觶，不祭，遂飲，卒觶，興，坐奠觶，遂拜，執觶，興，洗，北面，坐奠觶于其所，退立于觶南。注：洗觶奠之，示潔敬。立于其南以察衆。疏：執觶，興，洗，北面，鄉射、大射禮皆不云「盥」，俗本有「盥」者，誤。

蕙田案：唐石經「洗」字上有「盥」字，即疏所云俗本也。吴澄三禮考注亦承其誤。今從監本。

又案：以上立司正。

賓北面坐，取俎西之觶，阼階上北面酬主人。主人降席，立于賓東。注：初起旅酬也。凡旅酬者，少長以齒，終于沃盥者，皆弟長而無遺矣。疏：前一人舉觶，奠于薦右，今爲旅酬而主之。前主人酬賓，奠于薦東者不舉，故言俎西以别之。賓坐奠觶，遂拜，執觶，興。主人答拜。不祭，立飲，不拜，卒觶，不洗，實觶，東南面授主人。注：賓立飲、卒觶，因更酌以鄉主人，將授。主人阼階上拜，賓少退。主人受觶。賓拜送于主人之西。注：旅酬同階，禮殺。賓揖，復席。注：酬主人訖。

蕙田案：以上賓酬主人。

主人西階上酬介。介降席自南方，立于主人之西，如賓酬主人之禮。主人揖，復席。注：其酌實觶，西南面授介。自此以下旅酬，酌者亦如之。

朱子曰：賓、主、介相酬，初皆北面；但實觶之後，授觶之時，賓則東南面授主人，主人則西南面授介；已授之後，即授者又還北面之位，賓則拜送于主人之西，主人則拜送于介之東，皆北面也。故下文受介酬者，亦既受乃還北面拜受也。

蕙田案：以上主人酬賓。

司正升，相旅，曰：「某子受酬。」受酬者降席。注：旅，序也。于是介酬衆賓，衆賓又以次序相酬。某者，衆賓姓也，同姓則以伯、仲別之，又同則以其字別之。司正退立于序端，東面。注：辟受酬者，又便其贊上贊下也。始升、相，西階西，北面。受酬者自介右。注：由介東也。尊介，使不失故位。疏：凡授受之法，授由其右，受由其左。此受介酬者〔一〕，應自介左，而自介右者，介位在西，故尊介，使不失故位也。

〔一〕「受」，諸本作「授」，據儀禮注疏卷一〇改。

敖氏繼公曰：受介酬者，獨居其右，與他受酬者不同，明介尊，不與衆賓序也。若遵者受介酬，亦然。自介右，則介當東南面酬之。

衆受酬者受自左，注：後將受酬者，皆由西變于介也。疏：衆賓之内，爲首者一人自介右受之，自第二以下，并堂下衆賓，皆自左受之。言「變于介」者，即授受之常法也。拜，興，飲，皆如賓酬主人之禮。注：嫌賓以下異也。辯，卒受者以觶降，坐，奠于篚。注：辯，辯衆賓之在下者。鄉射禮曰：「辯，遂酬在下者。皆升，受酬于西階上。」司正降，復位。注：觶南之位。

欽定義疏：酬之爲義，注曰「勸酒也」，爲酬賓言之也；又曰「周也」，爲旅酬言之也。旅酬之酬，義主于周。當主人酬賓時，介、遵皆未及獻，無行酬之法，故不盡主人之歡，奠之而不舉。至獻禮既畢，一人舉觶，乃體主人均惠之意而行之，以至於辯。辯者，周也。

蕙田案：以上介酬衆賓，衆賓自相酬以辯。旅酬之禮畢。

使二人舉觶于賓、介。洗，升，實觶，于西階上皆坐，奠觶，遂拜，執觶，興。賓、介席末答拜。皆坐祭，遂飲，卒觶，興，坐，奠觶，遂拜，執觶，興。賓、介席末答拜。注：二人，亦主人之吏。若有大夫，則舉觶于賓與大夫。燕禮曰：「媵爵者立于洗南，西面，北上。序進，盥，洗。」疏：席末答拜者，賓于席西、南面答拜，介于席南、東面答拜。若有大夫，則舉觶于賓與大夫者，大夫尊于介故也。

李氏如圭曰：二人舉觶，爲無算爵始也。

逆降，洗，升，實觶，皆立于西階上。賓、介皆拜。注：於席末拜。皆進。薦西奠之。賓辭，坐取觶以興。介則薦南奠之。介坐，受以興。退，皆拜送，降。賓、介奠于其所。注：賓言取，介言受，尊卑異文。疏：皆進者，一人之賓所，奠于薦西，一人之介所，奠于薦南。

張氏爾岐曰：此二人所舉之觶，待升、坐後，賓、介各舉以酬爲無算爵者，即此二觶。

蕙田案：以上二人舉觶，爲無算爵之始。

司正升自西階，受命于主人。主人曰：「請坐于賓。」賓辭以俎。注：至此，盛禮俱成，酒清肴乾，賓、主百拜，强有力者猶倦焉〔一〕。張而不弛，弛而不張，非文武之道。請坐者，將以賓燕也。俎者，肴之貴者。辭之者，不敢以禮殺當貴者。疏：自此以上，皆立行禮，人皆勞倦，故請坐于賓。主人請徹俎，賓許。注：亦司正傳請告之。司正降階前，命弟子俟徹俎〔二〕。注：西階前也。弟

〔一〕「者」，諸本脱，據儀禮注疏卷一〇補。

〔二〕「命」，原脱，據味經窩本、乾隆本、光緒本、儀禮注疏卷一〇補。

子，賓之少者。俎者，主人之吏設之，使弟子俟徹者，明徹俎賓之義。疏：西階前命之，故知賓弟子。

敖氏繼公曰：俟徹俎者，俟尊者徹乃受之。

司正升，立于席端〔一〕。注：待事。賓降席，北面。主人降席，阼階上北面。介降席，西階上北面。遵者降席，席東，南面。注：皆立，相須徹俎也。遵者，謂此鄉之人仕至大夫者也，今來助主人樂賓，主人所榮而遵法者也，因以爲名。或有無、來不來，用時事耳。今文「遵」爲「僎」。疏：遵不北面者，以其尊，故席東、南面向主人。士立于下，不得升堂，故知此遵是大夫也。

蕙田案：鄉飲酒義從今文作「僎」。

賓取俎，還，授司正，司正以降，賓從之。主人取俎，還，授弟子，弟子以降自西階，主人降自阼階。介取俎，還，授弟子，弟子以降，介從之。若有諸公、大夫，則使人受俎，如賓禮。衆賓皆降。注：取俎者皆鄉其席，既授弟子，皆降，復初入之位。

說屨，揖、讓如初，升，坐。乃羞。注：說屨者，爲安燕當坐也。必說于下者，屨賤，不空居

蕙田案：以上徹俎。

〔一〕「席」，諸本作「序」，據儀禮注疏卷一〇改。

堂。説屨，主人先左，賓先右。羞，進也。所進者，狗胾、醢也。鄉設骨體，所以致敬也；今進羞，所以致愛也。敬之愛之，所以厚賢也。

敖氏繼公曰：説屨者，各于其階側，北面。坐于堂而説屨于上者，惟尊長則然。此賓、主人，其尊相敵，故皆説于下。

蕙田案：以上升、坐。

無算爵。注：算，數也。賓主燕飲，爵行無數，醉而止也。鄉射禮曰：「使二人舉觶于賓與大夫。」又曰：「執觶者洗，升，實觶，反奠于賓與大夫。」皆是。

楊氏復曰：鄉飲酒禮「無算爵」，其文略。案：鄉射：「無算爵。賓與大夫不興，取奠觶飲，卒觶，不拜。執觶者受觶，遂實之。賓觶以之主人，大夫之觶衆賓長受而錯，皆不拜。」注：「錯者，實主人之觶以之次賓，實賓長之觶以之次大夫。」此鄉飲酒禮亦同。但鄉射有賓無介，鄉飲酒有賓有介。當實賓之觶以之主人，實大夫之觶以之介。及其交錯而行也，當實主人之觶以之衆賓長，實介之觶以之次大夫；又實衆賓長之觶以之第三位次大夫，實次大夫之觶以之第二位次賓長。如此交錯以辯。「卒受者興，以旅在下者于西階上。」及其辯也，「執觶者洗，升，實觶，反奠于賓與大夫。」所以復奠之者，燕以飲酒爲歡，醉乃止，此所以爲無算爵也。

敖氏繼公曰：此禮異於鄉射者，舉觶及反奠，不于大夫而于介耳。其實觶亦以之主人，介觶則以之大夫，其餘可以類推。

蕙田案：鄉射無介，故以賓與大夫爲尊；鄉飲有介，當以賓與介爲尊。鄉飲酒義每以賓、主、介、僎相提並論，則無算爵舉觶，自宜從賓、介始，由賓而之主人，由介而之大夫，如敖氏之説爲是。楊信齋儀禮圖尚沿舊注之誤耳。

無算樂。注：燕樂亦無數，或閒或合，盡歡而止也。春秋襄二十九年，吴公子札來聘，請觀于周樂。此國君之無算。

蕙田案：以上無算爵。

賓出，奏陔。注：陔，陔夏也。陔之爲言戒也。終日燕飲，酒罷，以陔爲節，明無失禮也。周禮鐘師「以鐘鼓奏九夏」。是奏陔夏則有鐘鼓矣。鐘鼓者，天子、諸侯備用之，大夫、士鼓而已。蓋建于阼階之西，南鼓。鄉射禮曰：「賓興，樂正命奏陔。賓降及階，陔作。賓出，衆賓皆出。」主人送于門外，再拜。注：門東、西面拜也。賓、介不答拜，禮有終也。

敖氏繼公曰：再拜，送賓也。賓、主人以下，當屨而後出，經文略也。

蕙田案：以上賓出。

賓若有遵者，諸公、大夫，則既一人舉觶乃入。注：不干主人正禮也。遵者，諸公、大夫也。謂之賓者，同從外來耳。大國有孤，四命謂之公。席於賓東，公三重，大夫再重。注：席此二者於賓東，尊之，不與鄉人齒也。三重者六席，再重者四席。天子之國，三命者不齒；於諸侯之國，爵爲大夫則不齒矣。

張氏爾岐曰：衆賓之席在賓西，此特爲位于酒尊東，不在衆人行列中，故曰不與齒也。

公如大夫入，主人降，賓、介降，衆賓皆降，復初位。主人迎，揖、讓升。公升，如賓禮。辭一席，使一人去之。注：如，讀「若今」之「若」。主人迎之於門内也。辭一席，自同于大夫。大夫則如介禮。有諸公則辭加席，委于席端，主人不徹；無諸公，則大夫辭加席，主人對，不去加席。注：加席，上席也。大夫席再重。疏：賓厭介，此公與大夫同入，亦厭大夫。

欽定義疏：遵者獻、酢之節，詳于鄉射禮。此不具者，射義云：「卿大夫之射也，必先行鄉飲酒之禮。」二禮本同，可互考也。

蕙田案：以上遵者之禮。

明日，賓服鄉服以拜賜〔一〕。注：拜賜，謝恩惠。鄉服，昨日與鄉大夫飲酒之朝服也。不言朝

〔一〕「賓服」，原脱「服」字，據光緒本、儀禮注疏卷一〇補。

服，未服以朝也。**主人如賓服以拜辱。**注：拜賓復自屈辱也。疏：賓、主皆不相見，造門外拜謝而已。

蕙田案：以上拜賜、拜辱。

主人釋服，乃息司正。注：釋朝服，更服玄端也。息，勞也。勞賜昨日贊執事者，獨云司正。司正，庭長也。**無介，**注：勞禮略也，司正爲賓。**不殺，**注：市買，若因所有可也。不殺則無俎。**薦脯醢，**注：羞同也。**羞唯所有，**注：在有何物。**徵唯所欲，**注：徵，召也。**以告于先生、君子可也。**注：告，請也。先生不以筋力爲禮，於是可以來。君子，國中有盛德者。可者，召不召，唯所欲。**賓、介不與。**注：禮，瀆則褻。**鄉樂唯欲。**注：鄉樂，周南、召南六篇之中，唯所欲作，不從次也。不歌鹿鳴、魚麗者，辟國君也。疏：二南爲鄉大夫之樂，小雅爲諸公之樂。上正行飲酒，歌小雅；今燕，不歌鹿鳴、魚麗，是避國君也。

蕙田案：以上息司正。

記：鄉朝服而謀賓、介。皆使能，不宿戒。注：鄉，鄉人，謂鄉大夫也。朝服，冠玄端，緇帶，素韠，白屨。今郡國行鄉飲酒之禮，玄冠而衣皮弁服，與古異。再戒爲宿戒。禮，將有事，先戒而復宿戒。

張氏爾岐曰：鄉謂鄉飲酒之禮。注指人，恐義不盡。

蕙田案：以上記賓、介。

蒲筵，緇布純。注：筵，席也。純，緣也。

尊綌冪，賓至徹之。注：綌，葛也。冪，覆尊巾。

蕙田案：以上記筵及尊冪。

其牲，狗也。注：狗取擇人。亨于堂東北。注：祖陽氣之所始也。陽氣主養，易曰：「天地養萬物，聖人養賢以及萬民。」

敖氏繼公曰：用狗者，用燕禮之牲也。

蕙田案：以上記牲。

獻用爵，其他用觶。注：爵尊，不褻用之。

蕙田案：酢亦用爵，記但言獻者，酢統于獻也。敖繼公以議記文之不備，過矣。

又案：以上記爵、觶之用。

薦脯五挺，横祭于其上，出自左房。注：挺，猶膱也。鄉射禮曰：「祭半膱……膱長尺有二寸。」左在東，陽也，陽主養。房，饌陳處也。冠禮之饌，脯醢南上。曲禮曰：「以脯脩置者，左朐右末。」

疏：横祭于上者，於脯爲横，于人爲縮。

蕙田案：以上記脯。

俎由東壁，自西階升。注：亨狗既熟，載之俎，饌于東方。賓俎：脊、脅、肩、肺；主人俎：脊、脅、臂、肺；介俎：脊、脅、肫、胳、肺。肺皆離。皆右體，進腠。注：凡牲，前脛骨三：肩、臂、臑也；後脛骨二，膊、胳也。尊者俎尊骨，卑者俎卑骨。祭統曰：「凡爲俎者，以骨爲主，骨有貴賤。」凡前貴後賤。離，猶捾也。腠，理也。進理，謂前其本也。疏：此序體，賓用肩，主人用臂，介用胳。其間有臑、肫在而介不用者，蓋以大夫俎，故此闕焉。大夫雖尊，不奪賓、主正體，故用體卑于主人與賓而尊于介也。

朱子曰：「介俎：脊、脇、胳、肺」，印本「胳」上有「肫」字，然釋文無音，疏又云「有臑、肫而介不用」，明無此字也。成都石經亦誤。

蕙田案：以上記俎。

以爵拜者不徒作。注：作，起也。言拜既爵者，不徒起，起必酢主人。坐卒爵者拜既爵，立卒爵者不拜既爵。注：隆殺各從其宜，唯工不從此禮。

欽定義疏：坐卒爵，謂賓、主人、介；立卒爵，謂衆賓以下。

凡奠者于左，注：不飲者，不欲其妨。將舉于右。注：便也。

衆賓之長一人辭洗，如賓禮。注：于三人之中，復差有尊者。餘二人，雖爲之洗，不敢辭。其下不洗。

蕙田案：以上記諸行禮之節。

立者東面，北上。若有北面者，則東上。注：賢者衆寡無常也〔一〕，或統于堂，或統于門。

蕙田案：以上記衆賓之立位。

樂正與立者皆薦，以齒。注：謂其飲之次也。尊樂正同于賓黨。不言飲而言薦，以明飲也。既飲，皆薦于其位。樂正位西階東，北面。

張氏爾岐曰：樂正本主人之官屬，故以齒于賓黨爲尊之。

蕙田案：以上記樂正薦節。

凡舉爵，三作而不徒爵。注：謂獻賓、獻大夫、獻工，皆有薦。

敖氏繼公曰：獻賓，謂賓、介及衆賓。獻工，兼笙者。

〔一〕「寡」，原作「多」，據光緒本、儀禮注疏卷一〇改。

蕙田案：以上記不徒爵。

樂作，大夫不入。注：後樂賢者。疏：大夫入，當一人舉觶之後，未樂作之前，以助主人樂賢〔一〕。

蕙田案：以上記大夫入節。

獻工與笙，取爵于上篚。既獻，奠于下篚。注：明其異器，敬也。如是，則獻大夫亦然。上篚三爵。疏：獻賓、介、堂上堂下衆賓，一爵；獻工與笙，二爵；獻大夫，三爵。其笙，則獻諸西階上。注：謂主人拜送爵也。於工拜于阼階上者，以其坐于西階東也。

蕙田案：以上記獻工與笙。

磬，階間縮霤，北面鼓之。注：縮，從也。霤以東西爲從。鼓猶擊也。大夫而特懸，方賓鄉人之賢者，從士禮也。射則磬在東。

蕙田案：以上記懸磬之所。

主人、介，凡升席自北方，降自南方。注：席，南上。升由下，降由上，從便。

〔一〕「賢」，諸本作「賓」，據儀禮注疏卷一〇改。

蕙田案：以上記升席、降席之法。

司正既舉觶而薦諸其位。注：司正，主人之屬也。無獻，因其舉觶而薦之。

蕙田案：以上記薦司正節。

凡旅，不洗。注：敬禮殺也。不洗者不祭。注：不甚潔也。

蕙田案：以上記旅酬殺禮。

既旅，士不入。注：後正禮也。既旅則將燕矣。

敖氏繼公曰：士賤于大夫，可以不獻〔一〕，然不與旅，則與主人之贊者同，故不入。

蕙田案：以上記士入節。

徹俎：賓、介、遵者之俎，受者以降，遂出授從者；注：送之。主人之俎，以東。注：藏于東方。

蕙田案：以上記徹俎之節〔二〕。

樂正命奏陔，賓出，至于階，陔作。

〔一〕「可以不獻」，原作「則可以獻」，據味經窩本、乾隆本、光緒本、儀禮集説卷四改。

〔二〕「記」，原脱，據味經窩本、乾隆本、光緒本補。

蕙田案：以上記奏陔之節。

若有諸公，則大夫于主人之北，西面。注：其西面者，北上，統于公。疏：若無諸公，則大夫南面，西上，統于公〔一〕。

蕙田案：以上記遵者席位。

主人之贊者西面，北上，不與。注：贊，佐也。謂主人之屬，佐助主人禮事，徹冪、沃盥、設薦俎者。西面，北上，統于堂也。與，及也。不及，謂不獻酒。無算爵，然後與。注：燕乃及之。

蕙田案：以上記主人之贊者。

右儀禮鄉飲酒禮

經傳鄉飲諸儀

周禮地官鄉大夫：三年則大比，考其德行、道藝，而興賢者、能者。鄉老及鄉大夫帥其吏與其衆寡，以禮禮賓之。注：以鄉飲酒之禮禮而賓之。

〔一〕「公」，諸本作「遵也」，據儀禮注疏卷一〇改。

州長：春、秋以禮會民，而射于州序。疏：州長因春、秋二時皆以禮會聚其民，而行射禮于州之序學中。言「以禮」者，亦謂先行鄉飲酒之禮而乃射。

黨正：國索鬼神而祭祀，則以禮屬民，而飲酒于序以正齒位：一命齒于鄉里，再命齒于父族，三命而不齒。注：國索鬼神而祭祀，謂歲十二月大蜡之時，建亥之月也。正齒位者，鄉飲酒義所謂「六十者坐，五十者立侍。六十者三豆，七十者四豆，八十者五豆，九十者六豆」是也。必正之者，爲民三時務農，將闕于禮，至于農隙，以教之尊長、養老，見孝弟之道也。黨正飲酒禮亡，以此事屬于鄉飲之義，微失少矣。凡射飲酒，此鄉民雖爲卿大夫，必來觀禮，鄉飲酒、鄉射記「大夫樂作不入，士既旅不入」是也。齒于鄉里者，以年與衆賓相次也；齒于父族者，父族有爲賓者，以年與之相次，異姓雖有老者，居于其上；不齒者，席于尊東，所謂遵。

蕙田案：鄉大夫興賢飲酒之禮，三年而一舉，儀禮所說是也；州長習射飲酒之禮，一年而再舉，射義云「卿大夫之射，必先行鄉飲酒之禮」是也；黨正正齒位飲酒之禮，歲終而一舉，鄉飲酒義「六十者坐，五十者立侍」是也；其鄉大夫、士飲國中賢者之禮，周禮無其文，鄉飲酒義所謂「鄉人、士、君子，尊于房户之間」者是也。

詩豳風七月：九月肅霜，十月滌場。朋酒斯饗，曰殺羔羊。躋彼公堂，稱彼兕觥，萬壽無疆！注：兩樽曰朋。饗者，鄉人以狗，大夫加以羔羊。公堂，學校也。觥，所以誓衆也。疏：鄉人飲酒而謂之饗者，鄉飲酒禮尊事重，故以饗言之。鄉飲酒禮自是三年賓賢能之禮〔一〕，而黨正飲酒之禮亦與之同。鄉飲酒經云：「尊兩壺于房户之間。」是用兩樽也。記云：「其牲狗。」是鄉人以狗也。王制云：「大夫無故不殺羊。」是行禮飲酒有故，得用羊，故云「大夫加以羔羊」也。學校謂之公堂者，以公法爲學，故稱公耳。天官酒正云「凡爲公酒者」，注云：「謂鄉射飲酒，以公事作酒者。」是鄉人之事得稱公也。

蕙田案：此條毛以爲鄉飲酒禮，鄭以爲國君大飲之禮，未詳孰是，姑依毛説採入。

觀承案：七月篇，乃追述先公時舊俗如此，末章則冬時收穫已畢，邠民躋堂稱祝，以盡其愛公之誠。可以想見古初君民一體之誼耳。其時固未有周禮也，毛以爲鄉飲，鄭以爲國君大飲，必曲曲附會周禮，則太鑿矣。

禮記少儀：客爵居左，其飲居右。注：客爵，謂主人所酬賓之爵也，以優賓耳。賓不舉，奠于薦東。介爵、酢爵、僎爵皆居右。注：三爵皆飲爵也。介，賓之輔也。酢，所以酢主人也。古文

〔一〕「之禮」，諸本作「之法」，據毛詩正義卷八改。

禮「僎」作「遵」，遵謂鄉人爲卿大夫來觀禮者。疏：此一節明客爵所在。鄉飲酒禮，主人酬賓之爵，賓受，「奠觶于薦東」，是「客爵居左」也；旅酬之時，一人「舉觶于賓」，賓「奠觶于薦西」，至旅酬，賓取薦西之觶以酬主人，是「其飲居右」也。介，賓副也。酢，謂客酌還答主人也。僎，謂鄉人來觀禮，副主人者也。此三人既不被優〔一〕，故爵並居右，示爲飲之。

蕙田案：獻用爵，酬用觶。此記「客爵居左」，鄭以酬爵解之，則觶亦通名爵也。朱子經傳通解採此條爲鄉飲酒之記云。

祭義：壹命齒於鄉里，再命齒於族，三命不齒。族有七十者，不敢先。注：此謂鄉射飲酒時也。齒者，謂以年次立若坐也。三命，列國之卿也，不復齒，席之于賓東。不敢先族之七十者，謂既一人舉觶乃入也，雖非族亦然，承「齒乎族」，故言族爾。疏：云「謂以年次立若坐」者，士立于堂下，大夫坐于堂上。知者，鄉射云「大夫受獻訖，及衆賓皆升就席」。於時雖立，至徹俎即坐。鄉射記又云「既旅，士不入」，不見士坐之文，明立于堂下。云「三命，列國之卿也」者，據諸侯言之；若天子國黨正飲酒，「三命不齒」謂上士也，以天子上士三命故也。族七十者，初飲酒之時，則與衆賓先入，此三命者，得爲待獻賓、獻介、獻衆賓之後，至一人舉觶之時，乃始得入，故云「不敢先」爾。是以鄭注云「雖非族亦然」。熊

〔一〕「三人」，原作「主人」，據光緒本、禮記正義卷三五改。

氏云：「黨正飲酒正齒位，故有七十；若鄉飲酒之禮，則無七十者。故鄉飲酒『明日……乃息司正……告于先生、君子』，是老者明日乃入也。」

射義：卿大夫、士之射也，必先行鄉飲酒之禮。

論語：鄉人飲酒，杖者出，斯出矣。

朱子曰：六十杖于鄉。未出，不敢先；既出，不敢後。

蕙田案：此正齒位之飲。

右經傳鄉飲諸儀

鄉飲酒義

周禮地官大司徒：以陽禮教讓，則民不爭。注：陽禮，謂鄉射、飲酒之禮也。

禮記王制：六禮：冠、昏、喪、祭、鄉、相見。

經解：鄉飲酒之禮，所以明長幼之序也。鄉飲酒之禮廢，則長幼之序失，而爭鬭之獄繁矣。

仲尼燕居：鄉射之禮，所以仁鄉黨也。

鄉飲酒義：鄉飲酒之義：主人拜迎賓于庠門之外，入，三揖而後至階，三讓而后升，所以致尊讓也。注：庠，鄉學也。州、黨曰序。盥，洗，揚觶，所以致絜也。注：揚，舉也。拜至，拜洗，拜受，拜送，拜既，所以致敬也。注：拜至，謂始升時拜，拜賓至。尊讓、絜、敬也者，君子之所以相接也。君子尊讓則不爭，絜、敬則不慢，不慢不爭，則遠于鬬辨矣。不鬬辨，則無暴亂之禍矣。斯君子所以免于人禍也，故聖人制之以道。注：道，謂此禮。疏：謂鄉大夫故迎賓于庠門外，若州長、黨正則于序門外也。「盥，洗，揚觶」者，謂主人將獻賓，以水盥手而洗爵，揚觶謂既獻之後，舉觶酬賓之時亦盥洗也。必盥洗者，所以致其絜敬之意也。「拜至」者，謂賓與主人升堂之後，主人于阼階之上北面再拜，是「拜至」也。「拜洗」者，謂主人拜至訖，洗爵而升，賓于西階上北面再拜，拜主人洗也。「拜受」者，賓于西階上拜受爵也。「拜送」者，主人于阼階上拜送爵也。「拜既」者，既，盡也，賓飲酒既盡而拜也。

呂氏大臨曰：君子之相接，尊讓絜敬，如此其至，雖有爭慢之心，無從生矣。尊讓絜敬之禮行，則尊讓絜敬之俗成。禮行而至于成俗，則天下之人皆將遠于鬬辨而免于人禍。先王制禮，豈苟爲繁文末節而已哉？

馬氏晞孟曰：入，三揖而後至階，主所以致尊于賓；三讓而後升，賓所以致讓于主。

徐氏師曾曰：此釋自迎賓以至卒爵之義。

鄉人、士、君子，尊于房户之間，賓、主共之也。尊有玄酒，貴其質也。注：鄉人，鄉大夫也。士，州長、黨正也。君子，謂鄉大夫、士也。鄉大夫、士飲國中賢者，亦用此禮也。共尊者，人臣卑，不敢專大惠。羞出自東房，主人共之也。注：羞，燕私，可以自專也。洗當東榮，主人之所以自絜而以事賓也。注：絜，猶清也。疏：以鄉大夫等惟有東房，故設酒尊于東房之西、室户之東，在賓主之間，示賓主之共有此酒也。酒雖主人之設，賓亦以酢主人。北面設尊，玄酒在左，謂在酒尊之西也〔一〕。所以設玄酒在西者，地道尊右，貴其質素故也。

欽定義疏：鄉人所該甚廣，士則鄉人之秀，而君子則有德有位之通稱。注謂士爲州長、黨正，以指侯國則可，若王朝，則鄉大夫爲上大夫，州長爲中大夫，黨正爲下大夫，不得謂州長、黨正爲士也。其謂主人爲鄉大夫者，亦專本鄉法而言，若州射、黨祭，則又州長、黨正爲主人，恐不得拘也。其在侯國，則鄉大夫者，鄉人也，有飲國中賢能之禮；州長者，士也，有習射、鄉飲之禮；黨正者，亦士也，有蜡祭鄉飲之禮。鄉大夫者有賓興賢能鄉飲之禮，總謂之鄉飲。飲有獻、酬、拜洗、拜受、拜

〔一〕「酒尊」，原誤倒，據光緒本、禮記正義卷六一乙正。

送、拜既之禮，故曰「賓、主共之」。羞則宰夫授之而已，故曰「主人共之」。

賓主，象天地也；介僎，象陰陽也；三賓，象三光也。讓之三也，象月之三日而成魄也。四面之坐，象四時也。注：陰陽，助天地養成萬物之氣也。「三賓，象天三光」者，繫于天也。古文禮「僎」皆作「遵」。天地嚴凝之氣，始于西南而盛於西北，此天地之尊嚴氣也，此天地之義氣也。天地温厚之氣，始於東北而盛於東南，此天地之盛德氣也，此天地之仁氣也。主人者尊賓，故坐賓于西北，而坐介于西南以輔賓。賓者，接人以義者也，故坐於西北。注：「賓者，接人以義」，言賓來以成主人之德。主人者，接人以仁、以德厚者也，故坐於東南，而坐僎于東北以輔主人也。注：以僎輔主人，以其仕在官也。仁義接，賓主有事，俎、豆有數，曰聖；聖立而將之以敬曰禮；禮以體長幼曰德。注：聖，通也，所以通賓主之意也。將，猶奉也。德也者，得於身也。故曰：古之學術道者，將以得身也，是故聖人務焉。注：術，猶藝也。得身者，謂成己令名，免於刑罰也。言「學術道」，則此説賓賢能之禮。疏：此一節明賓、主、介、僎坐位之義也。「三賓，象三光」者，謂衆賓也。主人東南象夏始，賓西北象冬始，僎東北象春始，介西南象秋始，其四時不離天地陰陽之内而坐，即是賓、主、介、僎之所象也。聖，通也，謂上諸事並是通賓主之意也。「聖立而將之以敬曰禮」者，謂通賓主之事，其道已立，能將行之以恭敬，乃謂之禮也。「禮以體長幼曰德」，德者，得也，既能有禮以體成長幼，于事得宜，故曰「德」也。「德也者，得于身也」，重釋稱「德」之義，得善行于其身，謂身之所行，皆得于禮也。術者，藝也，言古之人學此才藝之道也。「將以得身也」，謂使身得成也，此謂賓賢之人有術道，今以賓敬接待之，事其尊敬，學習術道，身得成就而有令名。

張子曰：坐有位者，禮主于尊賢而已。若賓主正對，則兼主于敬主，故賓主不相對坐，以見尊賢之義。雖四時之坐皆有義，其實欲明其尊賢也。

陳氏澔曰：或謂介有剛辨之義，僎有巽入之義，各從其類，義或然也。

祭薦，祭酒，敬禮也。嚌肺，嘗禮也。啐酒，成禮也。於席末，言是席之正，非專爲飲食也，爲行禮也，此所以貴禮而賤財也。卒觶，致實於西階上，言是席之上，非專爲飲食也，此先禮而後財之義也。先禮而後財，則民作敬讓而不爭矣。注：「非專爲飲食」，言主于相敬以禮也。致實，謂盡酒也，酒爲觴實。祭薦、祭酒、嚌肺于席中，唯啐酒于席末也。

疏：此一節明飲酒之禮。祭薦、祭酒，相尊敬之心，貴禮賤財之義。「祭薦」者，主人獻賓，賓即席祭所薦時脯醢也。「敬禮也」者，言賓既祭薦又祭酒，是賓敬重主人之禮也。賓取俎上之肺嚌齒之，所以嘗主人之禮也。飲主人酒而入口，成主人之禮。「于席末」，謂席西頭也。此席專爲飲食，應于席中啐酒，今乃席末啐酒，此席之設，本不爲飲食，是主人敬重于賓，故設席耳。「祭薦、祭酒、嚌肺在席中」者，敬主人之物，故在席中；啐酒入于己，故在席末也。于席上祭薦、祭酒是貴禮，席末啐酒是賤財也。卒觶，主人酬賓，主人先飲卒觶也。致實，謂致盡其所實之酒于西階上，此席之上，非專爲飲食也，故不于席所而卒觶。啐纔始入口，猶在席末也；卒觶則盡爵，故遠在西階上。

呂氏大臨曰：孔子曰：「吾食于少施氏而飽，少施氏食吾以禮。吾祭，作而辭曰：『疏食，不足祭也。』吾飧，作而辭曰：『疏食也，不敢以傷吾子。』」然則君子之于飲食，飽于敬而不飽於味也。飲食之禮，盡主人之敬以養賓，盡賓之敬以答主人者也。主人獻賓，賓受爵；薦脯醢，賓升席；設折俎，賓祭脯醢，奠爵，取肺嚌之，坐祭酒，興，席末啐酒。主人之禮，賓不敢不答，故祭薦、祭酒，敬主人行此禮也。賓敬主人，在禮不在食，故嚌以嘗之，啐以成之也。啐于席之末，不於席之正，主於行禮，不可以飲食瀆也。此貴敬而賤食也。賓卒爵于西階之上，不於席之上者，明是席之上可以成飲食之禮，不可以卒飲食之事，是先敬而後食也。敬，禮也；食，財也。人之所以爭者，無禮而志于財也。如知乎貴禮而賤財，先禮而後財之義，則敬讓行矣。一飲食之間，可以化民成俗，則升降之文，不爲末節也。

方氏慤曰：祭薦、祭酒，必祭其先而後飲食之也。肺者，據周人所貴。祭薦、祭酒，則神之也，故曰敬禮；嚌肺則味之矣，故曰嘗禮；啐酒則飲之矣，故曰成禮。啐酒，獻賓之觴也；卒觶，則酬賓之時也。西階，賓所有事之階也。席之正則有别于席之末，席之上則有别于席之下，西階上即席之下也。

鄉飲酒之禮，六十者坐，五十者立侍，以聽政役，所以明尊長也。六十者三豆，七

十者四豆，八十者五豆，九十者六豆，所以明養老也。民知尊長養老，而后乃能入孝弟；民入孝弟，出尊長養老，而后成教；成教而后國可安也。君子之所謂孝者，非家至而日見之也，合諸鄉射，教之鄉飲酒之禮，而孝弟之行立矣。注：此説鄉飲酒，謂黨正「國索鬼神而祭祀，則以禮屬民而飲酒于序，以正齒位」之禮也。其鄉射，則州長「春、秋以禮會民而射于州序」之禮也。謂之「鄉」者，州、黨，鄉之屬也。或則鄉之所居州、黨，鄉大夫親爲主人焉，如今郡國下令長于鄉射飲酒，從太守相臨之禮也。疏：此明黨正飲酒正齒位之事。「六十者坐，五十者立侍」者，案鄉飲酒禮賓賢能，則用處士爲賓，其次爲介，其次爲衆賓，皆以年少者爲之。此正齒位之禮，其賓、介等皆用年老者爲之，其餘爲衆賓。賓内年六十以上於堂上，於賓席之西南面坐，若不盡，則于介席之北，東面北上，其五十者，則立于西階下，東面北上，示有陪侍之義，非即在六十者旁同南面立也。「以聽政役」者，所以立于階下，示其聽受六十以上政事役使也。「六十者三豆」至「九十者六豆」，每十年加一豆，非正禮，故不得爲籩豆偶也。其五十者亦有豆也，但二豆而已。「民入孝弟」，謂入門而能行孝弟；「出尊長養老」者，謂出門而能尊長養老也。

吕氏大臨曰：古之貴老也，其政，則導其妻子使養其老，家植之桑，畜之雞豚狗彘，則老者衣帛食肉矣；其教，則食三老五更於太學，天子袒而割牲，執醬而饋，執爵而酳，冕而總干。四代之養，皆于庠序，更用饗食之禮，皆所以使民不遺老窮、知貴老之義。故飲酒之禮，老者加豆，有至于六也。尊長近乎事兄，弟也；養老近乎養親，孝也。入則順乎父兄，出則順乎長上，則民德歸厚矣。强不犯弱，衆不暴寡，人倫既正，教行俗美，薰沐涵濡，遷善而不自知，故曰「非家至而日見之也」。春、秋合諸州長之射，冬行之黨正正齒位，鄉黨習見禮容之盛，漸乎禮義之俗，孝弟之行，不肅而成，行禮之效也。

語類：趙恭父問：「此篇自『鄉飲酒之義』而下，先儒以爲記鄉大夫飲賓於庠序之禮；自『鄉飲酒之禮』而下，先儒以爲記黨正飲酒以正齒序之位。今詳考其文，前有『古之學術道者，將以得身』云云，固足以見賓興之意；後有『六十者坐，五十者立侍，以聽政役』，亦足以證序齒之事。但某竊疑儀禮所載鄉飲，只是鄉大夫興其賢能而以禮賓之，不知説禮何取于黨飲而記爲是義？」朱子曰：此無他義，只是作記者並舉之耳。

蕙田案：黨正飲酒之禮，古經當别爲一篇，亦名鄉飲酒禮。記所舉「六十者坐，五十者立侍」，「六十者三豆，七十者四豆，八十者五豆，九十者六豆」，皆此篇中之文，而今不傳矣。記禮者以篇名相同，故并取釋之，其實興賢、尚齒，明是兩事。後儒求其故而不得，輒思併而爲一，而儀禮、禮記之文俱不可通矣。

孔子曰：「吾觀於鄉，而知王道之易易也。」注：鄉，鄉飲酒也。易易，謂教化之本，尊賢尚貴賤之義别矣。主人親速賓及介，而衆賓自從之；至於門外，主人拜賓及介，而衆賓自入：貴賤之義别矣。注：速，謂即家召之。别，猶明也。三揖至於階，三讓以賓升，拜至、獻酬、辭讓之節繁；及介，省矣；至於衆賓，升受，坐祭，立飲，不酢而降：隆殺之義辨矣。注：繁，猶盛也。小減曰省。辨，猶别也。尊者禮隆，卑者禮殺，尊卑别也。

吕氏大臨曰：介之升也，不三揖、三讓，不拜洗，主人不之阼階拜送，不嚌肺，不啐酒，不告旨，不自酌酢授主人爵，主人不舉酬，省于賓可知。及衆賓，則升受，坐祭，立飲，不酢，其拜受者，衆賓之長三人，餘則不拜，省于介可知。於一等之中，寖有省焉，此所以辨隆殺也。

方氏慤曰：賓，三賓也，三賓貴于衆賓，而介則輔三賓者也。主酌賓爲獻，賓答主爲酢，主又答賓爲酬。是禮也，三賓則備之，至于介則省酬焉，至于衆賓則又省酢矣。升受、坐祭、立飲者，其升而受爵者，唯祭酒則坐，飲酒則立也。蓋飲酒所以養老，以其卑，不敢坐而當其養故也。此所以殺于三賓。

蕙田案：鄉飲酒惟賓最尊，次則介，又次則三賓。三賓者，衆賓之長，席于賓西、南面者也。記所云「衆賓升受、坐祭、立飲」者，正指三賓而言，而方氏乃以三賓爲正賓，不亦謬之甚乎？又，禮稱「坐祭」謂跪而祭酒，非「説屨升坐」之「坐」，方氏乃云「衆賓卑，不敢坐而當其養」，尤誤，似未讀儀禮者。

工入，升歌三終，主人獻之；笙入三終，主人獻之；間歌三終，合樂三終，工告樂備，遂出〔一〕。一人揚觶，乃立司正焉，知其能和樂而不流也。注：工，謂樂正也。樂正既告備而降。言「遂出」者，自此至去，不復升也。流猶失禮也。立司正以正禮，則禮不失可知。疏：「工入，升歌三終」者，謂升堂歌鹿鳴、四牡、皇皇者華，每一篇而一終也。「主人獻之」，謂獻瑟與歌者也。「笙入三終」者，謂吹笙之人入于堂下，奏南陔、白華、華黍，每一篇一終也。「主人獻之」者，謂獻笙人也。「間歌三終」者，間，代也，謂笙、歌已竟，而堂上與堂下更代而作也：堂上人先歌魚麗，則堂下笙由庚，此爲一終；又堂上歌南有嘉魚，則堂下笙崇丘，此爲二終也；又堂上歌南山有臺，則堂下笙由儀，此爲三終也。「合樂三終」者，謂堂上下歌瑟及笙並作也：若工歌關雎，則笙吹鵲巢合之；若工歌葛覃，則笙吹采蘩合之；若工歌卷耳，則笙吹采蘋合之。工升歌後，立司正以正之，故知鄉飲酒能和樂不流邪失禮也。

朱子曰：合樂，孔疏非是，當從儀禮賈疏，謂堂上歌瑟、堂下笙磬，合奏此六詩也。三終者，二南各三終也。

賓酬主人，主人酬介，介酬衆賓，少長以齒，終於沃洗者焉，知其能弟長而無遺矣。注：遺，猶脱也，忘也。疏：言旅酬之時，賓、主人之黨，各以少長爲齒，以次相旅，至於執掌罍洗之人、以水沃盥洗爵者，皆預酬酒之限。此經據旅酬之時，其「少長以齒，終于沃洗」，是無算爵之節也。

〔一〕「遂」，原作「乃」，據味經窩本、乾隆本、光緒本、禮記正義卷六一改。

弟，少也。言少之與長，皆被恩澤而無遺棄也。

朱子曰：弟，悌也，敬順之意，言能使少者皆承順以事長者而無所遺棄也。

降，説屨，升坐，修爵無數。飲酒之節，朝不廢朝，莫不廢夕。賓出，主人拜送，節文終遂焉。知其能安燕而不亂也。注：朝、夕，朝、莫聽事也。不廢之者，既朝乃飲，先夕則罷，其正也。終遂，猶充備也。疏：「降，説屨，升坐」者，此謂無算爵之初也。以前皆立而行禮，未徹俎，故未説屨，至此徹俎之後，乃説屨升堂坐也。「修爵無數」者，謂無算爵也。熊氏云：「謂行爵無數矣。」

蕙田案：儀禮「説屨，揖、讓如初，升坐，乃羞。無算爵」，無云「修爵」者，此文「修」字，當是「羞」之誤耳。「羞」字爲句，儀禮所云「乃羞」也；「爵無數」爲句，儀禮所謂「無算爵」也。

貴賤明，隆殺辨，和樂而不流，弟長而無遺，安燕而不亂，此五行者，足以正身安國矣。彼國安而天下安，故曰：「吾觀於鄉，而知王道之易易也。」

吕氏大臨曰：禮之所尊，尊其義也。其文則擯相習之，其義則君子知之也。修其文，達其義，然後可以化民成俗也。有貴賤隆殺之義，則有别矣。有别，有禮也。和樂而不流，燕安而不亂，則有節矣。有節，義也。弟長而無遺則均，均則仁矣。仁義具，有禮，行乎一鄉，達乎一國，所謂「正身安國」矣。舉斯術也，達之于天下，則天下安矣。故由一鄉而知王道可行于天下，此禮是也。

蕙田案：自「孔子曰吾觀于鄉」至此，朱子儀禮經傳通解移置本篇之首。觀承案：朱子儀禮經傳通解考訂次第、裁節注疏，俱爲精當而簡明，惟其將經文移易之處，每多不概於人心。即如鄉飲酒義一篇，其義在前而孔子之論在後，亦何不可？乃定將孔子一段移置在首，恐反失先案後斷之序矣，何如悉仍舊次之爲當乎？

鄉飲酒之義：立賓以象天，立主以象地，設介、僎以象日、月，立三賓以象三光。古之制禮也，經之以天地，紀之以日月，參之以三光，政教之本也。注：日出於東，僎所在也；月生於西，介所在也。三光，三大辰也，天之政教，出於大辰焉。疏：前經陰陽據其氣，日月言其體。僎在東北，象日出也；介在西南，象月出也。昭十七年「有星孛于大辰」，公羊云：「大辰者何？大火也。……伐爲大辰，北辰亦爲大辰。」故爾雅云：「大辰，房、心、尾也。大火謂之大辰。……北極謂之北辰。」是「三大辰」也。何休云：「大火與伐，天所以示民時早晚，天下取以爲正，故謂之大辰。辰，時也。是天下之政教出於大辰。」亨狗於東方，祖陽氣之發於東方也。注：祖，猶法也。狗，所以養賓。陽氣主養萬物。洗之在阼，其水在洗東，祖天地之左海也。注：海，水之委也。尊有玄酒，教民不忘本也。注：太古無酒，用水而已。

呂氏大臨曰：天地之間，海居于東，東則左也，故洗在阼，水在東，有左海之義。

賓必南鄉。東方者春，春之爲言蠢也，產萬物者聖也。南方者夏，夏之爲言假也，養之、長之、假之，仁也。西方者秋，秋之爲言愁也，愁之以時察，守義者也。北方者冬，冬之爲言中也，中者藏也。是以天子之立也，左聖，鄉仁，右義，偝藏也。注：春，猶蠢也。蠢，動生之貌也。聖之言生也。假，大也。愁，讀爲揫。揫，斂也。察猶察察，嚴殺之貌也。南鄉，鄉仁，貴長大萬物也。

呂氏大臨曰：天子南面而立，左則東方，東方聖也，左之則尊之也；鄉則南方，南方仁也，鄉之則宗之也；右則西方，西方義也，右之則用之也；偝則北方，北方藏也，偝之則違之也。天子之立如是，而坐賓亦南鄉者，尊賓之至也。

介必東鄉，介賓、主也。注：獻酬之禮，主人將西，賓將南，介覵其間也。主人必居東方，東方者春，春之爲言蠢也，產萬物者也，主人者造之，產萬物者也。注：言禮之所共，由主人出也。月者，三日則成魄，三月則成時，是以禮有三讓，建國必立三卿。三賓者，政教之本，禮之大參也。注：言禮者，陰也，大數取法於月也〔一〕。疏：「月者，三日則成魄」者，謂月盡之

〔一〕「取」下，諸本衍「象」字，據禮記正義卷六一刪。

後，三日乃成魄。魄謂月輪生[一]，傍有微光也。此謂月明盡之後而生魄，前月小，則三日乃生魄。凡建國立三卿，助君治國。今鄉飲酒立三賓，亦象國之立三卿，故云「政教之本」也。

朱子曰：魄者，月之有體而無光處也，故書言「哉生明」、「旁死魄」，皆謂月二三日月初生時也；言「既生魄」，即謂月十六日月始闕時也。此篇兩言「月三日而成魄」，疏知其繆而曲徇之，故相戾之甚。

蕙田案：古人以死魄爲朔，生魄爲望。朔之日，明已生矣，至三日而曰「哉生明」者，前此之明尚微也；望之日，魄已生矣，至三日而曰「成魄」者，前此之魄尚微也。記云「三日則成魄」，謂望後之三日，以月自既望以後，自盈而虧，有盈滿不居之象。三讓之義，實取于此。記文本無誤，疏家以爲朔後之三日，因謂魄在月輪傍之微光，則是誤會本文耳。

陳氏禮書：禮義者，人性之所固有。然民勞於耕穫，則曠於尊卑、長幼、貴賤之節。先王於是因其暇時，制爲鄉飲之禮，以正齒位，此尊讓絜敬之俗所以成而鬭辨

〔一〕「月輪」，禮記正義卷六一作「明」。

暴亂之禍所以息也。其屬飲則於鄉學，其主則鄉官，其賓、介則處士賢者，其謀賓、介則就先生。先生，致仕老于鄉里者。黨正：「國索鬼神而祭祀，以禮屬民，飲酒于序。」則黨正飲酒必於每歲蜡時也。州長：「春、秋以禮會民，射于州序。」卿大夫、士之射必先行鄉飲酒禮，則州之飲酒必於春、秋也。鄉大夫：「三年大比而興賢者能者，以禮禮賓之。」則鄉之飲酒又於三年興賢能之時也。其坐主人於東南，僎於東北，坐賓于西北，坐介于西南，此所以正齒位也。一命齒于鄉里，再命齒于父族，三命不齒；六十者三豆，七十者四豆，八十者五豆，九十者六豆：此所謂正齒也。以至牲則用狗。樂則工歌鹿鳴之三，間歌魚麗之三，笙由庚之三。尊于房户之間，羞出東房，洗當東榮，與夫升降酬酢、繁省隆殺之辨，皆制之以道。此孔子所以觀之而知王道之易易也。然鄉射衆賓之席繼而西，鄉飲三賓之席不屬；鄉射無介，而飲有介；鄉射處士爲賓，大夫與則易之以公士，鄉飲處士爲賓，有大夫與不易之者，以鄉飲之所重者在賓，與射異也。後世鄉飲酒廢，間或講求而復古者，則漢明、晉武常舉之於上，伏湛、李忠常行之於下，而史臣稱之，以爲美談，蓋名生於不足也。

右鄉飲酒義

五禮通考卷一百六十八

嘉禮四十一

鄉飲酒禮

歷代鄉飲酒禮

漢書成帝本紀：鴻嘉二年三月，博士行飲酒禮。

續漢書禮儀志：明帝永平二年，郡、國、縣、道行鄉飲酒于學校，祀先聖先師周公、孔子，牲以犬。

後漢書伏湛傳：湛雖在倉卒造次，必于文德，以爲禮樂政化之首，顛沛猶不可違。

是歲，奏行鄉飲酒禮，遂施行之。

蕙田案：伏湛奏行鄉飲酒禮，以紀、傳參校，當在建武五年。是此禮光武時已行之，不始于永平也。

李忠傳：建武六年，忠遷丹陽太守，爲起學校，習禮容，春秋鄉飲，選用明經，郡中向慕之。

晉書禮志：武帝泰始六年十二月，帝臨辟雍，行鄉飲酒之禮。詔曰：「禮儀之廢久矣，乃令復講肄舊典。」賜太常絹百匹，丞、博士及學生牛酒。咸寧三年及惠帝元康九年，復行其禮。

晉傅玄辟雍鄉飲酒賦：時皇帝親枉萬乘之尊號，以幸乎辟雍。鹵簿齊列，官正其容。乃延卿士，乃命王公。定小會之常儀兮，享殊俗而見遠邦。揖讓而升，有主有賓。禮雖舊制，其教惟新。若其俎豆有數，威儀翼翼，賓主百拜，貴賤攸敕。酒清而不飲，肴乾而不食。及至嘒嘒笙磬，喤喤鐘鼓，琴瑟安歌，德音有叙。樂而不淫，好樸尚古。四坐先迷而後悟，然後知禮教之弘普也。

魏書孝文帝本紀：太和十一年冬十月甲戌，詔曰：「鄉飲禮廢，則長幼之序亂。

孟冬十月，民間歲隙，宜于此時導以德義。可下諸州，黨里之内，推賢而長者，教其里人父慈、子孝、兄友、弟順、夫和、妻柔。不率長教者，具以名聞。」

隋書禮儀志：隋制，國子寺每歲以四仲月上丁釋奠于先聖先師。年別一行鄉飲酒禮。州、郡、縣亦每年于學一行鄉飲酒禮。

唐書太宗本紀：貞觀六年七月己巳，詔天下行鄉飲酒禮。

通典：貞觀六年詔曰：「比年豐稔，閭里無事，乃有墮業之人，不顧家產，朋遊無度，酣宴是耽。危身敗德，咸由于此。自非澄源正本，何以革兹弊俗？可先録鄉飲禮一卷，頒示天下。每年令州縣長官親率長幼依禮行之，庶乎時識廉恥，人知敬讓。」

册府元龜：永隆元年七月制曰：「鄉飲之禮，爲日已久，宜令諸州每年遵行鄉飲之禮。」

唐書選舉志：唐制，取士之科，由州、縣者曰鄉貢，皆懷牒自列于州、縣。試已，長吏以鄉飲酒禮會屬僚，設賓、主，陳俎、豆，講管、絃，牲用少牢，歌鹿鳴之詩，因與耆艾叙長少焉。武后長安二年，始置武舉。亦以鄉飲酒禮送兵部。

蕙田案：鹿鳴宴之名始於此。

通典：開元十八年，宣州刺史裴耀卿上疏曰：「州牧縣宰所主者，宣揚禮樂，典册經籍所以教者，返古還淳，上奉君親，下安鄉族。外州遠郡，俗習未知，徒聞禮樂之名，不知禮樂之實。竊見以鄉飲酒禮頒行于天下，比來唯貢舉之日，略用其儀，閭里之間，未通其事。臣在州之日，率當州所管，一一與父老百姓，勸遵行禮。奏樂歌至白華、華黍、南陔、由庚等章，言孝子養親及群物遂性之義，或有泣者，則人心有感，不可盡誣。但以州縣久絶雅聲，不識古樂。伏計太常具有樂器，太樂久備和聲〔一〕，請令天下三五十大州，簡有性識人，于太常調習雅聲，仍付笙竽琴瑟之類，各三兩事，令比州轉次造習。每年各備禮儀，準令式行，稍加勸奬，以示風俗。」

唐開元禮鄉飲酒：正齒位附。

鄉飲酒之禮。刺史爲主人，此爲貢人之中有明經、進士出身，兼德行、孝誼灼然明著，道表門閭，及有秀才，皆刺史爲主人。若無，上佐攝行事。先召鄉之致仕有德者謀之，賢者爲賓，其次

〔一〕「太樂」，諸本作「太常」，據通典卷七三、唐會要卷二六改。

爲介，又其次爲衆賓，與之行禮而賓舉之。介以下，無其人則闕。正齒位，每年季冬，縣令爲主人，鄉之老人六十以上有德行者一人爲賓，次一人爲介，又其次爲三賓，又其次爲衆賓。主人戒賓，立于賓大門外之西，東面；賓立東階下，西面。將命者立于賓之左，北面受命出〔一〕，立于門外之東，西面，曰：「敢請事。」主人曰：「某日行鄉飲酒之禮，請某子臨之。」將命者入告，賓出，立于門東，西面，北向再拜毋辱。主人答拜。主人曰：「吾子學優行高，應兹觀國。某日展禮，請吾子臨之。」賓曰：「某固陋，恐辱命，敢辭。」主人曰：「謀於父師、少師，莫若吾子賢，敢固以請。」賓曰：「夫子申命之，某敢不敬須。」主人再拜，賓答拜〔二〕。主人退，賓拜送。主人戒介亦如之。戒辭曰：「某日行鄉飲酒之禮，請吾子臨之。」正齒位，無戒賓。其日質明，設賓席於楹間近北，南向；設主人席於阼階上，西向；設介席於西階上，東向；設正賓正齒位云三賓，下倣此。席三於賓席之西，各南向，皆不屬焉；又設堂下衆賓席於西階西南，東面北上〔三〕。正齒位，設衆賓席於楹間近南，北向，東上。設兩壺於

〔一〕「出」，原脱，據光緒本、通典卷一三〇補。
〔二〕「答」，諸本脱，據通典卷一三〇、開元禮卷一二七補。
〔三〕「東」，諸本脱，據通典卷一三〇、開元禮卷一二七補。

賓席之東，少北〔一〕，玄酒在西，加勺、冪。置篚於壺南，東肆，實以爵、觶。設贊者位於東階東，西面北上。賓、介及衆賓至，在於廳事大門外之右，東向北上。執事者俱復位。主人迎賓於門外之左，西面拜賓，賓答拜。又西南面拜介，介答拜。又西南面揖衆賓，衆賓報揖。主人又揖賓，賓報揖，主人先入門而右〔二〕，西面，賓入門而左，東面。介及衆賓序入，立於賓西南，東面北上。衆賓非三賓者皆北面東上。凡賓主拜揖、周旋〔三〕，皆有相贊。正齒位，衆賓立于三賓之後。主人將進揖，當階據禮作「陳」。揖，賓皆報揖。至階，主人曰：「請吾子升。」賓曰：「某敢辭。」主人曰：「固請吾子升。」賓曰：「某敢固辭。」主人曰：「終請吾子升。」賓曰：「某敢終辭。」主人升自阼階，賓升自西階，當楣北面立。執鐏者徹冪。主人適篚，跪取爵，興，適鐏實之，進賓席前，西北面獻賓。賓西階上北面拜〔四〕，主人少退，賓進於席前受爵，退，復西階上北面立。主人退於阼階上，

〔一〕「少北」，諸本作「北少退」，據通典卷一三〇、開元禮卷一二七乙改、删。
〔二〕「而右」上，諸本衍「降」字，據通典卷一三〇删。
〔三〕「周旋」，原作「問施」，據光緒本、通典卷一三〇改。
〔四〕「拜」，諸本作「立」，據通典卷一三〇、開元禮卷一二七改。

北面拜送爵，賓少退。贊者薦脯正齒位，葅醢。下倣此。於賓席前。正齒位，賓以下年六十者三豆，七十者四豆，八十者五豆，九十及主人皆六豆。賓自西方升席，南面立。贊者設折俎。正齒位，無折俎。賓跪，左執爵，右取脯擩於醢〔一〕，祭於籩豆之間；遂祭酒、啐酒；興，降席東，適西階上北面，跪卒爵；興，適罇實之，進主人席前，東南面酢主人〔二〕。主人於阼階上北面拜，賓少退。主人進受，退，復阼階下北面立。賓退，復西階上北面拜送爵。贊者薦脯醢於主人席前。主人由席東自北方升席。贊者設折俎。正齒位，無折俎。主人跪，左執爵，右祭脯醢〔三〕，遂祭酒，啐酒〔四〕；興，自南方降席，復阼階上北面跪卒爵；執爵興，跪奠爵於東序端；興，適篚，跪取觶，實之以酬，復阼階上北面跪奠觶，遂拜，執觶興。賓西階上答拜。主人跪祭，遂飲，卒觶，執觶興，適罇實之，進賓席前西北

〔一〕「擩於」，諸本脱，據通典卷一三〇、開元禮卷一二七補。
〔二〕「東南面」，諸本作「東面南」，據通典卷一三〇、開元禮卷一二七乙正。
〔三〕「祭」，諸本作「取」，據通典卷一三〇改。
〔四〕「啐酒」，原脱，據光緒本、通典卷一三〇補。

面〔一〕。賓拜，主人少退。賓既拜，主人跪奠觶於薦西，興，復阼階上位。賓遂進席前，北面跪取觶，興〔二〕，復西階上位〔三〕。主人北面拜送。賓進席前，北面跪奠觶於薦東，興，復西階上位。主人北面揖，遂降立于阼階下，西面；賓降立于西階西，當西序〔四〕，東面。主人將與介爲禮〔五〕，故賓不居堂上位。主人進延介。主人揖介，介報揖。至階，一讓，主人升阼階，介升西階，皆當楣北面立。主人詣東序端，跪取爵，興，適罇實之，進於介席前，西南面獻介。介西階上北面拜，主人少退。介進，北面受爵，退，復位。主人於介右，北面拜送爵。介少退，主人立于西階之東。贊者薦脯醢於介席前。介進，自北方升席。贊者設折俎。正齒位，無折俎。介跪，左執爵，右祭脯醢，遂祭酒；執爵興，自南方降席，復西階上〔六〕，北面跪卒爵；執爵興，介授主人爵。主人適罇實之，以酢於

〔一〕「西」，諸本脱，據通典卷一三〇、開元禮卷一二七補。
〔二〕「興」，諸本脱，據通典卷一三〇、開元禮卷一二七補。
〔三〕「上」，諸本作「下」，據通典卷一三〇、開元禮卷一二七改。
〔四〕「序」，諸本作「席」，據通典卷一三〇、開元禮卷一二七改。
〔五〕「與介爲禮」，原作「興降於禮」，據光緒本、通典卷一三〇改。
〔六〕「復西階上」，諸本脱，據通典卷一三〇、開元禮卷一二七補。

西階上，立于介右，北面跪奠爵，遂拜，執爵興。介答拜。主人跪祭，遂飲，卒爵，執爵興，進，跪奠爵於西楹南，還阼階上，揖，降，介降立于賓南。主人于阼階前，西南面揖衆賓，遂升，適西楹南，跪取爵，適罇實之，進于西階上，南面獻衆賓之長。衆賓長升西階上〔一〕，北面拜受爵。主人於衆賓長之右，北面拜送。贊者薦脯醢於其席前。衆賓之長升席，跪，左執爵，右祭脯醢〔二〕，祭酒；執爵興，退于西階上，立飲訖，授主人爵，降，復位。主人又適罇實之，進于西階上，南面獻衆賓之次者，如獻衆賓長之禮。又次一人升、飲亦如之。主人適罇實酒，進于西階上，南面獻堂下衆賓。每一人升，受爵，跪祭，立飲。贊者偏薦脯醢於其位。訖，主人受爵奠於篚。主人與賓一揖、一讓，升，賓、介、衆賓序升，即席。設工人席於堂廉西階之東〔三〕，北面東上。側邊曰廉。工四人入，先二瑟，後二歌。工持瑟，升自西階，就位坐，工歌鹿鳴。卒歌，笙入〔四〕，立于堂

〔一〕「衆賓長」，諸本脱，據通典卷一三〇、開元禮卷一二七補。
〔二〕「祭」，諸本作「取」，據通典卷一三〇改。
〔三〕「廉」，諸本作「廡」，據通典卷一三〇、開元禮卷一二七改。
〔四〕「笙」，諸本作「升」，據通典卷一三〇、開元禮卷一二七改。

下，北面，奏南陔。訖，乃間，歌南有嘉魚，笙崇丘。乃合樂，周南關雎、召南鵲巢。訖，司正升自西階〔一〕，司正爲主人之贊。禮樂之正既成，將留賓，慮有懈惰，立司正以監之。跪取觶於篚，興，適罇實之，降自西階，詣階間，右還，北面跪奠觶，拱手少立，跪取觶，遂飲，卒觶，奠觶〔二〕，再拜，退，復西階西〔三〕。賓降席，取觶于篚，適罇實之，詣阼階上，北面酬主人。主人降席，進立于賓東。初起旅酬也。凡旅酬者，少長以齒。賓跪奠觶，遂拜，執觶興，主人答拜。賓立飲，卒觶，適罇實之，進阼階上，東南面授主人。主人再拜，賓少退。主人受觶，賓于主人之西，北面拜送。旅酬同階，禮殺。賓揖，復席。主人進西階上，北面酬介。介降席自南方，進立於主人西，北面。主人跪奠觶，遂拜，執觶興，介答拜。主人立飲，卒觶，適罇實之，進西階上，西南面立。介拜，主人少退。介受觶，主人于介東，北面拜送。主人揖，復席。司正升自西階，北面立，相旅，曰：「某子

〔一〕「自」，諸本脱，據通典卷一三〇、開元禮卷一二七補。
〔二〕「奠觶」，原脱，據光緒本、通典卷一三〇、開元禮卷一二七補。
〔三〕「退復西階西」，諸本脱，據通典卷一三〇、開元禮卷一二七補。

受酬。」受酬者降席自西方，進〔一〕，北面立于介右。旅，序也。于是介酬衆賓，衆賓又以次序相酬也〔二〕。某者，衆賓姓也〔三〕，同姓則以伯仲別之，又同則一以某字別之。受酬者由介東，尊介，使不失故位。司正退立於序端，東面。避受酬者，又便其贊相上下。介跪奠觶，遂拜，執觶興，某子答拜。介立飲，卒觶，適罇實之，進西階上，西南面授某子。某子受觶。介立於某子之左，北面揖，復席。司正曰：「某子受酬。」受酬者降席自西方，立於某子之左，北面。某子跪奠觶，遂拜，執觶興，受酬者答拜。某子立飲〔四〕，卒觶，適罇實之，進西階上，西南面授之。受酬者受觶，某子立於受酬者之右，揖，復席。次一人及堂下衆賓受酬亦如之。卒受酬者以觶跪奠于篚〔五〕，興〔六〕，復階下位。司正適阼階上，東面受命于主人。主人曰：「請坐於賓。」司正迴，北面告于賓曰：「請賓坐。」賓曰：「唯命。」賓主之

〔一〕「進」，諸本作「近」，據通典卷一三〇改。
〔二〕「衆賓」，諸本脱，據通典卷一三〇補。
〔三〕「姓」，諸本脱，據通典卷一三〇、開元禮卷一二七補。
〔四〕「立」上，諸本衍「受」字，據通典卷一三〇、開元禮卷一二七删。
〔五〕「卒受」，諸本作「於某子卒」，據通典卷一三〇、開元禮卷一二七改。
〔六〕「興」，諸本脱，據通典卷一三〇、開元禮卷一二七補。

詞，皆司正傳。賓主各就席坐〔一〕。若賓主俱公服者，則皆降，脱屨于階下。主人先左，賓先右。禮畢，降納如常。正齒位，司正適篚，跪取觶，興，進立於楹間〔二〕，北面，乃揚觶而言曰：「朝廷率由舊章，敦行禮教，凡我長幼，各相勸勗。忠于國，孝于親，内睦于閨門，外比于鄉黨。無或愆墮，以忝所生。」賓主以下皆再拜。司正跪奠觶，再拜，跪取觶，飲，卒觶，興。賓主以下皆坐。司正適篚，跪奠觶，興，降，復其位。司正降復位，乃羞。羞，進也，所進者肉胾醢〔三〕。正齒位，無進羞。無算爵。無算樂。算，數也。賓主燕飲，爵行無數，醉而止。三賓以上，贊者二人行爵，以下取足也。正齒位，又無算樂〔四〕，燕樂亦無數，或間或合，盡歡而止也。主人之贊者與焉。燕訖，賓主俱興，賓以下降自西階，主人降自東階。賓以下出立于門外之西，東面北上；主人送於門外之東，西面再拜。賓、介逡巡而退。

唐書韓思彦傳：思彦子琬，字茂貞，舉茂才，名動里中。刺史行鄉飲餞之，主人揚觶曰：「孝于家，忠于國，今始充賦，請行無算爵。」儒林榮之。

〔一〕「主」，諸本作「坐」，據開元禮卷一二七改。
〔二〕「司正適篚跪取觶興進立」十字，諸本脱，據通典卷一三〇、開元禮卷一二七補。
〔三〕「肉胾」，原脱，據光緒本、通典卷一三〇補。
〔四〕「樂」，諸本脱，據通典卷一三〇、開元禮卷一二七補。

李栖筠傳：栖筠爲常州刺史，行鄉飲酒禮，登歌降飲，人人知勸。

五代史李愚傳：愚守左僕射。是時，兵革方興，天下多事，而愚爲相，欲依古以創理，乃請頒唐六典示百司，使各舉其職，州、縣貢士，作鄉飲酒禮。時以其迂闊不用。

宋史禮志：鄉飲酒之禮有三：周禮鄉大夫「三年大比，興賢者、能者，鄉老及鄉大夫帥其吏與其衆寡以禮賓之」，一也；黨正「國索鬼神而祭祀，則以禮屬民而飲酒于序，以正齒位」，二也；州長「春秋習射于序，先行鄉飲禮」，三也。後世臘蜡百神、春秋習射、序賓飲酒之儀，不行于郡國，惟貢士日設鹿鳴宴〔一〕，猶古者賓興賢能，行鄉飲之遺禮也。然古禮有賓、主、僎、介，與今之禮不同；器以尊、俎，與今之器不同；賓坐于西北，介坐于西南，主人坐東南，僎坐東北，與今之位不同；主人獻賓，賓酢主人，主人酬賓，次主人獻介，介酢主人，次主人獻衆賓，與今之儀不同。今制，州、軍貢士之月，以禮飲酒，且以知州、軍事爲主人，學事司所在，以提舉學事爲主人，其次本州官入行，上舍生當貢者，與州之群老爲衆賓，亦古者序賓、養老之意也。是月也，會凡學之

〔一〕「惟」，諸本作「進」，據宋史禮志十七改。

行之。

士及武士習射，亦古者習射于序之意也。唐貞觀所頒禮，惟明州獨存，淳化中會例

玉海：淳化三年，詔有司講求鄉飲酒故事，命學士承旨蘇易簡等撰樂章三十四：鹿鳴六，南陔二，嘉魚八，崇丘二，關雎十，鵲巢六。五月，禮院詳定其儀，後不果行。

宋史樂志：淳化鄉飲酒三十四章：

鹿鳴呦呦，命侶與儔。宴樂嘉賓，既獻且醻。獻醻有序，休祉無疆。展矣君子，邦家之光。鹿鳴呦呦，在彼中林。宴樂嘉賓，式昭德音。德音愔愔，既樂且湛。允矣君子，實慰我心。鹿鳴呦呦，在彼高岡。宴樂嘉賓，吹笙鼓簧。幣帛戔戔，禮儀蹡蹡。樂只君子，利用賓王。鹿鳴相呼，聚澤之蒲。我樂嘉賓，鼓瑟吹竽。我命旨酒，以燕以娱。何以贈之？玄纁粲如。鹿鳴相邀，聚場之苗。我美嘉賓，令名孔昭。我命旨酒，以歌以謡。何以置之？大君之朝。鹿鳴相應，聚山之荆。我燕嘉賓，鼓簧吹笙。我命旨酒，以逢以迎。何以薦之？揚于王庭。

右鹿鳴六章，章八句。

瞻彼南陔，時物嘉良。有泉清泚，有蘭馨香。晨飲是汲，夕膳是嘗。慈顔未

悦，我心靡違。嬉嬉南陔，眷眷慈顔。和氣怡色，奉甘與鮮。事親是宜，事君是思。虔勗忠孝，邦家之基。

右南陔二章，章八句。

洋洋嘉魚，佇以美罛。君子有道，嘉賓式燕以娛。洋洋嘉魚，佇以芳罟。君子有德，嘉賓式歌且舞。我有宫沼，黿龍擾之。君子有禮，嘉賓式貴表之。我有宫藪，麟鳳來思。君子有樂，嘉賓式慰勤思。相彼嘉魚，爰縱之壑。我有旨酒，嘉賓式燕以樂。相彼嘉魚，在漢之梁。我有旨酒，嘉賓式燕以康。森森喬木，美蔓縈之〔一〕。我有旨酒，嘉賓式燕宜之。喈喈黄鳥，載飛載止。我有旨酒，嘉賓式燕且喜。

右嘉魚八章，章四句。

崇丘峨峨，動植斯屬。高既自遂，大亦自足。和風斯扇，膏雨斯沐。我仁如天，以亭以育。崇丘巍巍，動植其依。高大之性，各極爾宜。王道坦坦，皇猷熙

〔一〕「縈」，諸本作「榮」，據宋史樂志十四改。

熙。仁壽之域，烝民允躋。

右崇丘二章，章八句。

關雎于飛，洲渚之湄。自家刑國，樂且有儀。郁郁芳蘭，幽人擷之。温温恭人，哲后求之。求之無斁，寤寐所屬。罄爾一心，受天百禄。郁郁芳蘭，雨露滋之。温温恭人，圭組縻之。郁郁芳蘭，佩服珍之。温温恭人，福履綏之。關雎蹌蹌，集水之央。好求賢輔，同揚德光。蘋蘩芳滋，同誰掇之。願言賢德，靡日不思。偶其賢德，輔成己職。永配玉音〔一〕，服之無斁。潔其粢盛，中心匪寧。薦於宗廟，助君德馨。賢淑來思，人之表儀。風化天下，何樂如之！

右關雎十章，章四句。

彼鵲成巢，爾類攸處。之子有歸，瓊瑶是祖。彼鵲成巢，爾類攸匹。之子有行，錦繡是飾。彼鵲成巢，爾類攸供。之子有從，蘭蓀是奉。伊鵲成巢，珍禽戾止。婉彼佳人，配于君子。伊鵲營巢，珍禽攸處。内助賢侯，弼于明主。伊

〔一〕「永」，諸本作「求」，據宋史樂志十四改。

鵲營巢，珍禽輯睦。均養嘉雛，致于蕃育。

右鵲巢六章，章四句。

名臣奏議：宋太宗時，鄉貢進士田錫請復鄉飲禮書曰：「臣聞聖人制鄉飲酒之禮，行鄉校之間，俾人徧知而易識也。蓋其禮甚辨，其儀甚詳。有獻祭之儀，有俎豆之數。命鄉人之賢者爲主，延鄉人之老者爲賓。揖讓拜起皆有儀，升降進退必有位。以金石之樂和其節，以雅頌之詩導其情。自秦承周衰，漢邇秦亂，不能行之。漢世祖始一行之，旋廢。西晉行之，又廢。至唐乃明著禮文，散頒郡國長吏，以化黎民。至開元中，宣州刺史裴耀卿以爲鄉飲之儀，惟于貢士之日略得舉用，其餘寢停，乃拜奏上言歲行禮制。於是宣州耆老，每聞歌白華、華黍之詩，南陔、由庚之頌，觀者踴躍，聽者感泣，風移俗易，以是知先王之禮不徒行也。願陛下申明舊典，頒鄉飲之禮，使其觀祭獻之嚴，則知不忘報本矣；觀蘋藻之祀，則知所貴者誠矣；見賢者爲主，則知懋德者可尊矣；視老者爲賓，則知年高可恭矣；閱揖讓拜起之式，則知謙恭撙節之可學矣；見升降進退之容，則知折旋俯仰之可習矣；聞白華、南陔之詩，則知孝於父母矣；聽雅音正聲之奏，則悦於和樂矣。月而習之，歲而行之，稔禮漬道，革惡歸善。爲父而慈，爲子而孝，爲兄而友，爲弟而恭，爲夫而和，爲婦而柔。一家率之，一鄉化之，一國興之，天下同之。得非王者厲精於禮樂，而致之有然哉？則比屋可封之俗，不獨堯、舜之時也，聖代當復見矣。」

蕙田案：淳化修鄉飲之儀，實自錫言發之。

觀承案：宋時猶行鄉飲之禮，庶幾尚能存古。然何不即用升歌、笙入、間歌、合樂之舊文，而必另造其詞乎？且既欲另造，則宜别爲其詞，以合隨時從俗之義亦可也，而乃改頭换面南、雅古詞，何耶？且笙入無詞，尤不當造，其病正與束晳同，適增其陋而已。

玉海：徽宗政和三年，詔州、郡鹿鳴宴改爲鄉飲酒。

宋史禮志：政和禮局定飲酒登降之節，與舉酒作樂器用之屬，並參用辟廱宴貢士儀，其有古樂處，令用古樂。既又以河北轉運判官張孝純之言：「周官以六藝教士，必射而後行。古者諸侯貢士，天子試諸射宫。請詔諸路州郡，每歲宴貢士于學，因講射禮。」于是禮官參定射儀：鄉飲酒前一日，本州于射亭東、西序，量地之宜，設提舉學事諸監司、知州、通判、州學教授、應赴鄉飲酒官貢士幕次，本州兵馬教諭備弓矢應用物〔一〕，設樂。其日，初筵，提舉學事、知州軍、通判帥應赴鄉飲酒官貢士詣射亭，執弓矢，揖，入，射，乘矢若中，則守帖者舉獲、唱獲。執算者以算投壺，畢，多算勝少算。射畢，贊者贊揖，酬、酢，如儀。畢，揖，退，飲，如鄉飲酒。案玉海作政和五年。

高宗紹興七年，郡守仇悆置田以供鄉飲之費。

高宗本紀：紹興十三年夏四月癸亥，頒鄉飲酒儀于郡國。

禮志：紹興十三年，比部郎中林保乞修定鄉飲儀制，徧下郡國。于是國子祭酒高閌草具其儀，上之。

玉海：林保奏修定鄉飲酒矩範儀制〔二〕，請徧下郡國。今取明州已行儀制，與林保所具規式，參酌修具，鏤板頒行。奏可。其禮有主、賓、僎、介、三賓，有肅賓、序賓、祭酒、主獻、賓酬、主人酬介、介酬衆賓、修爵無算、沃洗、揚觶、拜送、拜既及約束

〔一〕「物」，原脱，據光緒本、宋史禮志十七補。
〔二〕「奏」，諸本脱，據玉海卷七三補。

九事〔一〕。

宋史高宗本紀：紹興十七年春正月辛卯，以舉人多冒貫，命州縣每三歲行鄉飲酒禮以貢士。

禮志：慶元中，朱熹以儀禮改定主、賓、僎、介之位：其主，則州以守，縣以令，位于東南；賓，以里居年高及致仕者，位于西北；僎，則州以倅，縣以丞或簿，位東北；介，以次長，位西南。三賓，以賓之次者；司正，以衆所推服者；相及贊，以士之熟于禮儀者。其日，質明，主人率賓以下，先釋菜于先聖先師。退，各就次以俟肅賓。介與衆賓既入，主人序賓；祭酒，再拜，詣罍洗，洗觶；至酒尊所酌實觶，授執事者；至賓席前，跪以獻賓。賓酬主人，主人酬介，介酬衆賓，賓、主以下各就席坐，訖，酒再行，次沃洗。贊者請司正揚觶致辭。司正復位。主人以下復坐。主人興，復至阼階楣下，僎從賓、介復至西階下立，三賓至西階立，並南向。主人拜，賓、介以下再拜。賓、介與衆賓先自西趨出；主人少立，自東出。賓以下立于庠門外之右，東鄉；主人立于

〔一〕「拜既」，諸本脱「拜」字，據玉海卷七三補。

門外之左，西鄉。僎從主人再拜，賓、介以下皆再拜，退。

朱熹行鄉飲酒禮告先聖文：一昨朝廷舉行鄉飲酒之禮，而縣之有司奉行不謹，容節謬亂，儀矩闕疏，甚不足以稱明天子舉遺興禮之意。今者賓興有日，熹謹與諸生考協禮文，推闡聖制，周旋揖遜，一如舊章。即事之初，敢以舍菜之禮謹修虔告。

理宗本紀：景定五年夏四月辛亥，詔郡邑行鄉飲酒禮。

明會典：洪武初，詔中書省詳定鄉飲酒禮條式，使民歲時燕會，習禮讀律，期于申明朝廷之法，敦序長幼之節，遂爲定制。五年〔一〕，定在内應天府及直隸府州，每歲孟春正月、孟冬十月，有司與學官帥士大夫之老者行于學校。在外，行省所屬府州縣，亦皆取法于京師，其民間里社，以百家爲一會，或糧長、或里長主之，百人内以年最長者爲正賓，餘以齒序坐，每季行之于里中。若讀律令，則以刑部所編申明戒諭書兼讀之。其武職衙門，在内各衛親軍指揮使司及指揮使司，凡鎮守官，每月朔日亦以大都督府所編戒諭書率僚佐讀之。

〔一〕「五年」，原作「五月」，據光緒本、明會典卷七九改。

明集禮縣邑飲酒讀律儀注：

立賓、主、介、僎

每冬季行事。縣令爲主，以鄉之老人年六十以上有德行者一人爲賓，其次一人爲介，又其次一人爲三賓，又其次一人爲衆賓，鄉人嘗爲大夫、士而致仕者或寄居之士、大夫年德可尊禮者一人爲僎，如無，則以縣丞、主簿爲之，無則闕。以衆所推服者一人爲司正，贊禮一人及贊引者，皆擇士之容貌詳緩、習禮儀者爲之，賓、主各有贊引。讀律一人，使能者。

陳席，設位、次席爲坐席，位爲立位，次爲更衣服之所。

設賓席于堂北兩楹之間，少西，南面。冠禮醮于客位，今世亦指此處爲客位。主席于阼階上，西面。在東楹之東，少北。介席于西階上，東面。在西楹之西，少北。僎席于賓東，南面。謂兩楹之間，少東。世俗謂此處爲主位。三賓席于賓西，南面。與賓共爲一列。皆專席不屬。衆賓六十以上者，席于西序，東面北上；若賓多，則又設席于西階上，北面東上。僚佐席于東序，西面北上。僚佐，謂縣丞以下。若丞爲僎，則主簿、典史居此。設衆賓五十以下者位于堂下西階之西，當序，東面北上；若賓多，則又設位于西階之南，北面東上。

凡立位皆設席而不坐，至無算爵，乃坐。司正及讀律者位于堂下阼階之南，北面西上。案儀禮司正位于兩階之間，北面，而脯醢薦于其位；今薦脯醢，皆設桌案，與古異，故改位于此。設主之贊者位于阼階之東，西面北上。設主及僚佐以下次于東廊，賓、介及衆賓次于庠門之外，僎次亦在門外。

陳器

設酒尊于堂上東南隅，加勺、冪，用葛巾。爵洗于阼階下東南。篚一，于洗西，實以爵、觶。盥洗在爵洗東。設卓案于堂上下席位前，案儀禮徧有脯醢，皆薦于其位，則立者亦當有之，但古者席地而坐，故薦于地上，今難從。陳豆于其上：六十者三豆，七十者四豆，八十者五豆，九十者六豆，堂下者二豆，主人豆如賓之數。若九十者爲賓六豆，則主人亦六豆，其餘悉皆倣此。皆實以菹醢。賓興賢能，則用脯醢。設奠爵卓案于東序端及西楹南各一。

舍菜

若賓興賢能，則前一日舍菜于先聖先師，如常儀。正齒位則省。

立班

其日質明，主及賓、介以下各就次。執事省視器饌畢，詣主次前告具，乃命鼓人鳴鼓。贊引導主及僚佐以下出次：主及僚佐朝服，餘深衣。主立于阼階下，西面；僚佐序立于主之後，皆西面北上；司政及讀律者北面西上；贊禮進立于東階之西，近堂廉。賓之贊引導賓以下盛服出次，序立于庠門外之右：介居賓南，三賓居介南，衆賓居三賓之後，皆東面北上。僎仍居次不出。

迎賓

班定，贊引唱：「主迎賓。」贊引進主之左，曰：「請迎賓。」乃導主出庠門外，西面立。僚佐不出。贊引唱：「揖。」主揖，賓以下皆揖。贊引唱：「肅賓。」主揖賓，賓報揖，贊引導主先入門左，西面立。賓之贊引唱：「揖。」賓揖介，介揖衆賓，序行入門右，皆東立，如門外之序。

序賓

主揖賓，遂行，當階再揖，將及階又揖，賓皆報揖，皆贊引唱之。至階，主阼階下西面即初位，賓西階下東面，介居賓南，三賓居介南，衆賓居三賓南，俱東面北上。

獻賓

贊禮唱：「主以賓升。」贊引進主之左，曰：「請延賓。」主與賓三讓，主先升阼階，賓升西階，俱當楣下北面立。贊禮唱：「獻賓。」贊引進於主之右，曰：「請酌酒。」導主降自阼階，詣盥洗位，次詣爵洗位，洗爵，拭爵，以爵授執事者；升，詣尊所，執事者舉冪，主執爵酌酒，以爵授執事者。並如釋奠儀。至賓席前，執爵者以爵授主，主西北面獻賓。贊引導賓自西階趍就席末，東南面受爵。主揖送爵，賓報揖，卒爵，以爵授執事者。謂賓之執事者，蓋將酢於主也。主退立于阼階上，北面，賓退立于西階上，北面，如初升。

賓酢主

贊禮唱：「賓酢主。」贊引進賓之左，曰：「請酌酒。」導賓降自西階，執爵者從，詣盥洗位、爵洗位，升自西階，詣尊所酌酒，並如前儀。至主席前，執爵者以爵授賓，賓東南面酢主。贊引導主趍就席末，西北面受爵。賓揖送爵，主報揖，卒爵，賓退立于席末。賓之席也。酢事畢，退立于席末，主將與介爲禮也。主乃以爵奠于東序端卓上，復阼階上北面立。主退復阼階而不就席末者，將有事也。

獻介

贊禮唱：「主延介。」贊引進曰：「請延介。」導主降自阼階，西南面揖介。至階，一讓，主遂升，介升西階，並當楣下北面立。贊禮唱：「主獻介。」贊引進曰：「請酌酒。」導主詣東序端，取所奠爵授執事者，詣尊所酌酒，以爵授執事者，如前。至介席前，執爵者以爵授主，主西南面獻介。贊引導介自西階上趍就席末，北面受爵。主乃揖送爵，介報揖，卒爵，以爵授主，退立于席末。介之席也。主以爵奠于西楹南，退阼階上北面，如初。將與三賓爲禮也。

獻三賓

贊禮唱：「主獻三賓。」贊引導主降阼階，西南面三揖衆賓，衆賓皆報一揖。主升，取西楹南所奠爵，酌酒如前，進西階上，南面獻衆賓之長。贊引導衆賓之長一人升西階上，北面受爵。主揖送爵，賓長報揖，卒爵，以爵授主，賓長就席，立于席末。三賓之席也。次導賓長之次者一人升受爵，如前。又次一人亦如之。主乃以爵授執事者，少退，西面立。

獻衆賓

贊禮唱：「獻衆賓。」執事者酌酒授主，主復進西階上，南面獻衆賓。衆賓六十以上者，每一人升西階上受爵。卒爵，退就西序之席，立于席末。升者畢，主以爵授執事者，下奠于篚。堂下者不獻。主退，就席末位。

升位

贊禮唱：「衆賓皆升位。」主乃自席末先升席，賓、介以下皆自席末升席，堂下者就位，引僚佐升自東廡就席。堂上者坐，堂下者立。

僎入無僎則去此條。升位後，僎始入者，儀禮注云：「不干主、賓正禮也。」

贊禮唱：「僎入。」贊引導僎出次，僎朝服，致仕者服深衣，亦從便。入門左，主降自阼階，迎于門內。賓、介降立西階下，三賓不降。主與僎揖、讓升，主升阼階，僎升西階，當楣北面立。賓、介皆升立西階，東面，北上。贊禮唱：「主獻僎。」贊引進曰：「請酌酒。」導主降洗爵，詣尊所酌酒，如賓儀。至僎席前，東北面獻僎。贊引導僎自西階上趨就席末東，西南面受爵。主揖送爵，僎報揖，卒爵，以爵授主。主以授執事者，下奠於篚。主及賓、介各升席。

揚觶

贊禮唱：「司正揚觶。」贊引導司正出位，詣盥洗位，盥手，帨手；次詣爵洗位，取觶于篚，洗觶，拭觶；升自西階，詣尊所酌酒；進兩楹之間，北面立。贊者唱：「在坐者皆起。」賓主以下皆起，拱立。司正乃舉觶而言曰：「恭惟朝廷，率由舊章，敦崇禮教，舉行鄉飲，非爲飲食。凡我長幼，各相勸勗。爲臣竭忠，爲子盡孝。内穆於閨門，外順於鄉黨。無或廢墜，以忝所生。」言畢，揖，賓主以下皆揖。司正遂飲，卒爵，復揖，以爵授執事者，降自西階，復位。賓主以下復坐。

讀律若賓興賢能，不用此。

贊禮唱：「讀律。」執事者設律案于堂上兩楹之間。次引讀律者出位，詣盥洗所盥手、帨手；訖，乃升自西階，執律者以律從；至案前，北面立，執律者以律置案上，立于案傍，西面，在坐者皆起；讀律者揖，賓主以下皆揖；復坐，乃展律，詳緩讀之。畢，在坐者又起，讀律者揖，賓主以下皆揖。讀律者降自西階，復位，執律者以律從，如初。

無算爵

贊禮唱：「爵行無算。」於是堂下者皆坐，執事者行酒。酒三行或五行，食三品或五品。徧及，主之贊者皆與。

賓出

贊禮唱：「禮畢。」主興，降自阼階，賓以下降自西階，僚佐降自東廡，堂下衆賓以序俱出。至門外，主門左，西面，僚佐以下列主之後；賓門右，東面，介居賓南，三賓居介南，衆賓居後。贊引唱「揖」，賓主以下皆揖。退。

蕙田案：集禮定於明初，其時賓興賢能，尚用鄉飲之禮。洪武十六年，重頒圖式，刪去此條，而賓興與鄉飲判爲兩事矣。

里社飲酒讀律儀：

立賓位

里長爲主，以鄉之老人六十以上有德、習禮者一人爲賓，次一人爲介，又次爲衆賓，讀律一人，使能者。

陳設

設賓席於堂之西北，南面；設主席於東南，西面；介席於堂之西南，東面；衆賓六十以上者，席於兩序，東西相向，五十以下者席於堂下，亦東西相向。各設卓案於席前，豆用菹醢。設讀律席東楹下，西面。如教官講書之位。

序賓

其日質明，賓、介及衆賓皆至門外，主出迎，東向揖賓，賓以下西向報揖。主先入門而右，賓入門而左。介與衆賓從。至階，主升西階上，東面；賓、介於東階上，西面；衆賓六十以上者，皆自東階升，分爲兩班，東西相向，北上，居西者立主之後，居東者立賓、介後。五十以下者立堂下，亦分兩班，東西相向，北上。主與賓皆揖，各就席坐。執事者行酒，酒一行止。

讀律

執事設卓案於東楹讀律席前，次引讀律者正衣冠、升席。展律于案，詳緩讀之。畢，起，立，拱手。坐者皆起，立，拱手。讀律者揚言曰：「恭惟國家，憲章先王，明刑弼教，期協于中。爰用古禮，屬民讀律。凡我長幼尚敬共，夙夜毋干彝憲，以忝祖父。」言訖，斂律，降席，復位。位在堂下衆賓之列。賓復坐。酒三行止。

賓出

主先興，賓、介以下皆興，序立，如初升。堂下者亦如之。賓、主皆揖，主送于門外，揖，退。

明會典：洪武十六年，頒行鄉飲酒禮圖式。一各處府、州、縣，每歲正月望日、十月朔日舉行於學宫，除僎、賓外，衆賓序齒列坐，其僚屬則序爵。前一日，執事者于明倫堂依圖陳設坐次。至日，主及僚屬、司正先詣學，遣人速賓、僎以下。比至，執事者報賓至，主偕僚屬迎于庠門之外以入，主東賓西；三讓三揖而後升堂，東西相向立；贊兩拜畢，皆坐。僎至、介至儀亦同。既齊至，各就位，執事者引司正由西階升，詣堂中，北面立。執事者唱，僎、賓以下皆立，各相揖。執事舉酒授司正，司正曰：「恭惟朝廷，率由舊章，敦崇禮教，舉行鄉飲，非爲飲食。凡我長幼，各相勸勉。爲臣盡忠，爲子盡孝。長幼有序，兄友弟恭。内睦宗族，外和鄉里。無或廢墜，以忝所生。」讀畢，司正遂飲酒，以觶授執事，仍各相揖，司正復位。及僎、賓以下皆拱立，行揖禮，如揚觶儀。及讀，皆肅而聽之。有過之人，俱赴正席立聽。讀畢，執事者舉僎案至賓前，次僎，次介，次主，三賓以下次第舉之。乃主獻賓，執事者酌酒以授主，主受爵，詣賓前，置于席，稍退，贊兩拜，賓答拜。以次奠爵，儀如之。畢，主復位，遂酬主。賓起，僎從之，執事者酌酒授賓，賓受酒，詣主前，置于席，稍退，兩拜，賓、僎、主皆拜，遂就位坐。酒三行，湯三品，遂徹饌，各起離席。僎、主、僚屬居東，賓、介、三賓、衆賓居西，行兩拜禮，遂送賓，分東西行。乃三揖出庠門而退。一里社每歲春秋社祭，會飲畢，行鄉飲酒禮。所用酒殽，即一百家内供辦。坐以齒次，年老者雖至貧上坐，少者雖至富必下之，不許攙越，違者以違制論。有過犯者，雖年長而富，亦坐席末，聽讀律，受戒諭。飲酒畢，同退。如不行赴飲，及强坐衆賓之上者，爲頑民，許主席及諸人首告，遷邊遠爲民。主席及衆賓容隱者同罪。其各里社，以百家爲一會，内以里長主席，其餘選年最高有德、人所推服者一人爲賓，其次一人爲介，餘以年齒叙坐。如有致仕者，主席請以爲僎。擇通文學者一人揚觶，一人讀律，一人贊禮。前期，主詣賓門，請曰：「某日行鄉飲酒禮，吾子年高德邵，敢請爲賓。」賓曰：「某固陋，恐辱命，敢辭。」主曰：「詢諸衆，莫若吾子賢，敢固請。」賓曰：「夫子申命之，某不敢辭。」主遂拜。請介，亦如之，曰：「敢請吾子爲介。」先，執事者設賓席于堂中稍西，南向；設主席于堂東南，西向。賓六十以上者席于堂中上兩序，東西相向。如賓多，年幼者席于堂下阼階之南，北面西上。至日，主迎賓及獻酬、揚觶、讀律，酒數行，皆如學宫儀。飲畢，明日，賓、介、僎、衆賓詣主家拜謝鄉飲之賜，主出門拜，謂：「辱昨日之來。」一鄉飲之設，所以尊高年，尚有德，興禮讓，敢有諠譁失禮者，許揚觶者以禮責之，其或因而致爭競者，主席者會衆罪之。

二十二年，定鄉飲酒禮。凡良民中年高有德、無公私過犯者，自爲一席，坐于上等；有因户役、差税遲誤，及曾犯公杖私笞、招犯在官者，又爲一席，序坐中門之外；其曾犯奸盜詐僞、説事過錢、起滅詞訟、蠹政害民、排陷官長及一應私杖、徒流重罪者，又爲一席，序坐于東門之外。執壺供事，各用本等之家子弟〔二〕，務要分別三等坐次〔三〕，善惡不許混淆。其所行儀注，並依原頒定式。如有不遵序坐及有過之人不行赴飲者，以違制論。

蕙田案：洪武二十二年，所定鄉飲儀，分善惡三等序坐，不得混淆，蓋於講禮讀法之時，微寓彰善癉惡之指，雖古禮所未有，而於化民成俗之義，亦有當焉！惜乎有司視爲具文，未聞有實心奉行者也。

右歷代鄉飲酒禮

〔二〕「之」，諸本作「三」，據明會典卷七九改。
〔三〕「務」，諸本作「各」，據明會典卷七九改。

五禮通考卷一百六十九

嘉禮四十二

學禮

蕙田案：古之王者，建國君民，教學爲先。太學之制，昉于五帝，其名爲成均，虞曰庠，夏曰序，殷曰瞽，宗周曰辟廱，又兼立四代之學，是爲五學。又有門闈之小學以教國子，四郊之小學以教國人，待其既長，然後由小學而進于太學焉。其鄉、遂、州、黨亦各有學，諸侯之國亦立太學、小學、鄉學。蓋三代以上，莫不以立學爲先務。其教之之法：國子則師氏詔以三德，保氏詔以六藝，大司樂詔以樂德、樂語、樂舞；春秋教以禮、樂，冬夏教以詩、書；中年而考校，九年而大成，其秀者官之，其不率教者屏之；至於鄉學，則鄉、遂之吏受教法于司徒，以鄉三物教之，歲時書其德行道藝，三年大比，興其賢能而登于天府，又中年論其秀者升于太學，俾與國子齒焉；諸侯則歲貢其太學之秀者，天子試之射宫，視其賢否而行慶讓之法。以是知先王之於士，教之必周，擇之必慎，而後可收得人之效也。天子又以春秋視學，修釋菜之儀，舉養老之典，承師問道，合語乞言，以身先爲之嚮導，故學士莫不蒸蒸丕變，相與勉爲賢者而恥爲不肖。然則學之禮，顧不重哉？古禮經有學禮一篇，見於大戴禮，賈誼新書所引，惜其文不傳。今採録經傳以補禮經之闕，而後世學校、選舉、視學、養老、經筵見於史者，俱以類附之，其釋奠儀節已見吉禮，故不及云。

天子五學郊外小學附

禮記王制：有虞氏養國老於上庠，養庶老於下庠；夏后氏養國老於東序，養庶老於西序；殷人養國老於右學，養庶老於左學；周人養國老於東膠，養庶老於虞庠，虞庠在國之西郊。注：皆學名也，異者，四代相變耳，或上西，或上東，或貴在國，或貴在郊。上庠、右學，大學也，在西郊；下庠、左學，小學也，在國中王宮之東；東序、東膠，亦大學，在國中王宮之東；西序、虞庠，亦小學也。西序在西郊，周立小學于西郊。膠之言糾也，庠之言養也。周之小學，爲有虞氏之庠制，是以名庠云。其立鄉學，亦如之。「膠」或作「絿」。疏：虞、殷尚質，貴取有成，故大學在西，小學在東；夏、周貴文，取積漸長養，故大學在東，小學在西。云「周之小學，爲有虞氏之庠制」者，庠則後有室，前有堂。若夏后氏之序，及周之學所在序者，皆與庠制同。其州、黨之序，則歇前而已。序則豫也，故鄉射云：「豫則鉤楹内，堂則由楹外。」彼鄭注：「豫讀如『成周宣榭災』之『榭』」是也。云「其立鄉學亦如之」者，言鄉學亦爲庠制，故上文云「耆老皆朝于庠」是也。周大學在國之西郊，鄭駮異義云「三靈一雍在郊」者，熊氏云「文王之時，猶從殷禮，故辟廱太學在郊」。

内則：有虞氏養國老于上庠，養庶老于下庠；夏后氏養國老于東序，養庶老于西序；殷人養國老于右學，養庶老于左學；周人養國老于東膠，養庶老于虞庠，虞庠在國之西郊。

蕙田案：虞、殷之太學在西，夏、周之太學在東，東膠又在辟廱之東，故大戴禮謂之東學，以其法夏后氏之序，故亦曰東序。對郊外小學而言，故以東膠爲大學。祭義「食三老五更于太學」，亦謂東膠也。

王制：天子曰辟廱。注：辟，明也。廱，和也。所以明和天下。疏：謂於此學中習學道藝，欲使天下之人悉皆明達諧和也。案詩注云：「築土廱水之外〔一〕，圓如璧。」二注不同者，此注解其義，詩注解其形。

詩大雅靈臺：虡業維樅，賁鼓維鏞。於論鼓鐘，於樂辟廱。傳：植者曰虡，橫者曰栒。業，大版也。樅，崇牙也。賁，大鼓也。鏞，大鐘也。論，思也。水旋丘如璧曰辟廱，以節觀者。箋：論之言倫也。虡也栒也，取以縣鐘鼓也。設大版于上，刻畫以爲飾。於得其倫理乎？鼓與鐘也。於喜樂乎？諸在辟廱中者，言感于中和之至。疏：此在辟廱合樂，必行養老之禮，但主言樂之得理，不美養老之事，故言不及焉。

張子曰：辟廱，古無此名，其制蓋始于此。故周有天下，遂以名天子之學，而諸侯不得立焉。

於論鼓鐘，於樂辟廱。鼉鼓逢逢，矇瞍奏公。傳：逢逢，和也。有眸子而無見曰矇，無眸子曰瞍。公，事也。箋：凡聲，使瞽矇爲之。

蕙田案：天子視學，大昕鼓徵以警衆，及天子至，始大合樂。故於鼓獨一再言之。

〔一〕「築土」，諸本作「王」，據禮記正義卷一二改。

周頌振鷺：振鷺于飛，于彼西雝。

薛君章句：鷺，潔白之鳥也。西雍，文王之雍也。言文王之時，辟雍學士皆潔白之人也。

何氏楷曰：辟，通作「璧」。廱，説文謂天子鄉飲之地，即辟廱也，字从广、雝聲。按廱字當从广下邕。广，讀若儼，象對刺高屋之形。四方有水曰邕。辟廱之制，四面有水環之，正合邕義，从邕，爲意兼聲，今不諧邕而諧雝，殊不可解。雝者，鳥名也。漢書又通作「雍」，考説文，乃無「雍」字。三輔黄圖云：「周文王辟廱在長安西北四十里。」亦曰璧廱，如璧之圓，壅之以水，象教化流行也。蔡邕云：「水廣二十四丈，四周于外。」禮統云：「内如覆，外如偃盤。」毛云：「水旋丘如璧曰璧廱，以節觀者。」孔云：「璧體圓而内有孔，此水亦圓而内有地，猶如璧然。」土之高者曰丘，此水内之地未必高於水外，正謂水下而地高，故以丘言之。以水繞丘，所以節約觀者，令在外而觀也。」

陳祥道云：「辟廱外圓内方，明德當圓，行當方。考之於禮，黼、簠、錢、璧之類，皆外圓内方。圓而函方，陰陽之義也。漢明帝視辟廱，人圜橋門而觀，周制宜亦然也。」今案：據此則辟廱之説，本自明白，繹其字義，即其制度，亦可想見。後人紛紛，妄生異論。白虎通謂：「辟之爲言積也，積天下之道德也，雍之爲言壅也，壅天下之殘賊，故謂之辟雍也。」韓詩説謂：「言辟，取辟有德，不言辟水，言辟廱者，取其廱和也。」禮記注疏謂：「辟，明也。於此學中習學道藝，欲使天下之人悉皆明達和諧。」樂書謂：「夏后氏以序名學，則主以禮射而略於樂；商人以瞽宗名學，則主以樂教而略於禮；周人兼而用之，而名其學以辟廱。辟者，法之所自出，本之以爲禮；廱者，和之所自生，本之以爲樂。辟廱以本之，則禮樂之教，足以同人心、出治道。」胡致堂謂：「靈臺詩言鳥獸昆蟲，各得其所，鼓鐘虡業，莫不均調，於此所樂之德，惟辟雍而已。辟，君也，雍，和也。文王有聲所謂『鎬京辟雍』，義亦若此。」皆以己意穿鑿附會，最誤學者，故詳闢之。鄭云：「辟廱三靈，皆同處在郊。」今按黄圖載靈臺、辟廱皆在長安西北四十里，則同處之説，不爲無據。頌「振鷺于飛，于彼西雝」，先儒亦謂辟廱在西郊，故曰西雝也。韓詩説謂辟廱在南方七里之内，此不足信。孫鑛云：「東漢左辟廱，右靈臺。正是法周，蓋二地相近。」

大雅文王有聲：鎬京辟廱，自西自東，自南自北，無思不服。皇王烝哉。箋：武王於鎬京行辟廱之禮，自四方來觀者，皆感化其德，心無不歸服者。疏：辟廱之禮，謂養老以教孝弟也。

張子曰：靈臺辟廱，文王之學也；鎬京辟雍，武王之學也。至此始立爲天子之學矣。

何氏楷曰：武王遷鎬已久，及有天下，鎬始稱京。辟廱在鎬京中，所以教天子春射、秋饗、尊事三老五更之處。武王所首重，故特舉而言之。

蕙田案：周於國中立五學，而辟廱居其中，其東西南北四學，則爲教國子肄業之地，故武王臨辟廱，而四學之士咸來觀禮，莫不感化於德，心悦而誠服。周之作人，於斯爲盛。經云「自西自東，自南自北」，謂成均、上庠、瞽宗、東序之學者，非汎指四方之人也。

白虎通德論：辟雍，所以行禮樂、宣德化也。辟者，象璧圓以法天也；雍者，雍之以水，象教化流行也。辟之爲言積也，積天下道治，雍之爲言壅也，壅天下之儀則，故謂辟雍也。王制曰：天子辟雍，諸侯泮宮。外圓者，欲使觀者平均也。又欲言外圓內方，明德當圓、行當方也。

周禮春官大司樂：掌成均之法。注：董仲舒云：「成均，五帝之學。」文王世子曰：「於成均，以及取爵于上尊。」然則周人立此學之宮。

鄭氏鍔曰：大司樂所掌者，樂也。周人於成均之中教樂德、樂舞、樂語，則成均乃習學之所。大司樂所掌者，樂官之法，以治學政，則於他學之法，無預可知。名曰成均者，德不能無虧，性不能皆平，樂之爲教，所以成之均之。

凡有道有德者，使教焉，死則以爲樂祖，祭於瞽宗。注：鄭司農云：「明堂位曰：『瞽宗，殷學也。』以此觀之，祭於學宮中。」疏：文王世子云：「春誦夏絃，太師詔之。」瞽宗以其教學在瞽宗，故祭樂祖還在瞽宗。

禮記文王世子：春夏學干戈，秋冬學羽籥，皆于東序。春誦夏絃，太師詔之。瞽宗秋學禮，執禮者詔之。冬讀書，典書者詔之。禮在瞽宗，書在上庠。注：周立三代之學，學書于有虞氏之學，典、謨之教所興也。學舞于夏后氏之學，文武中也。學禮、樂于殷之學，功成治定，與己同也。

凡祭與養老乞言、合語之禮，皆小學正詔之于東序。

大司成論説在東序。

凡語于郊者，於成均，以及取爵于上尊也。注：董仲舒曰「五帝名大學曰成均」。

蕙田案：文王世子曰成均，曰東序，曰瞽宗，曰上庠，獨不及辟廱者，以此篇主學世子及學士而言，辟廱非教學之所也。

祭義：天子設四學，當入學而大子齒。

陸氏佃曰：天子立四學，并其中學而立，直于一處並建。周人辟雍，則辟雍最居中，其南爲成均，其北爲上庠，其東爲東序，其西爲瞽宗。當學禮者就瞽宗，學書者就上庠，學舞干戈羽籥者就東序，學樂德、樂舞、樂語者就成均。辟雍，唯天子承師問道、食三老五更及出師受成等就焉。學禮曰：「帝入東學，尚親而貴仁，東序是也；帝入南學，尚齒而貴誠，成均是也；帝入西學，尚賢而貴德，瞽宗是也；帝入北學，尚貴而尊爵，上庠是也；帝入太學，承師而問道，辟雍是也。」總而言之，四學亦大學也。若辟雍，雖太子不得預。太子入學，學者所學之宮也，辟雍非其所學之宮，故云四學。

鄭氏鍔曰：周人立五學，中曰辟雍，環之以水，水南爲成均，水北爲上庠，東爲東序，西爲瞽宗。學禮者就瞽宗，學書者就上庠，學舞干戈羽籥者就東序，學樂德、樂舞、樂語者就成均，惟天子承師問道及養老更之類，乃就辟雍。故大戴禮有帝入東學、西學、南學、北學、太學之文，蓋周人立四代之學。禮記云：「於成均，以及取爵于上尊也。」又云：「瞽宗，商學也。」然上庠、下庠，虞也；東序、西序，夏也；左學、右學，商也；東膠、虞庠，周也。不見成均爲何代之學，獨董仲舒謂五帝學，康成從之，他無所見。或者以成均爲辟雍，豈其然歟？

蕙田案：陸氏、鄭氏解四學、五學之説極精，惟云食三老五更就辟雍則未然。三老五更之位在東序，不在辟廱也。

食三老五更于太學，所以教諸侯之弟也。祀先賢于西學，所以教諸侯之德也。

注：西學，周小學也。先賢，有道德，王所使教國子者。　疏：周之小學在西郊，王制云「養庶老於虞庠，虞庠在國之西郊」是也。

陳氏禮書：記曰，天子視學，命有司行事，祭先師先聖焉。卒事，遂適東序，設三老五更之席。又曰：「食三老五更於太學，所以教諸侯之弟。祀先賢於西學，所以教諸侯之德。」夫天子視學，則成均也，命有司行事祭先師先聖焉，即祀先賢於西學也，祀先賢于西學，則祭於瞽宗也。有司卒事，適東序，設三老五更之席，即養國老於東膠也，養國老于東膠，即食三老五更於大學也。然則商之右學，在周謂之西學，亦謂之瞽宗；夏之東序，在周謂之東膠，亦謂之太學。蓋夏學上東而下西，商學上右而下左。周之所存，特其上者耳。

蕙田案：注以西學爲西郊之虞庠，不如陳氏主瞽宗之的。然陳氏謂天子視學在成均，則又誤以成均、辟廱爲一。

射義：天子將祭，必先習射于澤。澤者，所以擇士也。

郊特牲：卜之日，王立於澤。注：澤，澤宮也，所以擇賢之宮也。

朱子曰：王制論學，天子曰辟雍，諸侯曰泮宫。說者以爲，辟廱，大射行禮之處也，水旋丘如璧，以節觀者；泮宫，諸侯鄉射之宫也，其水半之，蓋東西門以南通水，而北無也。故振鷺之詩曰：「振鷺于飛，于彼西雝。」說曰以雝爲澤，蓋即旋丘之水，而其學即所謂澤宮也。蓋古人之學與今日不同。孟子所謂「序者，射也」，則學蓋有以射爲主者矣。蘇氏引莊周言文王有辟廱之樂，遂以辟廱亦爲樂名。而曰古人以樂教胄子，則未知學以樂而得名歟，樂以學而得名歟？則是又以爲習樂之所也。記所謂魯人將有事于上帝，必先有事於泮宮者，蓋射以擇士云耳。

蕙田案：孟子云：「序者，射也。」澤宮爲習射之所，其當在東序與？

大戴禮保傅篇：學禮曰：「帝入東學，上親而貴仁，則親疏有序，始恩相及矣。帝入南學，上齒而貴信，則長幼有差，始民不誣矣。帝入西學，上賢而貴德，則聖智在位，而功不匱矣。帝入北學，上貴而尊爵，則貴賤有等，而始下不踰矣。注：四學者，東序、瞽宗、虞庠及四代之學也。春氣温養，故上親；夏物咸小大殊，故上齒；秋物成實，故貴德；冬時物藏于地，惟象于天半見也，故上爵也。帝入太學，承師問道，退習而端于太傅，太傅罰其不則而達其不及，則德智長而理道得矣。」

蕙田案：此文亦見于賈誼新書、漢書賈誼傳，其所引學禮，蓋古禮經之文，而今不傳矣。周立四代之學于國，又立辟廱于中，故有五學。盧辯注大戴禮亦未明晰。

易傳太初篇：太子旦入東學，晝入南學，暮入西學。在中央曰太學，天子之所自學也。

蕙田案：蔡邕明堂論引此，又引大戴保傅篇，云與易傳同，則此文當有「夜入北學」四字，傳寫偶脱之耳。云「太學，天子所自學」，則世子不得與可知，與祭義四學之説互相發明。

又案：天子之學有五，中爲辟廱，亦曰太學，天子視學則臨之。其南爲成均，亦曰南學，學樂德、樂舞、樂語者居之。成均者，五帝之學也。其北爲上庠，亦曰北學，學書者居之。上庠者，虞學也。其東爲東序，亦曰東膠，亦曰東學，學干戈羽籥者居之。東序者，夏學也。其西爲瞽宗，亦曰右學，亦曰西學，學禮者居之。瞽宗者，殷學也。辟廱居其中，四學環其外。辟廱爲天子講禮之學，雖世子齒學，亦不得就焉。四學爲學世子及學士之學。故大司樂掌成均之法，大司成論説于東序，大師詔禮于瞽宗，典書者詔書於上庠。祭義云四學，據世子齒學而言；學禮云五學，據天子入學而言。其實一也。以四學對辟廱，則辟廱爲太學；以郊外之小學對四學，則四學亦爲太學矣。至郊外之小學，則倣虞氏下庠之制，謂之虞庠，在國之西郊。皇侃謂「四郊皆有虞庠」，然經無其文，不可知也。先儒説學校之制，人各一説，紛如聚訟。今以學禮五學、祭義四學參之，文王世子、王制、周禮、詩大雅諸文反覆討論，惟陸農師、鄭剛中之説獨爲精當，故依用之。其漢、唐以來諸儒之説，臚陳於後，略爲辨正，庶知所折衷焉。

辨諸儒以辟廱與明堂、太廟爲一：

詩靈臺孔疏：異義：「公羊説：『天子有靈臺以觀天文，有時臺以觀四時施化，有囿臺觀鳥獸魚鱉。諸侯當有時臺、囿臺。諸侯卑，不得觀天文，無靈臺。皆在國之東南二十五里。』韓詩説：『辟廱者，天子之學，圓如璧，壅之以水，示圓，言辟，取辟有德。不言辟水，言辟廱者，取其廱和也，所以教天下春射秋饗，尊事三老五更。在南方七里之内，立明堂於中，五經之文所藏處。蓋以茅草，取其潔清也。』左氏説：『天子靈臺在太廟之中，壅之靈沼，謂之辟廱。諸侯有觀臺，亦在廟中。皆以望嘉祥也。』謹案：公羊傳、左氏説皆無明文。説各無以正之。玄之聞也：『禮記王制：「天子命之教，然後爲學。小學在公宮南之左，大學在郊。天子曰辟廱，諸侯曰泮宮。天子將出征，受命于祖，受成于學。出征，執有罪，反，釋奠于學，以訊馘告。」然則太學即辟廱也。詩頌泮水云：「既作泮宮，淮夷攸服。矯矯虎臣，在泮獻馘。淑問如皋陶，在泮獻囚。」此復與辟廱同義之證也。大雅靈臺一篇之詩，有靈臺，有靈囿，有靈沼，有辟廱。其如是也，則辟廱與靈臺皆同處在郊矣。囿也、沼也，同言靈，於臺下爲囿爲沼可知。小學在公宮南之左，大學在西郊，王者相變之宜。衆家之說，各不明晳。雖然，於郊差近之耳，在廟則遠矣。王制與詩，其言察察，亦足以明之矣。』」如鄭此說，靈臺與辟廱同處，辟廱即天子太學也。鄭以靈臺、辟廱在西郊，則與明堂、宗廟皆異處矣。案大戴禮盛德篇云：「明堂者，所以明諸侯尊卑也。外水名曰辟雍。」政穆篇云：「太學，明堂之東序也。」如此文，則辟廱、明堂同處矣，故諸儒多用之。盧植禮記注云：「明堂即太廟也。天子太廟，上可以望氣，故謂之靈臺。中可以序昭穆，故謂之太廟。圜之以水，似璧，故謂之辟廱。古法皆同一處，近世殊異，分爲三耳。」蔡邕月令論云：「取其宗廟之清貌則曰清廟，取其正室之貌則曰太廟，取其堂則曰明堂，取其四門之學則曰太學，取其周水圜如璧則曰辟廱。異名而實一也。」潁子容春秋釋例云：「太廟有八名，肅然清靜謂之清廟，行禘祫、序昭穆謂之太廟，告朔行政謂之明堂，行饗射、養國老謂之辟廱，占雲物、望氣祥謂之靈臺，其四門之學謂之大學，其中室謂之大室，總謂之宮。」賈逵、服虔注左傳亦云：「靈臺在太廟，明堂之中。」此等諸儒，皆以廟、學、明堂、靈臺爲一。鄭必知皆異處者，袁準正論云：「明堂、宗廟、太學，禮之大物也，事義不同，各有所爲。而世之論者，合以爲一體，取詩、書放逸之文，經典相似之語而致之，不復考之人情，驗之道理，失之遠矣。夫宗廟之中，人所致敬，幽隱清靜，鬼神所居。而使衆學處焉，饗射其中，人鬼慢黷，死生交錯，囚俘截耳，瘡痍流血，以干犯鬼神，非其理矣。且夫茅茨采椽，至質之物，建日月，乘玉輅，以處其中，象箸玉杯而食于土簋，非其類也。如禮記先儒之言，明堂之制四面，東西八丈，南北六丈。禮，天子七廟，左昭右穆，又有祖宗，不在數中。以明堂之制言之，昭穆安在？若又區別，非一體也。夫宗廟，鬼神之居，祭天而於人鬼之室，非其處也。夫明堂，法天之宮，非鬼神常處，故可以祭天，而以其祖配之。配其父於天位，可也，事天而就人鬼，則非義也。自古帝王，必立大小之學，以教天下。有虞氏謂之上庠、下庠，夏后氏謂之東序、西序，殷謂之右學、左學，周謂之東膠、虞庠，皆以養老乞言。明堂位曰：『瞽宗，殷學也。』文王世子『春夏學干戈，秋冬學羽籥，皆於東序』，又曰：『秋學禮，冬學書。禮在瞽宗，書在上庠。』此周立三代之學也。可謂立其學，不可謂立其廟，然則太學非宗廟也。又曰：『世子齒于學，國人觀之。』宗廟之中，非百姓所觀也。是故明堂者，大朝諸侯、講禮之處。宗廟，享鬼神、歲覲之宮。辟雍，大射、養孤之處。大學，衆學之居。靈臺，望氣之觀。各有所爲，非一體也。古有王居明堂之禮，月令則其事也〔一〕。天子居其中，學士處其內，君臣同處，非其義也。明堂以祭鬼神，故亦謂之廟。明堂大廟者，明堂之内大室，非宗廟之太廟也。於辟廱獻捷者，謂鬼神惡之也。王制釋奠于學，以訊馘告，其上句曰『小學在公宮之左，大學在郊』，明大學非廟也，非所以爲證也。周人養庶老于虞庠，虞庠在國之西郊。今王制亦小學近而太學遠，其言乖錯，非以爲正也。左氏曰：『公既視朔，遂登觀臺。』以其言遂，故謂之同處。夫遂者，遂事之名，不必同處也。馬融云『明堂在南郊，就陽位』，而宗廟在國外，非孝子之情也。古文稱明堂陰陽者，所以法天道，順時政，非宗廟之謂也。融云『告朔行政，謂之明堂』。夫告朔行政，上下同也，未聞諸侯有明堂之稱也。順時行政，有國皆然，未聞諸侯有居明堂

〔一〕「事」，諸本作「序」，據毛詩正義卷一六改。

者也。齊宣王問孟子：『人皆謂我毀明堂，毀諸，已乎？』孟子曰：『夫明堂者，王者之堂也。王欲行王政，則勿毀之矣。』夫宗廟之設，非獨王者也。若明堂即宗廟，不得曰『夫明堂，王者之宗廟也』。且說諸侯而教毀宗廟，爲人君而疑於可毀與否，雖復淺丈夫，未有是也。孟子，古之賢大夫，而皆子思弟子，去聖不遠，此其一證也。」竊以準之此論，可以申明鄭意。大戴禮，遺逸之書，文多假託，不立學官，世無傳者。其盛德篇云「明堂，外水名曰辟雍」，政穆篇稱「太學，明堂之東序」，皆後人所增，失于事實，故先儒雖立異端，亦不據爲說。然則明堂非廟，而月令云「天子居明堂太廟」者，正謂明堂之太室，非宗廟之太廟也。明堂位云：「太廟，天子明堂。」自謂制如明堂，非太廟名明堂也。廟與明堂不同，則靈臺又宜別處，故靈臺、辟雍皆在郊也。

蕙田案：明堂、辟廱本非一地，說者以大戴有「明堂，外水曰辟雍」之語，而明堂五室、辟廱五學又略相近，因傅會之。馬融、蔡邕、盧植、潁容、王肅諸家皆承其誤，惟鄭康成非之，而袁準正論駁之尤詳，可謂有卓然之識者矣。至袁氏以辟雍與太學爲二，其誤與孔疏同，當分别觀之。

辨劉氏、孔氏以辟廱爲小學：

禮記王制孔疏：劉氏以爲周之小學爲辟廱，在郊。

詩靈臺孔疏：王制言太學在郊，乃是殷制，其周制則太學在國。太學雖在國，而辟廱仍在郊。何則？囿、沼，魚鳥所萃，終不可在國中也。辟廱與太學爲一，所以得太學移而辟廱不移者，以辟廱是學之名耳。王制以殷之辟廱與太學爲一，故因而説之，不必常以太學爲辟廱，小學亦可矣。周立三代之學，虞庠在國之西郊，則周以虞庠爲辟廱矣。

蕙田案：殷制，太學在郊。文王，殷之諸侯，故立辟廱于郊。辟廱之名，創於文王，至武王宅鎬，建辟廱于國中，遂爲周家一代之學，諸侯不得立焉。文之辟廱，殷制也，故在郊；武之辟廱，周制也，故在國。靈臺、辟廱何必在一處？疏家比而同之，乃以辟廱爲小學，即西郊之虞庠，失之遠矣。

辨注、疏以瞽宗上庠爲小學：

禮記文王世子孔疏：東序，是大學也。春夏學干戈而用動，秋冬學羽籥而用靜，皆據年二十升於太學者。若其未升大學之時，則春誦夏絃，在殷之瞽宗也。「周立三代之學」者，謂立虞、夏、殷學也。其虞之學制在國，兼在西郊，郊則周之小學也。夏、殷之學亦在國。而鄭注儀禮云「周立四代之學于國」者，含周家爲言耳，故與此注不同。夏后氏之學在上庠，即周之大學，爲夏之制也。先師以爲三代學，皆立大學小學。今案：下養老於東序，是周之大學，夏之東序也。又王制云「養老于虞庠」，是周之小學爲虞庠也。又此學，虞學也，學舞于夏學，學禮于殷學。若周別有大學小學，更何所教也？

蕙田案：疏以東序爲大學，瞽宗、上庠爲小學，不知三者皆大學也。記稱「學干戈羽籥于東序，學禮于瞽宗，學書于上庠」，干戈羽籥，非大于禮與書，何故學禮、書者獨在小學乎？周立虞氏之上庠于國，又立虞氏之下庠于郊，經云上庠者，别于西郊之下庠也。注、疏誤以上庠即虞庠，遂并瞽宗、成均俱爲小學，亦惑矣。

辨注、疏以成均虞庠爲一：

禮記王制注：董仲舒曰：五帝名大學曰成均，則虞庠近是也。天子飲酒于虞庠，則郊人亦得酌于上尊以相旅。　疏：春秋繁露云成均爲五帝之學，虞庠是舜學，則成均，五帝學也。以無正文，故云「近是」也。　周禮「大司樂掌成均之法」注：「周人立此學之宫。」　疏：即虞庠是也。

王氏詳説曰：世子篇曰：「謂之郊人，遠之。于成均，以及取爵于上尊也。」郊人云者，郊之小學，所謂養老于虞庠是已；成均云者，國之大學，所謂養國老于上庠是已。鄭氏以成均爲虞庠，失之。

蕙田案：王氏辨成均非虞庠，虞庠非上庠，極是。至以成均爲上庠則非。

辨注、疏以四學爲四郊之學：

禮記祭義注：四學，謂周四郊之虞庠也。　疏：「天子設四學」，謂設四代之學，周學也，殷學也，夏學也，虞學也。天子設四學，以有虞庠爲小學，設置于四郊，是天子設四學，據周言之。皇氏云：「四郊虞庠，爲以四郊皆有虞庠。」

蕙田案：四學皆大學，非四郊之學，説見前。

辨劉氏、項氏四學之説：

劉氏敞曰：周人立四代之學者，此直謂一處並建四學耳。周人辟雍，則辟雍最居中，其北爲有虞氏之學，其東爲夏后氏之學，其西爲商人之學。當學羽籥干戈者就東序，學禮者就瞽宗，學書者就虞庠。辟雍，惟天子養老及出師成謀與受俘大射等就焉。當天子至于辟雍，則三學之人環水而觀矣，以其包四代之制，故記禮者或有指虞庠名之，或有指東序名之，所以紛紛如此之多者，所指之體偏也。

蕙田案：辟雍之南，尚有成均一學。成均、東序、瞽宗、上庠，四代之學也。

合辟廱爲五學。劉氏説尚未備。

江陵項氏松滋縣學記：學制之可見於書者，自五帝始。其名曰成均，説者曰以成性也。然則有民斯可教，有教斯可學，自開闢則既然矣。有虞氏始即學以藏粢，而命之曰庠，又曰米廩，則自其孝養之心發之也。夏后氏以射造士，如行葦矍相之所言，而命之曰序，則以檢其行也。商人以樂造士，如夔與大司樂所言，而命之曰學，又曰瞽宗，則以成其德也。學之音則校，校之義則教也。蓋致於商人，先王之所以教者備矣。周人修而兼用之，内即近郊並建四學，虞庠在其北，夏序在其東，商校在西，當代之學居中，南面而三學環之，命之曰膠，又曰辟雍。郊言其地，璧言其象，皆古人假借字也。其外亦以四學之制參而行之。

蕙田案：項氏説本于原父，以瞽宗即校，亦未然。

辨陳氏禮書三學之説：

陳氏禮書：四代之學，虞則上庠、下庠，夏則東序、西序，商則右學、左學，周則東膠、虞庠，而周則又有辟廱、成均、瞽宗之名。則上庠、東序、右學、東膠，大學也，故國老於之養焉；下庠、西序、左學、虞庠，小學也，故庶老於之養焉。記曰「天子設四學」，蓋周之制也。周之辟廱即成均也，東膠即東序也，瞽宗即右學也。蓋以其明之以法，和之以道，則曰辟廱；以其成其虧均，其過不及，則曰成均；以習射事則曰序；以糾德行則曰膠；以樂祖在焉則曰瞽宗；以居右焉則曰右學。蓋周之學，成均居中，其左東序，其右瞽宗，此大學也。虞庠在國之西郊，則小學也。右學、東序，蓋與成均並建於一丘之上而已。由是觀之，成均頒學政，右學祀樂祖，東序養老更。右學、東序不特存其制而已，又因其所上之方而位之也。周之時，干戈羽籥在東序，絃誦與禮在瞽宗，書在上庠，以言學者之事，始乎書、立乎禮、成乎樂，而舞又樂之成焉。故大司樂言樂德、樂語而終于樂舞；樂師言樂成告備而終於皋舞；孟子言仁義禮樂之實而終於不知手之舞之；記言詩言志，歌詠聲，而終於舞動容：此舞之所以爲樂之成也。由小學之書以進於瞽宗之禮樂，由瞽宗之禮樂而成之以東序之舞，則周之教法可知矣。

蕙田案：周有五學，如陳氏禮書所説，止有三學，由不知成均與辟雍非一地，又誤以上庠爲虞庠耳。

蔡氏德晉曰：天子設四學，中爲大學，名曰成均，教者所居以施教之地，不在數中。外四面爲四學，南曰辟雍，北曰上庠，東曰東序，西曰瞽宗，皆學者所居以肄業之地。

蕙田案：春官大司樂「掌成均之法，而合國之子弟」。則成均亦學者肄業之地矣。辟雍居中，惟天子視學則臨之。成均在辟雍之南，蔡氏以成均居中，非是。

右天子五學郊外小學附

門闈小學

周禮地官師氏：居虎門之左，司王朝。注：虎門，路寢門也。

保氏：使其屬守王闈。注：闈，宫中之巷門。疏：師氏之屬守中門外，保氏之屬守王闈門。

蔡邕明堂論：周官有門闈之學，師氏教以三德，守王門，保氏教以六藝，守王闈。

蕙田案：天子立小學有二：其一爲門闈之學，師氏、保氏掌之，所以教太子，而國之貴游子弟亦學焉；其一爲郊外之學，王制所謂虞庠，在國之西郊，先儒又謂四郊皆有小學。後世既立國子學，又立四門學，蓋取於此。大戴禮保傅篇云：「王子年八歲而出就外舍，成童而就大學。」盧辯注云：「小學，謂虎闈師保之學也。大學，王宫之東者。」蔡邕明堂論亦云周官有門闈之學，而鄭氏注周禮不之及焉，亦疏矣。世子學於虎門，其所與共學者，惟王子弟及公卿適子耳。其餘大夫、元士之子及國中之秀者，當學於郊外小學。若國中之大學，則王制云王太子、王子、公卿大夫元士之適子、國之俊造皆造焉，蓋皆由小學而進于大學者也。

右門闈小學

鄉遂學

禮記學記：古之教者，家有塾，黨有庠，術有序，國有學。注：術，當爲「遂」，聲之誤也。古者仕焉而已者，歸教于閭里，朝夕坐于門，門側之堂謂之塾。周禮五百家爲黨，萬二千五百家爲遂。黨屬于鄉，遂在遠郊之外。　疏：「家有塾」者，此明塾之所在。周禮百里之内，二十五家爲閭，同共一巷，巷首有門，門邊有塾，謂民在家之時，朝夕出入，恒就教于塾。黨，謂周禮五百家也。庠，學名也。於黨中立學，教閭中所升者也。術，遂也。周禮萬二千五百家爲遂。遂有序，亦學名。於遂中立學，教黨學所升者也。國，謂天子所都及諸侯國中也。周禮天子立四代學，以教世子及群后之子，及鄉中俊選所升之士也。而尊魯，亦立四代學。餘諸侯於國但立時王之學也。周禮六鄉之内，五家爲比，五比爲閭，四閭爲族，五族爲黨，五黨爲州，五州爲鄉。六遂之内，五家爲鄰，五鄰爲里，四里爲酇〔一〕，五酇爲鄙，五鄙爲縣，五縣爲遂。今此經六鄉舉「黨」，六遂舉「序」，則餘閭里以上，皆有學可知，故此注云「歸教于閭里」。其比與鄰近，止五家而已，不必皆有學。鄭注州長職云：「序，州黨之學。」則黨學曰序，故鄉飲酒之義云：「主人拜迎賓于庠門之外。」注云：「庠，鄉學也。州黨曰序。」此云黨有庠者，是鄉之所居黨，爲鄉學之庠，不別立序。凡六鄉之内，州學以下皆爲庠，六遂之内，縣學以下皆爲序也。皇氏云「遂學曰庠」，與此文違，其義非也。庾氏云：「黨有庠，謂夏、殷禮，非周法。」義或然也。

陳氏禮書：鄉曰庠，記言黨有庠，州曰序，記言遂有序，何也？古之致仕者，教子弟於閭塾之基，則「家有塾」云者，非家塾也。合二十五家而教之於閭塾，謂之「家有塾」，則合五黨而教之鄉庠，謂之「黨有庠」可也。周禮遂官各降鄉官一等，則遂之學亦降鄉一等矣。降鄉一等而謂之州長，其爵與遂大夫同，則遂之學，其名與

〔一〕「里」，原作「鄰」，據光緒本、禮記正義卷三六改。

州序同可也。

蕙田案：古字「術」與「遂」通用，月令「審端經術」，注云：「術，周禮作『遂』。」水經注引此文亦云「遂有序」。陳澔謂「術」當爲「州」，非也。

鄉飲酒義：主人拜迎賓于庠門之外。

周禮地官州長：春秋以禮會民而射于州序。注：序，州黨之學也。疏：黨正云「飲酒于序」，故知州黨學同名爲序。若鄉則立庠，故禮記鄉飲酒義云：「主人迎賓于庠門之外。」彼鄉大夫行賓賢能，非州長、黨正所行，故知庠則鄉學也。

黨正：以禮屬民，而飲酒于序。

陳氏禮書：孟子曰：「庠者，養也。序者，射也。」鄉飲酒尊兩壺于房户之間，鄉射尊於賓席之東。蓋鄉飲在庠，而庠有房室，故尊于房户之間；鄉射在序，而序無房室，故尊於賓席之東而已。鄉射禮：「豫鄭氏曰：今文「豫」爲「序」。則鉤楹内，堂則由楹外；堂，序也。序則物當棟，堂則物當楣。」是於其有室，則所揖所履之位淺而前；於其無室，則所揖所履之位深而後。爾雅曰：「東西牆謂之序。」序之名蓋本於此。

孟子：設爲庠序學校以教之。庠者，養也。校者，教也。序者，射也。夏曰校，殷曰序，周曰庠。學則三代共之，皆所以明人倫也。人倫明于上，小民親于下。

朱子曰：庠以養老爲義，校以教民爲義，序以習射爲義，皆鄉學也。學，國學也，共之無異名也。

漢書儒林傳：夏曰校，殷曰庠，周曰序。

蕙田案：以王制、内則、明堂位考之，當云虞曰庠，夏曰序，而校無明文，或云殷曰校，想當然矣。周則鄉學曰庠，遂學曰序，州黨學亦曰序，其縣鄙學蓋曰校。何休曰：「中里爲校室。」里屬于縣鄙，則縣鄙曰校可知也。蓋兼三代之名而命之。

尚書大傳：大夫七十而致仕，而退老，歸其鄉里，大夫爲父師，士爲少師。新穀既入，餘子皆入學，距冬至四十五日始出學。上老平明坐于右塾，庶老坐于左塾，餘子畢出，然後皆歸，夕亦如之。

白虎通德論：古之教民，百里皆有師，里中之老有道德者爲里右師，其次爲左師，教里中之子弟以道藝、孝悌、仁義也。

陳氏禮書：塾，説文曰「閭，里門也」，爾雅曰「門側之堂謂之塾」，尚書大傳曰：「大夫七十而致仕，老其鄉里，大夫爲父師，士爲少師。歲事已畢，餘子皆入學，距冬至四十五日始出學，傅農事。上老平明坐于右塾，庶老坐於左塾，餘子畢出，然後歸，夕亦如之。」上老，父師也；庶老，少師也。食貨志亦曰：「春將出民，里胥平旦坐於右塾，鄰長坐於左塾，畢出然後歸，夕亦如之。」蓋古者合二十五家而爲之門塾，坐父師、少師於此，所以教之學也；坐里胥、鄰長於此，所以教之耕也。書言先路在左塾之前，次路在右塾之前。先路，象路也；次路，木路也。象路貴於木路，而象路在左塾，木路在右塾，則左塾者，東塾也；里胥尊於鄰長，而里胥在右塾，鄰長在左塾，則右塾者，西塾也。何則？自内視外，則左東而右西；自外視内，則左西而右東也。曲禮曰：「主人入門而右，客入門而左。」此左西而右東也。又曰：「公事自闑東，私事自闑西。」此左東而右西也。然則書言左塾，史言右塾，皆西塾也，自内外言之異耳。漢之時，閭里亦有門，史稱「石慶入里門」是也。

漢書食貨志：五家爲鄰，五鄰爲里，四里爲族，五族爲黨，五黨爲州，五州爲鄉。於里有序而鄉有庠。序以明教，庠則行禮而視化焉。春令民畢出在壄，冬則畢入于邑。冬，民既入，餘子在于序室。

劉氏敞曰：周人以有虞氏之庠建之於鄉，故鄉有庠；以夏后氏之序建之於州，故州有序；以商人之校建之於黨，故黨有校。自黨以下，皆爲小學，而非四代之制，以教童子而已。擇小學之秀者移之校，擇校之秀者移之序，擇序之秀者移之庠，擇庠之秀者移之太學。

項氏曰：凡鄉皆立虞庠，凡州皆立夏序，凡黨皆立商校，於是四代之學達于天下。

蕙田案：黨學名序，見于周禮。劉氏、項氏以爲黨有校者，臆説也。

蔡氏德晉曰：立學之制，鄉則比無學而閭有學，族無學而黨、州、鄉有學。遂則鄰無學而里有學，酇無學而鄙、縣、遂有學。閭里之學皆名塾，而在巷首。黨、州之學名序，當在中間。鄙、縣之學名校，當在中里也。鄉學名庠，遂學名序。遂降鄉一等，遂學既名序，鄙、縣之學不得不名校矣。左傳鄭人游于鄉校，鄭風子衿刺學校廢，康成云：「鄭國謂學爲校，言可以校正道藝。」蓋鄭之始封，本在西都畿内，故猶以六遂中縣、鄙之學名其鄉學也。

觀承案：黨庠遂序之名雖不同，然鄉尊於遂，故遂學僅與鄉之州、縣同名爲序，正是可通，惟校無考據。左傳「鄭人遊於鄉校」，則校爲鄉學之名，亦可徵矣。

蔡氏謂鄙、縣之學名校者，恐不足據。榕村李氏以校爲鄉學之名，極是，似當從之。要之，庠、序、校、學之名，對文則各别，散文亦可通。禮家之言，每有異同參錯者正坐此，以意會之可也。

右鄉遂學

諸侯學

禮記王制：天子命之教，然後爲學，小學在公宫南之左，大學在郊。注：學，所以學士之宫。尚書傳曰：「百里之國，二十里之郊。七十里之國，九里之郊。五十里之國，三里之郊。」此小學大學，殷之制。疏：經文承上諸侯之下，故直云「天子命之教」。不云命諸侯，從可知。云「此殷制」者，以下文云「殷人養國老於右學，養庶老於左學」，則左學小，右學大。此經云「小學在公宫南之左」，故知殷制也。周則大學在國，小學在西郊。

陳氏禮書：諸侯之學，小學在内，大學在外，故王制言「小學在公宫南之左，大學在郊」，以其選士由内以及於外，然後達于京故也。天子之學，小學居外，大學居内，故文王世子言「凡語于郊者，於成均，取爵於上尊」，以其選士由外以升於内，然後達于朝故也。

蕙田案：殷制，大學在郊；周制，大學在國。天子、諸侯皆然，陳用之説非是。

諸侯曰頖宫。注：頖之言班也，所以班政教也。疏：頖是分頖之義，故爲班。於此學中施化，使人觀之。案詩注云：「頖之言半，以南通水，北無也。」二注不同者，此注解其義，詩注解其形。

陳氏禮書：頖宫，泮水也，其制半於辟廱，而水蓋闕於北方也。諸侯樂縣闕其南，而泮水闕其北者，闕南而存北，所以便其觀也，闕北而存南，所以便人之觀也。

文王世子：始立學者，既釁器用幣，然後釋菜。不舞，不授器。乃退，儐于東序，一獻，無介語可也。注：言「乃退」者，謂得立三代之學者，釋菜于虞庠，則儐于東序，魯之學有米廩、東序、瞽宗也。疏：諸侯唯立時王之學，何得云「乃退，儐于東序」。故云「乃退者，得立三代之學」，得有夏之東序。謂諸侯有功德者，得立三代之學，若魯國之比，東序與虞庠相對，東序在東，虞庠在西。既退，儐于東序，明釋菜在于虞庠。

蕙田案：五等諸侯之大學皆有東序，不獨魯也。

禮記明堂位：米廩，有虞氏之庠也。序，夏后氏之序也。瞽宗，殷學也。頖宫，周學也。注：庠、序，亦學也。庠之言詳也，於以考禮詳事也。魯謂之米廩。虞帝上孝，令藏粢盛之委焉。序，次序王事也。瞽宗，樂師、瞽矇之所宗也，古者有道德者使教焉，死則以爲樂祖，於此祭之。頖之言班也，於以班政教也。　疏：此明魯得立四代之學也。

禮器：魯人將有事于上帝，必先有事于頖宮。注：頖宮，郊之學也。

詩靈臺孔疏：魯是周之諸侯，於郊不當有學，泮宮亦應在國。而禮器注云：「頖宮，郊之學也。」詩所謂泮宮也，字或爲「郊宮」。不在國者，以其詩言「魯侯戾止」，是行往適之，故知在郊。蓋魯以周公之故，尊之，使用殷禮，故學在其郊也。

陳氏禮書：頖宮，大學也。魯之大學在郊，故將有事於上帝，則於之先有事焉。然則序與瞽宗，蓋亦設于頖宮之左右，而米廩其公宮南之小學歟？

蕙田案：魯立四學，其中爲泮宮，其北曰米廩，其東曰序，其西曰瞽宗。不立成均者，避天子也。魯之四學在國中，故水經注云：「靈光殿之東南，即泮宮也，宮中有臺。臺南水東西一百步，南北六十步。臺西水南北四百步，東西六十步。詩所謂『思樂泮水』也。」杜佑通典云：「魯郡，古魯國，有泗水、泮水出焉，建宮于上，名爲泮宮。」其不在郊外明矣。南郊與泮宮，何必在一處？詩云「魯侯戾止」，何必定往郊外？諸儒强以爲大學在郊之證，皆不然也。

詩魯頌序：泮水，頌僖公能修泮宮也。

思樂泮水，薄采其芹。魯侯戾止，言觀其旂。其旂茷茷，鸞聲噦噦。無小無大，

從公于邁。傳：泮水，泮宮之水也。天子辟廱，諸侯泮宮。　箋：辟廱者，築土雝水之外，圓如璧，四方來觀者均也。泮之言半也。蓋東西門以南通水，北無也。

何氏楷曰：泮水，孔穎達云：泮宮之外水也。於文，半水爲泮，據說文云：「諸侯鄉射之宮也，西南爲水，東北爲牆。」徐鍇云：「天子辟廱，水周之；諸侯泮宮，水繞其半。」此會意也。鄭玄則云：「泮之言半也。半水者，蓋東西門以南通水，北無也。」孔申鄭義云：「辟廱者，築土爲堤，以壅水之外，使圓如璧，令四方來觀者均，故謂之辟廱也。辟廱之宮，內有館舍，外無牆院，故得圜觀之也。天子宮形既如璧，則諸侯宮制當異矣。而泮爲名，則泮是其制。必疑南有水者，以行禮當南面，而觀者宜北面。畜水本以節觀，宜其先節南方，故知南有水而北無也。北無水者，下天子耳，亦當爲其限禁，故云『東西門以南通水』，明門北亦有溝塹，但水不通耳。」今案：許、鄭二說，規制互異。然白虎通有云：「泮宮者，半于天子宮也。半者，象璜也，獨南面禮儀之方有水，其餘壅之以垣。」與鄭說合。三人占，吾將從二人矣。泮宮，今或稱作頖宮，當是「璜宮」之誤。半水爲泮，字義甚明，或通作「頖」，亦字訛也。乃鄭注禮記又謂「頖之言班也，所以班政教也」，因聲附會，殆不足信。至戴埴則直疑泮宮非學名，而引通典言：「魯郡乃古魯國，郡有泗水、泮水出焉，建宮于上，名爲泮宮。與楚之渚宮、晉虒祁之宮無以異。」楊慎深然其說。愚考一統志：「泮水，一名雩水，源出曲阜縣治西南，西流至兗州府城東，入泗水，即詩所云泮也。」雩乃此水本名，以其爲泮宮池，又名爲泮耳。水因宮得名，而謂宮以水得名乎？戴、楊可謂喜於立異，而不顧泮字之所從來者矣。酈道元水經注云：「靈光殿之東南，即泮宮也，在高門直北道西。宮中有臺，高八十尺。臺南水東西一百步，南北六十步。臺西水南北四百步，東西六十步。臺池咸結石爲之。詩所謂『思樂泮水』也。」

思樂泮水，薄采其藻。魯侯戾止，其馬蹻蹻。其馬蹻蹻，其音昭昭。載色載笑，匪怒伊教。

思樂泮水，薄采其茆。魯侯戾止，在泮飲酒。既飲旨酒，永錫難老。順彼長道，屈此群醜。箋：在泮飲酒者，徵先生君子與之行飲酒之禮，而因以謀事也。

穆穆魯侯，敬明其德。敬慎威儀，維民之則。允文允武，昭假烈祖。靡有不孝，自求伊祜。

明明魯侯，克明其德。既作泮宮，淮夷攸服。矯矯虎臣，在泮獻馘。淑問如臯陶，在泮獻囚。

何氏楷曰：王制云：「天子曰辟雍，諸侯曰頖宮。」周官注載古逸詩云：「有昭辟廱，有賢泮宮。田里周行，濟濟鏘鏘。相從執質，以族以文。」辟雍、泮宮，皆所謂太學也，特因天子、諸侯而其名異耳。王制又云：「諸侯，天子命之教，然後爲學，小學在公宮南之左，太學在郊。」禮器云：「魯人將有事于上帝，必先有事於頖宮。」頖宮，魯之太學也。魯太學在郊，故將有事上帝，則於此有事焉。孔云泮宮、泮水正是一物，詩言采芹藻之菜，則云泮水，説行禮謀獻之事，則云泮宮。魯有四代之學，此詩主頌泮宮者，先代之學，尊魯侯得立之，示存古法而已。其行禮之飲酒養老，兵事之受成告克，當於周世之學，在泮宮也。

在泮獻功。

濟濟多士，克廣德心。桓桓于征，狄彼東南。烝烝皇皇，不吳不揚。不告于訩，在泮獻功。

角弓其觩，束矢其搜。戎車孔博，徒御無斁。既克淮夷，孔淑不逆。式固爾猶，淮夷卒獲。

翩彼飛鴞，集于泮林。食我桑黮，懷我好音。憬彼淮夷，來獻其琛。元龜象齒，大賂南金[一]。

蕙田案：諸侯學制見於經、傳者，惟魯爲詳，鄭氏因謂諸侯惟立時王之學，有功德者得立三代之學。今考文王世子稱「王命公、侯、伯、子、男反養老幼于東序」，是諸侯皆有東序。又稱「始立學者，必釋奠于先聖先師」，釋奠者當於西學，

[一]「賂」，原作「路」，據光緒本、毛詩正義卷二〇改。

則諸侯皆有瞽宗。惟上庠之有與否，則不可知耳。諸侯亦有小學，殷制在國中，周制在郊。

右諸侯學

諸侯鄉學

詩鄭風子衿序：子衿，刺學校廢也。世亂則學校不修焉。疏：校是學之別名，非謂鄭國獨稱校也。言學校廢者，謂鄭國之人廢於學問耳，非謂廢毀學宮也。

青青子衿，悠悠我心。縱我不往，子寧不嗣音？傳：青衿，學子之所服。嗣，習也。古者教以詩樂，誦之歌之，絃之舞之。箋：學子俱在學校之中，己留彼去，故隨而思之。嗣，續也。女曾不傳聲問我〔一〕，以恩責其忘己。

青青子佩，悠悠我思。縱我不往，子寧不來？

挑兮達兮，在城闕兮。一日不見，如三月兮。箋：君子之學，以文會友，以友輔仁。獨學

〔一〕「問」，諸本作「聞」，據毛詩正義卷四改。

而無友，則孤陋而寡聞，故思之甚。

程子曰：世亂，學校不修，學者棄業，賢者念之。

春秋襄三十一年左氏傳：鄭人遊于鄉校，以論執政。

右諸侯鄉學